郑公盾 著

郑维 整理

科学·哲学·文学

——郑公盾文集

知识产权出版社

全国百佳图书出版单位

图书在版编目（CIP）数据

科学·哲学·文学：郑公盾文集 / 郑公盾著 . —北京：知识产权出版社，2017.5

ISBN 978 – 7 – 5130 – 4866 – 8

Ⅰ. ①科…　Ⅱ. ①郑…　Ⅲ. ①社会科学—文集　Ⅳ. ①C53

中国版本图书馆 CIP 数据核字（2017）第 081216 号

责任编辑：徐　浩　　　　　　　　责任校对：谷　洋
封面设计：SUN 工作室　韩建文　　责任出版：刘译文

科学·哲学·文学——郑公盾文集

郑公盾　著　郑维　整理

出版发行：知识产权出版社 有限责任公司		网　　址：http：//www.ipph.cn	
社　　址：北京市海淀区西外太平庄 55 号		邮　　编：100081	
责编电话：010 – 82000860 转 8343		责编邮箱：xuhao@cnipr.com	
发行电话：010 – 82000860 转 8101/8102		发行传真：010 – 82000893/82005070/82000270	
印　　刷：三河市国英印务有限公司		经　　销：各大网上书店、新华书店及相关专业书店	
开　　本：787mm×1092mm　1/16		印　　张：23.25	
版　　次：2017 年 5 月第一版		印　　次：2017 年 5 月第一次印刷	
字　　数：506 千字		定　　价：98.00 元	

ISBN 978 – 7 – 5130 – 4866 – 8

郑公盾先生

郑公盾（1919～1991年），原名郑能瑞，福建长乐人，中共党员，编审，研究员。先后毕业于厦门大学、广西大学、协和大学、浙江大学、历任《抗亡日报·青年政治》副刊主编、《学习》杂志社代社长、《红旗》杂志文艺组组长、科普出版社总编等。1990年，被评为新中国成立以来成绩突出的科普作家。

我所认识的公盾（代序）

忽地接到来自北京的电报："公盾病故。于明。"

我十分震惊，因为前些天还收到他寄来的新著《缅怀集》。怎么那样快就离开人世？我打长途电话给他的夫人于明，才知详况：1990 年 10 月，他的颈部长了一个包。经检查，是癌症，已经晚期！不久，他住入北京钓鱼台医院。1991 年 4 月 16 日病故，终年 72 岁。

他姓郑，发表文章时往往只署名"公盾"，我平时也喊他公盾。胖胖的个子，方脸，讲普通话带有明显的福建口音，待人和善。1979 年，当他听说我写了一部 20 多万字的《论科学文艺》，马上给我来信，要我寄给他。那时，他担任科学普及出版社总编辑。他很快就拍板，把我的书稿付梓……

最初，我只知道他是出版社的"老总"。后来，我收到他寄赠的上下卷两大册《水浒传论文集》，40 万字，方知他早在新中国成立前便已研究《水浒传》。他还出版了《后水浒传》校点本。他是一位真正的"博士"，涉猎甚广。他笔耕颇勤，不时寄我新著，一本接着一本，对文学、社会科学的许多领域进行探索。不过，我并不知道他的坎坷身世。

他，生于 1919 年，福建长乐人。1936 年起，他参加学生进步运动。他是"38 式"中共党员。他在中国共产党领导下从事地下工作。新中国成立后，《学习》杂志创办，他担任办公室主任、代社长，《红旗》杂志文艺组组长。"文革"开始，"中央文革小组"从《红旗》抽调工作人员，把他也调去。他在"中央文革小组"文艺组工作了才半年，1967 年 11 月 16 日，突然被捕，被投入秦城监狱。内中的原因是他向周恩来总理写了一封信，反映"中央文革"的一些问题，被江青得知，下令逮捕了他。此后的苦难生活，如他所说："'坐飞机'，断齿，'石壁光阴销岁月，铁窗灯火伴晨昏'。何止我一人，家人皆与焉！"八年囹圄，把他壮实的身体折磨成半残废。1975 年 5 月 12 日他终于出狱时，全身浮肿，高血压，糖尿病（高达 4 个"＋"）……

在粉碎"四人帮"之后，他的冤案得以平反。为了夺回失去的光阴，他加倍地工作着。科普出版社"老总"的工作担子不轻。在本职工作之余，他埋头写作。他的几万册个人藏书在"文革"中荡然无存，这时他又开始买书、读书、写书。每一回出差归来，行囊沉甸甸，总是装满了新买的书。在他的书房里，我见到一个个书柜"挤"满了书。他还"四面出击"：应好几家大学的邀请，前去讲学。他又出访外国。他的英语不错，便于进行国际交流。向来穿惯蓝色或深灰色中山装的他，穿起了西装。在这般忙碌的时刻，他居然写出了长篇传记《茅以升》，写出论著《鲁迅与自然科学》《科学技术史话》《萤火集》……

公盾还兼任中国科普创作协会科学文艺委员会主任委员，而我忝为副主任委员，联系颇多。在 2014 年我决定把创作档案捐赠上海图书馆，开始整理家中保存多年的上千封纸质书信，找到公盾写给我的信十几封。重读这些信件，发觉他对我的称谓从最初的"叶永烈同志"到后来的"永烈仁兄""永烈老弟"直至"Dear 永烈"，可以看出我们之间的距离在不断缩短，而我也从最初的"郑公盾同志"到直呼"公盾"。公盾年长我22 岁，他热情提携我这样的小老弟。尤其是在 1983 年寒冬，我的长篇科幻小说《黑影》遭到不公正的"批判"时，他对那种"批判"很不以为然。1987 年 3 月 17 日，病中的他在夫人于明写给我的信上，亲笔加了一段话，要求我把《黑影》单行本以及那些"批判"文章寄他，"以便彻底批判种种谬论"。他说："我相信可以写出有水平的东西加以驳斥。"信末，他署名"你的老公盾"。

公盾给我印象最为深刻的是两件事。

一是 1982 年上海某人写了诬告信，说在美国之音英语节目中听到叶永烈声称"中国科幻小说在峡谷中生长，作家处境困难"。"揭发信"寄到中国科普创作协会，引起很大风波；某些人煞有介事，立即以科学文艺委员会名义发文，上报全国科协，并派出两人专程到上海对我进行组织调查。作为中国科普创作协会理事长，温济泽非常关心这个"美国之音事件"。在查清所谓美国之音广播纯属子虚乌有之后，他找我谈话，对于某些人在没有弄清真相之前，就以科学文艺委员会名义匆匆发出文件，深表不满。此事与科学文艺委员会主任委员公盾毫无关系，那些人以科学文艺委员会名义发文时根本没有通过他这个主任委员，但是他却替人受过，在大会上代表科学文艺委员会向我公开道歉。

另一件事是 1984 年 10 月在我处境最困难的时候，正值他出差来上海，非要到我家看望。记得他乘坐公共汽车到我家长谈。他在"文革"中蒙受冤屈，入狱多年，他劝我以坦荡胸怀对待那种极"左"的"批判"。谈话间，一场豪雨降临。他离去时，我家附近一片泽国。我的邻居用一辆"黄鱼车"（载货三轮车）载着公盾"摆渡"到公共汽车站。我深感抱歉，一身水湿的他却乐呵呵，毫不介意。

1985 年，他着手把自己讲学的内容写成一部 100 多万字的书——《中国科学文艺史》。就在他写了 40 多万字的时候，脑血栓使他倒下，住进了医院。公盾在中风之后，1986 年 3 月 22 日，他请夫人于明代笔，写信给我。信中说："我还想写关于科学文艺的问题，请你提供一些意见。比如刘后一，他倒是忠心耿耿搞学问的。温济泽你看要不要写，我不想替当官的人立传。又如，郑文光、童恩正、萧建亨，又比如鄂华，据说他写了一些好的科学文艺作品，可否要写？全书大约有 50 多万字，希望你提供一下没有名气而写过好作品的人，或者将作品寄来。……科学文艺史要写成什么样子，希望你能出点主意。"信末，夫人于明加了这么一句话："公盾身体仍然不太好，而他仍忘不了他还没完的工作。"

出院后，他到日本他的儿子郑迪那里休养了一年多，至 1987 年 2 月回国。在日本，他看到日本杂志译载我的作品，当即买下，回国之后寄来赠我。他在 1987 年 3 月 2 日给我的信中说："偶然在日本参加庆应大学校庆，见到刊物《天狼》，有你几篇文章译成为日本文字。"信中还说，"贵家乡温州新成立的师范，急于找我去那里开课，不知你有意一块去否？"他一回国，又开始日夜忙于工作，他在信中说，"工作总是忙得不可开交"，其中连续几天跟"某个归国华侨在宾馆会谈，一直谈到晚上十点钟之后"。才两星期，他再度住院。1987 年 3 月 17 日，他的夫人于明给我写信，谈及他因病变得步履蹒跚、记忆衰退。他仍坚持写作。于明在信中说："他总惦记着他原来未完成的创作计划——《科学文艺史》。"

大约公盾已意识到余日不多，抓紧写下了一篇又一篇对革命战友的怀念文章，结成一集，这便是在他去世前不久寄赠我的新著《缅怀集》。

公盾去世之后，他的夫人于明在电话里对我说："公盾是一头'老黄牛'，一直到倒下去，才放下手中的笔。"他的老朋友、作家李英儒则在一封信中写及："公盾这几年来的成就非常大，值得我们学习。"他的"老黄牛"精神，是令人赞叹的。

是的，公盾是一头牛，不知辛劳地勤奋工作着；公盾是一团火，永远以炽烈的热情给人以鼓舞；公盾是一把剑，疾恶如仇、横眉冷对那些黑邪势力；公盾是一支如椽之笔，写下科学，也写下文学。我一直深深怀念正直、厚道、亦师亦友的他。迄今，我仍保存着他的治丧委员会寄来的讣告。

公盾与我的友谊，还延续到下一代。我的长子喜欢写作，初中时出版了科学童话集。我保存着"公盾叔叔"和"于阿姨"共同署名热情鼓励我的长子的信。公盾的儿子郑迪从日本来上海，也到我家探望。公盾的女儿郑维，则跟我保持通讯联系。

公盾故后，他的未竟之作《中国科学文艺史》，由女儿郑维整理出版。科学文艺是科学与文学相结合所产生的作品，既具有科学性，又具有文学性。《中国科学文艺史话》从科学与文学的发展历史，追溯科学文艺的发展史，以此为经；又论述科学文艺的各种不同的形式、特点，以此为纬。作者纵横捭阖，进行探讨与论述。作者精熟英语，又有深厚的古文根底，能够中西贯通，广泛论述自古至今、自中至外各种科学文艺作品及其流派，在这"广"的基础上又能细致深入论述科学文艺代表性作家及其经典作品。《中国科学文艺史话》是关于科学文艺难得的理论性巨篇鸿著，富有开创性。

继《中国科学文艺史》之后，郑维又编选了《科学·哲学·文学——郑公盾文集》，约我写序。我把我所认识的公盾写下来，向读者诸君介绍公盾其人，权且代序。

叶永烈

2017 年 2 月 15 日于上海"沉思斋"

目　　录

上　卷

科苑拾贝

一、学习一点科学技术史的重要意义[*]

科学技术史是人类认识和改造自然的科学历史，它阐明了许多历史上的科学技术家、发明家和工程技术专家的重要贡献，阐明了科学技术对社会所起的作用，以及各门学科的概念、原理、定理及其演变过程。学习科技史可以认识人类知识的积累和继承的历史关系，及其在新的历史条件下如何被突破、分化，从而进入更新更高的阶段。学习科技史可以看到历史上的科学技术家如何争分夺秒地勤奋学习，急流勇进，坚定不移地为捍卫真理而斗争，从他们身上可以学习到科学思维和科学研究的方法。学习科技史还可以了解到各国不同历史时期的科学政策、科学教育对科技工作的影响，等等。从认识论看科技史，可以揭示人类与大自然的奥秘，研究科学技术昌盛和发展的规律，大大开拓人们的眼界；可以使人们得到从宏观到微观的、多种多样的知识补充和再认识，看到人类怎样逐渐征服大自然、利用大自然的各种力量为人类造福，在不断提高物质文明的同时，不断提高人们改造大自然、改造客观世界的信心。

学习科技史的重要意义在于深刻地改变人们的知识结构，使人们通过这方面的学习，不但懂得一门学科的内容，同时也了解到这些内容是怎样形成和发展起来的；不仅知道科学技术在社会不同发展阶段中的作用，也能了解社会对科学技术发展的影响。学习科技史的重要意义还在于，通过科学技术的发展史实，可以获得思想方法上的训练，受到辩证唯物主义的锻炼，获得重要的方法论的启示。

但是，目前一般的历史教科书总是以政治经济学发展为主要内容，很少有人注意到一定历史时期的科学技术发展的内容，更不去考察特定历史时期科学技术自身的内在规律、科学思想、科学技术发明的演变过程，所以，一般的历史书籍只能部分地接触到某些科技史上的问题，并不能代替科学技术史的研究。科技史与马克思主义自然科学观有密切关系，它们都要研究科学发展的规律，但侧重有所不同。科技史要研究过去，总结科学技术发展史观，用以指导现在、预见未来。

科学技术史研究的主要内容，包括以下三个方面。

（1）研究科学认识的逻辑，揭示科技发展的内在规律，使科技工作者更自觉地去运用这些规律。

---

* 本卷系作者专门为北京新华书店门市部工作人员所做的讲话稿，原题为《书籍知识讲稿·科学技术知识讲话》，共 6 章。作者原拟在该稿的基础上作必要补充，以"科技史话"为名公开出版。现鉴于全书体例，其下各章不再按章节的格式排列，而改为"一""二""三"等。——编者注

（2）科技史将协助人们探索社会因素的制约性，从而更深刻地揭示科学发展的社会条件。正如恩格斯在《自然辩证法》中所说："科学的发生与发展是由生产决定的。"15世纪以来的欧洲历史证明，正是由于资本主义生产发展的需要，才使自然科学技术越来越迅速地向前发展，出现了牛顿、哈维、林耐、达尔文等著名的科学家。

（3）学习科技史，将使人们更为深刻地认识到科学技术对社会所起的重大作用。例如，瓦特发明的蒸汽机对欧美产业革命起了怎样的重大作用。马克思、恩格斯在《共产党宣言》中指出："资产阶级在它的不到100年的阶级统治中所创造的生产力比过去一切时代创造的全部生产力还要多、还要大。"再如农业机械化、电气化对农业生产关系的改造所起的作用，电子计算机的发明和运用对促进信息时代的到来所起的重大作用，等等。

当然，科技史所探讨的不仅是自然科学本身的内容，还包括这些科学的产生、演变的历史进程；它是从史的角度研究特定科学技术产生和发展的历史条件及其规律，并从中找到对我们有益的东西。由于科学的分支越来越多，特定的科学几乎都可以写成自己的历史，如数学史、物理学史、化学史、冶金技术史等。科学史也像我们学习的历史科学一样，既有通史，又有专门史。同时，科技史又不能孤立于社会的演变之外，而是随着经济基础的发展，不断的变革、前进的。特别是现在，人们越来越需要学习一点科技史方面的知识。这是因为：

第一，我们的时代是科学技术飞速发展的时代，面临着"四化"任务，面临着信息科学时代的到来，如何迅速有效地制定科学技术发展的战略，更好地适应我国国情，也是一个十分紧迫的课题。一个革命工作者，一个革命干部，必须密切重视科技发展的来龙去脉和发展趋势，必须十分认真地学习一点科技史。

第二，作为马克思主义者，不仅要密切关心和学习马列主义、毛泽东思想，还要尽可能地学习自然科学技术和科技史，增强科学技术方面的知识。马克思逝世后，恩格斯在《马克思墓前的讲话》中指出："马克思看来，科学是一种在历史上起推动作用的、革命的力量。任何一门理论科学中的每一个新发现，即使它的实际应用甚至还无法预见，都使马克思感到衷心喜悦。但是当有了立即会对工业、对一般历史发展产生革命影响的发现的时候，他的喜悦就完全不同了。例如，他曾经密切地注意电学方面各种发现的发展情况，不久以前，他注意了马赛尔・德普勒的发现。"这里指的是1882年，即马克思临终前，在德国慕尼黑电气会上，法国物理学家马塞尔・德普勒展出了他在米斯赫至慕尼黑之间架设的第一条实验性电线线路。这些事实告诉我们，学习和懂点科技史是非常必要的。

第三，毛泽东同志教导我们：阶级斗争、生产斗争、科学实验是三大革命，缺一不可。我们再不能像过去那样成天只讲抓阶级斗争，不顾及生产斗争和科学实验。如果说，为了学会如何进行阶级斗争，一定要学习历史（一部二十四史，就是一部阶级斗争的历史），那么，为了学会如何更好地进行生产斗争和科学实验，同样也要认真学习自然科学技术发展的历史。我们从加强科技史的研究中，可以加强科技工作者的业务修养，并得到借鉴："有这个借鉴和没这个借鉴是不同的，这里有文野之分，粗细之分，高低之分、快慢之分。"毛泽东同志《在延安文艺座谈会上的讲话》的精神，在这里也是适用的。

第四，研究科技史也将使全国人民都投身于世界生产斗争的潮流中去，为学习和应用各种新型科学奠定基础，提高全民族科学文化水平，从而帮助人们更好地懂得什么是马列主义的自然观、科学观和方法论。

为了适应世界人民学习科技史的需要，到目前为止，世界上已经出版了上百种科技史专著。在 19 世纪出现了德国人波佩撰写的《工艺学的历史》，详细记载了欧洲人从古代手磨、风磨到蒸汽磨、自动化磨的科技发展史，以及蒸汽机是怎样产生的过程。英国科学家威廉·惠威尔于 1837 年撰写了《归纳科学史》，接着又写了《科学思想的历史》，是很重要的科技史著作。到了 20 世纪，科学技术突飞猛进，英国科学家萨顿创办了最早的科技史杂志《爱西斯》（ISZ）。20 世纪 20 年代，美国成立了科学史学会，科技史的研究达到了新的阶段。后来，英国科技史家 W. G. 丹皮尔写了《科技史及其与哲学和宗教的关系》（商务印书馆于 1975 年出版了李珩的中译本），提供了若干科学史料。该书初版于 1922 年，在西方国家相当流行，到 1958 年，印行了 21 版。其间，作者做过多次修订。这本书的内容包括古代世界的科学，中世纪、文艺复兴、牛顿时代、18 世纪、19 世纪的物理学，19 世纪的生物学，19 世纪的科学与哲学思想、生物学与人类学的进一步发展，物理学的新时代、恒星宇宙、科学的哲学及其展望等。作者在序言中指出，自然科学技术将引起哲学思想的革命，并使我们有可能把物质生活提高到历代梦想不到的水平。在第二版序中，作者指出："没有什么故事能比科学思想发展的故事更有魅力了。"他说："我坚信科学是历史的适当题材，也是文学的基础。"到了 1941 年，他写第三版序时，相应地吸收了萨顿博士《科学史导论》（1931）中的材料，并得到了物理学界阿斯顿和费瑟博士、地质学界埃尔斯博士、动物学界潘廷博士的协助。1947 年的第四版序中，作者声明得到了原子能专家卢瑟福的协助，进行了补充修改。在《绪论》中，作者猛烈批判了中世纪的巫术、占星术和迷信，歌颂了牛顿、爱因斯坦等人给自然科学带来的曙光。贝尔纳的《历史上的科学》，最近已由科学出版社再版。这是一部优秀的科学史著作。美国人托马斯·库恩的《必要的张力——科学的传统和变革文选》（范岱年、罗慧生等译，福建人民出版社出版）一书，包括《科学史和科学哲学的关系》《科学的历史》《历史和科学的关系》《科学发展的历史结构》《科学和艺术的关系》等 14 篇内容丰富的文章，都是有关科技史的重要著作。英国人斯蒂芬·梅森的《自然科学史》也是一部很重要的科学史著作，其中包括：古代科学，巴比伦和埃及、古希腊、罗马时代的科学；东方和中世纪欧洲的科学，包括中国、印度以及中古欧洲工艺；16、17 世纪的科学革命，叙及哥白尼、伽利略、笛卡尔以及 17 世纪科学社团；18 世纪科学和民族科学的兴起；19 世纪的科学，工业和学术变革的促进者；20 世纪的新兴科学，如近代生物学、相对论、量子论和原子结构学说，以及美国和苏联的科学概况等。

西汉时期的司马迁在《史记》这部著名的历史著作中，记载了我国古代的天文观。他的《历书》和《天官书》记录了古代天文学的著作，记载了恒星、行星、分野、日月占候、奇异天象、云气、候岁等天象；《河渠书》记载了古代治理洪水、开辟河道的工作以及治理黄河的经验教训；《司马相如列传》《扁鹊仓公列传》等篇章中，记载了古代名医岐伯、俞跗、扁鹊、仓公等人治病救人的事迹。从东汉张衡的《灵宪》《灵宪图》《浑天仪图注》中，可以看到他的博学多才，看到他的天文学说及其在自然科学上的成就。从郦道元的《水经注》中，可以看到北魏时期 1250 条河流的分布情况。在古代农学家贾思勰（北魏末期山东益都人）的《齐民要术》中，可以看到当时我国黄河中下游地区各种农作物的栽培、各种经济林木的生产、野生植物的利用以及家畜家禽、鱼蚕的饲养，几乎所有的农业生产活动都得到了详细说明。贾思勰不只从文献中搜集资料，还向农民请教，同时又结合了自己的观察和实验。从北宋大科学家沈括的《梦溪笔谈》中，可以看到他在数学、物理、地学、气象、医药等各方面的造诣以及民间科技人物如喻皓、毕昇对活字版印刷的贡献。元代王祯的《农书》重视农业生产，重视农具的改进和推广。作者以其平时所积累的丰富资料，表现了我国到元代在农业科学上的成就。明代医药学家李时珍在《本草纲目》中记载了 1094 种药物、445 种动物性药物和 276 种矿物性药物。他在西方植物学家、瑞典博物学家林耐的《自然系统》一书出版前的一个半世纪，就提出了先进的植物分类法。明代著名科学家徐光启的名著《农政全书》共 60 卷 50 多万字，包括农本、田制、水利、农器、农时、开垦、栽培、蚕桑、牧养、酿造、造屋、家庭日用技术及备荒救荒。他还翻译了《泰西水法》，介绍了 17 世纪欧洲的水利学原理和水利工程方面的知识。此外，徐霞客的《徐霞客游记》和宋应星的《天工开物》，都在我国科学史上占有一定的地位。

英国科技史家李约瑟自 1928 年起开始研究并写作中国科学技术的历史，最终写成了史无前例的多卷本《中国科技史》：第一卷，中国有史以来的地理和历史状况；第二卷，中国科学思想的发生和发展；第三卷，数学、天文学、地学；第四卷，物理学、工程技术；第五卷，化学、化工；第六卷，生物学、农业、医药；第七卷，中国科技发展的历史背景。尽管这部科技史还存在一些欠缺，但作为一位外国人，能对中国科技史做出如此深入的研究，是值得称颂和钦佩的。

新中国成立以来，出版了若干重要的科学史著作。20 世纪 50 年代初，中国科学院成立了科学史研究组。近年来，该研究组写出了不少颇有分量的科学史著作，如杜石然等 6 人合写的《中国科学技术史稿》，夏柏、林蓉和李仲钧的《中国古代矿业开发史》（曾荣获科学著作奖）。其他重要著作还有《中国化学史》《中国天文史》《中国建筑史》《中国物理史话》《中国数学史》《中国古代天文文物图集》《中国古代冶铁技术史》《中国昆虫史》《中国钻探发展简史》《中国地理学史》《历代治河方略探讨》《中国古农具发展史简编》《中国农业遗产要略》《中国古代的土壤科学》《古代藏医史略》《中国陶瓷史》《中国古代化学史话》《中国古代物理学史话》《纺织史话》《桥梁史话》《中国冶金简史》《航运史话》，以及中国自然科学史研究所近代科学史研究室编著的

《二十世纪科学技术简史》和茅以升主编的《中国古桥梁技术史》（已交科学出版社出版）等。

1980 年 5 月，由本人建议，经中国科协领导批准，由中国科技出版社推出《中国科技史料》期刊。其创刊词指出，刊物的出版将有助于了解我国科学技术领域各学科发展的历史与趋势，在今后科技发展的途径和方法等方面提供借鉴；有助于培养具有现代科学思想和素养的科技人才，有助于对唯物主义辩证法、科学学、未来学等学科的研究。几年来，该刊发表了一系列颇有分量的、有关中国科学史的文章，受到国内外科学史学者的关注。科学技术史学会成立后，于 1982 年创办了《自然科学史研究》杂志，每年出版 4 期。科技史的专门刊物，还有《农史研究》《中国农史》《农业考古》，以及多种院校学报。

研究科技史必须要着重解决的一个问题是方法问题。要做到认真整理文献资料，既要靠古代资料的保存和发现，也要靠现代研究者的正确解释，同时还要有考古天文学、考古冶金学等各门学科的配合，并运用马克思主义哲学来指导这方面的学习和研究。

对科技史的研究，首先要从历史出发，史论结合，充分占有材料；其次，是历史的方法与逻辑的方法相结合；第三，必须运用历史唯物主义思想对待科技史，不能打着"阶级分析"的幌子，肆意篡改科学发展的历史，特别是对科技史上的人物评价问题，决不能简单地用今天的思想观点要求古人。

这里应当指出，从某一方面说来，马克思、恩格斯也是极杰出的科技史家，他们对自然科学技术都曾做过相当深刻的研究。马克思在《资本论》《机器、自然力和科学的应用》等论著中，记载和阐明了一系列自然科学技术史实。马克思从 1845 年起就开始研究欧洲的科技史著作，1847 年在《哲学的贫困》中详尽地说明了技术发展与世界市场的关系。1850～1858 年，他研究了许多有关工艺学和技术史学方面的著作，其中有约翰·波佩的《工艺学教程》《工艺学历史》、农学家和工艺学家约翰·贝克曼的《发明史》、英国化学家和经济学家安德鲁·尤尔的《技术辞典》《技术哲学》、英国化学家和经济学家查理·拜比吉的《论机器生产的节约》等。马克思写的技术史摘要《工艺学笔记》，是十分可贵的。恩格斯也写了一系列关于科技史的著作。他对已经积累的科技资料进行了科学分析并在此基础上揭示科技发展的普遍规律，对科技史进行了分期。同时，结合科学本身的逻辑，他概括出了自然科学辩证法。他指出：如果社会上一旦有技术的需要，将比几十所大学更能把科学家推向前进。他用自然科学史来说明这一点，指出：以前人们夸说的只是生产应归功于科学的那些事，但科学应归功于生产的事却多得无限。他用古代科技史的资料说明："科学的发生与发展，一开始就是由生产决定的。"他对自然科学史的分期问题做了详尽的说明，对自然科学分类法作了科学的检选，揭示了自然科学史与哲学史的关系，对自然科学与哲学的关系做了科学的阐述。恩格斯的《自然辩证法》《反杜林论》，列宁的《唯物主义和经验批判主义》等著作，都记载并论述了科技史的成果。

最近，西方学者正在热烈讨论即将出现的所谓"第四次产业革命"，其特征是电子计算机、遗传工程、光导纤维、激光等新技术的广泛应用。这次新的产业革命，必将使社会生产力更加突飞猛进地发展。有的学者认为，人类社会在经历了农业革命、工业革命的浪潮之后，依靠全新的技术、开发全新的材料的第三次浪潮即将到来。还有的学者认为，西方国家在 20 世纪 50～60 年代达到高度工业化以后，要从工业化社会转入信息社会。不管他们的动机如何、说法是否确切，却给我们送来了一种信息：在 20 世纪末 21 世纪初，或者在几十年以内，现在已经突破和将要突破的新技术运用于生产和社会，将带来社会生产力的新飞跃，并相应带来经济、社会的变化。这个动向需要我们密切注视，认真研究。

大家知道，西方所谓的"四次工业革命"，按照较为流行的说法是指：第一次工业革命始于 18 世纪 70 年代，那正是清代康熙"闭关自守"的历史时期；第二次，始于 19 世纪 40 年代，那正是国际帝国主义以鸦片战争为开端，疯狂侵略中国，使我国沦为半殖民地半封建社会的历史时期；第三次，是在 20 世纪初，以电力、化学制品和汽车的发展为标志。当时苦难的中国人民，在中国共产党的领导下，为反抗帝国主义侵略、抗击日本帝国主义，进行了八年浴血的抗日战争，赶走了日本帝国主义者；又在三年解放战争中推翻了国民党反动派的统治，使全中国得到解放。"十年动乱"时期，正是第四次工业革命时期，其特征是电子计算机、遗传工程、光导纤维、激光、海洋开发等新技术的广泛应用。这次的工业革命或产业革命的结果，将使社会生产力突飞猛进地发展。目前西方国家谈论这个问题的文章很多。美国学者内斯比特出版了《大趋势》一书，指出了当前美国社会出现的各种趋势。其中，主要有以下三个方面：从工业社会转向信息社会；从集中转向分散；从国家经济转向世界经济。这些趋势预示着美国社会经济发展的转变。此外，美国社会学家托夫勒出版的《第三次浪潮》认为，人类在经历了农业革命、工业革命两次文明浪潮之后，依靠全新技术、开发全新材料的第三次浪潮即将到来，并预言这个浪潮将冲击旧的生产方法和社会传统。不管叫"第四次工业革命"也好，还是叫"第三次浪潮"也好，都认为西方在 20 世纪 60 年代高度工业化以后，要从工业化时代转入信息化时代。这个时代的特点，是大量的知识产生，"知识的生产力，已成为决定生产力、竞争力、经济成就的关键因素"。这些，反映了西方国家在工业化后经济和社会的一些新动向。

我们可以从中得到这样一种信息：在 20 世纪末 21 世纪初，将会有这么一个新情况，现在已经突破和将要突破的新科学技术，运用于生产、运用于社会，将带来社会生产力的新的跃进，相应地带来社会生活的新变化。这是值得我们加以重视、加以研究的。我们要根据这个新情况，确定在 10 年、20 年的长远规划中，特别是在科技规划中，应当采取的经济战略和技术政策。对于我们来说，这是一个机会，也是一个新挑战。是投身于这个新科技革命运动呢，还是像过去那样"闭关自守"，坐失良机？19 世纪俄国的彼得大帝和女皇叶卡捷琳娜的热衷改革，把俄国从封建主义社会迅速转入资本主义社会；当时，日本进行了明治维新，在各方面作了改革，从而奠定了资本主义社会的基础。我国则经历了戊戌变法的失败，辛亥革命后胜利果实被篡夺。只有在新中国成立以后，经济上才有了比较重大的发展，但由于"文化大革命"搞"以阶级斗争为纲"，又把大好的时间给耽误了。我们应当立足于当前，高瞻远瞩，展望世界经济发展的新趋势，不断学习和提高科技水平，投身于新时代的产业革命中，迅速地赶上发达国家。应当看到，信息系统是我国比较薄弱的环节，必须迎头赶上去，这样对于我国科技大发展是有着极其重要的意义的。只要我们努力，把信息系统搞好了，"四化"的战略目标是能够提前实现的。这个问题十分重要。信息系统，需要我们重点投资，并着重培养这方面的人才。"新工业革命"带来的信息敦促我们，要做的事，不仅在教育、科技方面，还涉及整个社会物质文明和精神文明方面，这是我们从事现代科学史研究和"四化"工作不可怠慢的事情。

研究科技史将会使我们从中吸取经验和教训，有助于促进我国"四化"事业的迅速发展，有助于我们更好地探索实现"四化"的道路，加快我们向"四化"前进的步伐；同时，也将更加有助于我们学好哲学，从科学史中加以概括、归纳，使科学与哲学得以更好地结合，使我们的工作取得更大的进步。

二、西方自然科学技术发展的简况

自然科学技术的重要性，已经越来越为人们所认识。但是在普通的历史著作中，很少详尽地记载关于自然科学技术方面的发展情况。自然科学技术是历代劳动人民创造的，历代科学技术家将之发扬光大。下面，试对西方自然科学的发展作些简要的介绍。

（一）16 世纪以前的西方科学技术

西方自然科学技术的发祥地是古希腊。古希腊是世界五大文明的发源地之一，有不少探索万物本源的自然哲学家。如赫拉克里特就认为，火为万物的本源。火永在燃烧，又永在熄灭。当变成水和土时，火就熄灭了；当水和土变成火时，火就在燃烧着。对几何学很有研究的毕达哥拉斯认为，数字是万物的本源。他对数学、天文学做出过很大贡献，在西方首次提出勾股定理、奇数与偶数的区别。他也精通音乐，用数学研究乐律，认为音乐的音阶由音波的长短确定，并把这种现象称作"数理音阶"。德谟克里特认为，原子是万物的本源，一切物质都是由原子构成的；原子经常在运动中，是物质不可分割的最小部分。列宁说他是"古代唯物论最鲜明的代表人物"。作为古希腊的数学家、13 卷《几何原本》的作者，欧几里得总结了前人的生产经验和研究成果，用演绎法阐述平面几何学，奠定了几何学的基础。

亚里士多德是古希腊最博学的科学家、哲学家。他是柏拉图的学生、亚历山大大帝的老师。正如马克思所形容的，他是古希腊"最博学的人物"。他将科学分为理论的科学、实践的科学和创造的科学。他对物理学、动物学、植物学、解剖学和哲学等多门学问，都做过探索研究，是形式逻辑学"三段论法"的创始者。恩格斯说他是"古代的黑格尔"。他所著的《动物志》一书，共九卷，涉及人类及人体构造，动物器官，象、猿、猴、鸟、蛇、昆虫等的生活状况，禽兽的精神状态和心理，都讲得很详尽，可以看出他是一位百科全书式的作家。托勒密是古希腊天文学家、数学家、地理学家和地图学家。他出生于埃及，长期住在亚历山大，主要著作是《大综合论》，在中世纪被当作天文学的重要著作。书中主要论述宇宙的地心体系，又叫"托勒密体系"，主张地球居中央不动，日、月、行星和恒星都环绕地球运行。直到哥白尼的"日心说"发表，他的论点才被推翻。

此外，在医学上，希波克拉底是著名的古希腊医师、西方医学的奠基人。他具有朴素唯物主义和自发辩证法的观点，提出了"体液学说"，认为人体由血液、粘液、黄胆和黑胆四种体液组成，由这四种体液构成个人不同的体质。他在治疗中十分重视排泄、呼吸、消化、睡眠和饮食疗法。他的医学观点对西方医学的发展产生了很大的影响。罗马时代的盖伦是西方古代医学最大的理论家之一，创立了医学和生物学的知识体系。他的学说在 2～16 世纪被奉为信条，对西方医学影响很大。他发展了机体解剖结构和器官生理学的理论，认为研究和治疗疾病应当以解剖学和生理学为基础。他并没有解剖过人体，但在研究解剖学时采用了包括猴子在内的各种动物。他的成就，为西方解剖学、生理学和诊断学的发展奠定了基础。在哲学上，他是亚里士多德的信徒，所以欧洲许多讲求自然科学技术的人都以古希腊、罗马为准。人们特别推崇亚里士多德、盖伦等人的学说，这也是为什么毛泽东同志曾说一些人"言必称希腊、罗马"。亚里士多德、托勒密、希波克拉底、盖伦的话对他们来说就是经典，谁要是违反了他们的说法，就像我们过去违反了孔子的学说一样，被认为是"离经叛道"。

自 5 世纪开始，欧洲就处于封建神权的统治下，一切不能违背《圣经》的教条，按照恩格斯的话说，科学也成了神学的婢女。这就是欧洲中世纪的黑暗时代，封建专制特别是宗教神权的统治，足足有千年之久。欧洲资产阶级的崛起，特别是自然科学技术的发展，逐步打破了封建神权的统治，把人们的眼光从狭小的角落引向高远。人们开始科学地认识世界，看到了人民自己的伟大力量。

世界地理大发现，在欧美自然科学发展史中，是值得大书特书的事。1275 年，意大利人马可·波罗来到中国，在中国生活了 17 年。回国后，他出版了《马可·波罗游记》，轰动了世界，特别是引起了欧洲航海热，大家都想到外面看看，寻找新大陆。我们讲外国旅游者或航海家，总是第一个讲哥伦布。他是意大利人，平生最爱读的书就是《马可·波罗游记》。1492 年 8 月 3 日，哥伦布从西班牙出发。到达南美时，他以为发现了"新大陆"——"印度"。之后，又有葡萄牙人麦哲伦在西班牙国王的支持下，带了一批商船，从 1519 年 9 月到 1522 年 9 月，完成了第一次环绕地球的航行，证实了地球是球形。但麦哲伦本人却在途经菲律宾时被当地人打死了。欧洲资产阶级的地理大发现时期，也是争夺殖民地的时期。尤其是葡萄牙、西班牙，首先开始激烈地争夺殖民地，先后征服了墨西哥、秘鲁、哥伦比亚、厄瓜多尔、玻利维亚，夺走了许多金银财宝。后来，英国、法国、荷兰等国家也加入了对美洲的争夺。北美 13 州曾被英国人占领，英国人向这里大量移民，后来逐渐兴旺发达。直到 1784 年掀起北美独立战争，才出现了新兴国家——美国。到了 19 世纪，又开始了对中国、印度的争夺，夺取中、印的茶叶、棉花。资本主义市场比过去大了好几倍，特别是把印度这个大国变成了英国的殖民地，英国成为"日不落"国家。西欧国家从殖民地源源不断地夺取黄金，加速了资本积累，加强了资产阶级的统治地位。

（二）16～19 世纪欧美的科学技术

从 16 世纪起，欧洲开始了古希腊文化的复兴运动。该运动始于意大利，后来扩大到德、法、英、荷等国家。这一运动坚决反对中世纪的禁欲主义和宗教观，要求摆脱教会对人们思想的束缚，打倒作为神学和经院哲学基础的一切权威和传统教条。

近代科学的产生，可以说是以哥白尼《天体运行论》的发表为标志的，也可以说是以哥白尼为首发动的一次科学大革命。在这以前，中国的指南针经阿拉伯人传到欧洲，为欧洲资产阶级的航海和寻找殖民地提供了技术条件；中国的火药传到欧洲以后，诚如恩格斯所形容，"炸毁了中世纪欧洲骑士的堡垒"；中国的造纸术和印刷术等科学技术传入欧洲，推动了欧洲的"文艺复兴"。

"文艺复兴"，也就是马克思所说的"科学复兴"。在很长的一段时间里，古希腊辉煌无比的自然科学被淹没了。文艺复兴造就了像莎士比亚这样伟大的文学巨匠，科学复兴同样造就了科学技术史上为广大人民做出伟大贡献的哥白尼、伽利略等著名人物。因此，这段时间可以概括为：宇宙的发现、地球的发现、人类的发现。这是何等巨大的发现啊！过去，人们只是相信上帝，自然科学成了宗教的婢女；但是，从此以后，人们相信，上帝无非是人所想象和创造的，人是能够征服自然的，是大自然的主人。恩格斯在《自然辩证法》中以热情的笔触写道："这是一次人类从来没有经历过的最伟大的、进步的变革。"

但是，应当指出，自然科学技术的发展，并不是一帆风顺的，而是经过了许多波折，许多科学技术家受尽了迫害。例如，培根是自然科学技术家、哲学家，主张通过科学试验来证明客观事物是否符合真理。他的言论激怒了当时的教会。为此，他一共坐过两次牢，时间长达24年。瑞士医生拉塞耳斯由于对人体的解释与盖伦等有所不同，终生受迫害，流浪于世界各地，最后被反动统治阶级杀害。西班牙医生塞尔维特因发现了血液循环、否认传统教义，被教会烧死。陶器制造师、博物学家帕利亚因不信宗教，在巴士底监狱被处死。此外，还有不少科学家，都因"离经叛道"而被割舌、砍头、受火刑，可见当时在欧洲封建和宗教势力的压迫下，新兴科学家、思想家受到何等的残酷迫害！

但是，科学家们并没有被恶势力所吓倒。波兰伟大的科学家、天文学家哥白尼，正是这样的一位先驱。哥白尼的一生，是被压迫、被损害的一生。他生长在波兰托伦市一个小商人家庭，幼年时父母双亡，由舅父抚养长大，18岁进入著名的克拉科夫大学学习。在这里，哥白尼受到了天文学的基本教育，开始研究古希腊天文学家托勒密的宇宙学说，同时，学会了运用天文仪器观察天体，学习了拉丁文、希腊文和意大利文，阅读了大量的天文学、数学和哲学书籍。1496年，他到意大利学习。1503年，他回到波兰，住在北部海滨埃尔门兰德，从此坚持观察天气，记录了大量数据，并进行演算和分析。

哥白尼一开始就认为，地球围绕太阳旋转的"日心说"更有道理。他主张"日心说"，认为太阳是众星的中心，地球和众星都围绕太阳旋转。他花了36年的时间，仔细观察日月星辰的运动，肯定了"日心说"的正确性。但由于当时人们还是迷信亚里士多德的"九重天"说，直到1543年，他才冲破重重阻力，出版了力作《天体运行论》。同年5月3日，他躺在床上奄奄一息，连看一遍这本书的气力都没有，只能用手抚摸着，但感到非常安慰。他喃喃地说："我一生的心血总算出版了！"之后，就与世长辞了！这书出版后，震动了欧洲。教会认为它是同《圣经》背道而驰的异端邪说，便发布了一道命令，把它列为"禁书"。但真理是禁不住的！哥白尼的《天体运行论》不仅没有被扼杀掉，反而突破重围，更快地传播开了，并且有了多种文字的译本、秘本在人民中间，在"地下"流传，教会也无可奈何。恩格斯对哥白尼的《天体运行论》一书，作了极其崇高的评价。他说："自然科学借以宣布其独立……便是哥白尼那本不朽的著作。……从此，自然科学便开始从神学中解放出来。……科学的发展从此便大踏步地前进。"

布鲁诺进一步发展了哥白尼关于宇宙构造的学说，反对经院哲学，主张人们有怀疑宗教教义的自由。他在外流浪 15 年之后，在一位威尼斯贵族的邀请下，回到阔别多年的意大利。但不幸的是，这是个无耻的骗局。他刚回到意大利便被逮捕，投入狱中，受尽酷刑。他坚决不屈服，于 1600 年在意大利百花广场被宗教裁判所判处火刑。临刑时，他大义凛然，无所畏惧，在熊熊烈火中向众人喊道："我相信哥白尼的学说是真理，因为它是正确的。我虽死了，但这个学说一定要胜利，要传遍天下！"他又说："你们看呀，我不怕死！害怕的是宣判我火刑的人，而不是我，因为真理在我们这一边！"

果然如此！科学的洪流是阻挡不住的。一个人倒下去，又一个人站起来，并且更能战斗，更加英勇。紧接着，伽利略又高举哥白尼科学革命的火炬前进，使科学从神学的束缚中彻底地解放出来，传遍了欧洲，传遍了全世界。一个自然科学革命的时代到来了！这个时代是由伽利略开启的，到牛顿作了初步总结。

伽利略是近代自然科学的代表人物。他从小就爱探索自然，解答自然界的奥秘。正是他，发现了自由落体定律、钟摆等时等原理。他最重要的贡献是对哥白尼学说的进一步发展。1609 年，他听说荷兰人制造了一台望远镜，非常高兴。后来，他改良了望远镜，可以非常清楚地看到天上的星座。他的《哥白尼与托勒密两个世界体系的对话》，是一部杰出的科学和科普著作，具有极其巨大的科学思想力，在欧洲产生了深远的影响，至今不衰。他最后被监禁而死，在极其困厄的环境中，还写了一本有关力学问题的对话。相传，他在狱中，在教会举办的让他忏悔的会上，公然宣称在上帝面前应说真话，所以依然坚持说地球是动的。他被关押多年，也没有卑躬屈膝地向反动派求饶，相反，他顽强地进行科学研究，自始至终地运用自然科学这个武器进行战斗。他的一生，走过的是十分艰难曲折的道路，是为科学真理而献身的一生，后人尊敬地称他为"近代科学之父"。这里附带说一下，伽利略是自学成才的。因家庭贫困，他只读过大学一年级，但他非常勤奋，攻读过希腊的原子论、欧几里得的几何学和阿基米德的物理论。他对亚里士多德的物理学表示怀疑，对意大利著名科学家、美术家达·芬奇则批判地吸取其著作中有用的东西。若干年以后，罗马教廷终于给伽利略恢复了名誉。

继伽利略之后，欧洲最伟大的科学家就是牛顿。牛顿幼时家境贫寒，在村里放牛，开始完全靠自学。他舅父看到他这么用功，就送他上了学校。他 23 岁时就对数学、光学、动力学、天体力学有了一定的造诣，发明了微积分，又用三棱镜发现了太阳光谱。他对光学特别有研究，但他的光学著作直到 1704 年才发表。因为他年轻时写出了这部书稿，后因家中失火被烧掉，后来又重写过。这本书是光学的奠基石。1666 年，他发现了万有引力（也叫地心吸引力）定律；1684 年 8～10 月，他发现了运动三大定律；1687 年，他写成《自然哲学的数学原理》，总结了哥白尼以来的自然科学发展历史。正如恩格斯在《英国概况——十八世纪》一文中所形容：牛顿生前"借助于万有引力而创立了科学的天文学；借助于光的分解建立了科学的光学；借助于对力学的本性认识而建立了科学的力学"。牛顿全心全意地做学问，从事自然科学研究。他献身于科学，一生没有结婚，常常是做科研工作做得入了迷。有一天，他约了一位客人到他家吃饭。客人来时，他说："你坐一下，我到楼上去一会儿就来。"但一上楼，他就被科研工作迷住了。当他做完计算时，才想起还有个客人在楼下。等他下楼来看时，客人把饭菜都吃光了，他才"啊"的一声说："原来我们已经吃过饭了！"他就是这样废寝忘食、专心致志地工作，把生活中的其他内容忘掉了！

牛顿担任过英国皇家学会会长，英国女王授予他贵族封号——伊萨克爵士。他晚年一边从事学术领导工作，一边专心于神学问题的研究，把上帝引进天体力学中，这使得年轻时获得多方面成就的他，晚年没有取得什么成就。1727 年 3 月 20 日，他在伦敦附近的肯辛逝世了。他晚年时曾对人说道："我不知道别人对我有什么看法，不过我自己却好像在海滨玩着的孩子，有时高兴时捡起一颗光滑的美丽石子，但在真理的大海，我还是没有发现什么的。"他又说："有人认为我看得远，那是因为我站在巨人的肩膀上。"可以看到，他虽然取得了极大的成就，但依然是那么谦逊。

自 17 世纪至 18 世纪上半叶，除了牛顿的力学之外，最有影响的是生物学。哈维发现的血液循环，是其中较为突出的一件事情。哈维第一个注意到血液从静脉经心脏流入动脉、从动脉返回静脉的循环运动。尽管当时还没有显微镜，但由于哈维的精心观察，他科学地证明在一小时以内，血液通过心脏的量超过一个普通人的全身重量。他在 1628 年出版的《论心脏循环的运动》，证明了心脏的肌肉收缩时血液循环的机械原因。

1610 年，伽利略根据望远镜能放大的特点，制成了第一台显微镜。后来经过荷兰生物学家列文虎克的改良，制成了新式显微镜，可放大 270 倍。列文虎克用显微镜看到了血液通过毛细管的实际循环过程，血液循环由此得到科学证明。他首次认识了血细胞，并对精子进行了细致的研究。

显微镜的发明，使 19 世纪的微生物学大放异彩。法国微生物学家、化学家、近代微生物学的奠基人巴斯德是其中最主要的代表人物。他在酿酒生产中研究酒变酸的问题，指出发酵是微生物的作用。他在研究蚕病、鸡霍乱和炭疽病时，证明了传染病的病源是微生物。他晚年在狂犬病疫苗的研究中也做出了贡献。他的主要著作有《乳酸发酵》《酒精发酵》《蚕病学》，都是他实践的总结。巴斯德认为人的许多疾病都是由伤口或手术感染引起的，因此首创了"无菌手术"。德国医生罗伯特·科赫提出了"细菌病源说"，使细菌学前进了一步，这是历史上最伟大的医学发现之一。她发明了固体培养基的"细菌纯培养法"，采用染色观察细菌的形态，并运用这些方法首次分离出炭疽杆菌、结核杆菌和霍乱细菌，否定了微生物形态变幻莫测的错误观点。

英国杰出的、自学成才的发明家、万能蒸汽发动机的设计、发明和改造者詹姆斯·

瓦特带来了极其丰硕的科学成果。他在他头 50 年中给世界带来的东西，比世界从一开始为科学的发展所带来的东西还要多。1764 年，他发明了蒸汽机；1785 年，他发明了纺纱机。他的高效率蒸汽机是 18 世纪的一个重大发明。马克思说得好："瓦特的伟大之处就在于，它在 1784 年 4 月获得的专利说明书中，预见到蒸汽机的一切可能的用途，并指出利用它来建造机车、锻造金属等的可能性。"马克思在《机器和大工业》一文中，热烈赞扬"蒸汽机是工业城市之母"。1755～1800 年，仅瓦特和博尔顿合办的一个工厂就生产了 173 台蒸汽机，其中用于纺织业的 93 台，采矿业的 52 台，冶金业的 28 台，使产量大大增加，使法国、德国掀起了产业革命浪潮。当时，英国的钟表匠阿克莱还创造了用水力做动力的珍妮纺纱机，大大增加了纺纱设备的供给。

（三）19 世纪自然科学的"三大发现"

1665 年，英国科学家胡克用自己设计的、好几个镜片组合成的显微镜，发现树皮是由一些形似海绵的细胞组成的。生物学家后来知道，生物都是由细胞构成的，每一个细胞都是独立的生命单位；有些生物只有一个细胞，较大的生物则由许多相互协作的细胞组成。19 世纪已经有了研究细胞生命现象的科学，研究范围包括细胞的结构和功能、分裂和分化、遗传和变异、病变和衰老等方面；细胞学的主要分支，有细胞形态学、细胞遗传学、细胞化学、细胞生理学和分子细胞学。德国的植物学家施莱登和动物学家施旺共同奠定了细胞学说的基础，前者著有《植物发生论》《植物学概论》等，后者著有《关于动植物的结构和生长的一致性的显微研究》等。在他们的影响下，德国病理学家、解剖学家微耳和出版了《细胞病理学》一书，主张细胞是生命的基本单位，一切来自细胞，并把细胞学说运用到病理学上。恩格斯把细胞学说视为 19 世纪自然科学的三大发现之一。

18～19 世纪，生物学也有了很大发展。瑞典生物学家林耐壮年游学欧洲，搜集了大量植物标本，回国后任乌普萨拉大学教授。他的代表作是《自然系统》，到 1758 年出版了 10 版；1757 年，他还出版了《植物种志》。据他统计，世界上有 9000 种植物，这是对植物分类法的一次总结。他认为，对植物的区分和命名，是"我们知识的基础"。他年轻时认为物种是不变的，但到了晚年逐渐认识到物种的变异现象，因此在《自然系统》一书中删掉了"种不会变"这一节。

英国人查理·达尔文提出的"进化论"，像哥白尼的"地动说"一样，彻底推翻了"人是神的最终杰作"的神话。他科学地说明了动物与人类之间的密切关系：高等动物由低等动物逐渐发展、进化而来，人类由原始猿人进化而来，人类与猿猴都属于灵长类动物。达尔文把"万物之灵"的人类划入动物之列，不可避免地受到当时人的诽谤。达尔文出生在英国士洛普郡希鲁兹伯的一个医生家庭，少年时在私塾读书。老师认为他不过是个很平凡、脑筋迟钝的孩子，父亲也常因他成绩不好而加以责备，说他除了与狗游戏、玩猎枪、抓老鼠之外，就没想过用功念书。其实，达尔文从小就很喜欢做化学实验，特别喜欢生物学，喜欢采集生物特别是昆虫做标本。有一回，他在郊外采集到两只甲虫，左右手各拿一只，突然见到草上又有一只，便连忙把手里的一只放在嘴里。想不到这只甲虫竟分泌出黑水来，把他的舌头弄麻了。他连忙把甲虫吐出来，手上抓的一只也跑了。这是他少年时代醉心于博物事业的逸事。他中学毕业后，进入爱丁堡大学学医，后来又弃医到剑桥大学学科学，继续研究生物学。1831 年，他大学毕业后，以博物学者的身份搭乘海军的勘察船"贝格尔"号开始了历时 5 年的环球旅行，眼界大为开阔。他对动植物进行了大量的观察、采集，加上他周密的思考和探索，形成了生物进化的观念。1859 年，他出版了震动当时科学界的《物种起源》一书，提出了以自然选择为基础的进化论学说，对生物的适应性作了正确的解说，说明了物种的可变性。接着，他又出版了《动物和植物在家养下的变异》《人类起源及性的选择》（或译《人类原始及类择》）等书，提出了人类起源的新理论，给创造论神学以毁灭性的打击。1860 年 6 月 28 日，赫胥黎同牛津大学主教威尔伯福斯关于人类起源问题的公开辩论，是科学史上的一场重要论战。从此，达尔文的进化论越来越深入人心，而神造人类的学说越来越被人们所摒弃。马克思、恩格斯热烈称赞达尔文在科学史上的丰功伟绩。在《自然辩证法序言》中，恩格斯认为达尔文的进化论是 19 世纪自然科学的三大发现之一。

与达尔文同时代的阿尔弗勒道·华莱士也从小就热爱大自然，曾到世界各地去探险，到南美和东印度群岛去旅游。他一开始就确信"物种的变化乃是自然选择的结果"，而且是"适者生存"。当他把论文送给达尔文看时，达尔文认为华莱士研究、探索的问题，正是自己长期思考的问题。他对华莱士很重视，把这位年轻科学家的论文转给了其他著名科学家看。在伦敦林耐学会的杂志上，发表了他们两人观点类似的文章。由于积劳成疾，达尔文于 1882 年离开人世。华莱士活到了 1913 年。可惜他晚年却背离了进化论的伟大道路，相信起了所谓的神灵科学。他于 1875 年出版的小册子《论奇迹和现代唯灵论》说自己很早就倾心于麦斯默尔的催眠术讲演。这是一种反科学的、关于某种"生物磁力"的谬论，以其创立者奥地利医生弗·安·麦斯默尔的名字命名。后来，华莱士又相信奥地利医生弗·约·加尔所创立的颅相学，利用人的外形判断人的心理特性。这种伪科学曾为各种江湖术士包括降神术士所广为利用，华莱士竟对此深信不疑。正因为这样，恩格斯认为，这位曾与达尔文齐名的大科学家"已经一只脚踏进神灵的世界中去了""到了 1865 年，他的另一只脚也跟着踏进去了"。恩格斯指出，华莱士竟相信有第四度空间，其中，火不会伤害人身体，因为"已经有神体生理学了"！之所以这样，是华莱士等人"经验的观察"的结果。恩格斯认为："蔑视辩证法是不能不受惩罚的。""经验主义轻视辩证法便受到这样的惩罚；连某些最清醒的经验主义者也陷入最荒唐的迷信中，陷入现代降神术中去了。"科学家华莱士在科学史中扮演的悲剧角色是值得人们引以为戒的。

与达尔文同时稍后的，还有奥地利的僧侣孟德尔。1856 ~ 1864 年，他在寺院中进行了高茎豌豆同矮茎豌豆的杂交实验。第一代全为高茎豌豆，第二代有 3/4 是高茎豌豆，1/4 是矮茎豌豆。孟德尔的结论是：每一植株都具有决定高度性状的因子（1909 年丹麦生物学家约翰逊提出"基因"一词）。由此，建立了他的遗传学学说。

19 世纪 40 年代，科学家发现了能量守恒定律：在任何与周围隔绝的物质系统（孤立系统）中，不论发生什么变化，能量的形态虽可以转换，能量的总和却永恒不变；相较于物质的不能被创生或消灭，作为物质运动的一般量度的能量也是不能被创生或消灭的；能量只能在物质之间进行传递，或者从一种形态转换为另一种形态。德国化学家迈尔发现：体热来自食物的化学能；机械能、热能、化学能可以互相转化。他的论文发表在化学家李比西主编的刊物上。随后，在 1848 年，他又研究了太阳热的来源问题，用流星在大气中失去动能来解释流星的发光，并把能量守恒定律应用于退潮和涨潮的解释。接着，他又论证了机械能的消耗可以产生热的、磁的、电的、化学的反应。他是最早发现能量守恒和转化规律的科学家之一。后来，英国著名化学家道尔顿的学生焦耳在实验中证明，机械能定量地转化为热能。1842 年，英国物理学家格罗夫曾作《自然界的各种能之间的相互关系》的演讲，指出机械能、热能、光能、电能、磁能以及化学能，在一定条件下可以相互转化，不会发生能的消失。他在 1846 年出版了著作《物理力的相互关系》。1847 年，德国生理学家、物理学家赫尔姆霍茨发表了《论力的守恒》。由此可见，能量守恒定律越来越为科学界所认可。马克思对格罗夫的演讲作了很高的评价，指出"他在英国（而且也在德国）的自然科学家中无疑是最有哲学思想的"；而能量守恒定律，则深刻地阐明了自然界的原理，说明了"自然界中整个运动的统一，现在已经不再是哲学的论断，而是自然科学的事实了"。恩格斯把能量守恒定律同细胞学说和进化论一起称为 19 世纪自然科学的三大发现。

19 世纪 70 年代以后，电学迅速发展，这是继蒸汽机发明后又一次重大的技术革命。在这其中，人们不能忘记攫电于九天的美国科学家、政治家本杰明·富兰克林——这个染匠的儿子、印刷厂的学徒，曾经冒着生命危险，用风筝从天空攫取闪电，在西方第一个揭开雷电之谜，为近代电学研究打下了基础；也不能忘记铁匠的儿子、装订工人、自学成才的电磁理论的奠基人和化学家英国人法拉第——他利用 10 年时间从事电流实验，最终看到了线圈连接的电流计指针剧烈地摆动，由此揭示出著名的电磁感应现象，为近代电、磁的转化研究奠定了基础。此外，法拉第还发现了电解定律，首次使用了多种电学名词，如电极、阴极、阳极、电解质、电解、离子等。他晚年从事光和电的关系研究，证明了磁和光有着密切关系，提出了光的电磁学。

同时，人们还不能忘记法国画家、最终竟成为有线电报发明人的缪尔·莫尔斯——他 40 岁以后才开始学习电学，把画室改成实验室，终于在 1844 年 5 月 24 日发出了人类历史上的第一份电报；不能忘记英国人威廉·汤姆生——他提出了海底电缆通信理论并在大西洋海底电缆的铺设中发挥了巨大作用；不能忘记对电磁理论做出杰出贡献的英国数学家、物理学家麦克斯韦尔——他指出电磁波的存在，断定光波是电磁波，阐明了19 世纪中叶电磁研究的成果，建立了电磁学的经典理论，著有《法拉第的力线》《论物理的力线》《电磁厂动力学》《电磁学通论》等；不能忘记英国人亚历山大·贝尔——他经过长时间的电流送声试验，最终于 1876 年发明了电话；不能忘记自学成才的卖报童、"发明大王"爱迪生——他一生有 2000 多项发明，包括电灯、电影、蓄电池、留声机等，平均每 13 天就有一项发明。有人赞扬爱迪生是天才，他回答道："天才不过是百分之一的灵感加上百分之九十九的汗水。"

此外，还有许多发明、创造得到了广泛应用。如电磁波的发现，在 1895 年后应用于无线电通信。1894 年，意大利人马可尼和俄国人波波夫设计、制造了发射和接收无线电电波的装置，发明了无线电电报。1906 年，无线电广播诞生；1916 年，无线电电话诞生；1921 年，短波通信诞生；1923 年，无线电传真诞生；1929 年，电视机诞生；1933 年，微波通信及雷达等竞相发展，百花齐放。电动机的发明和应用，对工业起了极大的推动作用；功率巨大的直流、交流电动机，在工业和交通运输业中普遍使用。发电站的建成，大大提高了生产能力，促进了工业技术的又一次革命，出现了一大批新的工业部门。电话、电报、电热器、电扇等生产、生活方面的应用也发达起来，为物理学、化学等学科开辟了光明的前景。

马克思十分关注电的发现。1882 年慕尼黑电气展览会上，法国物理学家、电气技师马赛尔·德普勒展示了第一条试验性输电线路，这使马克思非常高兴。他从电的发现，预见到人类幸福的未来！

三、中国科学技术发展简况

中国是世界上的文明古国之一，自古以来有许多发明创造。现简述于下。

（一）中国古代的科学技术

1. 在中国发现的古人类及其发明创造

我们伟大的祖国历史悠久，幅员辽阔。从远古时代起，中华民族就生于斯，食于斯，所谓的中华民族"西来说"及其他各种学说，都是些无稽之谈。

中国的古人类，最早的是距今 170 多万年的云南元谋人。1965 年 5 月，人们在云南元谋发现了两颗人的门齿，因此把这里的古人类命名为"元谋人"。这是在我国南方发现的最早的猿人化石。经过多次发掘，又找到了大批哺乳动物化石以及三件刮削器。动物化石中有云南马、爪蹄兽、原始鹿、水鹿和古老鹿类，刮削器的长度在 42～48 毫米。考古结果表明，当时还是旧石器时代。

1927 年，在北京周口店发现了北京猿人遗址，共找到比较完整的头盖骨 6 个、头骨碎片 12 件、下颌骨 15 件、牙齿 157 个、大腿骨断片 7 件、小腿骨 1 件、上臂骨 3 件、锁骨和月骨各 1 件。第一个头盖骨是人类学家裴文中发现的。后来，经过著名人类学家魏敦瑞的研究，推算出"北京人"男性身高约 156 厘米，女性身高约 144 厘米；他们肌肉发达，腿较短，胳膊较长，善于制造石器，留下了砍砸器、刮削器、尖状器和雕刻器、石锤、石片、两端石片等旧石器工具。此外，出土的还有烧骨头、烧朴树的灰烬。可见，早在 50 万年以前的"北京人"时代，就已经开始用火。恩格斯在《反杜林论》中对于火的使用热烈赞扬，指出："在人类历史的初期，发现了从机械运动到热的转化，即摩擦生火……就世界性的解放作用而言，摩擦生火还是超过了蒸汽机，因为摩擦生火第一次使人支配了一种自然力，从而最终把人同动物界分开。"火有光，也有热，它给人类以温暖，给全人类以极其巨大的变革。有了火，人可以吃熟食、提高体质、更好地求生存，所以火的使用在科技史上是最值得大书特书的。

在"北京人"遗址，还找到了扁角肿骨鹿、剑齿骨、鬣狗、马、鼠等 78 种动物化石，其中鸟类 45 种，哺乳类 33 种。此外，可以看出，当时人已经会修理石台面了，打片有一定的程序；刮削器和尖状器修理精致，类型也相对固定。修理把手的大石片是有效的砍劈工具，也是这一遗址的特有类型。

继"北京人"之后，在山西有"许家窑人"的发现、"丁村人"牙齿和 2000 多件旧石器的发现，在陕西有"大荔人"头盖骨的发现。1957 年夏，古人类工作者在山西交城西北范家庄一带找到了一些石核和石片，其中有刮削器和砍砸器；仅保留了少量粗大石器，多数石片和石器都比较小，且以锤击法为其打片和修理石器的主要方法，时代当比丁村文化略晚。马坝人化石是 1958 年 6 月在广东曲江马坝乡的狮子峰一山洞里发现的，化石标本为一残破的头骨，包括额骨、部分顶骨、眼眶和鼻骨的大部分；动物化石有鬣狗、熊、野猪、箭猪、剑齿象、纳玛象等。1957 年，在湖北长阳赵家堰下钟家湾发现了长阳人化石，这些化石既具有原始性又带有现代人的特点；在遗址底层，找到了豪猪、竹鼠、豺、小熊、熊猫、虎、獾、剑齿象等动物化石。后来，又陆续发现了贵州桐梓人化石、贵州水城人化石——一颗左上犬齿，以及西藏定日热九曲的 40 件旧石器。

1963～1964 年，在陕西蓝田县发现了一块原始人的下颌骨和一块 30 岁左右女性的头盖骨，后来把这里的古人类命名为"蓝田人"。对比北京猿人 915～1225 毫升的脑容量，蓝田人的脑容量约为 700 毫升；他们的生存时代距今约 70 万年，比"北京人"早。同时，还发现了一些零星的旧石器，主要包括 46～49 毫米长的刮削器和砍砸器、186 毫米长的大尖状器和原始型手斧；动物化石 38 种，包括牛、马、鹿、猪、熊、貘、大熊猫、剑齿虎等，都是第四纪哺乳动物的遗存。这也是属于旧石器时代的古人类。

距今 5 万年左右，原始人类跨入了新阶段——人的体质、形态与现代人基本一致，头骨呈穹隆状，眉弓短而低，额部丰满，枕骨增高，脑容量增大。我国发现的"柳江人""资阳人"和"山顶洞人"等，都具有原始黄种人的特征。不少遗址中发现的磨制骨器和大量的装饰品，表明当时人已掌握磨光技术和钻孔技术。骨针的发现，说明当时已能缝制衣服。大部分的生物化石也同于现生种。此外，还发现了辽宁"建平人"的肱骨和凌源的"八间房"、广西的"柳江人"和"麒麟山人"头骨以及"峙峪人"的枕骨。而台湾台南发现的"左镇人"，也说明了台湾岛在古代是与大陆连接在一起的。总之，我国人类学家在古代人类化石的发现和研究上，做出了一系列贡献。

恩格斯说："有了人，我们就开始有了历史。""这些人使自己和动物区别开来的第一个历史行动，并不是在于他们有思想，而是在于他们开始生产自己所必需的生活资料。"

2. 中国古代的农业

从采集、渔猎过渡到以农业为基础的经济生活，原始社会的各方面在漫长的发展过程中都发生了重大的变化。人类逐渐定居，从事农业生产活动。农业生产是人类社会第一次伟大的变革。陆贾《新语》说："民人食肉饮血，衣皮毛，以为行虫走兽难以养民，乃求可食之物，尝百草之实，察酸苦之味，教民食五谷。"班固《白虎通义》说："古之人民皆食兽肉，至于神农，人民众多，食兽不足，于是神农因天之时，分地之利，制耒耜，教民农耕……"这里很具体地说明了农业生产出现的过程和情况。

我们的祖先最先耕种的是粟（小米）、水稻和小麦。考古工作者在西安半坡遗址发现了很厚的一层已腐化的粟，在一个陶罐内发现了炭化的菜籽。类似的发现在全国不少地方都有，如安徽亳县钓鱼台遗址中的一个陶鬲内盛有大量的麦粒。这说明 7000 多年以前我国的农业已相当发达，人们利用陶器作为储藏的主要工具；同时，也说明我国的水稻种植比日本早4400多年，比印度早2400多年。那时，人们主要用石斧、石锄、石铲和石耜来翻土，用石镰、石刀和陶刀来收割，用石磨棒和杵等来加工谷物。此外，人们还用耒耜等先进的农具进行农业生产，属于刀耕火种的时代。

从采集经济发展到生产经济，人们的生活得到了改善，这为饲养业的发展和人们的安定生活提供了有利条件；同时，也为我国古代农学和技术理论的丰富打下了基础。直到现在，虽然社会性质几经变化，但我国仍然是农业大国。我国农学著作甚多，古代的《管子》《吕氏春秋》《相马经》《相牛经》《南方草木状》《相鸭经》《相鸡经》等，都涉及或专谈农牧业。北魏贾思勰的《齐民要术》共10卷92篇11万字，包括耕种、作物、选择、育种、土壤、肥料、蔬菜、果树、农产加工、兽医、养蚕以及外国农作物等方面。因辗转抄录，颇多舛误，商务印书馆万有文库本是较好的版本。该书很早就被日本等国翻译过去。此外，还有《伯乐治马杂病经》《治马牛骆驼骡等经》《田家历》，唐王方庆《园庭草木疏》、王旻《山居要术》、陆羽《茶经》、韩鄂《四时纂要》、陆龟蒙《耒耜经》以及《唐真宗授时要录》，宋欧阳修《洛阳牡丹记》、安止《禾谱》、秦处度《蚕书》、陈敷《农书》、楼璹《耕织图》、范如圭《田夫图》、范成大《范村梅谱》、赵时庚《金漳兰谱》以及《农家切要》《安骥集》《牛马书》《花谱》《蒲田荔枝谱》。

王祯是元代的农学家，山东东平人，著有《农书》20卷。他当过县尹，生活俭朴，与农民有着密切接触。《农书》是他当县尹时完成的，包括"农桑通诀"18卷、"农器图谱"12卷和"百谷谱"14卷，绘有当时的各种农具，现在看来也不过时。他还是个发明家，《农书》是用他造的活字版印制出来的。全书13.6万字，插图281幅，对中国南北方的农业问题做了比较研究，对历法和农时做了简明的小结，还绘制了"全国农业图"（已失传）。他主张兴修水利，把灌溉、航运、水力和水产结合起来，使"国有余粮，民有余利"。《农书》中的"农桑通诀"总论农业生产，介绍了农事、牛耕和蚕桑的起源以及授时、地利、孝弟、力田、垦种、耙耱、播种、锄治、粪壤、灌溉、劝助、收获、蓄积、种植、蓄养、蚕缫和祈报；"农器图谱"中介绍了20多种农具，包括宋元时期发明的翻车、高转筒车等灌溉工具；"百谷谱"中记载了作物的栽培，包括粮食、菜蔬、果树、竹木和其他经济作物（油料作物、纤维作物以及杂类中的苎麻、棉花、麻，当时南方普遍种植，北方也开始种植），以及谷物中的粟、水稻、旱稻、大麦、小麦、黍、粮秫、大豆、小豆、豌豆、蜀黍、胡麻、麻子和紫草、红花、兰灵等染料。此外，王祯还著有《农桑辑要》《农桑撮要》等著名农书，对我国农业生产进行了初步总结。

明代的农书主要有：陈元靓《食物本草》、娄元善《田家五行》、元鲁明《农桑衣食撮要》、王圻《农桑辑要》、俞贞木《种树书》、朱橚《救荒本草》，屠本畯《海味索引》。明清之间的农书主要有：《牡丹志》《荔枝谱》《灌园史》《灌园草木识》《花史左编》《花谱》《花疏》《茶约》《茶笺》《茶经》《罗芥茶记》《汝南圃史》《群芳谱》《野菜博录》《野菜谱》《广农书》《宝坻劝农书》。此外，明末徐光启撰《农政全书》

60 卷、《农遗杂疏》5 卷；前者又分农本、田制、农器、树艺、蚕桑、种植、牧养、制造、荒政等 12 门。明宋应星的《天工开物》开头部分"乃粒"讲耕种，"乃服"讲蚕桑，"粹精"讲作物加工，"甘嗜"讲种蔗。明耿荫楼撰《国脉民天》一卷，分区田、亲田、养种、晒种、蓄粪、治旱、备荒。清郑之任撰《农桑易知录》，丁宜曾撰《农圃便览》，杨由山撰《蚕政摘要》，陆耀撰《甘薯录》，包世臣撰《齐民四术》，王蓉兰撰《农言》，等等。可以说，我国自古以来有关农艺、茶、果树、六畜的书何止千卷，农业生产知识十分广博发达。

夏、商、周时期，由于青铜器具的逐步推广，农业生产得到很大的发展，农业成为社会最重要的生产部门；许多荒地被开垦，生产技术有了提高，剩余粮食逐渐增多。关于青铜器的制造，《考工记》上有较为详细的记载。商代已使用牛耕，在甲骨文中可找到佐证。春秋时代，冶铁技术有较大的发展，铁器的使用已很普遍，大大提高了农业生产效率，是耕作技术的一次革命。正如恩格斯所说："铁使更大面积的农田耕作、开垦广阔的森林地区成为可能。"在我国封建社会的农业生产中，种植业属于第一性生产，饲养业属于第二性生产。人们通过种植业取得食物、纤维、木材和燃料等基本的生活物质和能源，所以叫第一性生产。其中有 1/4~1/3 可供人直接食用，其他的转化为饲料，再转化为肉、蛋、奶和皮毛。两千多年来，中国封建社会基本上采取的是"重农轻商"的政策，没有形成资本积累和重大技术革命，为封建社会向资本主义社会转变创造条件。

3. 陶器的制造

公元前 1 万~公元前 4000 年，中国开始制造陶器。《周书》说："神农耕而作陶。"这是把农业生产同陶器制造联系起来。在出土文物中，仰韶文化的彩陶是相当优美的艺术珍品。据测定，其年代在公元前 4515~公元前 2460 年。山东龙山文化精致的黑陶，漆黑有光，工艺水平很高。据测定，大约制造于公元前 2310~公元前 1810 年。

我国古代陶器制造以精美闻名于世。英文中的"China"这个词，既指中国，又指陶瓷。陶器的发明，为人们的生活提供了便利。仰韶文化中有碗、钵、盘、壶、罐、盂、四足鼎及支座等，其中盂最多。古代制陶的窑也多有发现，烧窑的温度达千度以上。仰韶的陶窑一般规模较小，其陶器基本由手工制作。半坡的陶器中有圆底盆、折腹盆、细颈壶、直刺纹罐等，形式多样，有 20 余种。除了有花纹外，有的陶器还制成了动物的形状。如陕西华县太平庄出土的鹰鼎，造型像鹰形。山东龙山陶器以黑陶为主，但也有灰陶、红陶、黄陶、白陶，表面乌黑发亮，制作精致，造型优美，尤其是蛋壳型的陶器烧制，需要较高的技艺。

1958 年，人们首次在四川巫山三峡一带发现了长江流域新石器时代的陶器，其生产年代在公元前 2825~公元前 2405 年。在浙江余姚河姆渡和浙江嘉兴马家滨一带发现的陶器，年代当在公元前 3670~公元前 2685 年。新石器时代的窑址相当普遍。据专家分析，除仰韶、龙山窑址外，还有马家窑文化窑址、红山文化窑址，大汶口文化窑址、屈家岭文化窑址，等等。这些地方能生产红陶、彩陶、夹砂红陶、灰陶、黑陶、灰红陶、白陶、夹砂灰陶、陶片等，在制造技术上有重大突破。

我国制陶业在夏、商、春秋时代不断发展，出现了建筑用陶和其他陶制品。全国各地区的陶器生产也发达起来。历代生产的陶器，都有自己的特点。唐、五代时期，青瓷、白瓷、黄釉、原釉、黑釉，花釉和纹胎瓷器、三彩陶器、陶瓷雕塑层出不穷，陶瓷已销往海外。宋代黑釉瓷器的生产较为发达，在造型方面也有自己的特点，而且继续向外销售。元明清时期，景德镇的陶瓷业有了新成就，开始大规模的销售到外国。在郑和的八次远航中，瓷器大量输出。当时，中国的青花瓷器几乎遍及亚、非、欧、美各洲，世界许多大型博物馆都藏有中国瓷器珍品。15 世纪，埃及开始仿制中国的青花瓷。16 世纪，中国的制瓷技师开始在波斯的伊斯伯罕烧造瓷器。清代，瓷城景德镇更加繁荣。江苏的宜兴窑、广东的石湾窑、福建的德化窑也相当发达，在造型、装饰等方面都有自己的特点。

4. 中国古代的四大发明：指南针，造纸，火药，印刷术

相传在两千多年前，黄帝就发明了指南车指示方向，打败了能作雾的蚩尤。也有人认为指南车是周公发明的：周公当政时四方来朝贺，越裳氏在极远的南方，也派使者来朝贡；怕他们回去时迷路，周公就制造了指南车指引他们回去。历史上记载，战国时代就有勺柄司南。战国时的《韩非子》和东汉王充的《论衡》都有关于"司南"的记载。东汉科学家张衡曾复制过指南针。三国时期的发明家马钧曾复制指南车，但因战乱而遗失。南北朝时的大科学家祖冲之又制造了一辆指南车。后来，燕肃和吴德仁也都制造过指南车；前者献车给皇帝时写的那篇呈文留传至今，上面说不管车如何转弯，车上木偶的手指永远指向南方。北宋时所制的罗盘，就是指南针。北宋科学家沈括的名著《梦溪笔谈》中就有关于指南针使用方法的详尽记载，并且绘出图来；同时也指出，指南针并不指正南，稍微有点偏东。宋人朱彧的《萍州可谈》中有我国航海应用指南针的记载。南宋时的广州、泉州都是大商埠，阿拉伯人、波斯人、罗马人纷纷走海道与我国通商。指南针很自然地为他们所应用和传播，进而对全世界做出了巨大的贡献。

西汉时期，人们开始造纸，东汉时已能用破布和麻制造出质量较好的纸。在文字发明以前的很长时期内，人们用的是结绳记事的方法。公元前 4000 年左右，出现了简单的记事符号，这就是最早的文字。公元前 2000 年左右，出现了类似图画的象形文字。到了商朝后半期，文字已相当完善，大都刻在乌龟的硬壳和兽类的肩胛骨上。近数十年来，在河南安阳以及陕西、山西、辽东等地发掘出不少甲骨文，在古代多为占卜之用。后来又发展出简牍，即竹片和木片，比起甲骨文进了一步。当时有所谓"学富五车"之说，就是说书简要用车子来运。东方朔写了一篇文章给汉武帝看，用了 3000 多片竹简，用车子运进宫廷。后来，又出现了新的书写材料——缣帛，就是把文字写在裁好的丝织品上，价值较为昂贵。再后来，出现的新的书写材料叫赫蹄，是一种很薄的絮纸，又叫丝绵纸。大约在汉蔡伦造纸的 200 多年前，人们已经掌握了用植物纤维造纸的技术。蔡伦为湖南耒阳人，很早就进宫为宦官，做过汉和帝的中常侍。后来，他升任尚方

令，管理皇家作坊，在工匠们共同努力之下，利用树皮、麻头、破布等，制造出一种既轻便又适用的纸。105 年，他把纸献给皇帝。这就是"蔡伦纸"。经过历代改良，特别是到了唐宋时期，造纸技术、质量、数量均大幅提高，其中安徽宣城造的纸名闻全国。米芾的《十纸说》介绍了"川麻纸"的特色。五代时，南唐后主招雇四川造纸工人制造的纸，纸面平滑富有光泽。造纸术先传到日本、亚洲西部、阿拉伯、非洲北部和欧洲，17 世纪传到美洲。

隋唐时期，我国的印刷术已很发达。特别是唐朝，佛教传到中国以后，印刷了许多佛像和佛经。甘肃敦煌千佛洞印刷精美的《金刚经》载："唐咸通九年四月十五日印。"这是目前发现的世界上最早（868 年）的印刷品，比欧洲最早的、德国的画像《圣托菲尔》（1423 年）早 555 年。约在 1040 年，宋代的毕昇发明了活字版印刷，使用泥烧窑制活字。元代的王祯用木制活字。后来又用铜制活字。这些都比欧洲早得多。

火药的发明也很早。北宋时代就有了火器，南宋时代有了火枪。施耐庵的《水浒传》中就有一个专制枪炮的凌振，其中还描写了用火箭来加快弓箭的射击速度。17 世纪的大哲学家、科学家弗兰西斯·培根说：中国的四大发明"改变了全世界的表面和一切事物的状态"。马克思在《经济学手稿》中赞扬火药、指南针和印刷术，说这是预告资产阶级社会到来的三大发明：火药把欧洲的骑士阶层炸得粉碎，指南针打开了世界市场并建立了殖民地，而印刷术则变成新教的工具。这些都说明，中国古代的科学技术并不落后。马克思为什么只提三大发明，没有讲到造纸术？这是因为当时的纸张传到阿拉伯人手里，被他们截留了，所以马克思不了解中国发明了造纸术。

5. 冶金业的成就

殷商时代，我国的青铜冶铸技术已取得一定的成就。1923 年，在甘肃广通齐家坪发现的红铜器，距今约 4000 年。甘肃武威皇娘台出土的铜器，除了铜以外，还包含少量的铅、锡、镍。商、西周时代，除了锄、铲、镢等青铜工具外，还有斧、锛、斤、凿、钻、刀、削、锯、锥；兵器有戈、矛、钺、镞、剑、戟等；礼器和生活器有觚、爵、斝、觥、觯、尊、卣、罍以及鼎、鬲、簋、盂、豆等。此外，还有青铜乐器和束马器。

春秋战国时代，冶铁技术迅速发展。约在 3300 年前，我国已开始用铁。《尚书·费誓》《诗经·大雅·公刘》中都有锻铁的记载，在出土文物中也有不少铁器。战国中后期，冶铁技术已有较大的发展。百炼钢和炒钢最迟在西汉成为炼钢法，曹植《宝刀赋》中的"百辟刀"就是这样炼成的。

明清时代，冶金生产主要涉及金、银、铜、铁、锡、铅、锌，产量、规模较宋元时期有较大增长，铸造技术也有很大提高。明代的资本主义萌芽更促进了冶金技术的发展，全国的开矿业发展很快。明代科学家宋应星是位杰出人物，他对冶炼钢铁极为熟悉。在《天工开物》中，他对金、银、铜、铝、汞、锡、锌的冶炼做了详细记载。

6. 秦汉时期的科学技术

秦汉时期的科学技术发展出现了两次高潮。西汉初期和东汉初期采取的"休养生息"政策，提倡农桑，减轻赋税，使经济生产发展很快，为科技繁荣创造了条件。从汉武帝到汉宣帝的百年间，出现了数学名著《九章算术》，制定了太初历，发明了造纸术，兴建了大规模的水利工程，促进了冶炼业的进一步发展，涌现出一批像张衡这样的杰出的百科全书式的科学家。张衡 34 岁时，主持天文观测工作。他发明了浑天仪、地动仪，写有《浑天仪图注》《漏水转运浑天仪记》等著作，说明地和天都是圆的。

秦汉时期，农业、医学、天文、算学等科学体系逐渐形成，冶炼、纺织、漆器、造纸、造船都十分繁荣，大大超过了西方。公元前 4 世纪的《石氏星经》，记载了天象观测。三国时代的陈卓根据前人资料绘制了星图，其中有 1434 颗星星。当时，苏州还有石刻星图，于 193 年绘成，也有 1434 颗星星。而欧洲直到 15 世纪才画出星图，其中也不过 1022 颗星星！在《汉书》中已经记载了太阳黑子，时间是公元 28 年，而在欧洲，伽利略在 1610 年才记录了太阳黑子。

7. 齐梁时期的科学技术

齐梁时期范缜的《神灭论》，同梁武帝所主张的"神不灭论"进行了激烈斗争。这是一场唯物主义和唯心主义的斗争。在范缜看来，人的精神不过像刀刃之利：利与不利，都不能离开刀而存在；离开人的身体，就谈不上精神。所以他认为，没有什么鬼神。梁武帝并没有因此和他过不去，还允许他与人辩论。正是在这样的环境中，涌现出了一批科学家，取得了丰硕的成果，如刘徽的《九章算术》、祖冲之算出的圆周率。

此外，葛洪的《抱朴子》是道家炼丹术的经典著作，记载了硫、石胆等矿物质的冶炼。著名科技史家李约瑟认为，这是一部中国最早的化学著作。这部著作也被翻译成外文，在西方流传。

8. 纺织技术和养蚕业

原始社会后期，我国出现了原始的纺织技术。在全国的新石器时代遗址中，都有所发现。我国是世界上最早利用蚕丝的国家。在新石器时代末期，开始有蚕丝的织作。早在公元前 6 ～公元前 5 世纪，我国丝织品就已经流传国外，远达欧洲。居住在甘肃一带的月氏人，是最早的丝绸输出的使者。公元前 4 世纪，亚历山大入侵印度，其部将在旁遮普见到了又轻又软的丝绸，当为中国的丝织品。位于苏联阿尔泰地区的巴泽雷克古墓群，是公元前 5 世纪的古墓，有中国的丝绸出土。公元前 5 世纪后半叶，中国的丝绸还见于西亚的波斯。所以丝绸之路除了过去常提到的西域和南海的路线外，还存在一条东起蒙古高原、西至黑海沿岸、横贯欧亚草原的古代交通线，大体在北纬 50°附近。

我国先民最早发明了养蚕取丝，为世界做出了贡献。自古以来，中国的纺织业不断发展。在汉代，已能织出各种丝织品，如绸、罗、绫、绵、绢等。东汉时期，张骞出使西域，开拓了中西交通，开辟了丝绸之路，将开渠法、冶钢炼铁法传到了西方，比马可·波罗来中国早 1000 多年。同时，张骞还带回了良种马、苜蓿、葡萄、胡桃、蚕豆。后来，班超又出使西域，再走丝绸之路。连西方的恺撒大帝也穿着美丽的中国丝绸看戏。1972 ～ 1974 年，长沙马王堆的出土文物中，就有织得非常漂亮的绸、绢。唐宋时期的丝织品，有着更复杂的丝纹。南宋末年，江苏的黄道婆是著名的织布能手，她的织布技术在松江一带推广，松江成了全国的织布中心。

9. 医学技术

自古以来，中国的医学就很发达。2400 年前的名医扁鹊反对信巫不信医，同"天命论"做斗争，治好了许多生命垂危的病人。他在周游各国的行医中，备受欢迎。他既善望诊，又精通切脉。太史公司马迁赞扬他："至今天下言脉者，由扁鹊也。"东汉名医张仲景著《伤寒杂病论》，批判了"天人感应"的谬论。他分析病情，总结出汗、吐、下、和四种治疗方法；重视疾病预防，对五脏、口齿、妇科无不精通。东汉末年的名医华佗精通外科，能"刮骨疗毒"，发明和掌握了麻醉术，创造了医疗体操——"五禽之戏"。隋唐时代的名医孙思邈拒绝入仕，长期在民间行医，提出了综合治疗法，为传授和积累药物学做出了贡献。明代的李时珍 29 岁开始行医，上山采药，发现了许多新药。他反对长生不老的鬼话，批判了炼丹旧说。经过 27 年的不懈努力，编成了《本草纲目》。全书共 52 卷，含 1892 种药物。《本草纲目》是在他死后 3 年才印刷的。该书很早就被译成日、英、法、德、俄等文字在国外流传。

10. 建筑技术

中国从古以来就有着精湛的建筑技术，并逐渐形成了自己的风格。两千多年以前的建筑物还能流传至今，如举世闻名的万里长城。"不到长城非好汉"，外国人到中国游览，攀上长城，才能感受到中国古建筑的伟大。同时，也说明这些建筑物坚固、耐久，经得起时间的考验，无愧于世界著名的建筑奇迹。中国古代建造的地上地下宫殿、寺庙、墓道，都有其独特的风格，特别是墓穴的建筑，已逐渐形成传统。秦汉以后，砖石结构的建造水平也很发达。杜牧《阿房宫赋》"五步一楼，十步一阁，廊腰缦回，檐牙高啄"的描写，令人想见其富丽堂皇。明清时代的北京故宫，琉璃瓦、大屋顶，显示出东方建筑的独特风格。自古以来，还留下了许多桥梁古迹。如北京的卢沟桥，曾被马可·波罗形容为世界上最美丽的桥梁；河北的赵州桥，已经历了 1000 多年，至今仍巍然矗立；福建泉州、漳州的桥梁，马可·波罗曾惊叹为福建桥梁甲中国。中国桥梁的式样，几乎包括了世界上所有桥梁的式样。特别是以赵州桥为代表的石拱桥和颐和园里多孔的玉带桥，成为此类桥梁的先声。

秦代开始兴建驰道。当时，以京都咸阳为中心，修建通往山东的东方大道，通往福建、广东、广西的七条大道。春秋战国时期，还兴建了栈道——沿着山岩，架上桥梁，逢山凿洞，技术性很高。后来的各个朝代，都有新的建筑。隋代和元代还开凿了大运河。隋炀帝开辟了一条以洛阳为中心的大运河。从洛阳向东南到扬州，叫作通济渠，长约 1000 公里；又开江南河，从镇江到杭州，长 400 多公里；又从洛阳向东北到北京，叫作永济渠，约 1000 公里。总计约 2400 公里。元代建都北京，开了一条取道山东的运河。现在，从杭州到北京只有 1400 公里。

春秋战国以来，我国的造船业也大大发展。汉代开始有多层的楼船。东汉时有 10 层的楼船，船尾有舵，旁边还有橹，行走得很快。汉武帝时的船，从南海出发，穿过马六甲海峡，经过缅甸，抵达斯里兰卡；还可以东达日本，南及印度尼西亚。

11. 科技交流

唐宋时期，海上交通更加发达，特别是盛唐时期，中日交通频繁。据历史记载，日本共派出遣唐使 15 次。唐玄宗开元五年，大使阿信安麻吕率 557 人使唐；开元二十年，大使多始比广成率 594 人使唐。此外，还有日本留学生和留学僧多名。其中的优秀者如吉备真备，在唐留学 17 年，博涉经史，工于诗文，携归中国书籍甚多。再者如阿倍仲麻吕，16 岁入华，留唐 50 余年，改名晁衡；与唐代著名诗人王维、李白相友善；曾一度欲返日，因水阻，留唐不归。晁衡欲回国时，王维、李白、包信等人都有赠诗。传说晁衡覆舟而死，李白作《哭晁卿衡诗》，尤为感人："日本晁卿辞帝都，征帆一片透蓬壶。明月不归沉碧海，白云愁色满苍梧。"另有如橘逸世者，工汉学，长隶书，将唐代典章制度、文章等带回日本。此外，刘禹锡、韦庄、钱起等著名诗人，也写有赠日人诗，展现了两国之间的友谊。而中国的鉴真和尚也曾东游日本。

明朝时期的郑和下西洋更值得铭记。郑和原姓马，云南回族人，在打仗中为燕王朱棣立下了汗马功劳。朱棣做皇帝后，命他率领 63 艘船、27000 多人出使西洋各国。其中的大船长 147 米、宽 60 米，可以载上千人。从 1405～1433 年的 29 年中，郑和七次下西洋，到过马来亚、印度、波斯、东非等 37 个国家；特别是在第五次，还到了非洲东岸的索马里、肯尼亚等国。他比葡萄牙人达·伽马绕过非洲好望角早 100 年。他的远航主要是扩大政治影响，送给各国礼物，到现在还有着良好的影响。他的远航还传播了中国的科学技术，如养蚕、种茶、冶炼、造纸、造指南针、造孔桥，等等。

12. 明朝中叶的科学家及其著作

明朝中叶的资本主义萌芽时期，出现了许多著名的科学家，如徐光启、徐霞客、宋应星等。

明末杰出自然科学家、科学普及工作的先驱徐光启于 1600 年与西方传教士利玛窦相识，1603 年撰写《量算河工及测验地势法》。他赴京赶考中进士后，又随利玛窦学习天文、数学、测量、水利等科学知识。同时，与利玛窦合译了欧几里得的《几何原本》。"几何"两字就是他煞费苦心想出来的。他对欧洲历法做过非常深的研究，曾参与明末的历法改革，推广从菲律宾引进的甘薯。他晚年写成《农政全书》，引用了丰富的古籍，博采众说，介绍的植物有 159 种之多。他对农田水利十分重视，主张改善北方的农业生产，改变南粮北调的局面。他对兵器的制造、改良也不遗余力。

徐霞客生于万历年间，卒于崇祯十四年。当时的政治十分黑暗，人民生活极度痛苦；宦官掌握政权，任意残害知识分子。徐霞客不务仕进，专心于科学探索。从 22～56 岁，他的足迹遍及 17 个省。他研究了祖国的水文地貌，正确地判明了金沙江是长江的上游。他对石灰岩进行了考察，比欧洲人的考察早了二三百年。他对钟乳石、石灰岩地貌成因的解析与今天的结论也基本符合。他对"岩洞学"做了科学研究，考察了 101 个岩洞，结论也与今天的相符合。他对火山和地热也有研究。在他的《徐霞客游记》中，还记载了若干少见的动植物；对西南少数民族的生活做了十分动人的描写，记载了他所到之处的地理、历史和风俗习惯。

明末科技史家宋应星的《天工开物》记载了农业和手工业生产技术，包括食物、衣服、染料、谷物加工、食盐食糖制作、陶器烧制、冶铸和舟车制造、冶金业和矿石烧制、五金的开采、兵器的制作、酿酒方法，等等。这是我国手工业时代对农业和工业成就的初步总结。

13. 近现代的科学技术

近 400 年来，随着西方传教士的到来，也将近代西方的一些自然科学传入中国。第一个来传教的是 1600 年到北京的利玛窦，后来又有汤若望、南怀仁、艾儒略等人，传入的有天文、地理、数学、地学、火炮制造等知识，以及望远镜等工具。当时，有些人全面排斥西方科学，有些人采取了比较正确的态度。康熙对自然科学多少有些兴趣，但只许传教士传教，不许他们传播科学。雍正相信喇嘛教，把传教士统统赶到澳门去，不许他们进内地活动；他排斥西方科学，称其为"奇巧之器"。

能量守恒定律、细胞学说和生物进化论被恩格斯称为 19 世纪的三大重要发现，是西方科技的重大成就。尤其是后来，蒸汽机的发展引发了科技大革命，蒸汽机代替了人力、畜力、水力。尽管在封建社会中国也有这样那样的科技发明和创造，但用马克思的话来说，那只不过是手工业时代的发明、发现。比起恩格斯所称赞的 19 世纪的三大发现，以及蒸汽机发明后的工业革命，我国的科学技术已经远远落后了。1807 年，美国人富尔顿造出了蒸汽动力船；1814 年，英国人史蒂文森造出了蒸汽机车；1825 年，英国建造了第一条铁路，然后在美、法、德、俄等国普遍推广。交通运输业发生了巨大变化，社会生产力迅速发展，冶金工业也大大发展。蒸汽机的运用，转化为巨大的生产力，比过去一切时代所创造的全部生产力还要多、还要大。马克思、恩格斯在《共产党宣言》中所说的这些话，完全正确。但就在这个时候，以英国为代表的西方国家要求同中国通商贸易，被乾隆、嘉庆等皇帝严厉拒绝。闭关自守、夜郎自大的结果，是科学技术的更加落后。过了约 25 年，就发生了鸦片战争。帝国主义用大炮打开了中国的大门，使中国沦为半封建半殖民地国家，原来就比西方落后的科学技术更加落后了。

面对帝国主义的侵略，中国也兴起了洋务运动，出现了数学家李善兰、华衡芳、化学家徐寿等人。他们介绍了欧洲的几何、代数、力学、天文学、植物学、博物学等。同时，也有詹天佑等人的出国留学，以及辛亥革命和五四运动以来培养的一些科学技术人才。但在帝国主义、封建主义、官僚买办资产阶级这三座大山的压迫下，中国的科学技术是难以发展的。封建残余势力和帝国主义的紧密勾结，更是中国的科学技术长期得不到发展的最根本原因。

（二）旧中国机械制造业的发展

（1）明清两朝，具有规模相当大的官营手工业、陶瓷业，钱币制造业、船舶和军火制造业，但不是为供应市场，而是为封建国家的需要，这种商业不可能直接发展为资本主义。

（2）从 1840 年鸦片战争到 1949 年中华人民共和国成立，机械工业开始从手工作坊式的小生产向使用动力机器的近代机械生产方式转变。中国最早使用机械的工厂，是外国侵略者兴建的。中国人自己的机械工业，最初是清政府经营的军火工业。

（3）鸦片战争之后，外国资本家经营的船舶修造厂，如1845年英国人柯拜在广州黄埔设立的柯拜船舶厂，是在我国领土上出现的第一家机械厂。到了19世纪50~60年代，外国资本家在广州、上海、厦门、福州等沿海口岸陆续建立了近20家船舶修理厂。到1928年，中国人生产的轮船只占全国吨位数的22.3%，而外国人生产的占77.7%。

（4）旧中国铁路的正式兴建，始于1876年的淞沪轻便铁路。到1894年，共建成360公里铁路。自主拥有的铁路，1894年，占全国的20.1%；1911年，占20.9%；1929年，占80%。可见，其中的大部分时间为帝国主义所占有，当时的交通运输业基本为帝国主义所掌握。

（5）帝国主义国家在近代中国的开矿业中从一开始便占垄断地位。1906年，其投资额为2368万元，占全国矿业投资总额的84.8%；1913年，为7675万元，占79.6%；1919年，为7675万元，占60.6%；1926年，为25494万元，占72.1%。可见，除1919年外，外国资本占我国开矿总额的70%~80%。再从开采矿产的数量看，1913年，占93%；1919年，占75.6%；1928年，占78.3%。1913年，我国用机械开采的煤共有160多万吨；英国在开滦煤矿开采了200多万吨，在焦作煤矿开采了28万吨；日本在抚顺煤矿开采了200多万吨；德国在山东华德煤矿开采了90多万吨。可见，在煤矿开采中也是外国资本占压倒性优势。

（6）在我国的轻工业中，新式棉纺织业最为发达。外资工厂所占的比例，1897年，为40.7%；1913年，为41.2%；1919年，为40.7%；1927年，为42.6%。

（7）清政府经营的军工厂。19世纪60年代，清政府发起"洋务运动"，建立军工业是主要任务之一。1861年，曾国藩在安庆创建"军械所"。这是中国人创办的第一个以蒸汽机为动力的机械厂。1862年，李鸿章沿海开办了三个洋炮局，规模中等，都以手工业为主。

（8）19世纪60年代，洋务运动又扩展到民间机械工业。1866年，设立上海发昌钢铁厂。1880年，兴办上海厚昌机器厂。乐源机器厂、五金厂等相继开办。这是我国民族资本最早开办的一批机械厂。1872年，开办汉阳荣华昌翻砂厂。1890年，开办上海顺昌翻砂厂。这是我国最早的专业铸造厂。

（9）外国资本垄断了中国的机械工业，大力修建造船厂和铁路车辆修理厂。如当时的上海祥生船厂，有1000多名工人，在19世纪80年代已能修配2000吨级轮船。1863年，英国人在广州黄浦建立了香港黄浦船坞公司；到19世纪90年代，有2500~4500多名工人，是当时船舶业的巨头。1880年，英国人在唐山建立了我国第一个铁路修理厂；1901年，德国人在青岛建立了工厂。这都是当时规模较大的企业。1905年日俄战争后，日本在我国东北地区极力扩张机械工业，兴建铁路、矿山，开办造船厂、机械厂等20多家，如大连铁工厂、抚顺煤矿机械厂等。

（10）清政府兴办了4个军事工业局：江南制造局，1891年设立了炼钢一厂，是我国第一个铸钢车间，建立了第一座炼钢平炉；金陵机器局，1867 年在安庆和苏州建立，后在南京扩建；福建船政局，1866 年由左宗棠在福州建立，投资达 135 万两白银，是当时清政府举办的最大船舶厂；天津机器局，1866 年由北洋通商大臣崇厚创办，1870 年由李鸿章扩充，1900 年八国联军侵华时被毁。此外，清政府还开设军火工厂。到 1913 年，开设的军火厂达 23 所，分布在 21 个省，有 2.85 万名工人，占当时全国产业工人的 1/10。

（11）当时的民族工业也有一定的发展，但远不如外国企业。1895～1913 年，上海民族资本家兴办了 86 个机械厂，加上之前的 5 个，共有 91 个。

（12）1914 年第一次世界大战爆发后，西方资本主义国家忙于应付战争，我国民族资本的发展较为迅速。1915～1922 年，创办了上海华通有限公司、山东潍县华丰机器厂；烟台建设了中国第一个钟厂；1919 年，上海创办了协昌、润昌缝纫机厂。这是中国工厂建设的"黄金时代"。

（13）第一次世界大战结束后，洋货又在中国倾销，外资又在中国市场上活跃起来。如上海求新机器厂被迫接受法国资本；杨子机器厂被迫接受日本资本，后加入汉冶萍公司。

（14）我国早期的机械产品。安庆在 1862 年造出我国第一台蒸汽机，在 1863 年造出我国第一艘木质机器轮船。江南制造局在 1868 年 8 月建成惠吉号铁质轮船，载重量为 600 吨。胥各庄修车厂于 1881 年制造出我国第一台蒸汽车。在动力机械方面，1901 年，广州和安机器厂造出 8 马力煤油机，上海求新机器厂、轮船厂造出 4～6 马力汽油机；1915 年，广州协同和机器厂制成我国第一台热球式 15 马力柴油机；1918 年，上海鸿昌机器厂造出 60 马力柴油机和 12 马力柴油机。在机床方面，1915 年，上海荣昌泰机器厂造出我国第一台机床；1918 年，上海王岳记机器厂造出我国第一台 3 号万能铣；1926 年，上海丰泰机器厂制造出 1 号、2 号万能铣。在轻纺设备方面，1900 年，上海曹兴昌机器厂造出平面对开印刷机。在机电产品方面，1924 年，上海益中电机制造厂造出 8 马力、5 马力、10 马力的交流电感应电动机。通用工矿设备方面，1907 年前后，汉阳周恒顺机器厂造出 15～30 马力的抽水机、60～80 马力的起重机。兵器产品方面，1878 年，制成 40 磅、4.7 寸钢膛前装炮；1884 年，制成 37 毫米架推式后装炮；1888 年，制成第一门 250 磅后装炮的要塞炮；1913 年，造出辛亥革命时的新型迫击炮、步兵炮和山炮等。

（15）1927～1949 年的机械工业。在新中国成立前，工业主要集中在上海，占全国的 90%。除铁路外，民用机械工业厂的投资最多，约为 800 万银圆。其中，江南造船厂的规模最大，其余都是小厂。1931～1938 年，日本在我国新设 200 多个机械厂，大部分在沈阳、大连、鞍山、抚顺等地。

1937 年"七七"事变后，内迁的工厂有 181 家。其中，有军事系统的兵工厂和修械所，有交通运输部门的铁路工厂、汽车修配厂和通讯器材厂等。到 1945 年年底，除近百家军工厂外，大后方共有机械厂 1903 家，机床 4192 台，工人 31500 多人。

新中国成立前夕，政府接管了敌伪工厂，组建了 6 个公司：中央机器公司、通用机器有限公司、沈阳车辆有限公司、中央造船有限公司、台湾机械造船公司，和中央汽车配件制造公司。在电工器材方面，组建了 4 个公司：中央电工器材公司、中央无线电公司、中央有线电公司和中央绝缘器材公司。另外，还新建了上海通用机器厂、湘潭机器厂等。1947 年，我国共有民用机械企业 8119 个、机床 2.87 万台，年用电 1.4 亿度。

在交通运输设备制造方面，造船业累计建造各种船舶达 50 余万吨，但基本上是修配工作；虽然有 18 个机车修配厂，但主要是修理；电机制造只能生产 200 千瓦以下交流发电机、2254 瓦以下的普通交流电动机和 3000 伏以下的变压器。电子器件方面，仅能装配普通的收音机。仪器制造方面，主要依靠进口零件，以修理为主，装配些数学仪器、电工测试仪表以及温度计、压力表等产品。农业器具方面，只能制造少量农产品加工机械，以及锄头、镰刀等简单农具。兵器方面，主要是生产一些轻武器和步枪和 120 毫米的迫击炮。可见，1845～1949 年，我国机械工业虽然有了发展，但总的看来发展十分缓慢，基础仍十分薄弱。

（三）中国近代自然科学技术为什么落后

现代中国科学技术比欧洲落后了，这是客观事实。中国科学技术落后的原因是多方面的，然而也并非在一切领域，或任何时代都落后。中国人从来不比外国人笨，中国的自然环境也并不比外国差。从世界自然科学技术发展史看，中国古代科技有它光辉灿烂的历史。在世界历史的黎明期，我国就有了"四大发明"。在公元前 400～公元前 200 年，中国人就发明了勺状、柄向南的"司南"，那是指南针的雏形。《南史》中的"罗盘"、北宋曾公亮笔下的"指南鱼"、沈括《梦溪笔谈》中的"指南针"，充分说明了指南针的发明、发展过程。春秋战国时代，人们以竹简作书。到了西汉时代，就发明了纸。1939 年，在新疆罗卓尔江烽燧址出土的公元前 1 世纪的遗藏中，有用植物纤维制造的质量较为粗糙的麻纸。到了 105 年左右，东汉的蔡伦已能制造质地稍好的纸，之后造纸术逐渐推广。从印刷术的发明看，最迟在隋唐时代就已经创制了雕版印刷。唐代佛教兴盛，印有大量佛经佛像。20 世纪初，在敦煌的千佛洞中发现了刻印精致的《金刚经》，写明"刻于唐咸通九年四月十五日"（868 年）。据沈括《梦溪笔谈》记载，约在 1423 年，毕昇首创活字版印刷，开始时用泥土烧陶制成活字。元代王桢发明了木活字。15 世纪后期，已经用铜铸字了。

火药的发明也很早，到北宋时代已经相当发达。史书上记载，北宋时有火器，还出现过火枪。施耐庵《水浒传》中的梁山好汉凌振就是专门制造火药和枪炮的。当时，甚至能制造火箭。正如英国杰出的自然科学家、哲学家弗兰西斯·培根所形容，中国的四大发明"改变了全世界的表面和一切事物的状态"。马克思、恩格斯也曾对此做过非常高的评价，指出中国的火药由阿拉伯人传到欧洲，把封建时代的骑士阶层炸得粉碎。中国的造纸术和印刷术，在促进欧洲科学、文化发展方面起过重大作用，推动了中世纪黑暗时代之后的文艺复兴。

中国从遥远的古代起，就精于制造陶瓷。在公元前 16 ~ 公元前 3 世纪的商周时代，已能在 1200℃ 的高温中烧制上釉的陶瓷。南宋的景德镇、明朝的三彩、五彩陶瓷闻名于世。公元前几百年中国就掌握了养蚕制丝法，隋唐时传至朝鲜和日本，后经阿拉伯传入欧洲。公元前中国就有了弩机，欧洲则在 1100 年才有。中国在 1 世纪就有手拉织机和钻井术，欧洲直到公元 400 年才有拉织机，钻井术则迟至 1126 年才出现。我国 2 世纪就发明了碾磨链水车、冶金鼓风机、旋转风扇、活塞风箱，欧洲在 1672 年才有碾磨，在 1200 年、1556 年和 1500 年出现了后几项。公元 214 年，中国开始铸铁，欧洲则始于 1345 年。中国在 4 世纪出现风筝、陀螺，欧洲在 1589 年、1700 年才有。中国在 518 年就有铁索桥，欧洲在 1741 年才有。中国 7 世纪就有石拱桥，欧洲到 1345 年才有。中国 8 世纪有了十分发达的舵船，欧洲 1180 年才出现舵船。敦煌千佛洞发现的《金刚经》是 868 年刻印的，欧洲最早的画像《克利托菲尔》刻于 1423 年。这些都说明中国的科学技术并不是没有过光荣的过去，不是向来就落后。

拙见以为，从明万历到清乾隆年间，大致是中国资本主义萌芽时期。在这期间，封建社会的经济有了较大的变化，科学技术也有了出色的转机。新的生产力和生产关系都处在萌动状态。明初，开矿业还不很发达，万历 24 年后，政府派出大批人马到各地开矿，民间的开矿业也逐渐发达。特别是意大利传教士利玛窦于 1582 年来到中国，在中国 20 余年，与徐光启等合译了《几何原理》等书，在传播欧洲天文、地理、算学及新兴科学技术方面起了一定的作用。从明万历至清乾隆的近 200 年间，科技方面有了很大的进步。如明末的历法改革，清初建立的全国性的气象网；康熙初年制造了天文仪器，进行了大量的科学实验，为天文台增加了设备；康熙中期至乾隆中期，完成全国地图测绘工作；康熙主编《律历渊》111 卷，乾隆前期也组织过两次编书工作；康熙末年至乾隆前期，进行了两三次大规模的天文观测及其他科学实验；康熙后期至乾隆前期，制造了大批科学仪器；康熙年间，进行黄河源流的考察，等等。在这一段时间，著名的科学家也层出不穷。李时珍收集中草药，编纂了《本草纲目》。徐霞客研究地质学尤其是石灰岩、岩洞学、地热和江流起源，写出了《徐霞客游记》。潘季驯治理黄河，著有《河防一览》。徐光启介绍了西方的自然科学，为我国农业、水利、天文、数学等学科的发展做出了贡献，留下了名著《农政全书》。宋应星对农业和手工业生产技术进行过深刻的探索和研究，其名著《天工开物》及《野议》《论气》《谈天》等，有出色的科学创见。蒙古族数学家明安图写有《割圆密律捷法》。富有革新精神的医学家王清任非常重视人体解剖学，写出了带批判性的《医林改错》。可以看出，随着资本主义的萌芽，我国的科学技术也开始萌芽。但我国的科学技术为什么不能取得长足进步，完成近代历史上资产阶级科技革命的任务呢?

我以为中国近代科技之所以相对落后，原因主要如下。

首先，从内因看，西方现代科技主要是伴随着资本主义的产生而不断发展起来的，而中国从秦汉以来就以闭关自守、自给自足的小农经济和高度集中的封建统治为主，严重束缚了社会的发展。中国封建社会的土地资本同促使资本主义社会萌芽和发展的商业资本，不是明显地分开，而是紧密地纠缠在一起的。封建地主往往也经营工商业，这在我国历史上并不少见。中国历史上虽然农民起义不断，也有过像刘邦、朱元璋这样由农民起义建立起来的新政权，但始终没有建立起新的生产关系，农民始终是地主经济的附庸。封建主为了维持自己的统治，势必采取重农抑商的政策，而资本主义的产生要靠经济积累。封建统治者采取重农抑商的政策，势必也抑制了科学技术的发展。同时，统治者长期把科学技术看成是三教九流中的末流，是旁门左道。因此，历史上不少科学家都是很不得意的。如著名的医学家扁鹊，被秦国人杀害了；太史公司马迁不仅精于史学、文学，对天文、历法等也相当精通，但他被关过监狱，遭受了腐刑；创造了浑天仪、地动仪的张衡，一生在政治上受到排挤；名医仓公，被关过监狱；著名的外科医生华佗被杀害；沈括因参加王安石变法被贬官；著名地理学家、地质学家、世界上第一个专事石灰岩研究的徐霞客，一生不入仕，过着十分困苦的生活，晚年又因友人黄道周等系狱，最终悲愤绝食而死；明末清初写出科技名著《天工开物》的宋应星，终其一生过着流浪生活。"搞方伎，没出息。"在这种情况下，科技怎么能得到迅速发展呢？

与此同时，科举制度这一封建时代知识分子精神上的枷锁，也是造成我国自然科学技术不发达的重要原因之一。大家知道，任何一个国家、民族，要繁荣昌盛，都需要知识分子。但我国封建社会任何一个朝代的统治者，总是千方百计地把知识分子纳入豢养御用的从属境地。汉武帝时的董仲舒之所以提倡和推行"罢黜百家，独尊儒术"的政策，就是因为百家中的不少"家"如墨家、道家等是颇有自然科学思想的。而儒家主要讲"顺乎天命"的伦理道德观念，追求"齐家，治国，平天下"；要求建立一个君君、臣臣、父父、子子的封建秩序，不允许有任何变天、变地、改革大自然的思想。

历代统治阶级总是千方百计地将教育作为统治的工具。秦代的吏师、博士制度的创立，与中央集权有关。汉代的取士制度与学校挂钩，逐渐成为养士制度。三国两晋南北朝时期，玄学和文学发达，"选士"之制变为只限于门阀世家的"九品中正法"。隋唐时代的教育比较发达，算、律、医等科与儒家经典并列，成为学校专科；但随着选士之制变为科举制，学校教育制也逐渐成为科举的助手。宋代特别提倡科举制度，私人讲学之风较盛，但讲的主要是儒学。到了明清时期，科举制变成了"八股"取士，学校形同虚设，根本谈不上什么自然科学了！所谓"八股"就是讲破题、承题、起讲、领题、提比、出题、中比和后比，连文章的起、承，转、合都规定死了，对四书五经的解释要以朱熹为准绳。"高文健笔科场手，白发青衫宦路人。"早在李觏的诗中就发出了这样的浩叹，更不要说后人了！隋文帝杨坚曾得意地把自己"发明"的"开科取士"说成："从此天下读书人都进入我袖子中了！"在这种情况下，还谈得上什么鼓励科学技术呢？更何况封建时代的大兴文字狱，严重地压制了知识分子，扼杀了科技的发展。

其次，从外因看，主要是帝国主义侵华。1840年鸦片战争以后，中国沦为半殖民地半封建社会。帝国主义的入侵从根本上阻碍了中国工业化的脚步和科学技术的发展。特别是1894年签订《马关条约》后，外国商品倾销，大大压制了中国的民族工业。外国资本的投资以矿业为最多，其次是纺纱、面粉、煤、铁、炼油、造船、火柴。当时的铁路几乎都由洋人包办。黑龙江、吉林两省的铁路，包括通往海参崴的中东铁路，是俄国人建的；南宁至百色的东清铁路、广西龙州至越南河内的铁路，是法国人建的；广州至九龙涧的铁路，是英国人建的；沪宁铁路，是向英国贷款建的；日本胁迫清政府签订了吉长新奉铁路合同；清政府同英、法、德三国订立了湖广铁路借款合同。再以桥梁建设为例，济南黄河大桥是德国人建的，郑州黄河大桥是比利时人建的，蚌埠淮河大桥是英国人建的，哈尔滨松花江大桥是俄国人建的，沈阳浑河大桥是日本人建的，云南河口人字桥是法国人建的，珠江大桥是美国人建的。帝国主义者不仅掠取了我国建铁路、修桥梁的大权，从中取得各种权益，也夺走了我国的矿山开采权；同时，通过资本输出，在我国办银行、开工厂，控制了我国的经济命脉。在这种情况下，中国的科学技术无法顺利发展是势所必然的。

"学而优则仕"这个"古训"更是抑制了科学技术的发展。知识分子的"最高理想"既然是当官做"老爷"，成为世代相袭的官僚群，怎么还会有志于发展科学技术呢？这是我国历史上科学技术发展得不快的主要原因之一。就拿清末的"洋务运动"来说，当时的主要人物如李鸿章、曾国藩、左宗棠等，打了败仗，看不到这是清政府的腐败无能，却把主要原因归于武器差。因此，他们虽然也认为需要发展和运用新的科学技术，但只限于营造西式枪炮和官营军事工业方面。1864 年，曾国藩创建生产船舶武器的南京军机所；1865 年，李鸿章创建生产武器的南京武器局；1865 年，曾国藩、李鸿章创办生产枪支、发动机的上海江南制造局；1866 年，李鸿章创建生产弹丸、枪炮的天津机器局；1871 年，左宗棠创建生产枪炮的兰州机器局，等等。当时有个叫龚骏的人认为，中国近代的科技事业一开始便被一些无学识、无能力的官绅所把持，技术为他们所垄断，而对于专业人员不重视，甚至依赖外国的拙劣技师。这种说法是有一定道理的。"洋务运动"本想学习欧洲科学、文化，但在半殖民地半封建社会的束缚下，一直到 1949 年新中国成立前，劳动人民始终生活在水深火热中，有什么可能去奢谈科学技术呢？

数百年来，尤其是 18 世纪以来，欧美多次掀起产业革命运动，我们几乎总是闭关自守，没有以主人翁的精神和态度去参加，没有及时投身到世界产业革命中去。这也是中国科学技术不能迅速进步的原因之一。可见，我国科学技术的落后有上述种种客观原因。

四、20 世纪的科学技术

新中国成立以来，在科学技术方面取得了相当大的成绩。1950 年，成立了中国科学联合会和中国科普协会。1957 年 9 月，我国第一座天文馆在北京开馆。1958 年 8 月，中国科联与中国科普协会联合组成中国科协；11 月，成立了国家科委。1959 年 9 月，我国第一台每秒钟运算 1 万次的快速通用电子计算机试制成功。1961 年 7 月，制定《关于自然科学研究机构当前工作的十四条意见》。1970 年 4 月 24 日，成功发射第一颗人造地球卫星，重 173 公斤，运行轨道距地球最近点为 439 公里，最远点 2384 公里，绕地球一周需 114 分钟，用 20009 兆周的频率播送《东方红》乐曲。1971 年 3 月 3 日，成功发射一颗空间环境探测人造地球卫星，重 221 公斤，运行轨道距地球最近点 266 公里，最远点 1826 公里，绕地球一周需 106 分钟，用 20009 兆周和 19995 兆周的频率向地面发回各项科学实验数据。1972 年 11 月 13 日，上海计算机研究所等单位试制成功每秒运算 11 万次的集成电路通用数字电子计算机。1975 年 7 月 26 日，成功发射一颗科学试验人造地球卫星，运行轨道距地球最近点 186 公里，最远点 464 公里，绕地球一周需 91 分钟。1975 年 11 月 26 日，成功发射一颗人造地球卫星，运行轨道距地球最近点 173 公里，最远点 483 公里，绕地球一周需时 91 分钟；这颗卫星在正常运行后，已按预定计划返回地面。同年 12 月 26 日，成功地射一颗人造地球卫星。1976 年 7 月 25 日，地质科学研究院地质力学研究所采用古地磁法，测出云南元谋人距今 170 万年左右，元谋组地层是距今 150 万~310 万年形成的，把第四纪地质年代推前 200 万年。1976 年 8 月 30 日，成功发射一颗人造地球卫星。1976 年 12 月 7 日，成功发射一颗人造地球卫星，并按预定计划返回地面。1977 年 10 月 3 日，新华社报道数学家陈景润对"哥德巴赫猜想"的研究取得了世界领先的成就。1978 年 1 月 26 日，发射第八颗人造地球卫星，返地试验准确、成功。1978 年 3 月 18~31 日，全国科学大会在北京召开。1980 年 5 月 5~22 日，国际激光会议分两个阶段在上海召开，来自英、美、西德、法、日、瑞士等国的专家学者参加。

新中国成立以来，科学技术虽有很大的进步，但比起日新月异的先进国家，仍然存在相当大的距离。下面试就 20 世纪的科学技术作些简要的介绍。

（一）原子能的应用

20 世纪是现代科学技术大发展的时代。法国物理学家居里早期的主要贡献是确定了磁性物质的转变温度，提出了居里定律，发现了晶体的电压现象。他与玛丽结婚，共同研究并发现了放射性现象，发现了钋和镭两种放射性元素。居里逝世后，居里夫人忍着巨大的悲痛继续进行研究，在原子核科学方面取得了更大的成就，著有《放射性通论》《放射性物质的研究》等书。她于 1911 年再度获得诺贝尔奖，被誉为"镭的母亲"。

美籍德人阿尔伯特·爱因斯坦给 20 世纪的物理学带来了新曙光。他在自然科学新发现的基础上，建立了狭义相对论，并在此基础上推广为广义相对论。他还提出了光的量子概念，用量子理论解释光电效应、辐射过程和固体比热。他后期致力于相对论"统一场论"的建立，但未获成功。爱因斯坦的相对论，揭示了空间—时间的辩证关系，加深了人们对物质和运动的认识，在科学上具有相当重要的意义——既是微观物理学的基础，又是天体物理学和宇宙学的理论基础。爱因斯坦具有非常丰富的自然辩证法的思想修养。在他看来，能量和质量是同一物质的两个不同侧面：质量可以转变为能量，能量可以转变为质量；放射能就是微小的质量转变成能量，而在转变过程中释放出来的能量是非常巨大的；通过对能量的测定，可以知道质量。这些结论，在当时似乎是违反"常识"的，但与实际情形相吻合。因为对光效应所做的理论说明，他在 1921 年获得了诺贝尔物理奖。希特勒上台后，他被迫移居美国。1939 年夏，他写信给美国总统富兰克林·罗斯福，指出原子弹的出现是可能的。罗斯福接受了他的意见，立刻为原子核裂变研究拨款，为原子时代的到来开辟了道路。

20 世纪初，德国物理学家普朗克为了克服经典物理学对黑体辐射现象解释的困难，创立了物质辐射的量子假说，认为能量是由最小的量子组成的。爱因斯坦赞同这种看法，于 1905 年提出光量子论，认为光既有连续波动的性质，又有不连续的粒子性质。这使人类第一次窥视到微观世界的波粒性质，也打破了原子不能再分的古老的物理学观念。这时，生于新西兰、长期在英国工作的物理学家卢瑟福也在从事原子和放射性研究，并发现了 α 和 β 射线。他还发现了原子核的存在，提出了关于原子核结构的行星模型。丹麦物理学家玻尔于 1913 年提出氢原子的结构和氢光谱的理论，对量子论和量子学起了重大作用。他在原子核反应和重核裂变方面也有着重要的贡献。奥地利物理学家薛定锷建立了物质波动理论，指出物质既有波动性质也有粒子性质，量子力学理论描述微观粒子（如电子等）的运动状态。这一理论在量子力学中的地位，很像牛顿运动定律在经典力学中的地位。居里夫妇的女婿、法国物理学家约里奥·居里对原子核物理学也有着重要贡献。1932 年，他与妻子伊伦·约里奥·居里合作，用放射性钋所产生的 α 射线轰击铍、锂、硼等元素，发现了前所未见的穿透性辐射。后经查德威克研究，确定这种射线就是中子。约里奥·居里长期领导法国原子能委员会，1948 年主持建成了法国第一个原子核反应堆。

由上可见，在 20 世纪 40 年代之前，对原子和基本粒子进行了大量研究，大大推动了原子能技术的发展。1942 年，费米在美国研制成功的原子能反应堆使卢瑟福、爱因斯坦感到惊讶。1954 年，成功地将原子能转变为电能，开始了原子能工业的发展。数十年来，原子能技术得到了极大发展。第一个原子能发电站的功率只有 5000 千瓦，目前已达200万千瓦以上，全世界有20多个国家建立了200多座原子能发电站。美国在这方面发展得比较突出，有浮动式原子能发电站、高温反应堆发电站和快速中子反应堆发电站等。

（二）电子计算机的应用

电子计算机是20世纪的重大发明之一，已经应用在现代农业、工业、国防、科学技术等各个方面。1941年，朱基制成z-3计算机，这是计算机的雏形。世界上第一台计算机是第二次世界大战后由美国宾夕法尼亚大学莫尔电工学院的一批青年科技工作者研制成功的。他们在1946年2月进行了第一次公开展示。1949年，根据冯·诺伊曼的设想，英国人制成了一台计算机，具备了现代计算机的特点。后来，人们用计算机控制宇宙飞行器的飞行。20世纪50年代，半导体的发展和晶体管的运用给计算机提供了更好的电子器件，使计算机的体积大大缩小。晶体管计算机是第二代电子计算机。它造价低，军事、商业、工农业各部门都可以使用，速度也更快。1959年，研制出半导体集成电路。它用各种晶体管代替了电子管，使电子元件趋向微型化。这是第三代电子计算机。1962年，制成了第一台使用集成电路的第三代电子计算机。它的大小和打字机差不多，每秒计算达数十万次。由于集成电路的集成度不断提高，到了1970年，又发展出使用大规模集成电路的第四代电子计算机。1976年，一台用几块大规模集成电路制成的微型处理机，体积只有3000立方厘米，重量不到0.5公斤。现在，用大规模集成电路制成的微型计算机，体积像火柴盒一样大。从第一代到第四代，计算机的运算速度从每秒上万次发展至上亿次。除了计算数值外，计算机还能进行逻辑推理和判断，可以部分地代替人脑，所以又称为"电脑"。这是20世纪技术革命的重要成果之一。它解决了数学上的"四色问题"，可以更精确地进行天气预报，进行医学诊断、语言分析、翻译和情报检索，可以大大地节省人力。30多年来，大致有巨型计算机、微型计算机、计算机网络、智能模拟和智能机器人的出现，总的趋势是朝着微型计算机的方向发展。微型计算机在十几年的历史中发展出三代，发展最为迅速、活跃，更新期最短。在美国，1.5~2年就更新一代，性能逐年提高，价格逐年下降，每年的增长速度为15.25%。日本仅次于美国，其1982年比1981年增长44.8%。

我们一定要重视微型计算机的应用，把它摆在十分重要的位置上。在国外，微型计算机的使用范围十分广泛，可以用于管理，用于生产的控制，用于技术改造，而且效果很显著。上海里弄工厂使用微型计算机，见效十分明显，这是值得注意的事情。人脑是由上百亿的神经细胞组织起来的，可以从事十分复杂的脑力劳动。电子计算机的出现，扩大了人脑的作用范围，在现代社会中的作用很大。在科技方面，核武器、核潜艇、超音速轰炸机、洲际导弹，人造卫星等都需要广泛使用电子计算机。至于民用事业，如天气预报、化工设计、水坝设计、农机设计、大型建筑和技术工程的设计，也需要电子计算机。它为科学理论定量地指导生产和技术实践开创了新的局面，能为大型工程和建设项目设计选取最佳方案。电子计算机还能为经济、管理和信息处理服务。就拿美国阿波罗登月计划来说，它历时 11 年，动员了 4 万人，有 2 万家公司、厂商以及 120 所大学和实验室参加，有 30 余万种部件由基层承包商生产，这些都离不开计算机。尤其是大量的信息处理，如空间侦察、遥感信息处理、情报处理，都以计算机为主要工具。计算机还能用于飞机、汽车、造船、机械、电子、建筑、人工合成生物大分子的设计，用于辅助教学、提高教育质量，用于自动控制、减轻工人的劳动强度，用于通信和控制即所谓的"三 C"革命。如今在欧美国家，计算机已经成为一种普遍的工具；在图书馆寻找书籍，只要一两分钟就能确切告诉人是否藏有，非常方便。

展望未来，还将出现半导体技术、光学技术、超导技术、电子仿生技术的新型计算机。例如，光数字计算机能利用光信号进行运算、传输、存储和信息处理，具有高速和容量超大等特点；运算速度将比现有计算机快 10 倍，存储量大 100 亿倍。超导计算机以超导器件和超导存储器为元器件。智能计算机能模仿人的智能，适应环境，具有多种功能。如美国、日本现有的机器人，能对环境作简单的判断，具有适应环境的功能，应用范围也越来越广。

【附录】世界计算机年代简表

1369 年，约在我国明朝初，算盘已流行于世，并流传到东亚各国。

1645 年，英国人帕斯格研制出机械式加法计算机。

1694 年，德国人 G. 莱布尼兹研制出加法、乘法计算机。

1882 年，英国人 C. 巴贝奇研制出差分计算机（加法机）。

1887 年，美国人 H. 何勒内斯研制出穿孔卡片机 PCS。

1890 年，何勒内斯的穿孔卡片机在美国使用。

1906 年，美国人 J. 帕瓦斯研制出统计会计机。

1924 年，美国成立著名的国际商业机械公司——IBM 公司。

1925 年，美国麻省理工学院研制出机械式大型模拟计算机。

1931 年，美国人 H. 埃肯开始研究自动控制顺序计算器。

1936 年，英国人图灵发布计算机的理论模型。

1940 年，美国贝尔实验室研制出继电器式计算机 Model I。

1944 年，美国人 H. 埃肯研制出自动逐位计算机。

1946 年，匈牙利数学家 V. 诺伊曼发表《电子计算机逻辑设计初探》，提出程序记忆方式概念；美国宾夕法尼亚大学 W. 莫格里和 P. 爱卡德研制出世界上第一台电子计算机 ENIAC。

1947 年，美国贝尔实验室的 B. 肖克莱、J. 巴尔和 H. 布拉顿发明晶体管。

1949 年，英国人 M. 威尔喀斯研制出 EDSAC 计算机。

1950 年，美国宾夕法尼亚大学研制出 EDVAC 计算机；英国 NPL 发布 ACE 自动计算机；美国发布 UNIVAC60/120 计算机；美国麻省理工学院研制出实用型磁芯存储器。

1951 年，美国研制出 UNIVACI 计算机；日本出席巴黎 UNESCO 国际计算机中心条约会议。

1952 年，美国伊利诺依大学研制出 ILLACI 计算机。

1953 年，美国 IBM 公司发布 IBM 701/650 计算机。

1957 年，美国成立大型计算公司 CDC 公司；美国成立著名小型计算机公司 DEC 公司。

1958 年，美国发布公式变换语言 FORTRAN Ⅱ；美国 IBM 公司发表 IBM 1401 计算机；日本成立电子工业振兴协会。

1960 年，巴黎国际会议制订 ALGOL－60/COBOL－60 计算机高级语言；日本成立信息处理协会；日本 7 家公司与美国 IBM 公司签订基本专利使用合同。

1961 年，美国 IBM 公司成立瓦特森研究所。

1962 年，美国发布 FORTRAN Ⅳ计算机高级语言；日本成立数据处理协会。

1963 年，美国麻省理工学院发布 MAC 计算机系统。

1964 年，美国 IBM 公司发布第二代大型计算机系统 28M 系统 360。

1966 年，法国研制出 Plan calcul 计算机；美国通用电气公司（GE）研制计算机分时服务系统（TSS）。

1968 年，日本第一届软件年会召开，对 CDC 和 IBM 公司提出反垄断指控；美国成立微处理机芯片制造公司英特尔（INTEL）公司。

1969 年，美国法院裁决 IBM 公司违反《反垄断法》；美国施乐公司加入计算机公司行列；美国 CDC 公司推出分时服务系统 TSS；美国 IBM 公司发布价格分离政策。

1970 年，美国 IBM 公司发布 IBM370/155/165 计算机；美国 OECD 公司发布计算机技术质量差别报告；美国著名 IBM 计算机兼容公司阿姆达公司成立；日本成立软件产业振兴协会。

1971 年，美国 FCC 公司第一次计算机通信会议决定，美国 UNIVAC 收买 RCA 计算机公司；美国 INTEL 公司制造出第一个 4 位微处理芯片 i4004；日本成立软件版权保护调查委员会。

1972 年，法国 CII 公司和德国西门子公司合作；苏联研制出 RYAD 计算机；美国发布 IBM370/158/168 第二代大型计算机系列；美国 INTEL 公司推出第一个 8 位微处理芯片 i8008。

l973 年，美国 CDC 和 IBM 会谈解决垄断竞争问题；美国发布 IBM370/115；第一次美苏科技合作会议召开；全美计算机会议召开；法国 CII 公司、西德西门子和荷兰 PU 公司联合；中国计算机考察团访问美国。

1974 年，荷兰研制出 Unidafa 7720 计算机；英国 Tymishare 公司研制出分时服务系统 TSS；美国尼克松总统设立"保密委员会"；美国 ATT 公司和 GTE 公司合作开发美国卫星通信系统；美国 IBM 公司和 Comsat 公司合作进入美国卫星通信市场；美国 IBM 公司发布计算机网络系统 SNA；美国参众两院批准《保密法》。

1975 年，美国法院审理 IBM 公司的反垄断案；荷兰 Unidafa 公司破产。

1976 年，美国 FCC 公司为国内卫星通信服务；美国 CDC 公司发布 PLATO 计算机；

法国发布 C Ⅱ - HB 计算机系统。

1977 年，美国 IBM 公司发布超大型计算机系统 3033；法国众议院通过《保密法》；加拿大成立保密法委员会。

1978 年，美国 INTEL 公司推出工业标准的 16 位微处理芯片 8086。

1979 年，法国计算机交换网 Tran Spuc 开始服务；美国 IBM 公司发布超级小型机系列 4300；英国 BPO 公司第一个国际商用计算机网络开始使用；日本制定通用软件开发投资政策。

1980 年，英国发布微电子学振兴政策；美国 DG 公司发布超级 32 位小型机 Eclipso MV/8000；美国 Xerox、DEC、Intel 三公司发布 Ethernet 局部计算机网络系统；美国 IBM 公司发布 H 系列计算机 8081 和 3033S 型超大型计算机；美国著名计算机公司苹果（APPLE）公司成立；日本准备开发第五代电子计算机。

1981 年，英国 ZNMOS 公司发布第一款产品 16KRAM；英国 BT 公司发布 Telefex 计划；美国 CDC 公司开发出 VLSI 超大规模集成电路；美国政府放宽对中国出口的限制；美国 IBM 公司发布 16 位个人计算机 IBM - PC；第五代计算机国际会议在日本召开；日本成立办公自动化协会。

1982 年，美国法院撤销对 IBM 公司的反垄断指控；美国 IBM 公司发布超大型计算机 3083E/B/J 系列；美国成立微型计算机软件协会；美国 IBM 公司购买英特尔公司 12% 的股票；美国 INTEL 公司推出高性能的 16 位微处理芯片 80286。

1983 年，美国 IBM 公司发布 16 位个人计算机 IBM/XT 和 XT370；中国研制出 IBM/PC 兼容机长城 0520 系列；美国 IBM 公司发布 4381 系统；日本 IBM 公司发布 IBM - 5550 多功能工作站计算机系统。

1985 年，美国 INTEL 公司推出 32 位微处理芯片 80386。

（三）空间技术的发展

20 世纪科学技术的伟大成就之一，是空间技术。大家知道，自古以来人们就渴望能在空中飞行，也曾作过各种各样的试验，有过许多美妙的科学幻想，但由于历史条件的制约，都未能成功。直到 1903 年，人们才制造出一部能依靠自身动力起飞的机器。美国的莱特兄弟造出了一架飞机，在空中飞行了 12 秒，飞了 36 米，最高时速为 48 公里。20 世纪以来，航空事业有了很快的发展，飞行速度越来越快；50 年代，已经有载客 500 人左右的超音速飞机。

但人们的理想不只限于空中，还要升入太空，探索宇宙。现在，已经有上千颗人造卫星环绕地球运转。在人类探索太空的历史中，采用过气球、火箭、宇宙飞船、人造卫星等手段。20 世纪 60 年代，美苏等科学发达国家对于宇航事业投入了很大力量。1957 年 10 月 4 日，苏联成功地发射了第一颗人造卫星。这是人类空间时代的开始，也是一次新的产业革命的开始。此后的 20 多年间，先后发射了 2 000 余颗人造卫星。第一颗人造卫星只有 83.6 公斤。美国于 1960 年 8 月 11 日第一次收回了从卫星上弹射出的回收舱，这是航天活动的重大发展。1969 年 7 月 2 日早晨，美国的阿波罗 11 号成功地登上了月球。阿波罗太空船包含三个部分：登月舱、动力舱和指挥舱。两名太空飞行员完成了在月球上的任务，就回到登月舱；他们了解了月球的基本情况，此后又多次登上月球。1970 年 4 月，中国成功地发射了第一颗人造地球卫星"东方红 1 号"，向全球播送了《东方红》乐曲。目前，世界上的各种太空飞行器日趋发达，而重点转向应用，美苏两国在这方面的费用都在 1000 亿美元以上。其之所以不惜破费，除了军事上的原因外，如侦察卫星、导航卫星、通信卫星、气象卫星等都成为战略武器的重要组成部分，还由于实用的需要。中国也于 1984 年 4 月 11 日成功地发射了"同步"通信卫星，使我国空间技术跨入世界先进行列。

我国的运载火箭有两种基本类型：一种是由最大推动力为 100 多吨的两级液体发动机组成的；一种是由最大推动力为 200 多吨的三级发动机组成的。它们装备了稳定系统和姿态控制系统，发动机点火、熄火等都按一定程序进行，按规定速度运行。火箭内有姿态测量仪，它们发出电信号；经过处理放大后，控制发动机喷气的方向，也就是控制火箭的航向、俯仰等姿态，以保持火箭的稳定飞行。发射卫星是先进的生产力的一种表现。我国的卫星已成为交通、邮电、气象、科学文化和军事等部门不可缺少的先进工具，特别是对广播事业、电视普及作用尤为重大。估计今后将有宇航"班机"出现，宇航活动将成为屡见不鲜的事。

（四）遥感技术

遥感是现代科学技术的重要组成部分，是 20 世纪 60 年代发展起来的。所谓遥感，就是借助专门的光学、电子学和电子光学探测仪器，把遥远地方的物体所反射的电磁波信号收录下来，经过加工处理，成为人们能直接认识的图像。通过多种遥感仪器，已能对各种物体进行探测和识别。利用微波遥感器，可以探测地面的东西。

遥感是随着空间科学、电子计算机技术和环境科学发展起来的。它可以在距地面 1000 多公里的高空把导弹发射基地、大型造船厂、公路桥梁、军队调动甚至守卫导弹的哨兵都拍摄下来，快速地展现环境的动态变化。遥感广泛地吸收了材料、能源、激光、全息等崭新技术的成就，涉及空间物理、大气物理、地理环境、生态系统等科学领域。遥感的应用范围十分广泛，种类也十分丰富。如航空遥感有 30 多种不同型号的飞机，能应用于土地、森林资源勘测、找矿、找水、捕鱼、监测环境污染等，可以勘测得非常精确。遥感信息经过计算机处理、加工后，可以提供高清晰度、高保真度、高立体感的图片资料。

（五）激光技术

激光是 20 世纪的又一项重大发明，60 年代，人们制造出了第一部激光机器，那就是红宝石激光器。1916 年，爱因斯坦的文章《关于辐射的量子理论》预言了受激辐射现象，为激光理论奠定了基础。激光技术的发明，对光学的影响是极其巨大和深远的。

激光可以用于测量地球与月球之间的距离。激光钟有高度的准确性。激光技术同原子能、电子计算机一样，是现代重要的科学技术。有许多种激光器，如固体激光器、气体激光器、半导体激光器、有机染料激光器、准分子激光器、自由电子激光器、巨脉冲激光器等。在工业上，激光可以用于在钢板上穿孔、焊接、切割。在医学上，激光可用于眼科、脑外科、胸外科和普通外科治疗，做手术。在电子工业上，可以用激光划片，可以利用它对薄膜电阻进行修整。用激光照射农作物种子，可以产生遗传变异现象，培育出良种，提高单位面积产量；可以用于农业生产，帮助水稻、小麦、花生、油菜、烟草、蔬菜、果树、蚕、鸡、鱼等迅速成长；可以提高大豆产量，缩短小麦、玉米等农作物的成熟时间；可以用于杀虫、灭虫，减少或消灭病虫害。在畜牧业上，可以利用激光修剪羊毛。在军事上，能制成激光武器，如激光枪、激光炮，激光炸弹，激光战术导弹，可以百发百中地击毁近程和远程的目标。

在激光的应用中，激光通信最为重要，对人类社会的影响最为广泛。以激光为信号源、以光纤为传输媒介的光通信系统，可以在一根头发丝细的光纤中，传输几十万公里外的电话和其他信息，是信息时代的主要通信方式。激光还能用于精密的测量，可以精确地计算出光速。激光还可以用于科学研究，如激光的核聚变、激光化学、激光生物学、激光光谱学、激光医学，等等。应用于电子计算机，使计算机的速度比原来的更快。

目前，激光技术硕果累累，方兴未艾。激光技术从兴起到初步普及，比起蒸汽机和电器来为时短得多。20 世纪 60 年代以来，世界各国的激光研究机构林立，激光的功率不断提高，应用的范围也日益扩大。1961 年 9 月，我国制造出红宝石激光器。后来，又在激光理论和应用方面取得了一定成果。很显然，激光技术将更加广泛而深入地影响科学技术和人们的生活，更好地为人类造福。

（六）光导纤维

光导纤维（简称"光纤"）出现于 20 世纪 60 年代末，70 年代迅速发展。这是一种远距离传输光信号的玻璃纤维，是无线电发明以来通信传输手段的一次新变革。它的优越性表现在通信量大、中继距离长、材料资源丰富、重量轻、易施工、保密性强。其传输手段为微波、轴电缆等所不具。自从问世以来，它得到了极其迅速的发展。日本、英国都宣布今后不再用同轴电缆，主要发展光纤通信。

光纤通信又分为短波长（0.85 微米）和长波长（1.3 微米和 1.55 微米）的多模光纤通信和单模光纤通信。目前，国际上通信容量在 1920 路以下的多模光纤技术已成熟，开始进入推广应用阶段。法国已建成一个光纤城，日本也正在实验，计划在 1985 年推广。光纤通信除用于公用通信网外，还可用于其他很多领域。其成本低于电缆 10% ～ 15%，长途更低。光纤通信的工业产值增长很快。可以在同一根光纤上采用不同波长同时传输几组信息。光纤所用的材料主要是二氧化硅，即石英，可以节省大量金属材料（主要是铜）。光纤通信传输信息的是光而不是电，因此具有抗电磁干扰的能力。光纤除用于通信外，在传感、测量、数据处理、医疗等方面，也能广泛应用。如今，光纤技术正向着 4 个方面发展：光纤系统的实用化，长波光纤技术，长波单模光纤技术，新波段光纤和新的应用领域。

（七）遗传工程

遗传工程又叫基因工程，是 20 世纪 70 年代出现的新兴科学技术。它让人们有可能像工程设计那样，安排生物的遗传性状、创造新物种，所以它孕育着一场生物学上的大革命。

根据生物的遗传、变异理论，人类不仅能够探索生命起源的奥秘，还能按预先设计好的方案，在人工的控制下，创造出新型的生命来。遗传工程师们将为自然界的百花园创造出绚丽多彩的蓓蕾。大家知道，人体细胞中有染色体，其主要成分是脱氧核糖核酸（DNA）。1955 年，加莫夫提出了 DNA 遗传密码假说。1958 年，考尔堡在试管内首次合成 DNA，获得了 1959 年诺贝尔医学和生理学奖。DNA 是带着遗传信息的双螺旋结构的生物大分子，由核苷酸组成。核苷酸有 4 个，即 A、T、G、C，每 3 个结成一个"遗传子"，这就是遗传密码。它同电报密码有相似之处，由各种密码组合排列成一系列遗传信息，若干密码又组成了基因。基因是 DNA 上的一小段，由许多组核苷酸组成。不同的基因决定了不同的特征，遗传的任务就是由各种基因分工负责。细胞中的 DNA 连接起来，大致有 1 米多长。DNA 双螺旋结构的发现，是 20 世纪以来自然科学的大突破。遗传法则的发现，揭示了生物学中遗传、物质代谢、能量转换、光合作用、神经传导、肌肉收缩、激素作用、免疫和细胞的一系列奥秘，使人对生命本质的认识得到飞跃，使生物学成为领先学科。现在，人们知道，子女细胞中的染色体一半来自父亲，另一半来自母亲，所以子女往往既像父亲又像母亲。一个细胞的 DNA 好比一本长篇的密码小说，记录了所有的遗传特征；一个染色体中的 DNA 好比一个章节，人的细胞中有 23 对染色体，那就是 46 章。基因好比一个完整的句子，核苷酸好比是一个字，三个核苷酸构成了密码即遗传子好比是一个词；基因变了，就发生了遗传变异。这种变异可能有害，会带来遗传病，也可能有益，可用于培育优良的品种。已发现的遗传病约 3000 多种。遗传病是由于基因发生变化，合成异常蛋白，导致功能变异。例如，色盲是一种遗传病，由一种基因决定，这基因附着在染色体上，与性别相关，在遗传学上叫作"性遗传"。基因变异有多种原因，如环境污染。基因变异也是培养优良品种的方法之一，如用辐射改变水稻的基因。遗传工程就是在人的控制下培养优良品种。利用遗传工程可以使医学出现突破，如根治糖尿病、使癌细胞转变为正常细胞，等等。

总之，所谓遗传工程技术，就是用人工的方法改变基因的结构，设计和制造出新品种，带给生命世界以新面貌。遗传工程是我国重点研究的学科。遗传工程要同分子生物学、细胞生物学结合，取得较大的发展，为我国工业、农业和医学卫生事业做出更大的贡献。

20 世纪以来，自然科学技术取得的成就非常丰富，以上不过举其大者，示其概貌。

五、现代化与信息技术

社会进入了一个信息化的时代，我们正面临着一场新的工业和技术的革命。这是现代化必不可少的内容之一。

为什么把"信息"提到这么高的位置？这是因为在今天科学技术高度发展的知识社会中，单靠人的体力劳动和脑力劳动已不能高效率和高质量地完成烦琐、复杂的任务。当然，这并不是说人的智慧不能解决，而是说要花费很长的时间和巨大的劳动，才能适应形势的飞速发展。因此，近20年来，人们一直在寻找一种新的途径，使社会的发展更趋于理想。这个新的途径，便是信息化。

远的不说，假如我们要写一本书，按照常规，一定要搜集很多资料，阅读大量的报刊杂志，并且要去伪存真、去粗取精，进行选择和综合，然后写出初稿，交给编辑。编辑还要加工，征求意见。这些意见通过信件或电话汇总到一起，再进行修改、定稿。最后还要送到印刷厂排版、印刷、装订，才能出版。这样一件简单的事不但要经过很多人的手，而且周期很长，怪不得有人开玩笑地说："出版一本小册子，比生个孩子还要难"。确实，一本小册子从定稿到出版，没有一年半载是不行的。

然而，应用了信息技术，应用了先进的科学技术，情况就会大大改观。通过计算机检索，马上可以得到最全面和最新的信息。根据未来计算机智能化和综合化的特点，可以写出综合分析的报告，然后通过先进的信息传递方式传送到需要征求意见的人那里。根据反馈回来的信息进行修改、定稿，然后付印。排印采用电子照排方式，并用电脑来操作，大大缩减了人力和周期。

由此可见，所谓信息技术，就是用物质手段来延伸和强化人的脑力和知识活动。这样，人们观察、控制事物的能力，以及人与人之间的信息交换，几乎可以突破包含时间和空间在内的一切障碍。

信息技术中最关键的三个方面是传感技术、通信技术和计算机技术。它们是使信息生产、检测、变换、存储、传递、处理、显示、识别、交换、控制和利用的全过程得以通畅的必不可少的技术。

（一）传感技术

传感技术是感测外界信息的手段。进行信息检测和变换、传递、显示，其最活跃的分支是遥感、遥测。通过各种高性能的传感器和变换器将所需的信息感测出来，输入到系统中，进行变换、处理和显示。遥感技术是使用传感器在空中远距离探测地面物体的特征，对它们进行识别和分类。比如，用人造卫星拍摄陆地的照片省时省力。如果是三四个人，得用一年时间才能编制出一个省的地图，而且要通过实地考察、跋山涉水才能够完成。所以，遥感技术在军事、气象、农业、海洋方面都有很重大的意义。就国民经济中具有重要地位的农业来说，它可以提供草场资源调查、农作物的估产、病虫害的监测，等等。在海洋开发方面，它能提供海洋资源的分布、开发、利用的信息，等等。

提供信息是件很有意思的事情。比如照相，是提供信息的一种方式。通过录像或电影，又可以使这些信息得到连续的反映。近十几年来，又出现了一种激光全息照相术。它照出的相片不是给予一个方面的信息，而是包括各个侧面的全部信息，而且这种照片，即使它的每一碎片也都能再现整个物体。这种提供信息的办法，自然是又经济又全面的。

无独有偶，我国有一位年轻的助理研究员叫张颖清，他提出了"生物全息律"的学说。他提出，生物机体的每一相对独立部分是整体的缩小，包含了整个机体的全部信息，这就跟激光全息照片一样，即使碎了，它的碎片也具有全部的信息。由此，他发现人体第二掌骨侧的穴位分布恰像整个人体的缩小。于是，以前已经知道的耳针、面针、足针等微针系统的治病原理，都被统一在穴位的全息律中。

（二）通信技术

通信技术是指信息的传输技术。从古代的烽火台、驿站到近代的电报、电话，都属于通信技术。然而现在以至未来，通信技术中最有前途的是光导纤维通信、卫星通信和程控交换技术。光通信所以越来越吸引人，乃是由于光的传播速度极快，所以使这种通信更为迅速。将来，通过光纤传递的通信、广播、电视要形成一个庞大的信息网，综合的终端可以设在家庭或任何作业点。由此，通信系统就好比延伸了的人的神经系统一样。

光导纤维到底是什么？它为什么具有那样神秘的魔力？实际上，它就是用光学材料（如石英玻璃）制成的非常细的细丝，通过光线在光导纤维内部的壁上来回反射进行传递，带有不同信息的光线通过专用的纤维达到传递的目的。此外，由于光的频率极高，所以能容纳更多的电信号同时进行传输。也就是说，它的信息容量更大。光导纤维受外界干扰也小，因此信息传递中不会失真。更重要的是，光导纤维截面小，光速传播快，因此通信迅速、经济。比如，与同样粗细的电缆相比，一根由144条光导纤维组成的光缆可以同时传送48384路电话，相当于前者的几千倍。这种电缆不但节省铜，而且声音清晰，不产生杂音，也不能被窃听，这在军事上尤为重要。利用光导纤维还可制成光缆电视，用它来调度列车，可以大大提高效率。比如，北京铁路局使用了光缆电视，由于电视监控调度得当，晚点列车减少，创造了日开行374列的节日运行记录。光纤电视图像传输也可以应用于工矿生产、军事试验及公安、医疗监视等。光纤电视加上伴音就是电视电话。使用这种电话能够看见对方，不用千里探亲，在电视屏幕上就可以同家人会面。光纤传输的电视图像容量大，可以同时播放数十套节目供人选择，而且图像不受外界和线路本身的干扰。光导纤维的最新用途是用于计算机。最近，西欧联合制成一台光计算机来代替电子计算机，速度又提高了上千倍。

（三） 计算机技术

如果说由光纤、电缆及电子程控所形成的空前庞大的信息网构成了无限延伸和无所不在的神经系统的话，计算机的广泛应用则大大扩大了大脑的活动范围。好比是人的记忆力、判断力、分析力大大提高，而且"思维"的速度十分惊人。借助于它，可以解决科学技术的重大问题。比如核聚变的模拟、长期的气象预报、动态的人体断层诊断、庞大地质数据的处理、特大工程的模拟，都需要由巨型计算机来实现。计算机的应用，使一切都向自动化过渡。现在，计算机有向微型化发展的趋势，以后将深入到社会生活的各个领域。目前，国际上正热烈讨论和积极推广"三 A 革命"。

初露锋芒的"三 A 革命"到底是什么呢？所谓"三 A 革命"，就是实现工厂自动化（FA）、办公室自动化（OA）和家庭自动化（HA）。它的目标是把以电子计算机为核心的自动化技术广泛、深入地普及到工厂、办公室和家庭中去。

在工厂自动化方面，数控机床可以大大提高工作效率，提高质量和精度。继数控机床之后，又出现了工业机器人。世界上第一个工业机器人是在美国诞生的，可是日本发展最快。现在日本拥有 2 万台工业机器人，超过全世界总数的一半。工业机器人装配有微型计算机，通过改变控制程序，可以完成各种作业。目前，又出现了数控机床与工业机器人组合的自动化装置，这样配合起来后，可以建成"无人工厂"。

办公自动化也十分必要。长期以来，办公室事务基本上是依靠领导口述，秘书手抄，打字员打印，最后由通讯员传递或电话通知。手续繁多，程序复杂，不仅效率低，而且容易出错。而在现代社会中，通过信息的直接传递，通过计算机的处理，会使这种事务性的工作得到大大简化。办公室事务可分为两类：一类是以数字信息为主的比较定型的业务，如财会、统计、计划、采购及销售等，这类事务使用微型计算机很容易实现自动化；另一类是大量的以文字信息为主的非定型业务，这就需要逐步发展计算机智能化、综合化的功能。

家庭自动化与人们有着更为密切的关系。目前，国外已经在家庭中使用计算机，它成为比电冰箱、洗衣机更为必需的"家具"。它不但可以帮助家庭主妇计划每月的开支预算、结算，还可以实现家庭中的全盘自动化——将各种信息汇总到计算机中，使电视机、音响设备、录像机、唱片机、安全报警机等家庭信息系统与冷气、暖气、煤气、水、电等家庭生活系统形成一个统一的整体，在计算机的控制下形成统一的用户终端。这个终端还可与社会上的信息网络中心相接。这样，人们不出家门就可以与亲友通话，可以从银行支取现金，预订车、船、飞机票，了解市场行情，等等。

还可以举一个计算机在商业上应用的例子。美国有一家"巨人"食品公司，采用了信息化管理，年营业额突破了 20 亿美元，利润增长了 6 倍。这家公司采用了新式的激光扫描收款机，可以按照事先输入的程序识别条码，自动计价，不需要给每件商品贴上价签，大大节约了时间。这样，也节省了贴价签的人工成本，商品的价格降低了10%，别的公司自然无法与它竞争。另外，扫描收款机还可以定时地将销售情况输入计算机。经理人员对哪些商品滞销、哪些商品畅销、哪些货架快空了、哪些商品库存不多了都一目了然，避免了积压或脱销。"巨人"公司总部还有一台 IBM 公司的 3650 型大型计算机，每天上午可以汇总 132 个超市前一天的销售情况，也可以把调整后的价格及时发送给各超市的计算机。这样，就做到了"运筹帷幄，挥洒自如"。

　　总之，信息技术将深入社会的各个领域，如军事领域的通信联络、战场指挥、电子对抗、信息加密和破译，交通运输领域的交通管理、各种交通工具的调度指挥、交通运输网络的规划设计和组织管理，科学教育和文化领域的情报检索、机器翻译、计算机辅助设计、电化教学，医疗卫生领域的辅助诊断、病理分析、辅助治疗、医疗会诊，商业领域的店面管理、市场分析，经济领域的国际市场分析、国内生产规划，社会管理领域的统计数据收集、社会动态预测，家庭生活领域的自动化，等等。信息技术革命的浪潮，冲击着每个人，继续抱着传统观念将落后于时代，也谈不上去完成现代化的崭新任务。

六、结束语：迎接新科学技术的挑战

由前面的简要叙述可见，从古至今，特别是从 20 世纪以来，世界科学研究的项目越来越多，科研的力量也大大加强。现在，正面临着信息这个科技新项目的挑战，我们应当勇敢地加入战斗的行列中去。只有在战斗中才能锻炼自己的身手，增强自己的力量；继续闭关自守，只能自取灭亡。19 世纪末，全世界从事科研工作的只有 5 万人左右；20 世纪 50 年代，增加至 40 万；到了 1975 年，增加至 500 万人以上。其中，苏联有 120 万，美国有 65 万，西德有 45 万。我们一定要加强科技队伍的建设，重视科技人才的培养，建设出浩浩荡荡的科技大军。

在科研经费上，各国也在普遍增加。以 1974 年为例，美国为 311 亿美元，苏联为 212 亿美元，西德为 81 亿美元，日本为 78 亿美元。从科研经费占国民生产总值的比例来看，美国为 3%，苏联为 4% 强，西德为 2.36%，日本为 1.78%。近几年来，各国的科研经费又有所增加。我们也要重视科研工作中的智力投资，增加这方面的费用，以收到切实的效果。

如果说 20 世纪以前的科技发展在很大程度上归功于个别科学家，20 世纪 50 年代以后，则更多的归功于集体智慧。比如，美国的阿波罗登月和现代的宇航事业，都是靠数十万人的力量集体创造的。没有群策群力、四面八方互相支持、互相协助，根本谈不上完成这样巨大的科研任务。在这方面，我们要及时提出项目，靠集体力量去完成大事业。

从科技的发展速度看，也越来越快。18 世纪的蒸汽机发明到后来的普及、运用，约 100 年，而原子能的发现到普及、运用，只有 30 年左右。在这方面，我们一定要抓紧学习，迎头赶上，抓紧做好科学研究与科学普及的工作。

从技术的更新看，也日新月异。从第一代电子计算机到现在的第四代，速度越来越快，用处也越来越多。开始时只用于计算，现在已能部分地代替人脑、代替人力，用于办公、用于家庭，以及其他方面。

信息大爆炸的时代已经到来，各种科学技术相互渗透，紧密联系。在"文艺复兴"时代，科学技术的门类还是很有限的，如数学、物理、化学、天文、地理、生物、工业、农业等，所以能够出现达·芬奇那样全才型的人物。20 世纪以来，产生了许多新的科学，如物理化学、生物化学、化学物理学、分子物理学、合成化学、有机合成化学、量子化学、结构化学、现代分析化学、计算化学、激光化学和光化学等，以及介乎自然科学和社会科学之间的边缘科学。最近在全球风行的《新趋势》《第三次浪潮》等书，都是未来科学的预测，这类书籍现在越来越多。世界科学技术正在发生极大的变化。在最近 10 年中，科学技术的发明比历史上的发明要多得多，而工业部门的技术约有 30% 已经被淘汰。新的科学技术也越来越多。如微观科学中，在发现电子后，又发现了中子、质子、光子以及∪介子、∏介子、中微子等；通过高能加速器，又探测到了夸克等极其微小的物质单位。人类解决能源问题的办法越来越多，原子能、太阳能和最近发现的氢能（也是马克思、恩格斯科学幻想中的）将解决能源不足的重大问题。电子计算机的发展越来越趋向微型化、智能化，将部分地代替人的脑力劳动。新的科学技术必将带动新的产业技术的兴起，产生出前所未有的生产力，特别是由计算机、光导纤维、激光技术等推动形成的信息技术。

　　我们面临着科学技术的新挑战，应尽快普及新的科学知识，掌握新的科学技术，缩短同先进国家的差距，争取早日与其并驾齐驱，阔步前进。

中　卷

哲林漫步

一、试论马克思、恩格斯对生物学的阐述

生物学是自然科学的一个重要部门，它是研究生物（包括植物、动物和微生物）的结构和功能、发生和发展规律的科学，目的是为农业、工业和医学实践服务。在 19 世纪以前，生物学的研究方法主要局限于描述。1859 年，达尔文的《物种起源》发表后，确立了唯物主义的进化观点，推动了生物学的迅速发展。生物学的分科日益繁多，有动物学、植物学、微生物学、解剖学、细胞学、遗传学，等等。在各分科的研究中，用进化论的观点和实验方法取得了很大成就。20 世纪 50 年代以来，由于广泛深入地应用化学和物理上的成就，对生命现象的研究日益深入到细胞、亚细胞和分子水平，使分子生物学成为现代生物学的一个重要发展方向。在对蛋白质、核酸的结构和功能以及两者之间的关系深入阐明的基础上，人们对光合作用、遗传变异、细胞分化和免疫机理以及生命起源、个体发展、系统发育等方面有了进一步了解，从而为工业上应用人工合成的高效生物催化剂、农业上更快地培育新品种、医学上控制恶性肿瘤和遗传病等创造了条件。由于工程技术的发展，出现了仿生学，可以模拟生物的某些结构和功能。这将有助于工程技术的革新。随着人类活动范围的不断扩大，生物学的发展也越来越深入，出现了各学科综合和交叉的情况。

恩格斯在其名著《自然辩证法》中把生物学问题概括为 19 条。总的来看，涉及生命的起源、细胞理论和生物进化等生物学中最重要的问题。

关于生命的本质和起源，恩格斯指出："生命是蛋白体的存在方式。这个存在方式的基本因素在于和它周围的外部自然界的不断地新陈代谢。"这里所说的"新陈代谢"，是一种特殊的生命现象。一切有机世界的化学研究，最后都归到这样一种物质上来，这就是蛋白质。如果能制造出蛋白质，使之具有确定的形态，即所谓原形质的形态，那么辩证地转化也就在实际上被证实了。当制造蛋白质的时候，化学过程就像上述的机械过程一样要超出它本身的范围，它要进入一个内容更丰富的领域——有机生命的领域。这是恩格斯对生命本质和起源的原则性回答，它同自然界的新陈代谢关系极其密切。新陈代谢停止了，生命也随之停止，蛋白就解体了。所以，研究生命的起源问题，首先要确定有机化合物（碳化物）在什么样的条件下通过什么样的方法产生蛋白质。这样，就可以进一步研究生命是怎样从无机体中发生，即怎样在无机体中产生了生命。恩格斯认为："如果有一天用化学方法制造蛋白体成功了，那么它们一定会显示生命的现象。"

恩格斯认为，生命在细胞和发达的有机体产生以前就已经存在，而细胞本身是从较为

简单的有机形态之中发生和发展来的；蛋白质最先分解为细胞——"有发展能力的许多蛋白体都是首先形成核，然后才变成细胞。再往前发展才有细胞膜""只要（有）纤毛虫类真正是单细胞""进一步的发展是几个细胞结合成一个生物体"；有不同形态的细胞，"在这里可以看到与各种地质年代相适应的各种有机形态。形态愈高，进化就愈快"。微耳的细胞学说认为，细胞只能产生于细胞。机械论者也提同样的论调，他们甚至认为在细胞以外绝没有任何生命存在，认为一切生物都要具有细胞构造。恩格斯根据自然界普遍联系与发展的观点明确指出，细胞可能从无结构的活的蛋白质中产生。恩格斯在考察整个生物学时指出："部分和全体，逐渐变成在有机界中有缺陷的一种范畴。"当然，在恩格斯的时代由于科学发展的制约，还没有在细胞核中发现各种核酸如脱氧核糖核酸（DNA）和核糖核酸（RNA），在合成各种蛋白质方面起着极为重要的作用。

恩格斯特别重视达尔文进化学说所得出的哲学结论。19世纪生物学最重大的成就之一就是达尔文的《物种起源》中所阐明的进化论。法国杰出的生物学家海克尔是达尔文主义者、自然科学唯物主义者的代表，是个无神论者，他提出了确定系统发育和个体发育之间相互关系的生物发生律，但也是反动的"社会达尔文主义学说的创始人和思想家之一"。恩格斯在《反杜林论》中充分肯定了达尔文和海克尔的功绩，同时，还利用海克尔的材料表述了生命在最初的发展时期所经历的一些小的阶段，指出在生物进化过程中"形态和机能相应制约，整个有机界在不断地证明形式和内容的同一或不可分离"。此外，"在有机体发展的全部历史上，是应该承认加速同离开起点的时间距离的平方成正比的定律"，即"形态愈高，进化就愈快"。这些，同海克尔的观点是一致的。但是恩格斯也批评了达尔文在"生存斗争"的问题上有片面夸大的倾向，牵强附会地把马尔萨斯的观点套用到生物学上。恩格斯认为生物进化的动因不是生存斗争，海克尔不适当地扩大了自然选择的观念。恩格斯在《反杜林论》中指出，"不需要戴上马尔萨斯的眼镜"也可以说明生物的进化过程，达尔文的错误就在于他混淆了发生选择的两种不同情况，一是由于过度繁殖的压力而引起的选择，一是由于对变化的环境具有不同的适应能力而引起的选择。其实，引起变异的因素多种多样，不能以某一个为"物种变异的唯一杠杆"。在恩格斯看来，科学工作者必须善于区别这两种情况，否则就不能做出恰如其分的解释。同时，恩格斯还指出，不能简单地把生物之间的斗争说成是"优胜劣汰"，因为进化中还存在退化，进化和退化往往是对立的、统一的。恩格斯指出："有机物发展中的每一进化同时又是退化，因为巩固一个方面的发展，会排除其他许多方面的发展的可能性。"

恩格斯进一步指出，自然界中不会永远是斗争、冲突的，也有和谐、合作的一面。只看到和谐的一面是错误的，但如果只看到斗争的一面也是片面的和错误的。看吧，"植物怎样给动物提供食物和氧，而动物怎样给植物提供肥料、阿姆尼亚和碳酸气"。恩格斯告诫我们，决不能因为达尔文学说出现了，就只看到斗争。他指出："自然界中死的物体的相互作用包含着和谐和冲突；活的物体的相互作用则既包含着有意识和无意识的合作，也包含着有意识的和无意识的斗争，因此在自然界中决不允许单单标榜片面的'斗争'。"但是，想把历史的发展和错综性的全部多种多样的内容都包括在贫乏而片面的公式"生存斗争"中，"这是十足的童稚之见。这简直是什么也没有说"。

恩格斯还告诫我们，不要把动物社会的生活规律直接拉到人类社会中来。他认为，若这样做，"是不行的"。因为人是从事生产的，而"一有了生产，所谓生存斗争便不再围绕着生存资料进行，而要围绕着享受资料和发展资料进行。在这里——在发展社会生产资料的情况下——动物界的范畴完全不能适用了"。这也是我们研究生物学时必须注意的问题。

上面，主要介绍了恩格斯《自然辩证法》对生物学的分析和贡献。但这决不是说马克思对生物学毫无兴趣或毫无贡献。当达尔文的《物种起源》问世时，马克思就在给斐拉萨尔的信中写道：

> 达尔文的著作非常有意义，这本书我可以用来当作历史上的阶级斗争的自然科学根据。粗率的英国式的阐述方式当然必须容忍。虽然存在许多缺点，但是在这里不仅第一次给了自然科学中目的论致命的打击，而且也根据经验阐明了它的合理的意义。

马克思在《剩余价值理论》中提到："查理·达尔文在他的著作《根据自然选择即在生存斗争中适者保存的物种起源》——的绪论中写道：'下一章将考察全世界整个生物界中的生存斗争，那是依照几何级数高度繁殖的不可避免的结果。马尔萨斯学说对于整个动物界和整个植物界的应用。'"马克思认为：

> 达尔文在他的卓越的著作中没有看到，他在动物界和植物界发现了"几何"级数，就是把马尔萨斯的理论驳倒了。马尔萨斯的理论，正好建立在他用华莱士关于人类繁殖的几何级数同幻想的动植物的"算术"级数相对立上面。在达尔文的著作中，例如在读到物种消灭的地方，也在细节上（更不用说达尔文的基本原则了）以博物学方面对马尔萨斯理论的反驳。

马克思在1862年6月18日致恩格斯的信中重申了上述观点后指出：

> 值得注意的是，达尔文在动植物界中，重新认识了他自己的英国社会及其分工、竞争、开辟新市场的"发明"以及马尔萨斯在他的书中阐述的"生存斗争"。这是霍希斯的一切人反对一切人的战争，这使人想起黑格尔《现象学》，那里面把市民社会描写为"精神动物的世界"，而达尔文则把动物世界描写为市民社会。

马克思在1869年2月15日致拉法格劳拉的信中写道：

> 英国社会的生存斗争——普遍的竞争，一切人反对一切人的战争——使达尔文发现残酷的生存斗争是"动物"界和植物界的基本规律。但是社会达尔文主义与此相反，却认为这是证明人类永远不能摆脱自己的兽性的决定性论据。

显然，马克思是不同意这种看法的。他曾在《第六届莱茵省议会的辩论》中指出："一切生物在空气流通的优良环境下才能繁茂。"在《国防—财政—贵族的死绝》一文中，他说："现代生理学认为，在畜级动物中间，生殖力同神经系统的发展，特别是同脑髓的增加成反比例。"

由以上可见，马克思不仅很关心生物学，还很支持恩格斯的自然辩证法观点。在这方面，他们的思想立场是完全一致的。

二、学习马克思、恩格斯关于科学技术的理论

1983 年 3 月 14 日是马克思逝世 100 周年。正如恩格斯《在马克思墓前的讲话》中所形容，马克思是"科学的巨匠"。这也是恩格斯一生的写照。当然，马克思、恩格斯一生所致力的，主要是社会科学方面。但这不是说，马克思、恩格斯对自然科学就没有什么贡献。马克思自 19 世纪 50 年代末到 80 年代初写下的《数学手稿》有 1000 多页。他在信中对恩格斯讲解什么是微积分，这说明他对数学和自然科学的造诣也很高。恩格斯《在马克思墓前的讲话》中还指出，马克思对自然科学技术的发展一向十分重视，"在马克思看来，科学是一种在历史上起推动作用的、革命的力量。任何一门理论科学中的每一个新发现，即使它的实际应用甚至还无法预见，都使马克思感到衷心喜悦"。在 1882 年慕尼黑电气展览会上，法国物理学家马赛尔·德普勒展出了在米斯巴赫至慕尼黑之间架设的第一条实验性输电线路，这使马克思感到非常高兴。自学成才的恩格斯，写下了《反杜林论》《自然辩证法》等有关哲学、自然科学理论的辉煌巨著。尤其是到了晚年，他对自然科学的探讨越来越深入，也越来越有成绩。但由于他晚年几乎用全部精力去修订马克思尚未完成的《资本论》第二至四卷，所以只写出了《自然辩证法》的草稿，未及再加工和补充修改，就溘然永逝了！这是世界科坛无法弥补的损失。但不论是马克思还是恩格斯，对于自然科学技术都留下极为精辟的、富有指导意义的言论。学习和重温这些言论，对于我们认识科学技术和科普工作的作用，有着十分重要的指导意义。

（一）科学技术是一种在历史上起推动作用的革命力量

1850 年 7 月的某一天，马克思、恩格斯在伦敦的一家酒店接待李卜克内西。马克思讲到，现在革命在窒息，而自然科学正准备一次革命；蒸汽大王在前一个世纪翻转了整个世界，现在已到了统治的末日，另一支革命的力量——电力的火花将取而代之。马克思指出，前几天在瑞琴街上展出的电力机车模型，其影响是不可估量的。这唤起对无产阶级的新的信心，认为电力革命将变成"特洛伊木马"。

马克思、恩格斯十分重视科学技术在推动历史前进方面所起的巨大作用。马克思"把科学首先看成是历史的有力的杠杆，看成是最高意义上的革命力量"。马克思在其名著《资本论》第一卷里引用富兰克林的说法给人下定义说，人是会"制造工具的动物"。人类社会发明的最古老的工具是打猎和捕鱼的工具。"在人类历史的初期，发现

了从机械运动到热的转化，即摩擦生火。"正如恩格斯所形容，摩擦生火这个史前时期的科学发现"就世界性的解放作用而言……超过了蒸汽机，因为摩擦生火第一次使人支配了一种自然力，从而最终把人同动物界分开"。

生产技术为什么能够推动历史的发展呢？这是因为生产技术本身就会转化为生产力。马克思指出："生产力里面也包括科学在内。"而劳动生产力又是"随着科学和技术的不断进步而不断发展的"。哪怕是自然科学某一部门的发展，都会在一定程度上推动历史前进的步伐，因为它们是同生产力紧密联系而不可分割的。比如，"化学的每一个进步不仅增加有用物质的数量和已知物质的用途，从而随着资本的增长扩大投资领域。同时，它还教人们把生产过程和消费过程中的废料投回到生产过程的循环中去，从而无须预先支出资本，就能创造新的资本材料。"马克思在《资本论》中细致地阐明，科学技术的发展水平及其应用程度，将对劳动生产力起决定性的作用。马克思在《工资、价格和利润》一文中明确地指出，劳动的社会力量的进步同科学技术的进步是不可分割的，它是靠科学技术的改善、靠机器"生产方法的改良、化学及其他自然因素的应用，靠利用交通和运输工具而达到的时间和空间的缩短，以及其他各种发明。科学就是靠这些发明来驱使自然力为劳动服务，并且劳动的社会性质或协作性质也是由于这些发明而得以发展起来"。可见，科学技术确是一种在历史上起推动作用的革命力量，这是颠扑不破的真理。

（二）把科学技术比作"革命家"

马克思、恩格斯还把科学技术看作"革命家"。马克思《在〈人民报〉创刊纪念会上的演说》中讲道："蒸汽、电力和自动纺机甚至是比巴尔贝斯、拉斯拜尔和布朗基诸位公民更危险万分的革命家。"什么是革命家呢？革命家总是敢于冲破旧时代的阻力和障碍，热情欢迎新时代的到来，建立新的生产关系，以利于新生产力发展的人。大家知道，巴尔贝斯是法国1848年革命的积极活动家，是七月王朝时期秘密革命团体的积极活动家，曾被判处无期徒刑，后来流亡国外。拉斯拜尔是法国著名科学家、革命家，他靠近无产阶级，是1830年和1848年革命的积极参加者。布朗基是法国著名的无产阶级革命家，法国无产阶级的著名领袖，是许多秘密团体和秘密活动的组织者，曾多次被判刑。他是巴黎1870年10月31日起义的领导人之一，巴黎公社时期被反动派囚禁在凡尔赛宫，缺席当选为巴黎公社委员。以上这三人都被马克思、恩格斯誉为杰出的革命家。马克思把科学技术在特定时代和社会中所起的作用与其心目中高尚、能干、富有社会变革能力的革命家们相比，是因为从某种意义上来看，他们都是要变革旧社会面貌的，都是创造新生产关系、呼唤新生产力到来的力量。

正是从这个崭新的思想观点出发，马克思对中国古代的科技发明作了崇高的评价。在他们看来，中国的火药传到欧洲以后，"把骑士阶层炸得粉碎"；中国的指南针传到欧洲以后，"打开了世界市场并建立了殖民地"；中国的印刷术和造纸术传到欧洲以后，"变成新教的工具"；"总的来说变成科学复兴（请注意：马克思在这里用的是科学复兴而不是文艺复兴）的手段，变成对精神发展创造必要前提的最强大的杠杆"。

也正是在这个意义上，马克思热烈地赞扬了瓦特发明的蒸汽机，赞扬了1851年出现的蒸汽机车，赞扬了1807年出现的富尔顿的第一艘机器船，赞扬了应用自动机制造的更精确的机器如车床、牛头刨床、水泵、鼓风机、磨粉机，以及光学、电磁学的发展。恩格斯把"分工，水力特别是蒸气力的利用，机器的应用"看作"是从18世纪中叶起工业用来摇撼旧世界基础的三个伟大的杠杆"。这就是为什么马克思《在〈人民报〉创刊纪念会上的演说》中把蒸汽、电力和自动纺机看作是"比巴尔贝斯、拉斯拜尔和布郎基诸位公民更危险万分的革命家"的缘故。

马克思、恩格斯从《共产党宣言》起，就以那样的满腔热情称赞科学技术的伟大威力，指出：

> 自然力的征服，机器的采用，化学在工业和农业中的应用，轮船的行驶，铁路的通行，电报的使用，整个整个大陆的开垦，河川的通航，仿佛用法术从地下呼唤出来的大量人口——过去哪一个世纪能够料想到有这样的生产力潜伏在社会劳动里呢？

像这样改天换地，由新人类从生活实践中总结、归纳、提高、创造出来的新科学技术，怎么能不使广大人民欢欣鼓舞、被人们所热烈称颂呢？大家看，马克思、恩格斯是何等重视科学技术的创造和发展呀！

（三）必须掌握科学技术知识

只有建设一支宏大的科技队伍，使很多人掌握科学技术知识，才能谈得上建设社会主义。恩格斯在《致国际社会主义者大学生代表大会》一文中就讲道：

> 过去的资产阶级革命向大学要求的仅仅是律师，作为培养他们的政治活动家的最好的原料；而工人阶级的解放，除此之外还需要医生、工程师、化学家、农艺师及其他专门人才，因为问题在于不仅要掌管政治机器，而且要掌管全部社会生产，而在这里需要的决不是响亮的词句，而是丰富的知识。

马克思、恩格斯就是人类历史中具有渊博知识的代表。他们始终对自然科学饶有兴趣，再三要求人们掌握数学和自然科学知识。19世纪出现的能量守恒定律、细胞学说和达尔文进化论三大发现，为马克思主义科学世界观的创立提供了自然科学基础。马克思、恩格斯对自然科学包括数学、物理、化学、天文、地理、生物、工业、农业、医学都有着广泛的兴趣，并鼓励战友们努力学习。1870年以后，马克思研究了地质学和生理学。1882年6月到1883年3月，马克思在疾病的折磨中还在研究有机化学和无机化学。这些都说明，马克思对自然科学技术的学习从来没有懈怠过。

马克思在《资本论》序言中指出："在科学上没有平坦的大道，只有不畏劳苦沿着陡峭山路攀登的人，才有希望达到光辉的顶点。"马克思又说："在科学的入口处，正像在地狱的入口处一样"，必须像但丁的《神曲》中所说的，"这里必须根绝一切犹豫；

这里任何怯懦都无济于事"。这是千真万确的。科学是实里求实，决不能用空话代替科学。

　　正如一切科学的历史进程一样，在到达它们的真正出发点之前，总要经过许多弯路。科学和其他建筑师不同，它不仅画出空中楼阁，而且在打下地基之前就造起大厦的各层住室。

我们学习马克思、恩格斯关于科学技术的理论，认识其重大意义之后，应当下定决心，用顽强的意志去攻克科学中的堡垒。在科学技术史上，无数有成就的人都是兢兢业业地去攻关，夜以继日地从事科学研究，做好科普工作。一分成绩，十分汗水，没有攻关的精神，将一事无成。

三、马克思、恩格斯论伽利略

在欧洲，到 16 世纪后半期，自然科学受神学的支配已有千年之久。特别是意大利，在自然科学上一直为亚里士多德传统思想所束缚。

伟大的意大利人加里尼·伽利略（Galileo Galilei，1564～1642 年）是近代自然科学的创始者。他诞生在一个破落贵族的家庭，他的父亲文新尼·伽利略已失去爵位，是个优秀的数学家和作曲家。伽利略童年时代，过着相当穷苦的生活。父亲曾一度决定让他去学商，为此先让他进学校读点书。伽利略以惊人的毅力，学会了拉丁文、希腊文、哲学、音乐、图画……在多方面显出了自己的才华。父亲看到了儿子的表现，于是放弃了让他去学做布商的想法，让他去比萨大学学医。就这样，伽利略 17 岁开始攻读医学。18 岁时，受到灯笼摇摆的启示，发现了"等时性原理"，即摇摆的幅度虽不同，时间却相等。他由此发明了摆钟。接着，他结识了一位数学家，跟他学习几何学。

1585 年，他因家庭贫困没有毕业就离开了比萨大学。离校不久，他发明了"小天平"，声名鹊起，被比萨大学聘到该校教数学课。不久，伽利略对亚里士多德的说法——物体从高处下落时，重的比轻的先落地——提出异议。他把学校附近的比萨斜塔作为试验场，从塔上抛下两个铁球，一个重 100 磅，一个重 1 磅；他请一些教授和学生来观察，结果两球同时落地。这样，就彻底推翻了亚里士多德所说的重的先落地的说法。

后来，伽利略在帕雕亚大学教课。当他得知哲学家、自然科学家布鲁诺因信仰哥白尼的地动学说被教会烧死时，并未被吓倒。他是第一个天体望远镜的制造者。他通过望远镜可以看到许多星宿和地球的距离各不相同，看到木星有 4 个卫星，看到太阳上有黑子，从而证明哥白尼的地动学说是完全正确的——地球也像其他行星一样，围绕着太阳转动。

1604 年，他作了三次有关新星的演讲，听众一次比一次多。他猛烈攻击亚里士多德所谓天体是完整不变的理论，并且把地动学说普及开来。马克思在《第六届莱茵省议会的辩论》一文中指出："有一个时候曾经命令人们相信地球不是围绕太阳运转。"但真理终归是真理，决不以某些大人物的意志为转移。马克思继续问："伽利略是不是因此就被驳倒呢？"没有！马克思在《揭露科伦共产党人案件》这篇名文中指出："伽利略'没有被号召'研究天体运动，而只有那些把他说成是异教徒的宗教裁判者才'被号召'研究天体运动。"这些人用尽各种办法来压制伽利略对地动学说的宣传。1633 年，伽利略已近 70 岁了，他被罗马教会抓去审讯。在罗马与佛罗伦萨，他一直受监视，直到 1642 年，他 78 岁去世。但在如此残暴的迫害下，"地球依然在运转！"

伽利略是打开近代科学大门的大师，他在科学的各个领域中都做出了卓越的贡献。恩格斯在《自然辩证法》"运动的量度——功"里写道：

> 伽利略一方面发现了落体定律，依照这个定律，落体所经过的距离和落下所经过的时间成正比。另一方面，如我们将看到的，他又提出一个不完全符合这个定律的命题：一个物体的动量（它的冲量或动量）是由质量和速度决定的，所以它在质量是常数时就和速度成正比了。笛卡儿采取了后一命题，认为运动物体的质量和速度的乘积就是该物体的运动的量度。

恩格斯在《自然辩证法》"札记和片段"中肯定了"在数学、力学和天文学、静力学和动力学的领域中获得了伟大的成就，这特别是归功于开普勒和伽利略。牛顿是从他们二人那里得出自己的结论的"。恩格斯在讲到近代自然科学的成立时还指出，伽利略把"物理和化学明确地分开了"。

伽利略所写的《托勒密与哥白尼两种世界体系的对话》既是一部科学名著，也是一部著名的科普读物，但是在当时却成了禁书。伽利略在受到严密监视时还写了另一本书：《新科学对话》。这里的"新科学"，就是力学。后来，牛顿力学的三大定律实际上也受惠于伽利略。

马克思把伽利略所处的时代叫作"科学复兴"也就是"文艺复兴"的时代。恩格斯说："这是一次人类从来没有经历过的最伟大的、进步的变革，是一个需要巨人而且产生了巨人——在思维能力、热情和性格方面，在多才多艺和学识渊博方面的巨人的时代。"伽利略就是这样一位时代的巨人！

四、马克思、恩格斯对人类学的贡献

人类学作为一门科学，在世界科学技术史上出现较晚。对人类和人类社会的研究虽然由来已久，但相对来说，人类对大自然的各方面都做过比较深入的钻研，取得了较大的成绩，唯独对人类本身的研究较为迟缓，仍处于幼年时期。

有不少学者一提起人类学的创始人，就说起英国的莱尔。他在1863年——达尔文的《物种起源》出版后4年——出版了《人类的远古时期》一书。其中最重要的记载是1857年在德国杜基尔道夫城附近的尼安德特发现的一块头骨和几块骨骼。后来，这里的古人类被命名为"尼安德特人"，现代人称其为"智人"，大约生活在冰期与冰后期的欧洲。1893年，荷兰解剖学家杜波依斯在爪哇发现了一些化石，被命名为"爪哇人"，即直立猿人，是处于高级猿与人之间的原始人。在人类学的发展中，还可以列举出许多做过贡献的人，如约瑟夫·格林伯格、戴维·曼德尔鲍姆、雷蒙德·费恩等。但我以为，在人类学史上最不应该被遗忘的，就是无产阶级革命导师马克思、恩格斯。

（一）马克思、恩格斯把人类学从动物学中分离出来

人类是动物，但又不是一般的动物。马克思、恩格斯在青年时代就已经看到对人类本身进行研究的重要性。马克思在《黑格尔哲学批判》中指出："中世纪是人类史上动物时期"，也即"人类动物学"时期。

中世纪以来，生物学家多是把人当作普通生物即一般动物来研究。马克思、恩格斯认为这种做法是不恰当的，不应该把人类学同一般的动物学相混同，应当把人从一般动物中分离出来。在他们看来，人和一般动物最主要的区别就在于人类富有创造性。如富兰克林所形容，人类是善于创造劳动工具的动物，而其他动物，哪怕是灵长类、最聪明的猿猴一类，至多是能够运用一些工具，如用竿子去打落果实等。只有人类能够运用各种材料去创造新工具。诚然，许多动物也有思维，但只有人类才有高级思维，如宗教的思维、哲学的思维。马克思、恩格斯一方面反对把人类等同于动物，看不到人是"能思想的存在物"；另一方面也反对在人类中把一些人吹捧得非常高，而把另一些人看作是庸众。

马克思、恩格斯对进化论的奠基者作了崇高的评价，但又指出，达尔文和达尔文主义者不懂得劳动在从猿到人的演进过程中所起到的巨大作用。达尔文在《人类的由来》中将"生存斗争"和"自然选择"这两个不同的问题混淆起来，抹杀了人与动物的区别。马克思、恩格斯在早年合写的《德意志意识形态》中说：

一个人的发展取决于和他直接或间接进行交往的其他一切人的发展；彼此发生关系的个人的世世代代是相互联系的。后来的肉体的存在是由他们的前代决定的。后代继承者积累起来的生产力和交往形式，决定了他们这一代的相互关系。总之，我们可以看到，发展不断地进行着。单个人的历史绝不能脱离他以前的或同时代人的历史，而是由这种历史决定的。

（二）动物支持了人类的发展

人是从哪儿来的？人类一开始就是"万物之灵"吗？当然不是。"上帝造人"的说法，到了欧洲文艺复兴以后被看作是神话。但正如恩格斯在给马克思的信中所指出的，"人在自己的发展中得到了其他实体的支持，但这些实体不是高级的实体，不是天使，而是低级的实体，是动物"。就是说，动物支持了人类的发展。

那么，动物是怎样支持人类呢？那不是一般的支持，而是从整个生态上支持。恩格斯在对人类和动物做了认真研究后，给马克思写信说：

人们到处都会看到，人体的结构同其他哺乳动物完全一致，而在基本特征方面，这种一致性也在一切脊椎动物身上出现，甚至在昆虫、甲壳虫和蠕虫等等身上出现（比较模糊一些）。黑格尔关于量的系列中的质的飞跃这一套东西在这里也是非常合适的。最后，人类能从最低级的纤毛虫身上看到原始形态，看到简单的、独立的细胞。这种细胞又同最低级的植物（单细胞的菌类——马铃薯病菌和葡萄病菌等等）、同包括人的卵子和精子在内的处于较高级的发展阶段的胚胎，并没有什么显著区别。这种细胞看起来就同生物机体中独立存在的细胞（血球、表面细胞和黏膜细胞，腺、肾等等分泌出来的细胞）一样……

恩格斯还进一步阐明人类进化的过程。他说：

也许经过了多少万年，才造成了可以进一步发展的条件，这种没有定形的蛋白质能够由于核和膜的形成而产生第一个细胞。但是随着这第一个细胞的产生，整个有机界的形态形成的基础也产生了；正如我们可以根据对古生物学的记录所作的全部类推来假定，最初发展出来的是无数种无细胞和有细胞的原始生物，在这些原始动物中只有加拿大假原生物传到了现在；在这些原生生物中，有一些渐次分化为最初的植物，另一些渐次分化为最初的动物。从最初的动物中，主要由于进一步的分化而发展出无数的纲、目、科、属、种的动物，最后发展出神经系统获得最充分发展的那种，发展出这样一种脊椎动物的形态，而这些脊椎动物，又发展出这样一种脊椎动物，在它身上自然界达到了自我意识，这就是人。（《自然辩证法·导言》）

从与人类相隔较远的动物来看是如此，从人类的近亲猿猴来看，那就更清楚了。恩格斯在1864年11月写给马克思的信中转述了人类学家沙弗森的一个说法："亚洲的类人猿以及那里的人，头颅都是圆的，而非洲的则都是长的。"同时，恩格斯还指出："在目前的科学情况下，这是反对人类统一的思想的一个最有力的论据。这种话看他就敢到英国的自然科学家会议上去讲。"恩格斯在致波·拉·拉甫罗夫的信中写道："在我看来，社会本能是从猿进化到人的最重要的杠杆之一。最初的人想必是群居的，而且就我们所能追溯的来看，我们发现，情况就是这样。"

（三）人类的本质，人与猿的分野，劳动创造了人

马克思指出："人的本质并不是单个人所固有的抽象物。在其现实性上，它是一切社会关系的总和。"这是因为人总是生活在一定的社会，人是不能离开社会而独立存在的，即使像生活在孤岛上的鲁滨逊，仍然不能离开特定的社会而独立存在。

人和动物的分野，即它们之间的区别在哪里呢？恩格斯指出："从攀树的猿群进化到人类社会之前，一定经过了几十万年……人类社会区别于猿群的特征又是什么呢？是劳动。"有人认为，像蜜蜂、蚂蚁之类的动物也善于劳动，为什么它们的劳动就不等同于人类的？马克思在《经济学—哲学手稿》中回答了这个问题，他说：

> 固然动物也生产，如蜜蜂、海狸、蚂蚁等建筑巢穴、居室。不过它只生产自己或它的幼年者直接需要的东西；它片面地生产着，而人类本身则普遍生产着；动物只在直接的物质的需要的统治下生产，而人类本身则自由地解脱着物质的需要来生产，而且在解脱着这种需要的自由中才真正地生产着。动物只生产自己本身，但人类在生产着整个自然，动物生产品直接同它的肉体相联系，但人类则自由地对待他的生产品。

马克思、恩格斯非常细致地分析了在改造大自然的斗争中，在长期的生产劳动中，"经过多少万年之久的努力，手和脚的分化，直立行走，最后确定下来了，于是人和猿区别开来，于是音节分明的语言的发音和头脑的巨大发展的基础就奠定了，这就使得人和猿之间的鸿沟从此成为不可逾越的了"。马克思、恩格斯再三强调，人和动物根本区别的"第一个历史行动"并不在于他们有思想，而是在于他们开始生产自己所必需的生活资料。

马克思、恩格斯对劳动及其作用作了清晰的解释。马克思在《资本论》第一卷里写道："当他通过这种运动作用于他身外的自然并改变自然时，也就同时改变他自身的自然。"这就是说，人类的肢体起了极大的变化，手和脚的分工越来越明确，人脑也越来越发达了。所以恩格斯的《自然辩证法》认为："劳动……是整个人类生活的第一个基本条件，而且达到这样的程度，以致我们在某种意义上不得不说，劳动创造了人本身。"

当然，还有很多因素使得人类同一般动物分开。比如，火的发现，尤其是钻木取火，意义是空前的。诚如恩格斯所指出，火的发现在人类历史上的意义甚至超过近代史上蒸汽机的发明，它使人有了一种支配自然的力量，从而最终同一般动物分开。尤其在发现了火以后，人类彻底抛弃了茹毛饮血的时代，也就同与动物混同的时代彻底诀别了。

（四）手的解放和直立行走

恩格斯在《自然辩证法》中热情地歌颂了人类的双手，他说："即使最低级的野蛮人的手，也能做几百种为任何猿手所模仿不了的动作。没有一只猿手曾经制造过一把哪怕是最粗笨的石刀。"手足分工，是人体功能的一大跃进，它促使人类从兽类中走出来。恩格斯说：

> 在人用手把第一块石头做成刀子以前，可能已经经过很长很长的一段时间，和这段时间相比，我们所知道的历史事件就显得微不足道了。但是具有决定意义的一步完成了，手变得自由了，能够不断地获得新的技巧，而这样获得的较大的灵活性便遗传下来，一代一代地增加着。所以，手不仅是劳动的器官，它还是劳动的产物。……它是人体从事创造活动的主要官能之一。人手的逐渐灵巧以及与此同时发生的脚适应于直立行走的发展，由于这种相关律，无疑地要反过来作用于机体的其他部分。

恩格斯再三强调，手并不是孤立的。中国古语说，牵一发而动全身。何况手是一个极其复杂的机体中的一个肢体，凡是有利于手的，也有利于手所服务的整个身体，这是从两方面进行的。根据达尔文的生长相关律，即一个有机体的个别部分的特定形态总是和其他部分的某些形态相联系的，身体某一部分的形态的改变总是引起其他部分的形态的改变，而手的灵巧以及脚的适应于直立行走的发展，无疑也反过来作用于机体的其他部分。

更重要的是，随着手的发展，随着劳动的发展，人们的眼界大大开阔，学习了新的技能，开拓了新的生活途径。这样，从手开始，引起了人类全身心的变化。人类开始了有创造性的思想力的提高，抑扬顿挫的语言也开始迸发出来。

（五）劳动过程，劳动工具

马克思、恩格斯认为，经过劳动，人逐渐与动物相分离。那么，什么是劳动呢？根据马克思在《资本论》中的说法，劳动首先是人和自然之间的过程，是人以自身的活动来引起、控制人和自然之间的物质变换的过程。而创造性的劳动独属于人类，尽管蜜蜂建造蜂房的本事会使许多建筑师惭愧，但是最蹩脚的建筑师从一开始就比最灵巧的蜜蜂高明，因为建筑师在建造之前已经在头脑中有了创造规划。"劳动过程结束时得到的结果，已经在劳动过程开始时，存在于劳动者的观念中。"

那么，什么叫作劳动手段呢？马克思在《资本论》中这样阐述：

> 一般地说，只要劳动过程稍微有了发展，他就会需要有已经经过加工的劳动手段。在太古人居住的洞穴中，我们发现了石制的工具和石制的武器。在人类历史开端的时期，除了已经加工的石块、木片、骨头和贝壳之外，还有已经驯养、已经由劳动改变和饲养的动物，当作劳动手段起主要的作用。劳动资料的使用和创造虽然就其萌芽形态来说已为某几种动物所固有，但这毕竟是人类劳动过程独有的特征，

所以弗兰克给人下的定义是制造工具的动物。

什么是"有益的"劳动呢？有益的劳动也就是起码能维持人类基本生活的劳动。人们要创造历史，首先要能够创造生活。"首先就需要衣、食、住以及其他东西。因此第一个历史活动就是生产满足这些需要的资料，即生产物质生活本身。"

恩格斯在《自然辩证法》中指出："劳动是从制造工具开始的。"人类从制造石器的工具、骨器的工具、木器的工具开始，后来由于生产的逐渐发展，逐渐开始懂得制造陶器、铜器、青铜器、铁器、蒸汽机、电气……人类社会也一天比一天更加进步了，人类创造活动的领域也越来越宽广了。

（六）意识与语言

马克思、恩格斯在《德意志意识形态》第一章《费尔巴哈》中讲到意识与语言的问题。他们认为：

> 人也有"意识"，但是人并非一开始就具有"纯粹的"意识。……语言和意识具有同样长久的历史；语言是一种实践的、既为别人存在并仅仅因此也为我自己存在的、现实的意识。语言和意识一样，只是由于需要，由于和他人交往的迫切需要才产生的。……因而意识一开始就是社会的产物。

语言不是一蹴而就、一下子人与人之间就会流畅地说话。当人与人的接触越频繁，觉得彼此之间有什么非说不可的东西了，就逐渐产生了语言。在那不发达的喉头里"由于音调的抑扬顿挫的不断加多，缓慢地然而肯定地得到改造，而口部的器官也逐渐学会了发出一个个清晰的音节"。"语言是从劳动中并和劳动一起产生出来的，这是唯一正确的解释。"再说，语言首先也是由于劳动，"然后是语言和劳动一起，成了两个最主要的推动力，在它们的影响下，猿的脑髓就逐渐地变成人的脑髓。脑髓和为它服务的感官，愈来愈清楚的意识以及抽象力和推断能力的发展，又反过来对劳动和语言起作用，为二者的进一步发展提供愈来愈新的推动力"。可以说，语言是随着社会而产生的，是随着社会的发展而发展的。试想想看，新中国成立以来产生了多少前所未闻的新词汇。当人类开始直立行走以后，对语言的发展肯定起着极为迅速的推动作用。反过来，语言在人类社会发展史上起着促使人类进化的重要作用，它使人类更快地从动物中分化出来，逐渐达到今天的进步水平。

（七）结束语

马克思、恩格斯对科学的人类学做了许多杰出的贡献。马克思、恩格斯对杰出的美国学者、民族志学家、考古学家和原始社会史学家、自发的唯物主义者路易斯·亨·摩尔根所写的《古代社会》做过非常深刻的研究。马克思写过《摩尔根〈古代社会〉一书摘要》；恩格斯写了《家庭、私有制和国家的起源》，认为《古代社会》将使我们"在北美印第安人的血族团体中找到一把解开古代希腊、罗马和德意志历史上那些极为重要而至今尚未解决的哑谜的钥匙"。恩格斯认为，该书"对于原始历史所具有的意

中卷 哲林漫步 ||| **67**

义，正如达尔文的进化论对于生物学和马克思的剩余价值论对于政治经济学的意义一样"。显然，马克思、恩格斯的这些光辉著作同人类学，特别是文化人类学、体质人类学、社会人类学、应用人类学、民族学、史前民族学、人种学、人类形态学、人类起源学、种族学、族体人类学的关系都非常密切。

人是社会的动物，而"人类社会与动物社会最重要区别，在于动物至多只能收集生活资料，而人类能生产资料"。所谓生产，就包含着创造的深刻含义：

一、低级阶段。这是人类的童年。人还住在自己最初居住的地方，即使住在热带的或亚热带的森林中，他们至少是部分地住在树上……他们以果实、坚果、根茎作为食物，分节语的产生是这一时期的主要成就。在有史时期所知道的一切民族中，已经没有一个是处在这种原始状态的了。虽然这一状态大概延续了好几千年之久，但我们却不能根据直接的证据去证明它。不过，我们既然承认人是起源于动物界的，那么，我们就不能不承认这种过渡状态了。

二、中级阶段。从采用鱼类（虾类、贝壳类及其他水栖动物包括在内）作为食物和使用火开始。……石器时代早期的粗制的、未加磨制的石器，即所谓旧石器时代的石器（这些石器完全属于或大部分都属于这一阶段）遍布于一切大陆上，就是这一移居的证据。（《马克思恩格斯全集·第21卷》）

人类学与世界各个地区的关系都非常密切，只有深刻地了解过去才能更好地开创未来。人类学的研究在各国都越来越受到重视，但是毋庸讳言，西方的人类学不仅门类复杂，而且在思想方法上越来越烦琐。因此，我们一定要肯定人类在创造上的光辉成就，认真运用马克思、恩格斯遗留下来的光辉的人类学科学遗产，作为我国人类学的新的研究指南。只有这样，才能使我国人类学研究为现代化事业服务，并且使其立于新兴科学之林，不断向前迈进。

五、马克思的《哲学的贫困》

《哲学的贫困》是马克思 1847 年为答复普鲁东的《贫困的哲学》而写的，是一部哲学兼经济学的理论著作。这是马克思第一次以论战的形式在报刊上阐明有关社会发展规律的唯物主义学说的基础，以及他在政治经济学方面的研究成果。

马克思从新的、真正的科学立场出发，考察了资本主义社会产生的条件，阐明了大机器工业在资本主义发展中的作用，分析了资本主义生产的许多方面，如竞争与分工等，涉及价值、货币、工资、利润、地利等问题。他在第一章《科学的发现》中用数字非常生动地说明了问题。马克思指出：

在 1770 年，大不列颠联合王国的人口是 1500 万，其中生产人口 300 万。当时技术成就的生产力大约相当于 1200 万人的生产力，因此生产力的总额是 1500 万。所以生产力和人口的比例是 1∶1，而技术成就的生产率和手工劳动生产率的比例是 4∶1。

在 1840 年，人口没有超过 3000 万，其中生产人口是 600 万，但当时技术成就的生产率已达 6.5 亿人的生产力，和总人口的比例是 21∶1，和手工劳动生产率的比例是 108∶1。

可见，在英国社会中，一个工作日的生产率在 70 年间增加了 2700%，即 1840 年每天所生产的是 1770 年的 27 倍。根据普鲁东先生的说法，那就应当提出这样的问题：为什么英国工人在 1840 年时并不如 1770 年时富裕 27 倍？这样提问题就是说，英国人即使没有生产这种财富的历史条件……也能生产所有这一切财富。然而这些条件恰恰也是发生生产力和增加劳动的剩余的必要条件。因此，要获得这种生产力发展和这种劳动剩余，就必须有阶级的存在，其中一些阶级日益富裕，另一些则死于贫困。

马克思通过这简短的自然科学中的数字，把普鲁东驳斥得体无完肤。马克思、恩格斯认为："我们所批判的普鲁东先生的观点，是他的'空想的科学'，他企图用这种科学来缓和资本和劳动的矛盾，无产阶级的矛盾。"

六、马克思、恩格斯是怎样专心致力于自然科学技术的研究和探索的

　　伟大的革命导师马克思和恩格斯在缔造科学的革命理论的繁忙一生中，花费了很大精力和时间从事自然科学和复杂的技术问题的探索研究，保持着巨大的兴趣。他们对自然科学的深湛研究，是他们全部理论活动的重要组成部分。马克思、恩格斯之所以孜孜不倦地研究自然科学，不仅因为自然科学具有巨大的革命历史作用，而且因为"要确立辩证的同时又是唯物主义的自然观，需要具备数学和自然科学的知识"（《马克思恩格斯选集·第3卷》）。

　　从19世纪40年代起，马克思和恩格斯开始创立辩证唯物主义世界观。大家知道，要建立自然科学的思想体系就必须认真学习数学，因为数学是自然科学之母。马克思在数学方面的功底比恩格斯远胜一筹，他著有《数学手稿》。他从一开始就在这方面指导恩格斯。那时，恩格斯还在他父亲的企业做事，整天忙于琐事。待他从父亲的企业中出来之后，便开始自然科学的"脱贫"，对数学和一切自然科学开始了深入的研究，以至于最终"青出于蓝而胜于蓝"，写出了《反杜林论》那样十分精辟的自然科学论著。他非常注意数学、自然科学和技术的新发展，精辟地阐明了它们在社会发展中的作用——他在《政治经济学批判大纲》中就高度评价了科学技术对生产发展的巨大作用。他指出，仅仅是瓦特的蒸汽机这样一个科学成果，在它存在的头50年给世界带来的东西就比世界从一开始为发展科学所付的代价还要多。

　　在马克思和恩格斯合著的《神圣家族》中，当论述培根、霍克斯、笛卡尔等人的哲学体系时，都联系到这些人对自然科学的态度。这说明唯物主义是与实验科学密切联系的，而唯心主义则是与自然科学的发展相违背的。在《德意志意识形态》中，马克思和恩格斯第一次提出自然科学发展的源泉与动力问题，指出甚至"纯粹的"自然科学也只是由于商业和工业、由于人们的感性活动，才达到自己的目的和获得感性材料的。同时，他们还阐明了自然科学对生产发展的反作用，指出理论力学的创立是资本主义大工业发展的前提条件之一。

　　在19世纪50~60年代马克思和恩格斯的通信中，讨论自然科学的内容占有重要地位。他们多次详细地评论了19世纪自然科学的三大发现，广泛地探讨了数学、天文学、物理学、化学、地质学、生物学、比较解剖学、农艺学和农业化学等领域的问题。这些都为他们在哲学上总结整个自然科学的成就、丰富和发展辩证唯物主义的科学世界观起到了重要的作用。

七、马克思、恩格斯与科普工作

在马克思、恩格斯的科学著作中，包含大量优秀的科普作品。恩格斯《在马克思墓前的讲话》热情地赞扬马克思是"科学巨匠"。而恩格斯也是"科学巨匠"。无论是马克思还是恩格斯，除了研究社会科学以外，都在发奋地学习自然科学，对自然科学技术史以及数学、物理、化学、生物学、工艺学、天文学等20多门学科进行了深刻的研究，并从理论上进行了总结。以马克思的代表作《资本论》第一卷为例，在阐释政治经济学的深刻思想过程中就包含若干自然科学、医学、农业科学的通俗问题，而第13章《大工业和机器》本身就是一篇具有典范性的科普作品。在《资本论》的1115条注释中，有不少涉及自然科学问题。

马克思、恩格斯非常关注自然科学著作的出版。当达尔文的《物种原始》一书问世时，恩格斯在一周内就读完了，并且写信给马克思说这是一部写得极其出色的书，予以了高度评价。马克思读了以后也有同感，立即把自己刚出版不久的《资本论》第一卷赠给达尔文，得到了达尔文热情洋溢的回信。马克思、恩格斯还对达尔文的朋友、进化论学说的积极宣传者赫胥黎和海克尔所做的相关科普工作予以了充分肯定，认为他们不愧是达尔文的好友和门人。

马克思、恩格斯热烈地赞扬18世纪初叶英国工人阶级领导人、翻译了法国唯物主义著作并把它们普及到广大人民群众中去的爱尔维修、霍尔巴赫、狄德罗等人。马克思、恩格斯高兴地看到"牛顿所完成的力学在18世纪的法国和英国都是最普及的科学"。

马克思认为，人人都要学习一点自然科学知识，不懂科学道理的人，将"会造成更多的悲剧"。因此，必须普及科学，鼓励人民群众认真学习科学技术。马克思、恩格斯还鼓励革命群众敢于同那些违反科学思想"不学无术，卑躬屈节，毫无节操和卖身求荣的文丐来较量智慧和德行"。

马克思、恩格斯同意他们的友人肖莱马谴责德国的"自然科学家"福格特徒有科学家之名，而胡编乱造地做"科普工作"；同时，他们也猛烈谴责福格特之流以自然科学家自居却信口开河胡说些反科学的东西。例如，当德国医生、杰出的寄生虫学家、写过许多科学著作的弗里德里希·居欣迈斯特尔和德国杰出的寄生虫学家鲁道夫·洛伊卡特阐明肠内寄生虫复杂的生长与发展过程，从而在科学上取得很大成就时，科学骗子福格特也故作姿态地表示自己在寄生虫学方面有"惊人"的发现。他胡说什么肠内的寄生虫可分为两类："一是呈圆形的属圆类，二是呈扁形的属扁类。"而事实上他对寄生虫学是一窍不通的。又如，19世纪中叶解剖学家和人类学家从事人类化石研究的新发现使得对不同人类头骨的比较、研究能够进行。但由于头骨的形状不同，难以取得一致意见时，福格特也冒充内行，故作姿态地胡说什么"所有一切人的头骨可分为两类：一类是椭圆形的（长头骨），一种是圆形的（短头骨）"。他神气十足地端坐在自然科学家的各种大会上，端坐在民族学家和考古学家的代表大会上，混入了真正大学者的行列。难怪恩格斯在《再论福格特先生》一文中，讽刺地问道：福格特先生自己是"钻木虫"还是"圆虫"呢？再如，恩格斯曾指出，在达尔文的进化论学说发表之后，福格特也不甘落后地写了本《关于头小畸形人或类人猿的研究》，大放厥词，不但以人类学家的面貌出现，而且以达尔文进化论新学派的面貌出现。恩格斯在1869年1月29日致马克思的信中写道："福格特的小册子我刚刚粗略地看了一下，我看到他认为马是由跳蚤变来的。"恩格斯风趣地说："如果是这样，那么，写这本小册子的蠢驴又是由什么变来的呢？"恩格斯对"科普作家"福格特的挖苦是切中要害的。

最近几年，出现了许多科普刊物和书籍，其中有不少优秀的作品，这是值得高兴的事情。但毋庸讳言，在我们的科普队伍中也有良莠不齐的情况，像福格特那样信口开河、胡诌乱编的虽然不多，但也不是没有的。我们一定要认真同科普创作中的各种错误进行斗争，不断提高科普创作的水平，学习马克思、恩格斯，认真严肃、一丝不苟地进行科普创作。

八、马克思、恩格斯论人民群众是科学技术的创造者

科学技术不是从天而降，而是由人民群众创造出来的。马克思认为："如果有一部批判的工艺史，就会证明，18 世纪的任何发明很少是属于某一个人的。"（《马克思恩格斯全集·第 23 卷》）就是说，绝大部分科学创造不是单个人在实验室里发明或发现的。

以蒸汽机的发明为例。在瓦特发明蒸汽机以前，法国物理学家巴本在 1680 年发明了安全阀。接着，巴本产生了让蒸汽在气缸内作用于一个活塞的想法。他把少量水倒入气缸内，再把气缸放置在火上，使水变成蒸汽，令活塞向上升起。他再将气缸拿开，让蒸汽冷凝，空气作用于上部开启式的气缸活塞并使它降落。他在 1690 年把这一试验结果发表在《莱比锡学报》上。英国的一位船长塞维利大约在同一时期也有同样的想法，而且制造出了几种蒸汽机。他同巴本的不同之处是没有采用活塞，但更方便、更快地实现了蒸汽机的冷凝。他制造出了第一台大型的蒸汽机。后来，他采用了巴本的安全阀，同时用来抽水。这种蒸汽机的欠缺之处是耗费燃料较多，而且难以制造更大型的。英国铁匠托马斯·纽可门和玻璃工约翰·考利在蒸汽机的改进制造中做到了这点，他们是利用活塞工作的蒸汽机发明家。1705 年，塞维利、纽可门和考利获得了这种"大气"蒸汽机——把冷凝水引入活塞下部、把活塞与杠杆连接起来产生运动——的专利，后来常以纽可门的名字命名。这是因为纽可门又改进了这种蒸汽机的结构，使冷凝水不会溅入气缸。但耗煤量仍然很大，而且通常只能用于煤矿抽水。

瓦特是纽可门三人之后蒸汽机事业的最主要继承人。大家知道，瓦特生长在英格兰西部格林克小镇的一个木匠家庭。他没上过学，自学成材。18 岁时，他到格拉斯哥城当徒工，学习制造科学仪器，之后到伦敦学习修理钟表，后来又到格拉斯哥大学制造和修理科学仪器、修理科学家实验用的仪器。有一天，纽可门的蒸汽机坏了，请他来修理。瓦特在修好之后，发现这台机器运行非常缓慢。"能不能让这台机器运行得更快些呢？"他想。于是，他仔细研究了这台机器，发现有两个问题：一个是活塞的动作太慢，不能连续运动；二是蒸汽有浪费现象，只有很少部分的"功"用在活计上面。为了使活塞连续、迅速地运动，避免蒸汽浪费，同时使气缸的活门能够自动开关，瓦特投入了全部心思。他朝也想来暮也想，专心致志地研究、改革，终于在 1769 年把蒸汽机改造得更加完美，效率提高了 5 倍，耗煤量减少了 3/4。瓦特的高效率蒸汽机是 18 世纪中期的一项重大发明。

但是马克思认为，瓦特改造成的单向蒸汽机实际上只是一种改进的蒸汽机，"它不

是万能的原动机，而只是具有属于工场手工业时期原始专门功能的抽水机"。而瓦特并未止步于上述发明，不久后又推出了一台机器，把"双向蒸汽机变成了能普遍适用于工业的万能原动机"。这个发明是划时代的，从此世界经济的面貌大大改观了。马克思对瓦特的这项发明创造给予了崇高的评价，认为瓦特的伟大之处就在于，他预见到蒸汽机的一切可能用途，如制造机车、锻造金属等（《机器、自然力和科学的应用》）。

恩格斯也认为："詹姆斯·瓦特的蒸汽机这样一个科学成果，在它存在的头五十年中给世界带来的东西，就比世界从一开始为发展科学所付的代价还多。"恩格斯在《英国状况·十八世纪》一文中特别记载："1763 年格林诺克的詹姆斯·瓦特博士着手制造蒸汽机，1768 年制造成功。"看！一个普通的钟表匠，在恩格斯笔下成了科技专家和"博士"——一个名实相符的博士。恩格斯进一步指出：

> 瓦特的蒸汽机建立了工厂制度以后，运动才开展起来。……第一个蒸汽纺纱厂是瓦特于 1785 年在诺丁汉郡建立的；随后又有另一些厂建立起来，新的制度很快就普及了。蒸汽纺纱厂，也像工业中所有其他同时期的和较晚的革新一样，异常迅速地得到推广。

恩格斯热烈赞扬：

> 蒸汽机第一次使广布在英国地下的无穷尽的煤矿层具有真正的价值。开发了许多新的煤矿，对原有的煤矿则加倍紧张地开采。纺纱机和织布机的制造现在也形成了一个独立的工业部门……机器开始由机器制造……机器制造业又影响到铁和铜的开采……但这毕竟是瓦特……的初次变革所造成的结果。（《马克思恩格斯全集·第 1 卷》）

当时，英国工程师、机车发明者之一的斯蒂芬逊发明了利用蒸汽的机车，这从某一方面看来也是瓦特早就有的科学幻想了，因为在他的专利说明中曾设计有"带蒸汽机的车子的略图"。后来，苏格兰工人亨利·贝尔在 1812 年 1 月建成了格拉斯哥和海伦斯堡之间的第一条汽船航线，但试验没有成功（《机器、自然力和科学的应用》）。

罗伯特·富尔顿是第一个利用蒸汽机制造汽船的人。他出生于美国宾夕法尼亚的贫苦农民家庭，自小巧于技艺，但也没上过什么学！10 多岁时，他在一个小船上装过摇桨轮。后来，他旅居英法，希望改制汽船，遭受了不少失败。但他并不灰心，终于在 1807 年 8 月 17 日进行了一次成功的试验；9 月 7~11 日，他的汽船"克莱孟特号"做了长距离的试航。从纽约沿哈德逊河出发，往返航程 300 多英里，平均时速为 5 英里，成为世界上第一艘机器轮船。从那以后，海上汽船的发展非常迅速。

马克思很赏识霍布斯所说的"技艺之母是科学，而不是实行者的劳动"。这是千真万确的。没有科学，就不能使技术得到高度地发展，但科学问题又往往是从技术的钻研中提炼出来的。马克思认为："对脱离劳动的产物——科学——的估价，总是比它的价值低得多，因为再生产科学所需要的劳动时间，同最初生产科学所需要的劳动时间是无法相比的。"（《马克思恩格斯全集·第 26 卷》）例如，学生在一小时内就能学会二项式定理，但是这个定理的形成却花费了多少人的劳动和心血啊！

中国是"四大发明"的故乡。"四大发明"都是出自劳动人民的。恩格斯在《德国农民战争》这篇文章中用很大的篇幅抒写了中世纪许多优秀的科学文化和艺术创造，如金银工艺、雕刻、锻制武器、雕制奖章，等等，都是出自劳动人民之手。新航路的发现，新染料植物的输入，也离不开劳动人民。恩格斯以满腔的热情写道，劳动者"用自己的发明和自己的劳动创造了英国的伟大"。马克思说得好："在机器的发明中，起作用的不是工场手工业工人，而是学者手工业者甚至农民（如布林德利）等。"（《马克思恩格斯全集·第 26 卷》）

牛顿说得好，科学技术事业往往不是一个人的天才和功绩，而是"站在巨人肩膀上"取得的成绩。

以上事实说明，劳动者最聪明。在劳动人民中产生过很多能工巧匠，有的原来是钟表匠、铁匠、理发师，由于他们的重要发明创造大大促进了物质文化的发展，他们的精神是值得我们认真总结和学习的。

九、恩格斯及其名著《自然辩证法》

伟大的无产阶级革命导师马克思、恩格斯十分关心自然科学的发展，很重视用唯物辩证法的观点研究各种自然科学的问题。如同把唯物辩证法应用于历史、哲学、政治经济学等社会科学一样，用辩证唯物主义和历史唯物主义观点来重新审查一下那个时期的自然科学技术方面的重大问题，是非常有意义的创新。但是，很可惜，恩格斯由于长年累月地整理马克思的《资本论》第二至三卷未完稿，《自然辩证法》在他生前未及完成和出版。因此，这部书主要包括一些论文、大量的札记、论断、草稿，有些是关于自然科学问题的构思，有些是原理和公式的表述。此外，还收入了《反杜林论》的"序"和"附注"以及《费尔巴哈论》中的部分片段。

恩格斯写作《自然辩证法》一书大致可分为三个阶段。首先，是从 1873 年春至 1885 年，他着手收集自然科学方面的材料，并写作札记。1873 年 5 月 30 日，恩格斯在给马克思的信中谈了自己想写《自然辩证法》的想法。大家知道，19 世纪 70 年代，马克思主义在工人运动中的传播更加广泛、深入，当时的资产阶级不仅创制了形形色色的政治学说和哲学谬论，还歪曲自然科学的新成就，来抵制马克思主义。为了反击阶级敌人的进攻并批判自然科学中的形而上学的机械论，同时对 19 世纪自然科学的重大成就予以辩证唯物主义的解释，指明自然科学的发展方向，恩格斯决定写一部关于自然辩证法的著作。在给马克思的信中，恩格斯针对当时自然科学中的形而上学机械论阐述了自然辩证法的思想。他先是揭示了自然科学的研究对象，指出"物体和运动是不可分的，各种物体的形式和种类，只有在运动中，才能认识"。正是由于运动是一切物质的根本属性，所以，只有在物体的运动中进行观察、研究，方能认识物体。恩格斯分别考察了机械运动、物理运动、化学运动和生物运动，并且细致而精辟地论述了它们之间的区别和联系，以及在一定条件下相互转化的辩证思想。信中还提出了物质运动的基本形式，从而为自然科学的分类奠定了基础。恩格斯在信的结尾说："你在那里既处于自然科学的中心点，其中有什么，你最好加以评判。"马克思在回信中支持他说："刚刚收到你的来信，使我非常高兴，但是，我没有时间对此进行认真思考并和'权威们'商量，所以不敢贸然地发表自己的意见。"当时，恰好著名化学家肖莱马来到马克思家。马克思把恩格斯的信传给他看后，又写信给恩格斯说："肖莱马读了你的信以后说，他基本上同意你的看法，但暂不发表更详细的意见。"由此可见，马克思和肖莱马一开始就肯定恩格斯写作《自然辩证法》的首创及规划。恩格斯在信中写道："自然科学的对象是运动着的物质，物体和运动是不可分的，所以对这些物体的运动的探讨就是自然科学的主要对象。"肖莱马在这段话的边上用德文批注说:"很好,这也是我个人的意见,肖。"恩格斯开始着手写导言。但是由于杜林的兴风作浪,以似是而非的理论在德国文化学术界中煽惑,并且吸引了大批读者,恩格斯不得不暂停写作,并根据李卜克内西等人的要求,转到《反杜林论》的写作上。1878 年夏,《反杜林论》一书完成后,恩格斯继续写《自然辩证法》。但由于 1883 年 3 月马克思逝世,为了全力整理出版马克思的《资本论》第二至三卷,他不得不再次中断《自然辩证法》的写作。恩格斯认为:"我有编印马克思遗稿的责任,这是比任何其他事情都更重要的。"马克思逝世后,国际工人运动的重任落在了恩格斯肩上,因此他不得不第三次中断《自然辩证法》的写作。

当然,从 1883 年春到 1895 年 8 月他逝世,由于整理马克思遗著、写作《费尔巴哈论》和再版自己的一些著作,花去了很多时间,但他并没有完全停止《自然辩证法》的写作。在《反杜林论》中涉及的数学中的哲学问题和自然科学中的机械的自然观,以及《费尔巴哈论》中论述 19 世纪自然科学的三大发现等方面的材料,实质上都是对《自然辩证法》的补充。

恩格斯的《自然辩证法》同在自然科学领域中表现出来的各种形而上学和唯心主义思想进行了斗争。首先,是社会达尔文主义。他们把资本主义社会中的人剥削人看作"自然状态",认为是生物的本性,毕希名等人是属于这个阵营的。其次,在 19 世纪中叶,不可知论侵入自然科学领域。在化学上流行类型论,让科学家去寻找"类型",而不去认分子结构;在生理学上,德国生理学家弥勒·黑尔姆霍兹等利用当时的新发现宣扬不可知论;在物理学上,宣扬宇宙的"热寂",认为自然界的发展最后将停止,这实质上是资产阶级的"末日论"。再次,19 世纪 70 年代,降神术传遍欧美各国,一些科学工作者甚至是著名的大科学家也相信这种"神灵科学"。什么"招魂术"呀、"探眼术"呀,都披上科学的外衣来哄骗广大群众。最后,还有些以马克思主义思想运动自居的人,他们妄图以形形色色的机会主义来偷换马克思主义的革命理论,反对革命的辩证法。恩格斯在《自然辩证法》中勇敢而坚定地对社会达尔文主义进行了严肃批判,以锐利的"自然辩证法"这个武器去清除各种谬论。事实证明,由于恩格斯手上掌握的是自然辩证法的解剖刀,所以他彻底地揭露了唯心主义的认识论根源,特别是对形而上学的机械唯物论进行了比较彻底的批判。

恩格斯还从正面阐明了 19 世纪 70 年代前夕自然科学长足发展的趋势。当时,能量守恒和转化定律、细胞理论以及达尔文的进化论三大发现给自然科学带来了生气蓬勃的面貌。当时的自然科学发展应比恩格斯在书中所摘引的要丰富得多,如在电学、化学、生物学等方面都有了极大的进步。恩格斯辩证地证明了自然科学的发展不能离开辩证的自然观。他的《自然辩证法》是从哲学上对 19 世纪 70 ~ 80 年代的科学成就加以辩证唯物主义的概括,其中所运用的辩证唯物主义的总的方法是不会过时的。

《自然辩证法》是按照恩格斯的"计划草案"和"总计划草案"的提纲来写的,涉及 11 条内容,即 (1) 历史的导言:由于自然科学本身的发展,形而上学的观点已经不适用了。(2) 黑格尔以来德国理论发展的进程,恢复到辩证法是不自觉的,因而是充满矛盾的和缓慢的。 （3）辩证法是关于普遍联系的科学。主要规律：量和质的转化——两级对立的相互渗透和它们达到极端时的相互转化——由矛盾引起的发展，到否定之否定——发展的螺旋形式。（4）各种科学的联系。数学，力学，物理学，化学，生物学。圣西门（札德）和黑格尔。（5）关于各部门科学及其辩证内容的简要叙述：数学，辩证的辅助工具和表现方式——数学的无限出现在现实中；天体力学——现在被看作一个过程——力学出发点是惯性，而惯性只是运动不变的反面表现；物理学——分子运动的转化，克劳胥和施米特；化学理论，能量；生物学，达尔文主义，必然性和偶然性。（6）认识的界限。杜布瓦——雷蒙和耐格里——赫尔姆霍兹，康德，休谟。（7）机械论。海克尔。（8）原生体的灵魂——海克尔和耐格里。（9）科学和讲授——微耳和恩格斯。（10）细胞国家——微耳。（11）达尔文主义的政治学和社会学说——海克尔和施米特。

由上可见，前三项是考察自然、历史和哲学的联系，是以辩证唯物主义来分析自然科学；第二部分是基本的或中心的部分；第三部分是结尾，专门批判和揭露资产阶级的各种流派。这个总计划大致是在 1885 年之后写的。

《自然辩证法》在 1925 年出版，共有 10 篇论文，169 篇札记及两个计划草案。在导言部分，恩格斯对现代科学史做了一番考察，说明形而上学必将被辩证唯物主义所替代，并阐明什么是辩证唯物主义自然观。他指出，近代自然科学的产生与发展从一开始就是由生产决定的。1543 年哥白尼的《天体运动论》的问世标志着自然科学的独立——自然科学冲破神学的束缚，迅速地发展起来。恩格斯阐明了形而上学的自然观产生的历史原因。他指出，自然科学最初的主要工作是掌握已有的材料，不但注意事物间的区别，也注意到它们之间的联系。形而上学无法回答事物之间为什么会有千差万别，所以最后不能不陷入神学的牢笼。18 世纪，自然科学冲破形而上学的束缚。首先打开缺口的是康德的星云假说，他把地球和太阳系看作是逐渐生长的物质。细胞的发现，证明了除原生质外，一切有机体都是从细胞发育起来的。达尔文的进化论，证明了世界上的有机物，包括人类在内，都是由简单到复杂、从低级到高级，都处在变化、运动之中。辩证唯物主义自然观教导我们："一切产生出来的东西，都一定要灭亡。"自然界有生有灭，处于无休止的变化之中。物质本来具有运动的一切属性，在"无限时间内宇宙的永远重复、连续交替，不过是无数宇宙间同时并存的逻辑补充"。物质的任何有限的存在方式都是暂时的，而物质的循环规律却是永恒的。

在《反杜林论》旧序论辩证法中，恩格斯着重阐明了唯物辩证法对自然科学的指导意义。怎样才能使自然科学家摆脱理论思想的混乱，从形而上学中解放出来呢？自然科学家要学习和研究辩证哲学的历史形态，要学习古希腊朴素的唯物辩证法，学习黑格尔的辩证法，从自然现象的普遍联系中考察自然界，使辩证法建立在唯物主义的基础上。恩格斯介绍了辩证法的三条规律：（1）量转为质和质转为量的规律；（2）对立的、相互渗透的规律；（3）否定之否定规律。

恩格斯除了阐明辩证法的基本规律和范畴，论述了物质的各种运动形式以及它们之间的辩证关系外，还阐明了劳动在从猿到人的转变过程中的决定作用，提出了人类起源于劳动的学说。书中处处闪耀着辩证唯物主义的战斗精神，对唯心主义、形而上学和机械论做了揭露和批判；同时，向自然科学工作者指出，只有自觉掌握辩证唯物主义，把唯物辩证法的规律同科学结合起来，才能正确解决自然科学中的各种复杂问题。

十、试论恩格斯与军事科学

　　无产阶级革命导师马克思同恩格斯在从事科学研究方面有具体分工：马克思主要从事政治经济学的研究，恩格斯主要从事军事和自然科学的研究。1857 年 4 月，马克思接受美国《新百科全书》编辑查理·德纳的邀请，为该书撰写若干条目，其中的第一批是军事方面的。因此，这个任务就基本上落在恩格斯身上。

　　恩格斯在英国曼彻斯特从事繁忙的商业工作的同时，分担了这个任务。从那时起，他开始钻研军事科学技术问题。仅在《马克思恩格斯全集》第 14 卷中，就有他撰写的数十种军事科学条目，如"军队""步兵""骑兵""炮兵""海军""筑城""明火枪""刺刀""弹药""桥头堡"，等等。为了写好这些条目，恩格斯挤出时间，认真研究军事科学发展的历史。他研究的范围非常广泛，从近代追溯到中世纪时代和古代。经过这些锻炼，他对军事科学越来越熟悉，逐渐成为名实相符的无产阶级军事专门家，为马克思军事科学奠定了基础。

　　人们在研究恩格斯的这些光彩夺目的军事科学文献的时候，不难看到，这位无产阶级革命导师掌握了多么丰富的材料。这使得他能从思想上来解释军队组织、战略战术等问题，解释武装力量的性质、类型、特点以及装备、部队编制和训练方法。恩格斯深刻地指出，这些都是由生产力水平来决定的，是由一定的社会制度及其阶级结构和需要来决定的。在恩格斯看来，在阶级社会里，军队是有阶级性的，特定的军队总是为自己的阶级所利用；同时，武装力量的发展同特定社会经济形态紧密地联系。因此，军队的兴衰与特定社会经济形态、发展状况是桴鼓相应的。在他看来，资本主义制度的兴起，必然要有自己的部队来做资产阶级专政的工具。

　　恩格斯从战史中深刻地认识到，反对外国侵略者奴役、压迫的战争在任何时代都有，因为民族独立是迫切需要的。因此，像瑞士人民反对奥地利封建主和勃艮第封建主的战争、16 世纪尼德兰人反对西班牙统治者的战争、18 世纪北美殖民地反对英帝国主义的战争、19 世纪初欧洲人民反对拿破仑的斗争、1848～1849 年的匈牙利民族战争等，都是具有深刻的历史意义的，说明全世界人民都需要民族独立和自由，不允许恃强凌弱、不尊重民族主权，特别是独立的权利。

　　先拿其中的"筑城"条目做些简要的分析吧。恩格斯将"筑城"分为三种：一是永备筑城；二是围攻战筑城；三是野战筑城。永备筑城最古老的形式是防栅，由两列或三列排得很紧密的坚固木柱垂直插入地下构成。恩格斯对古代土耳其、缅甸、墨西哥、尼尼微、巴比伦以及从古希腊直到 16 世纪欧洲的筑城方法都做了简略的介绍。同时，他还介绍了一些优秀的工程师及其代表作品，如意大利的朱凯莱·桑米凯利及其代表作——也是筑城学最早的代表作——棱堡。1527 年，桑米凯利在维罗那的城墙上修建了两座棱堡，创建了意大利学派的城堡。后来，他又在威尼斯附近建造了利多堡垒。此外，还有意大利军事工程师帕乔托及其修建的安特卫普城堡垒，以及意大利建筑家阿尔吉西·达·卡皮、马吉·吉罗拉莫和扎科莫·卡斯特里奥托。这后三人在 16 世纪末都写过有关筑城的著作，如阿尔吉西的《论筑城》。恩格斯还相当重视 17 世纪意大利筑城专家多米尼科·罗塞蒂，说他留下不少关于筑城方面的著作，对意大利筑城体系做过许多改进。恩格斯认真地阅读了他们的作品。

恩格斯对德国著名军事工程师所写的著作也十分留心，不轻易放过。他指出，16 世纪的军事工程师约翰构筑了幽里希要塞；军事工程师海德曼曾在荷兰工作，写过《论筑城》；军事工程师海尔尔·兰德斯堡也写过许多筑城方面的著作。恩格斯认为，兰德斯堡在筑城学方面取得了巨大的成就，是当时最权威的筑城专家。

恩格斯不仅认真研究、批判地继承本国军事工程方面的遗产，也非常认真地研究欧洲其他国家的军事科学遗产。他指出，法国 17 世纪的军事工程师莫丹在筑城方面做出了贡献，法国的军事工程师和数学家埃拉尔写有筑城学方面的著作。他赞扬法国人的巨大功绩，说他们把筑城法同精确的数学原理相结合，规定了线条之间的适当比例，并根据各种地形条件运用科学理论。恩格斯说，人们通常把埃拉尔称为"筑城之父"，这是十分适当的。恩格斯还赞扬了法国军事工程师帕阁建造的工事——"保障"，即在护城壕中构筑一种独立的、狭窄的工事，以掩护棱堡的正面；赞扬了法国元帅、军事工程师、写有筑城学和围攻理论方面的著作的沃邦·塞巴斯提安，认为他建造的不等边五角形棱堡工事在当时是领先的，所以直到 17 世纪中叶这种建筑法仍然占据优势。恩格斯还指出，法国将军、军事工程师蒙塔郎贝尔侯爵研究出一种独立堡垒的建筑法，在 19 世纪被广泛采用；法国将军、军事工程师科太蒙太涅的许多有关筑城学的著作都很有价值，很有规模。恩格斯说，科尔蒙太涅纠正了沃邦的错误，达到了棱堡建设的顶峰；他建设的棱堡能把封垛变为永久性的二重堡，所以法国长期使用他的筑城法。

恩格斯对 17 世纪尼德兰军事工程师美耳德尔的筑城学著作也相当重视，说他在 1670 年写过有关荷兰筑城的著作。恩格斯认为 17 世纪法国数学家赛米尔·马罗普瓦是旧尼德兰筑城学的奠基人，曾在 1627 年的筑城中大显身手。此外，恩格斯对旧尼德兰筑城学派的奠基人之一亚当·弗莱塔塔以及荷兰筑城专家马罗鲁瓦·费尔克尔等人的著作也无不涉猎，并在某些方面予以肯定。

再看其中的"步兵"条目。恩格斯很重视奥地利军官和军事发明家约瑟夫·罗伦兹等人在步兵理论方面的创造性成就，认为他们发明了一些新的练兵方法和射击方法。新的射击法很容易使弹丸沿枪膛下滑、嵌入膛线，这样，就产生了足够的力量，保证了射击所需要的螺旋运动。

步兵是部队的重要组成部分。恩格斯指出，在巴比伦和波斯的军队中，步兵在数量上是最多的。恩格斯介绍了古希腊、古罗马、中世纪的步兵以及 15 世纪步兵的复兴

（中间曾有一段时间的衰微）、17～18世纪的步兵、法国革命时期和19世纪的步兵等情况。他充分肯定普鲁士军事发明家约翰·德雷泽发明的针发枪。这种枪从后部装填弹药，不需要专门的导火具，杀伤距离可达1000码以上，并且像普通的滑膛枪一样容易操作。于是，英国首先将针发枪装备于所有步兵。

恩格斯在"军队"条目中提到科学在改造近代部队中所起到的作用。他指出，法国军官和军事发明家图温本、德尔文以及新式步枪发明者米涅对线膛枪做出了重大改良，制造出米涅步枪，在射程、射击精度方面都空前提高。在此基础上，又发展出英国的恩菲尔德步枪，使步枪在战争中的作用大大提高。上述三人也因此而闻名于世。

炮兵是作战中不可缺少的兵种。恩格斯在"炮兵"条目中介绍了当时欧洲各国的情况，并详细介绍了火炮技术从中国传到欧洲以后的发展情况。他特别推崇撒丁军事工程师帕·契诺·丹东尼写的筑城学和炮兵学方面的著作，指出他把都灵炮火连天的战场作为实验场，并统一了大炮的口径，这在炮兵学原理方面是个极大的进步。恩格斯充分肯定了英国数学家和军事工程师、写了许多有关数学和炮兵学方面著作的本杰明·罗宾斯的成就，认为他在火炮上有巨大的发明创造。恩格斯还充分肯定瑞士机械专家、物理学家欧勒，把他与伟大的物理学家、力学家牛顿相提并论，因为欧勒研究过炮弹飞行时的空气阻力和飞行偏差的原因。恩格斯认为，欧勒和牛顿等都是伽利略的学生。此外，恩格斯也充分肯定了西班牙16世纪的军事工程师科耳亚多对炮兵以及炮弹问题的研究，肯定了德国机械专家和物理学家哈特曼在火炮制造中编制的口径比例表，认为该表为火炮的制造提供了标准。同时，恩格斯还肯定了普鲁士数学家卡尔·斯德伦泽写的《炮兵学原理》，认为这是一部很有益的著作。

恩格斯很重视欧洲其他国家的军事科学家在炮兵学上的贡献，重视意大利数学家塔尔塔利亚对筑城学和炮兵学的研究，认为他在1554年首次提出的在真空中45度的射角可使炮弹达到最大的飞行距离是很英明、很有远见的。恩格斯热烈赞扬了法国将军、军事工程师和发明家佩克桑在19世纪初叶发明的海军火炮，认为它对于海军的武器装备提升具有很大的意义。恩格斯对奥地利军官和数学家、对数表的制作者考维加·格奥尔格所写的炮兵著作如《射击教范》等书，以及写过筑城学、炮兵学和数学方面著作的贝利多尔等法国人所做的火炮实验予以了充分的肯定。恩格斯很重视16世纪意大利化学家和冶金工程师万诺乔·比林古乔的《论烟火制造》一书。恩格斯写"炮兵"条目时参考了上述人的著作。恩格斯认为，比林古乔在铸造古代武器时有很大改进；同时，由于火炮的改进，使筑城方法取得彻底的改进。如果说从亚瑟和巴比伦王朝以来筑城法只有小的发展，那么后来筑城法越来越进步了，人们可以把火炮架在土堤之上。

"军用桥"在部队行军中是不可缺少的。恩格斯在该条目中谈到，英国发明家阿姆斯特朗不仅发明了特种线膛枪炮，还在1839年设计了一种用浮筒连接的桥——每个浮筒长18英尺、直径18英寸、重39磅，三个浮筒构成一个桥节。1846年，美国在与墨西哥的作战中还使用了充气的浮筒。后来，法国开始用浮船桥并有了很大的进步。恩格斯很推崇奥地利军事工程师卡尔·比拉戈研究出来的舟桥体系，19世纪中叶许多欧洲国家据此来装备军队。他还发明了浮桥船，1825 年首次被采用。恩格斯写"军用桥"条目时就采用了他的资料。据恩格斯考证，当时的俄国人也用木骨架的浮船桥。在作战中，海军当然是必不可缺少的，而要建立海军就要造船。恩格斯很推崇法国军事工程师杜毕伊·德·洛姆，认为他是个出色的造船工程师。恩格斯在"海军"条目中指出："1849 年法国工程师杜毕伊·德·洛姆终于建造了第一艘螺旋推进器列舰，装备有功率为 600 匹马力的发动机和 100 门大炮的'拿破仑'。"

恩格斯为什么能够完成这些军事条目的写作任务呢？首先，如前所述，这是他和马克思的分工，他主要承担军事和自然科学方面；其次，是马克思的全力支持。马克思在接受《新百科全书》的撰写任务后，从 1857 年 6 月到 1858 年，几乎每天都到英国博物馆搜集资料。他研究古代埃及和亚洲的、古罗马的军事史，阅读古埃及军事家威金逊、普鲁士将军和资产阶级最大的军事理论家克劳塞维茨、德国资产阶级历学史家施洛塞尔、普鲁士将军缪弗林等人的著作，并作笔记、摘录，把这些材料寄给恩格斯参考。

1841 年，恩格斯离开故乡巴门到柏林服兵役，当了一年炮兵，学习了丰富的军事知识，并有实际作战经验。恩格斯刚承担撰写条目的任务时，的确非常紧张，当年夏天还生病了。马克思写信给他，要他放下办事处的工作到海滨去疗养，还劝他暂停条目的撰写。恩格斯疗养了一段时间，从 1857 年 8 月 10 日开始撰写条目稿。他先写了"阿富汗"和"攻击"两条。到 10 月时，又写了 18 条，其中 9 月份写完"会战"和"军队"两条。恩格斯第一次用辩证唯物主义和历史唯物主义的观点阐释了军事理论的全部历史。马克思对"军火"一条予以很高的评价。1857 年 11 月，恩格斯写信给马克思说，随着资本主义经济危机深化，革命即将来临，他正在加紧研究军事。同年 11 月，他写完"炮兵史"，后改为"炮兵"。1858 年 8 月，写完"骑兵"；1859 年 6 月，写完"筑城"；1859 年 10 月，写完"步兵"。可以看到，恩格斯为军事条目的写作付出了极其艰苦的劳动，对军事科学做了一回深刻的探索研究。恩格斯被他的亲密战友和马克思的朋友、家庭成员尊称为"将军"，因为像《波河与莱茵河》那样精辟、极有远见的军事论文署的是笔名，被许多人认为是某著名将军写的。恩格斯的军事科学论文，在向国防现代化迈进的今天仍然有很高的科学价值，仍然值得我们认真探索、学习。

十一、马克思与查理·达尔文

卡尔·马克思和查理·达尔文是历史上同时代的著名人物。前者是伟大的无产阶级革命家，后者是伟大的自然科学家，是进化学说的伟大奠基人。他们虽然不是同业同行，但是达尔文作为生物进化论的奠基人一开始就受到马克思的密切注意和热情关怀。

什么叫生物进化论呢？原来在生命起源这个问题上一直存在进化论与创造论的斗争。后者认为，物种是上帝创造的，是一成不变的。而前者则认为，地球上的多种生物是逐渐演变而来的，生物的进化是由简单到复杂、由低级到高级、由少数生物类型到多种生物类型；作为万物之灵的人类，也是动物进化的产物。这种科学的进化论学说，虽然在1809年就由法国生物学家拉马克在其代表作《动物学的哲学》一书中提出，但由于论据不充分，还没有足够的说服力。达尔文的祖父也有类似想法，但也由于同样的原因，不足以奠定这一学说的基础。而此时，在学术界、思想界，甚至在广大人民群众那里，创造论还站压倒性的优势。众所周知，所谓创造论，就是认为上帝创造了包括人类在内的一切生物，男的叫亚当，女的叫夏娃。自那以后，一切物种都没有什么变化。

达尔文自少年时代起，对生物就富有兴趣，花费了许多精力收集动植物标本。他在学校里并不是"高才生"，也不是十分勤奋的学生，甚至对功课颇不用功，每天同犬马打交道。父亲把他看作没出息的孩子，送他学医不成，又送他学神学，希望他将来做一名"拯救世界"的人。他从始至终、从进神学院到毕业，都不曾专心致志于神学，做礼拜也不参加。他晚年回忆时说："我所学的一切知识，都是我自学的。"他经常看地质学、生物学方面的书，经常参加课外考察活动，十分关心当时法国学术界已经开始的以居维叶为代表的创造论和以圣提雷尔为首的进化论的争论。他虽然在神学院毕业并获得大学文凭，但实际上却没有参加过什么宗教活动。

1831年，22岁的达尔文以自然科学家的身份参加"贝格尔"号军舰的环球航行——1831年12月27日开航，1836年10月2日回到英国。在这5年间，他横渡了太平洋，经南美洲沿岸、加拉帕戈斯群岛，又横渡了大西洋，到达澳大利亚和新几内亚海岸，巡游了印度洋的许多岛屿，在非洲绕行一年，经南美洲回英国。在此期间，他不但考察了多地的风土人情、火山、化石、珊瑚礁以及各种生物，还采集了许多标本和化石，每到一处都做了非常详尽的记录。途中，他还认真学习了赖尔的《地质学原理》。正如他晚年所说："贝格尔号的环球旅行，是我平生最重要的一件事，它决定了我以后的整个事业。"

由于掌握了大量证据，他否定了居维叶等人的"地球经过27次灾变"说，认为那是不可靠的，是一种谬论。他认为，物种是随着客观环境的变化而不断演变的。他在世界各地看到的都是如此，许多野兽或家畜因干旱而死亡，并不是由于什么突如其来的"灾变"。

他远航归来之后，住在伦敦郊外的达温村，开始仔细整理沿途所写的笔记。1842年，他写出了 35 页的《物种起源》大纲。后来，他又花了整整 20 年钻研生物进化的问题以及物种变化的规律。他养了一些家畜和鸽子，观察它们的差异以及繁殖、演变。1858 年，他的《物种起源》在英国科学协会学会上提出。1859 年 11 月 24 日，《物种起源》（全名应为《通过自然选择的物种起源或生存竞争中物种保存》）正式在伦敦出版。他在书中提出，一切生物都是从简单到复杂、从低级到高级逐渐进化的；一切动植物都不是一成不变的，一切物种都是通过自然选择，适者生存。

他把书送给著名生物学家赫胥黎。赫胥黎读后立刻写信热烈赞扬达尔文学说的杰出成就，表示："我是达尔文的斗犬，我准备接受火刑，如果必须的话""我正磨利我的爪牙，以备来保卫这一高贵的著作。"达尔文也把赫胥黎看作自己的好友和代表。《物种起源》第一版印制了 1250 本，一天之内就被抢购一空。这部著作从一开始就震动了无产阶级导师马克思、恩格斯的心灵。

1859 年 12 月 12 日，恩格斯在曼彻斯特写信给马克思道："我现在正在读达尔文的著作，写得简直好极了。旧理论过去有一个方面还没有被驳倒，而现在驳倒了。"马克思、恩格斯同声颂赞达尔文伟大著作的出版，认为："查理·达尔文发现了我们星球上有机界的发展规律。"

1873 年 6 月 16 日，马克思把自己花数十年心血写出来的《资本论》第 1 卷（德文版第 2 版）赠给了达尔文，并亲笔题写道："赠给查理·达尔文先生　你真诚的钦慕者卡尔·马克思 1873 年 6 月 16 日于伦敦梅兰公园莫丹那别墅一号。"查理·达尔文在收到书的当天就写了封情辞恳切的回信：

敬爱的先生：

　　承蒙寄赠巨著《资本论》，我向你表示深切的谢意，我十分荣幸地得到它，以使我更好地理解政治经济学这一重大而深远的课题，从而无愧于您的惠赠。尽管我们研究的课题不同、领域不同，但我相信，我们两个都热切期望扩大知识领域，而这无疑终将造福于人类。

　　我相信，敬爱的先生。

您忠实的查理·达尔文谨启
1873 年 10 月 1 日

真是言简意赅！他们的确是共同造福于人类的。尽管曾有人怀疑这封信的真伪，但不足为凭——恩格斯在 1882 年 5 月 3 日给伯恩斯坦的信中写道："达尔文的信，一封极为亲切的信。"（《马克思恩格斯全集·第 15 卷》）据李卜克内西的回忆，达尔文的著作出版后，马克思有好几个月不谈论其他什么，只是谈论达尔文及其发现的革命性（《回忆马克思和恩格斯》)。

马克思在信中指出："这是合乎我们见解的自然史基础的""达尔文的著作非常有意义,这本书我可以用来当作历史上阶级斗争的自然科学依据。"同马克思一样,恩格斯也对达尔文的进化论予以非常高的评价,将其看作欧洲 19 世纪自然科学的三大发现之一。

有的人由于简单地理解达尔文所提倡的"生存斗争"而成为社会达尔文主义者。达尔文本人虽对社会达尔文主义有所保留,但也参加了一些活动。对此,马克思不无惋惜地指出:"很遗憾,查理·达尔文也让自己的名字加入了这个龌龊的表述。"(马克思 1876 年 12 月 11 日给恩格斯的信)

社会达尔文主义只讲生物斗争、不讲人性,把弱肉强食看作自然规律,把强权看作公理,这当然是大谬特谬了。这种理论实际上是迎合资产阶级所需。所以,我们一定要像马克思一样,支持进化论的革命内容,严厉批判社会达尔文主义的糟粕。

十二、恩格斯与查理·达尔文

恩格斯也同马克思一样，在达尔文出版《物种起源》时十分高兴，并写信给马克思表达自己的喜悦之情。恩格斯在《反杜林论》中写道：

> 达尔文从他的科学旅行中带回来这样一个见解：植物的种不是固定的，而是变化的。为了在家乡进一步探索这一思想，除了动物和植物的人工培育外，他没有更好的观察场所了。……当时达尔文发现这种培育在同种的动物和植物中人工选成的区别，比那些公认为异种的动物和植物的区别还要大些。这样，一方面，物种在一定程度上的变异性得到了证实；另一方面，具有不同的种特征的有机体可能有共同的祖先这一点也得到了证实。于是达尔文又研究了自然界中是否存在这样的原因，它们没有培育的自觉意图仍能在活的有机体中长期造成和人工培养所造成的类似变异。他发现这些原因就在于自然界所产生的胚胎的惊人数量和真正达到成熟的有机体的微小数量之间的不相称。鉴于每一个胚胎都力争发育成长，所以就必然产生生存斗争，这种斗争不仅表现为直接的肉体搏斗或吞噬，而且甚至在植物中还表现为争取空间和日光的斗争。很明显，在这一斗争中，凡是拥有一种尽管是微不足道的但是有利于生存斗争的个别特质的个体，都最有希望达到成熟和繁殖，这些个别特质因此就有了遗传下去的趋势。如果这些特质在一个种的许多个体中发生，那么，它们还会通过量的积累的遗传按已经采取的方向加强起来；而没有这种特质的个体就比较容易在生存斗争中死去，并且逐渐消失。物种就这样通过自然选择，通过适者生存而发生变化。

恩格斯还指出，达尔文的物种进化论具有决定性的意义，他在《物种起源》第6版的倒数第2页上说得很清楚："一切生物都不是特殊的创造物，而是少数几种生物的直系后代。"恩格斯为了保护达尔文学说的纯洁性，严厉批判了杜林对达尔文学说的种种曲解，如胡说什么"动物是从植物发展出来的"。恩格斯认为"只有对动物和植物都一无所知的人才会提出这样的问题"，而杜林"制造了虚幻的达尔文，以便在后者身上证实自己的力量"。

恩格斯在其著名的《社会主义从空想到科学的发展》一文中提出，人们在论述自然观时"首先就应当指出达尔文，他极有力地打击了形而上学的自然观，因为他证明了今天的整个有机界的植物和动物，因而也包括人类在内，都是延续了几百万年的发展过程的产物"。

恩格斯指出，科学家要永远坚持科学真理。达尔文就是这样。同达尔文"同时提出物种通过自然选择发生变异的理论"的阿尔弗勒德·拉塞尔·华莱士原来也是单纯的生物学家，但后来却相信灵学，相信现代唯灵论的东西了，这是最令人遗憾的。

达尔文认为，猿是人类的远祖。恩格斯充分肯定和赞扬了这点。他写道："达尔文曾经向我们大致地描述了我们的这些祖先：它们满身是毛，有须和尖耸的耳朵，成群地生活在树上。"（《劳动在从猿到人转变过程中的作用》）恩格斯在论证中引用了达尔文提出的生物进化规律。依据这一规律，一个有机体的个别部分的特定形态是和其他部分的某些形态相联系的，虽然在表面上看似乎没有任何关系。

恩格斯认为，达尔文的这本划时代著作"是从最广泛地存在的偶然性基础出发的"。正是这样一些偶然的差异，使达尔文不得不怀疑生物学中一切规律的原有基础，不得不怀疑形而上学固定不变的种的概念。恩格斯把达尔文的进化论看作 20 世纪自然科学中的三大发现之一。

恩格斯充分肯定了达尔文发现有机界的发展规律。他对达尔文的充分肯定，就像他后来肯定摩尔根的发现——原始母权制氏族是一切文明民族的、父权制氏族之前的阶段——一样。恩格斯晚年在给卡顿基的信中再次肯定摩尔根的《古代社会》"系达尔文学说对于生物学那样具有决定意义的"。恩格斯在 1886 年的《路德维希·费尔巴哈和德国古典哲学的终结》一书中还指出：

> 达尔文第一次在联系中证明了今天存在于我们周围的有机自然物包括人在内，都是少数原始单细胞胚胎的长期发育过程的产物，而这些胚胎又是由那些通过化学途径产生的原生质或蛋白质形成的。

恩格斯在对达尔文做了充分肯定的同时，也严正指出达尔文的错误在于"自然选择"或"适应生存"中把两件不相干的事情混淆了。因为在恩格斯看来，由于过度繁殖的压力而发生选择，在这里，也许是最强的首先生存下来，但是最弱的在某些方面也能选择。由于对变化的环境有较强的适应能力而发生选择，生存下来的是更能适应环境的，但是这种适应总的说来可以是进化也可以是退化。例如，对寄生生活的适应总是退化。恩格斯反对把达尔文的进化论搬到社会学中运用。

恩格斯对达尔文进化论的分析，是科技史上的杰作，我们一定要认真地学习。

下　卷

文海泛舟

一、不要把我国古典优秀文学遗产当作社会主义文学

　　我国古典文学自《诗经》《楚辞》、汉赋、乐府诗，到五言诗、七言诗、词、曲，以及杂剧、话本、传奇、小说……其中有不少优秀的作品。它们真实地反映了各个时代的社会生活，揭露了封建统治阶级对人民的奴役、压迫，歌颂了人民的反抗、理想与愿望，成功地塑造了许多动人心弦的典型人物形象，积累了极其丰富的艺术创作经验。因此，我们向古典文学学习和借鉴的时候，一定要认真钻研。但是，古典优秀作品是建立在封建社会经济基础上的，它们所表现的道德观念、社会理想和塑造的典型人物，跟我们今天总是有很大的距离和差别，所以一定要以批判的态度来对待。历史是不断发展的，我们要以辩证唯物主义观点来对待古典文学作品，一方面要正确认识它们在当时社会中的作用，不要忽略它们产生的时代背景、文艺思想状况和艺术水平，不能以无产阶级的政治标准、艺术标准去要求和责难古人；另一方面，又要充分认识到它们在今天的读者中会产生什么样的影响和作用。我们十分重视对遗产的继承，十分重视向古典优秀作品学习和借鉴，但决不应该无批判地让它们给今天的读者以消极影响，决不应该把古典优秀文学作品当作社会主义文学。许多事实告诉我们，倘若把古典优秀作品中所宣扬的各种思想观念无批判地接受下来，混淆以往时代与社会主义文学艺术中的阶级思想界限，就会产生不良的后果。

　　就拿《水浒传》这部著名古典小说来说吧。大家知道，《水浒传》是我国封建时代最富有革命思想的优秀作品之一。《水浒传》的作者站在那个时代劳动人民的立场，热情歌颂了封建社会里的农民起义和涌现出来的英雄人物，猛烈抨击了统治阶级对劳动人民的奴役、压迫，深刻揭露了统治阶级的丑恶嘴脸。《水浒传》所描写的正义斗争和牺牲精神，在今天仍然能够触动读者的心弦，鼓舞人们的战斗意志。但是，即使是对于《水浒传》这样优秀的古典作品，我们也必须清醒地看到，它是封建时代劳动人民思想意识的反映，不能片面夸大、把它的思想现代化、与社会主义文学作品相提并论。

　　众所周知，《水浒传》里梁山好汉立身行事的指导思想主要是"义"。书中所描写的梁山好汉与豪绅、官府的斗争，是从夺取不义之财生辰纲的东溪村"七星聚义"开始的。"劫富济贫""济困扶危"，这是对人民的行侠仗义；鲁达拳打镇关西，这是路见不平的义；花和尚义护林冲，施恩三入死囚牢，这是知遇的义……可以说，"义"成为

好汉们思想行为的动力。为了"义",他们不计较自身的利害,甚至赴汤蹈火,在所不辞。《水浒传》里的"义",体现了起义人民之间建立在共同反抗封建压迫基础上的关系,在封建社会的历史条件下是有一定进步意义的。但是也要看到,《水浒传》所宣扬的"义",终究还是封建社会小生产者所特有的一种意识形态,如果夸饰它的作用,说在今天仍然可以给读者精神上、道德上以正面的影响,是片面的。

诚然,我们今天不是不讲"义",但我们讲的"义"是公而忘私,为无产阶级革命事业鞠躬尽瘁,永远和劳动人民同甘苦、共命运的革命大义。马克思列宁主义者认为,古往今来没有适用于一切时代、一切阶级的道德。恩格斯在批判杜林时指出:

> 我们拒绝一切欲使我们以任何道德的教条作为永恒、终极、从此不变的道德规律之企图……相反的,我们指出,所有以往的道德论,归根到底都是当时社会经济状况的产物。而因为直到现在社会是在阶级对立之中发展,所以道德总是阶级的道德。

在我国封建社会,"三纲五常""忠孝节义"被看作至高无上的道德。而在资产阶级看来,"私有财产神圣不可侵犯"才是至高无上的道德。无产阶级的道德不同于历史上任何阶级的道德,正如列宁所指出的,它是"完全服从无产阶级斗争的利益"、以无产阶级的世界观为基础产生的,它是在任何先进的古典作品中都找不到的。如果硬把我国古典文学作品中所宣扬的某些道德思想说成是社会主义的,而人们倘若按照这个道德思想立身行事,奋斗的结果将不是社会主义,而是封建主义或资本主义。

古典优秀作品中总是寄托了作家的社会理想,也反映了古代人民良好的愿望与理想。但是对此,我们也要以马克思列宁主义的历史观点和革命精神加以分析。古代优秀作品中所宣扬的各种进步的社会理想,在当时的历史条件下是有一定意义的。但由于历史的发展、阶级的变替,在今天往往失去了原来的进步意义,甚至成为反动的了。这种情况在我国文学史上是屡见不鲜的。从晋朝陶渊明诗文中所反映的没有政治压迫、经济剥削的"桃花源"理想,到清朝龚自珍诗文中要求的贫富大致相齐、使治于人者得到"有生可求"之路的平均主义社会理想,在当时的历史条件下都是有一定进步意义的。《水浒传》里的英雄好汉所向往的理想社会是"八方共域,异姓一家""论称分金银,论套穿衣服"……用今天的话来说,就是人身平等和财物平均。这的确反映了封建时代广大劳动人民的美好理想,不看到这一点是不对的。有的文章认为,《水浒传》里所宣扬的"平均主义理想,即使在当时也是落后的"。❶ 我认为这种看法未必确当。

唐宋以来,农民起义军提出的人身平等、财产平均的社会理想在阶级社会和剥削制度存在的情况下是不可能实现的,但在当时鼓舞了人们的斗争意志,有力地打击了封建反动统治,因而是有一定的积极意义和作用的。恩格斯说过,在农民战争中,农民的平等要求是"反对极端的社会不平等……在这一形式中,它是革命本能的单纯表现"(《反杜林论》)。正是在这个意义上,我们认为《水浒传》里反映的社会理想是当时条

---

❶ 北京大学中文系:《中国文学发展简史》,中国青年出版社 1962 年版,第 38 页。

件下的先进思想，不应加以否定。但是，马克思列宁主义告诉我们："在分析任何一个社会问题时，都要把问题提到一定的历史范畴之内"，并且"依时间、地点和条件为转移"。当无产阶级走上历史舞台，当我国正在进行社会主义革命和建设时，如果再以《水浒传》里的平等、平均主义作为人民群众奋斗的社会理想，那就是落后的。因为在社会主义社会，如果不论技术高低、劳动多少、工作好坏，而按照平均主义原则来确定分配制度，就会给社会的发展带来妨碍，就会影响劳动的积极性，甚至起阻碍先进、放任落后的作用。平均主义和科学社会主义"各尽所能，按劳分配"的原则是不相容的。在马克思列宁主义者看来，人们的需要是多种多样的，正如斯大林在和德国作家艾米尔·路德维希的谈话中所说："所有的人都领同样的工资、同样数量的肉、同等数量的面包，穿同样的衣服，领取同样数量的产品——这种社会主义是马克思主义所不知道的。"马克思列宁主义者向来毫不妥协地和各种形式的平均主义思想做坚决的斗争，《水浒传》所宣扬的平均主义思想当然也不能例外。

我国古典优秀文学作品中所塑造的那些栩栩如生的正面典型人物形象，对今天的读者仍然起着一定的影响和作用。但是，这些人物形象总要受到作者的阶级和时代的制约，它们不过是旧时代一定阶级的英雄形象，决不能把他们和我们时代的先进人物、英雄人物等同。就以黑旋风李逵来说吧。在《水浒传》里，李逵是一个憨直、纯朴而富于反抗性和同情心的、农民气息浓厚的英雄人物。他对反动官府的斗争非常坚决，甚至连大宋皇帝的"鸟位"都不放在眼里。但他的斗争目标还是受时代和阶级制约的，他主要还是想效忠于宋公明哥哥。他作战不怕刀斧箭矢，表现得非常勇敢，但往往不讲究战略，在敌人的千军万马之中也要和敌人赤膊死拼；他对豪绅恶霸的斗争是不留情面的，但由于简单急躁、不讲究策略，把来降的扈家庄老幼包括要入伙梁山的韩伯龙也杀掉了。所以，我们对于《水浒传》里成功地描写的李逵、鲁智深、武松、阮氏三雄等典型人物也不能无批判地加以肯定。不错，他们是我国封建时代农民起义的英雄人物，但并不是社会主义的英雄人物。

对于古典文学遗产，既不能把糟粕当作精华，也不能把其中的民主性精华现代化、把它们与社会主义文学相提并论。不能对《水浒传》《红楼梦》这样优秀的古典作品盲目拜倒、无批判地欣赏李逵和鲁智深的"战斗方式"、欣赏贾宝玉和林黛玉的爱情……不能把古人现代化。那种为了肯定《西游记》和《水浒传》就认为吴承恩、施耐庵等古代作家具有正确的世界观，为了肯定杜甫及其作品就把杜甫看成现代作家那样真正地接近人民、把杜甫和鲁迅相提并论，为了肯定司马迁及其作品就认为司马迁的"发愤而作"是一种反抗封建统治的政治标准，等等，是欠妥当的。我们怎么能设想：生长在元明时代的吴承恩、施耐庵会有正确的世界观来指导创作?！封建时代的伟大作家杜甫能像无产阶级伟大作家鲁迅那样接近人民?！封建社会成长期中的司马迁就能根据什么"反抗封建统治阶级的政治标准"来从事创作?！至于把李渔戏剧理论中的"对于思想和形式的艺术两方面都能顾到"说成和毛泽东同志《在延安文艺座谈会上的讲话》中所说的"政治和艺术的统一，内容和形式的统一""是有某些条件部分地符合的"，把刘勰《文心雕龙》里所说的"道沿圣以垂文，圣因文以明道"说成跟毛泽东同志《讲话》所要求的"政治和艺术的统一，内容和形式的统一""是符合的"，这种把古典文学民主性精华与现代无产阶级文学思想混淆起来，把古代进步作家与现代无产阶级作家混淆起来，无批判地肯定古典文学的民主性精华，当然是要妨碍文学艺术中继承与创新工作的。

是的，我们要继承古典文学，特别是优秀的古典文学遗产。但是，继承绝不是简单地承传和照搬。列宁说得好："保存遗产，并不像档案保管员保存旧报纸那样。"（《我们拒绝什么遗产》）应当弄清楚什么是值得吸取的，什么是必须舍弃的。毛泽东同志说过："学习我们的历史遗产，用马克思主义的方法，给以批判地总结，是我们学习的另一任务。"（《毛泽东选集·第2卷》）无产阶级继承优秀的文学遗产，如果只是给以历史的评价，承认特定作品在当时的作用，这是不够的。即使是资产阶级评论家，也不否认古典优秀作品在特定历史时期的作用和意义，可是他们往往把继承简单地看作是欣赏过去，要人们往回看，而不是正视现在和未来，他们更不可能正确估价古典优秀文学作品在无产阶级革民和建设时期的作用和意义。他们或者是对古典作品，哪怕是古典优秀作品，采取虚无主义的态度，或者是全盘否定。而马克思主义者认为，必须以历史唯物主义观点来对待古典作品，要严格区别古典优秀作品在不同历史时期的作用和意义，决不能把优秀的古典文学当作社会主义文学。只有以无产阶级思想对古典优秀文学遗产加以评价，才能使其在新的历史条件下发挥作用，给人以可资借鉴的东西。而要做到这一点，古典文学研究者不但要学习运用马克思列宁主义思想观点的治学方法，还要树立无产阶级的世界观。

从民主革命到社会主义革命，这是一个革命的转变。无论是政治、经济、思想、文化各个战线上都经历着这种革命的转变。古典文学遗产中的优秀作品，是封建时代和资本主义时代的东西，不能搬来作为无产阶级的组成部分。何况在我国古典优秀文学遗产中，即使像《水浒传》这样的作品也存在宿命论、封建迷信、神灵哲学、投降主义等封建糟粕，更是属于要剔除的东西。

当然，我们强调划清古典优秀作品和社会主义文学的界限，决不意味着不继承或不借鉴古典文学遗产，更不意味着对它们的否定。优秀的古典文学遗产，只要我们学习的方法对头，还是可以为社会主义服务的。正因为这样，我们十分重视古典优秀作品，一定要批判地继承、借鉴其中优秀的东西。毛泽东同志告诉我们：

> 有这个借鉴和没有这个借鉴是不同的，这里有文野之分，粗细之分，高低之分，快慢之分。所以我们决不可以拒绝继承和借鉴古人和外国人，哪怕是封建阶级和资产阶级的东西。（《毛泽东选集·第3卷》）

我们要看到，只有深入地、批判地研究古典优秀文学遗产，才能彻底弄清楚其真正的价值所在。这样，我们的学习和借鉴才能更为准确，也更有可能让古典优秀文学遗产更好地为社会主义文学艺术服务，达到古为今用的目的。

二、浅析《汉书》

晚清名臣张之洞所著启蒙书《輶轩语》中说："读正史，正史之中宜先读四史。"所谓"正史"，是由《史记》到《明史》，各王朝正统的历史，有二十四史；"四史"，乃《史记》《汉书》《后汉书》《三国志》。

（一）重视历史的国家，完备的历史体例

说起来，没有哪个国家像中国这样重视历史，也没有哪个国家似中国这样早早地就有完备的历史体例。正史中，最为擅长的是刻画人。司马迁所创的纪传体，以记述帝王的"本纪"为经，以记述代表性人物的"列传"为纬，将过去的时代面貌浮雕般地加以表现。以刻画人物为主来讲述历史的这种尝试，在外国恐怕还不多见吧。特别是正史中的杰作，比方四史的列传，超越了时代，打动了后代读者。也就是说，优秀的史传同时也是优秀的文学。在中国，小说的传统不如其他文学体裁深厚。实际上，我想，有这样优秀的史传存在，在不知不觉中已经弥补了人们对小说类文学的需求。

班固的《汉书》和司马迁的《史记》并列，在正史中评价颇高，有"史汉""班马"之说，这是由于《汉书》和《史记》都确立了代表性文体。

（二）刘知几的"六家"说和郑樵的看法

唐代刘知几在《史通》中将史书的文体分为六家（六类），即尚书家、春秋家、左传家、国语家、史记家、汉书家。尚书家是效仿五经之一的《尚书》，汇集王者的敕诏、教令的史书。刘氏以为，此家在讲述史实方面不足。春秋家所效仿的是五经之一的《春秋》。后世称作"某某春秋"的这些书，刘氏以为它们已失去"一字褒贬"的意义。左传家效仿的是《春秋左传》。荀悦的《汉纪》等历史书均是此类。刘氏视其与纪传体为"双峰并峙"。国语家效仿的是春秋时代的国别史《国语》。虽有《战国策》等书，然刘氏认为《史》《汉》出现以后，这一体裁已变得陈旧。在纪传体里，刘氏举出史记、汉书两家。其理由是，《史记》乃从上古到作者所处时代的通史，《汉书》则限于前汉一代的兴亡，即所谓的断代史。刘氏似乎更加肯定《汉书》一些。《史记》的缺点是分散记载，致使一个国家的政治、同时代的君臣的记述都分开了。相反，《汉书》只限于一代的兴废，史实记载也有利于学者查找。刘氏认为，后来的正史都沿袭了《汉书》的做法。直到宋代，对《史》《汉》的评价基本不出此论。

批评《汉书》最为甚者是宋代的郑樵，其《通志》谓班固"全无学术，专事剽

窃"。所谓剽窃,指的主要是《汉书》中武帝之前的记载多来自《史记》,之后的部分又涉及贾逵、刘歆的作品;属班固自作的,唯有古今人表。令郑樵更不满的,是《汉书》非通史。依郑樵看来,班固在《自叙》中所说的汉承尧运,不可与秦、项羽等同排列,乃是无稽之谈;把汉代断开,其与周、秦的关联就没有了。而且,每一时代都是沿袭前代的制度,所以编制各个时代的地理志、礼乐志也是没有意义的。另外,假如各代都分别立列传的话,前一代的忠臣就不难成为后代的贼子了。由此,郑樵认为,述史必须是通史,断代是不可以的。

从这点看,郑樵的评价很难说是平心静气的。首先,是剽窃这一非难。在班固来说,对《史记》的采用,其态度是率直的,并无"偷盗"之意;他也许认为无法超越作为天下之公器的《史记》,所以原样照搬。唐代的颜师古说,《史记》称"作某篇",而《汉书》则称"述某篇",这表明了班固的谦逊之意。其次,是《汉书》中的哪些部分为班固自作。这在今天看来,已经不是什么问题了——即或大部分为班彪所作,但使文章首尾一致、最终成书的,还是班固,此乃不可否认的。其三,言断代史不适合讲述制度的沿革,这个意见是正确的。不过《汉书》的十志,并没有限定为前汉一代,也涉及沿革。要说断代史会导致对同一人物的评价不同,确实会有之。比如,曹操在《后汉书》中是坏人,可是在《三国志》里是英雄。不过,具体到《汉书》,并没有这方面的问题,可能是因为作者秉笔直书、无所避讳吧。通史《史记》是无与伦比的天才杰作,断代史《汉书》同样是一部非常优秀的史书。

(三)《汉书》的成书

《汉书》的作者班固(32~92年),字孟坚,据说他的祖先是楚贵族。汉代,班家人出来做官,成帝时出了婕妤。班婕妤的兄弟中有班伯、班斿、班稚。班伯官拜定襄郡太守,班斿任谏议大夫;班稚任西河属国都尉,是班彪之父、班固之祖父。成帝看重班斿的才能,赐他秘书副本。无疑,班家能编纂历史也与这书籍有关。

班彪(3~54年),字叔皮,20岁时,逢王莽之乱。陇西有隗嚣,蜀有公孙述,冀州有刘秀,均自立为王,争夺天下。隗嚣问班彪,天下会变成战国纷争的状态,还是会定于一人之手。班彪断言天下会定于刘氏,并作《王命论》指出,掌天下之霸权者,为天命所定;汉之高祖是尧的后裔,有奇异的身体特征,有祥瑞、仁德之能,这是上天所授予的。这种天命决定论也影响了《汉书》。

光武帝建武(25~56年)间,班彪任司徒掾,作《后传》65篇,补全《史记》太初年以后所缺的部分。这是《汉书》之雏形。班彪去世时,班固22岁,作有《幽通赋》《答宾戏》——前者述论的是道德方面的问题,后者采用主客问答的方式。看得出来,班固是希望以创作来留名后世的。此二赋同《汉书》的写作并无直接关联,但其中的儒教徒式的信念与《汉书》的论调是共通的。

班固秉承父业,准备续写《汉书》。他认为,汉代乃承尧运、创无比功业的王朝,然而司马迁却将汉代续在之前的帝王之后,与秦始皇和项羽等并列,实在可笑。班固续写史书时，有人告密，说他私改国史，结果被关入牢狱。其弟班超为兄辩护，加之作品实属出色，明帝倾意，反让班固做兰台令史，继续完成史书。

前后 20 多年，《汉书》终于于章帝建初（76～83 年）间完成。

（四）《汉书》的十二本纪、八表、十志、七十列传

《汉书》包括十二本纪、八表、十志、七十列传。与《史记》相比，没有"世家"，改"书"为"志"。后来，班固由于窦宪之事受到牵连，死在狱中，《汉书》也因此散乱，少了八表和天文志（也有人说班固未写）。其妹续写，据说直到马续（大儒马融之兄）方告完成。下面简单介绍一下《汉书》的内容。

1. 十二本纪

十二本纪包括高祖到平帝十二代皇帝。王莽入列传。八表包括诸侯王表、百官公卿表、古今人表等。其中的古今人表把有史以来的名人分为九等。这是受非难最多的部分，批评的人以刘知几为首。清代王先谦的《汉书补注》以为，此表的很多评价不合适，某人应往上评，某人应往下评。我却认为，正是由于稍稍奇妙的古今人物表，使我们看到了作者广阔的人生观。志和列传中稍显顽固的正统观点，可以说是朝廷史官之务，近乎表面立场，而班固不限于此，暗中还怀着略带异端的思考方法——为了将其思考表现出来，他设计了古今人物表。

2. 十志

十志乃律历、礼乐、刑法、食货、郊祀、天文、五行、地理、沟洫、艺文。志为记录之义。《后汉书》的作者范晔虽认为《汉书》整体上有疏漏，但似乎很赞赏十志。律历、礼乐、天文三志，《史记》中也有；沟洫志记述的是治水事业，相当于《史记》的河渠书；郊祀志相当于《史记》封禅书，记述了祭祀的沿革；食货志是较《史记》的平准书记载得更为广泛的经济史。刑法、五行、地理、艺文是新项目。用今日之观点看五行志，是些迷信的阴阳五行思想，但对于理解汉代的天人合一思想是珍贵资料。地理志记载了各地的产业与人的关系，可以说是人文地理学的先驱。艺文志将当时的书籍按学派分类，是目录学的鼻祖。

3. 七十列传

关于《汉书》的列传，晋代的傅玄批评说："论述国体时，饰朝廷而挫忠臣；论述世教时，贵谄媚而贱直节。"确实，《汉书》论赞中的评断多是站在朝廷立场上的。尽管和《史记》一样设有货殖列传、游侠列传，但班固把司马迁所肯定的富豪、侠客视为对朝廷有害的人，这也是其立场的证明。

（五）《汉书》与《史记》的不同之处

必须承认，《史记》和《汉书》的写作立场大不相同。司马迁较贴近个人立场，以在野的眼光看问题；班固则贴近官方立场，以朝臣的眼光看问题。这是他们的不同点。虽然《汉书》的论赞中有对忠臣轻视的评语，但班固细致地罗列了这些人的语言，不

少地方举出了事实，如京房之传、李陵之传即如此。虽然有所轻视，但从其淡淡的笔调中也可看出满腔的同情。

从文章技巧上讲，清代的方苞推崇《史记》而贬低《汉书》，但对于《汉书》中的霍光传却是赞许的（《方望溪全集》卷二）。其实，不仅限于霍光传，在《汉书》的所有列传中，我认为有一种倾向，即详尽地描述人物的命运前途，看看霍光的命运沉浮、赵飞燕的起起落落、昌邑王的盛极而衰，等等。本是写荣光满满的西汉，为何《汉书》的整体氛围出现了悲剧的色彩，大约是与"人固有一死"的观念有关吧。

（六）《汉书》的注释和版本

对于《汉书》，范晔称："不激诡，不抑抗，丰富而不芜秽，详细得体，令读者人迷而不致生厌"，以为在文体上简洁，在描写上细致，无愧于"左国史汉"的并称。

对《汉书》的注释从后汉就开始了，先有服虔、应劭等人，后有魏朝苏林、如淳、孟康以及吴国韦昭、晋朝晋灼等。唐贞观元年（627 年），颜师古为《汉书》作注，集诸家而成，简洁明快，被赞为班固之"忠臣"。

清代，有王先谦的《汉书补注》，是在颜师古之注后，补其不足，改其错误。不仅如此，甚至连原文意思不通的地方，也大胆改动，这就追溯到班固的原文了。比如在李陵传中，李陵战败欲死，手下的军官劝其暂且投降，说："如浞野侯，为虏所得，后亡还，天子客遇之。况将军乎"。这"客遇之"三字，从来解作"作为客人而待之"。王先谦认为，浞野侯做了俘虏后逃回来，天子是不会把他按客人礼遇的，"客"字当是"容"字之误。总的来说，王先谦的说法中稳妥的居多。以后，又有补注《汉书补注》的，如日人狩野直喜的《汉书补注补》。

《汉书》的版本，有明代的南监本、汲古阁本和闽本等，以收入百衲本《二十四史》的北宋景祐刊本《汉书》为最佳。《补注》本以汲古阁本为底本，但依据景祐本订正的地方很多。在明代，作为古文标准，附有就修辞技法批评诸家的凌稚隆编的《汉书评林》也很盛行；此外，还出版了带训点（日文字母和标点）的评林本。

三、陶渊明诗文欣赏与研究

"芳菊开林耀，青松冠岩列。怀此贞秀姿，卓为霜下杰。"（陶渊明《和郭主簿》其二）在中国文学史上，陶渊明像屈原、李白、白居易一样，是伟大的诗人，他为五言诗开拓了一条新道路。然而，陶渊明一生过的却是清苦、寂寞的日子，既没有飞黄腾达，诗歌也无人赏识。主要的原因是：第一，魏晋之世重视门阀，不但政治、经济上的大权握于少数豪族手上，文化也被垄断了。西晋刘毅用沉痛的声音批评道："爱恶随心，荣辱在手，上品无寒门，下品无世族。"李白、杜甫一致称颂的大诗人鲍照在当时亦寂寂无闻，钟嵘《诗品》说他"才秀人微，故取湮当代"。陶渊明虽生于世家，却已破落，在当时的文坛上，"取湮当代"亦势所必然。第二，魏晋是骈文盛极一时的时代。刘勰评当时的文风是"浅而绮""或析文以为妙，或流靡以自妍"，专事雕章琢句，驰骋于文辞之间，没有思想，失去感情。陶渊明那种朴素无华的笔调，当然不合时人的胃口。昭明太子首先为他编集，并正确地阐明了其诗歌的价值。到唐宋时期，他才得到了应得的评价。

（一）陶渊明生活的时代

陶渊明生于晋哀帝兴宁三年（365 年），死于刘宋文帝元嘉四年（427 年）。这是个民族斗争和阶级斗争都相当激烈的时代。

陶渊明壮年和中年，中原沦陷，东晋偏安江左，司马氏政权依靠大族支持。当时，在统治阶级内部有王恭、殷仲堪之乱。而广大农民群众亦因不堪统治阶级豪强贵族的横征暴敛，发生了孙泰、孙恩领导的农民起义。刘裕平定了内乱、镇压了农民起义以后，占据荆州的桓玄又乘机叛乱。约在陶渊明 38 岁那一年，司马道子为桓玄所杀。翌年，桓玄废司马德宗自立为楚皇帝。刘裕起兵讨伐，杀了桓玄，恢复了司马氏的帝位。随后，他出征南燕、姚燕，收复了北方的一些失地。可是，由于他野心勃勃、要篡位，就在陶渊明 54 岁那一年，他放弃了北方收复的失地，引兵南返，杀安帝，立恭帝；接着，又废恭帝为零陵王。翌年，毒杀了零陵王，东晋灭亡，刘裕建立了刘宋王朝。陶渊明晚年目睹其事。六年后，他与世长辞。这是陶渊明生活的时代。

这是个国土日削、东晋偏安、北方被鲜卑等民族占领的时代，是个野心家争夺统治权、战乱频仍、民生困苦的时代，是个士大夫官僚、政客文人趋浮华如鹜、廉耻扫地的时代，是个对每一个有良心的知识分子加以最无情考验的时代。在这个动荡不安的时代里，文人不是投靠统治者成为新贵，就是成为"放浪形骸之外"的颓废主义者，以药与酒来麻醉自己，或者沉溺在佛禅中，讲求清静寂灭。

然而，陶渊明不是那样的人，他有自己的生活道路。

(二) 陶渊明采菊的原因

陶潜、渊明、元亮、靖节……从这一串名字中，可以联想到诗人经常吟咏的酒、菊花、青松、田野，联想到他的潇洒出尘和高风亮节。是的，他是那么厌倦市侩叫嚣的官场生活。

他曾经因为贫穷而三次涉足官场。第一次，为刘牢之部下，任京口镇军参军；第二次，为刘敬宣部下，任威参军；第三次，就是出任不满3个月便赋"归去来兮"的彭泽令。他前后做官不满6年，34岁以后即不复再仕。在别人看来，做官可以"荣宗耀祖"，可是在诗人看来，却好像强迫一个贞洁的少女去倚门卖笑一样。他不像屈原、李白、杜甫、苏东坡等人那么热衷于功名与官场，反倒因官场生活而感到痛苦。他一点也没有"官"的欲念，他的出仕与其说是想澄清吏治、施展抱负，毋宁说是被贫穷迫到无路可走时的选择。在《归去来兮辞》的序中，他率真地写道：

> 余家贫，耕织不足以自给。幼稚盈室，瓶无储粟，生生所资，未见其术。亲故多劝余为长吏，脱然有怀，求之靡途。会有四方之事，诸侯以惠爱为德，家叔以余贫苦，遂见用于小邑。

"官吏迫害良善，害甚豺狼。"（南朝郭祖洁语）当他身处黑暗官场时，知道了做官原来是"帮凶"。他的内心异样不安，宦海的生活使他幻灭。他厌恶自己，在任镇军参军路过曲阿时，诗人写道："望云惭高鸟，临水愧游鱼。"他是带着多么痛苦的心情出仕，多么羞于与那些贪官污吏们为伍啊！

哪个善良的人愿意出卖或伤害自己的灵魂呢？他感到，与其在罪恶的官场混饭，不如忍饥挨饿去追求精神上的安适；既然无力去移风易俗，徒是为了生活又有什么意义呢？经过不断的思想斗争后，他决定弃官归田了："商歌非吾事，依依在耦耕。投冠旋旧墟，不为好爵萦。养真衡茅下，庶以善自名。"（《辛丑岁七月赴假还江陵夜行途口》）

在《归去来兮辞·序》中，他痛定思痛、自白痛苦之情：

> 质性自然，非矫厉所得；饥冻虽切，违己交病。尝从人事，皆口腹自役；于是怅然慷慨，深愧平生之志。

当他从乌烟瘴气的官场"归去来"时，似乎卸下了重担，轻松起来。"久在樊笼里，复得返自然。"（《归田园居》其一）他的精神得到了暂时的解放。然而，当他回到已经破产的农村、破落的家时，又得和贫穷、饥饿做斗争了。"夏日常抱饥，寒夜无被眠；造夕思鸡鸣，及晨愿鸟迁。"（《怨诗楚调示庞主簿邓治中》）"弱年逢家乏，老至更长饥。菽麦实所羡，孰敢慕甘肥！"（《有会而作》）在《乞食》诗中，他带着酸楚的声音为没落的阶层唱出悲切之歌：

> 饥来驱我去，不知竟何之。行行至斯里，叩门拙言辞。主人解余意，遗赠岂虚来。谈谐终日夕，觞至辄倾杯。情欣新知欢，言咏遂赋诗。感子漂母惠，愧我非韩

才。衔戢知何谢，冥报以相贻。

　　然而，他虽为贫穷发出沉痛酸楚的声音，歌着"怨诗楚调"，却没有被贫穷所征服；饥寒不会使他失足，不会使他馁志，不会使他向王公大人们求投靠。刘裕篡位后，陶渊明的朋友们纷纷去新朝做官；朝廷征他做著作郎等，他一概谢绝。在暮境凄凉中，他"穷且益坚，不坠青云之志"。尽管是"倾壶绝余沥，窥灶不见烟"（《咏贫士》）、"被服常不完。三旬九遇食，十年著一冠"，他仍然认为"辛勤无此比，常有好容颜"（《拟古》其五）。他能"酣饮赋诗，以乐其志；忘怀得失，以此自终"（《五柳先生传》）。这其中经过多少精神上的斗争，是可以想见的。

　　恶劣的环境、物质的诱惑、贫苦的生活……都不会吞噬或淹没陶渊明。他虽做过官，却不愿同流合污；他虽曾与当时的官吏如王宏、道济、庞参军、丁紫桑、戴主簿、羊长史等相过从，却没有投靠他们门下，或是成为王公大人的清客。他像傲立于寒霜中的秋菊、风雪中的青松一般鲜艳而挺拔。

（三）《桃花源记》——原始的乌托邦思想

　　陶渊明生长在思想激烈碰撞的晋宋时代，除正统的儒家之外，老庄之学自汉末至正始盛极一时，佛教亦于东汉末年传入中国。旷代奇才陶渊明受诸家思潮的洗礼，采各家之精华，将其具体而微地融入生活与感情。说他是哪一家似乎都对，又不全对，他所接受的是多么博大精深啊。

　　　　羲农去我久，举世少复真。汲汲鲁中叟，弥缝使其淳。凤鸟虽不至，礼乐暂得新。洙泗辍微响，漂流逮狂秦。诗书复何罪？一朝成灰尘。区区诸老翁，为事诚殷勤。如何绝世下，六籍无一亲。终日驰车走，不见所问津。若复不快饮，空负头上巾。但恨多谬误，君当恕醉人（《饮酒》其二十）

　　他是那么崇拜孔子、爱读六经，对于魏晋浮狂之士那么憎厌！由此，陶氏之学该是出自儒家。因此真西山证之："渊明之学自经术中来。"可是，他那潇洒出尘、与世无争的态度，与老庄思想也必有血缘关系："不见相知人，惟见古时丘。路边两高坟，伯牙与庄周。此士难再得，吾行欲何求！"（《拟古》其八）因而朱子证之："靖节见趣，多是老子。"然而那种爱自由、不为五斗米折腰的精神，忘怀得失的生活态度，所谓"拨置且莫念，一觞聊可挥"（《还旧居》）、"在世无所须，惟酒与长年"（《读山海经》其五），多少是承袭正始名士的思想。此外，他那"人生似幻花，终当归空无"的思想，应是感染了释佛思想。

　　儒家给了他律己严、不苟且、不放荡、"忧道不忧贫"的生活态度。诗人歌唱道："劲气侵襟袖，箪瓢谢屡设。萧索空宇中，了无一可悦！历览千载书，时时见遗烈。高操非所攀，谬得固穷节。"（《癸卯十二月中作与从弟敬远》）但是他又否定儒家的"学而优则仕"的传统思想和"知其不可为而为之"的处世态度。

　　道家给了他爱自然、忘怀得失、不求名利、置生死于度外等生活态度。诗人歌唱道："久在樊笼里，复得返自然""真想初在襟，谁谓形迹拘"（《始作镇军参军经曲阿作》)、"不觉知有我，安知物为贵。"(《饮酒》)然而他又否定了道家的崇尚虚无，以及既谈玄说妙又醉心于名利的思想。

他同其他魏晋文人一样爱喝酒吃药，他的作品中提到酒的占 1/3 以上，但他又肯定人存在的意义，在《形影神》中说："人为三才中，岂不以我故。"

他接受了道、佛以及魏晋正始文人的思想，又扬弃了他们的思想。诗人在纷繁错综的思潮之中，有自己思想发展的轨迹。

生活在战乱不安的时代，他那"少时壮且厉，抚剑独行游"(《拟古》其八)的豪情破灭了，他更加眷恋农村纯朴的生活。"田家岂不苦？弗获辞此难……但愿长如此，躬耕非所叹。"(《庚戌岁九月中于西田获早稻》)他怀着强烈的感情，热爱这片土地和家园。

当诗人厌倦了尘世的浑浊与烦累时，便萌生出自己的乌托邦理想。那是个小国寡民的世界，没有苛捐杂税、虐刑暴政，甚至连日历都不用了，正如老子所谓："邻国相望，鸡犬之声相闻，民至老死不相往来。"人们安居乐业，过着葛天氏、无怀氏、初民氏社会的生活。诗人用他的彩笔写出希望中的远景：

> 土地平旷，屋舍俨然，有良田美池桑竹之属。阡陌交通，鸡犬相闻。其中往来种作，男女衣着，悉如外人。黄发垂髫，并怡然自乐……问今是何世，乃不知有汉，无论魏晋。(《桃花源记》节选)

> 相命肆农耕，日入从所憩。桑竹垂余阴，菽稷随时艺。春蚕收长丝，秋熟靡王税。荒路暖交通，鸡犬互鸣吠。俎豆犹古法，衣裳无新制。童孺纵行歌，斑白欢游诣。草荣识节和，木衰知风厉。虽无纪历志，四时自成岁。怡然有余乐，于何劳智慧。(《桃花源诗》节选)

这全是原始的、农民的乌托邦思想。然而，他虽然血液里带着农民的气质，却不是涅克拉索夫那样为农民而歌唱的诗人，他又是士大夫阶级中的人。

他是世家子弟，是晋代望族、八州都督、长沙郡公陶侃的后代。他的父亲与祖父都做过太守，他的外祖父是晋代征西大将军长史。到他长大成人时，已世事沧桑、家业凋零，可是他并不像梁任公所谓："不过庐山底下一位赤贫的农民，耕田便是他唯一的职业。"(《陶渊明及其品格》)在《和郭主簿》一诗中，诗人自况道："息交游闲业，卧起弄书琴。园蔬有余滋，旧谷犹储今。营己良有极，过足非所钦。春秫作美酒，酒熟吾自斟。弱子戏我侧，学语未成音。此事真复乐，聊用忘华簪。"这是典型的田园士大夫生活的素描。所以，他的出身限制了他的意识，使他成为最突出的"田园诗人"，而不是"农民诗人"；他歌唱农村，却不能说出农民们在压榨下生活的痛苦。而在人民看来，他的身份实在太高了，他的生活只是出淤泥而不染，可不是人民的灯塔啊！

唯其如此，他像许多苦难时代的知识分子一样，有忧愁，有烦恼，有一颗沉重的心。他的乌托邦触到现实的悲苦时便幻灭了，"抚己有深怀，履运增慨然"(《岁暮和张常侍》)。在当时的士大夫圈子中，他是生活得最痛苦寂寞的人，甚至连他的老友颜延之也去做官了。他不禁感慨道："万族各有托，孤云独无依。暧暧空中灭，何时见余晖。"（《咏贫士》其一）他的热烈、豪迈之情，随着岁月消亡殆尽，整个人生染上了虚无的色泽。"一世异朝市，此语真不虚！人生似幻化，终当归空无。"（《归田园居》其四）俯仰宇宙，穷察时俗，对于一切功名富贵，他也像当时的知识分子一样感到幻灭，感到伤感了！

> 迢迢百尺楼，分明望四荒。暮作归云宅，朝为飞鸟堂。山河满目中，平原独茫茫。古时功名士，慷慨争此场。一旦百岁后，相与还北邙。松柏为人伐，高坟互低昂。颓基无遗主，游魂在何方。荣华诚足贵，亦复可怜伤！（《拟古》其四）

人在精神上极度苦恼的时候，不能不寻求思想与生活上的出路。诗人的"冲淡玄术"，即所谓"聊且凭化迁"的"任运而化"的态度，该是解救自己沉重心情的一大法门吧。正像一个历尽风霜的人，在痛定思痛之后，自白道："纵浪大化中，不喜亦不惧。应尽便须尽，无复独多虑。"（《形影神》其三）于是，他开始借饮酒吃药去排遣胸中的抑郁。

在渊明的作品中，似乎看不出服食修炼之论，但也不尽然，且看他留下的句子："采菊东篱下，悠然见南山。"（《饮酒》其五）"秋菊有佳色，裛露掇其英。泛此忘忧物，远我遗世情。"（《饮酒》其七）葛洪在《抱朴子·仙药篇》中写道："南阳郦县山中，有甘谷水。谷水所以甘者，谷上左右皆生甘菊，菊花堕其中，历世弥久，故水味为变。其临此谷中居民，皆不穿井，悉食甘谷水，食者无不老寿，高者百四五十岁，下者不失八九十，无夭年人，得此菊力也。"在宋人的诗中又有"秋饮黄花酒，冬吟白雪诗"（汪洙《神童诗》）之句。

可见，对于陶氏来说，菊花已成为他人格的象征；同时，菊花也成为与酒一样不可或缺的药剂。唯其如此，他不是在东篱赏菊，而是在"采菊"；他不是采一两朵陈列在案头以供观赏，而是采摘到出神——"悠然见南山"。他是把菊花和酒当作长生久视、忘忧遗世的药剂啊！

然而，他虽是喝酒吃药，却不像何晏、刘伶等人过着放诞不羁的生活；相反，他陶醉在大自然中，在田园的风趣中卸去了烦闷，忘怀得失——"悦亲戚之情话，乐琴书以消忧""登东皋以舒啸，临清流而赋诗"（《归去来兮辞》）。比起当时的士大夫们，他显得很崇高。

这是诗人精神生活蜕变的过程，从"猛志逸四海"到"忘怀得失"，这是一条不平坦的路啊。可是，诗人终于战胜了苦恼与伤感，含着泪微笑了。因此，诗人的人生观是既悲观又乐观——悲观净化了他的精神，而乐观不过是苦中寻乐，以求解放而已，本质上的虚无色彩是很浓厚的。

诗人的一生，是中国善良的知识分子在动荡时代生活的代表。在时代的激流中，他们不满现实，又无力反抗，只能洁身自好，孤芳独赏，退隐在山村。而他的退隐与唐代的许多以隐求达之士在本质上是不同的。我们能过分指责诗人缺乏勇气，责备他没有跟恶势力战斗吗？

（四） 陶渊明诗文的划时代成就

陶渊明的150余首诗歌出现在晋宋文坛上，犹如万丈云层中透出的晨曦，清除了魏晋以来的骈词俪句，为诗歌开拓出一条新的道路。

他的艺术的一个最大的特点，是人格与文格的统一，正如钟嵘《诗品》所说："每观其文，想其人德。"他的性格单纯，不浮夸，不卖弄才气。他平凡地生活在芸芸众生中，像所有敏感、真挚的人一样，有欢愉，有悲苦，但他不讳与人畅述这份心情。他的诗正像他的为人一样，不矫揉造作，不刻意引经据典，不事文字雕琢，"文体省净，殆无长语"（《诗品》），文笔"不枝梧"（杜甫语）；形式是朴素的，内容是健康的。读他的诗，像嚼橄榄一样，初尝起来淡而无味，咀嚼之后回味无穷。《扪虱新语》谓其"颇似枯淡，久而有味"，是体会到了个中三昧。苏轼说得好："渊明作诗不多，然其诗质而实绮，癯而实腴。"所见亦是。

他的诗显示出理智与感情的高度融合。在他的每首诗中几乎都隐藏着对人生的看法和处世态度。他虽然写酒、花、月，却非吟风弄月之作可比。这是五言诗发展的新境界，其中洋溢着诗人浓厚的感情、血肉与生命。他的诗是从"胸中自然流出的"（朱子评语），是一代知识分子对现实生活的哀怨与控诉。所有这些诗是那么深刻地表现出了他的个性。读他的《归田园居》《杂诗》《拟古》《饮酒》等诗，我们几乎可以想出诗人潇洒、脱俗、飘逸的风貌和温顺、热烈、和蔼可亲的慈容。

陶渊明作品的思想在当时的历史条件下是进步的还是落后的？这是人们争论的问题。

有人认为，陶渊明的作品是在歌颂隐逸生活，逃避现实斗争，没有什么现实意义。这个看法是片面的。陶渊明歌颂隐逸的作品固然带有消极的思想成分，但还要做具体分析。我们知道，陶渊明的时代隐逸之风甚为盛行，有各种各样的隐逸：有的人借隐逸之名招权纳货，即向秀所谓"在庙堂与在山林无异"，这是一种隐逸；有的人以隐逸为终南捷径，猎取高官厚禄（如谢安），这是一种隐逸；有的人想遁迹山林、远隔尘世（如左思向往的"山水有清音"），这又是一种隐逸。很明显，陶渊明所服膺的隐逸，跟上面几种"隐逸"是有区别的。陶渊明做过江州祭酒、镇军参军、彭泽令……经历了十几年仕宦生活。他做官、归田，再做官、再归田，清楚地看到当时的统治阶级和官场的腐败、无耻，所以他坚决要摆脱"车马喧"的朝廷，到真正的"人境"去"结庐"，过自食其力的生活。后来，不管田父怎样劝告他，王宏、檀道济等权贵怎样说服、笼络他，贫穷、饥饿怎样威胁他，他的志趣都不动摇。他的作品里所歌颂的，主要就是这种"安于贫贱、不慕荣利"、不趋炎附势、不与贪官污吏同流合污、不为统治阶级服务的隐逸。诚然，这种隐逸还属于士大夫阶级的范围，但不可否认，在当时的历史条件下是有一定进步意义的。

有人认为，陶渊明处在战乱频仍、农民生活贫困、农村凋敝的时代，他的作品美化了当时的农村和农民生活，为破产的农民和残破的农村披上了和平、欢乐的外衣，这岂不是歪曲了现实？陶渊明的一些作品如《归田园居》等所刻画的农村和农民生活悠闲自在的画面，跟当时的实际情况相比的确有很大的距离。但他为什么要刻画这些画面？这些诗是在怎样的情况下创作出来的？正确地回答这些问题，有助于对其诗文的理解。我们知道，陶渊明不是天生的田园诗人，他是在极端厌恶趋膻逐臭的官场生活以后，才这样去歌颂在他看来充满诗情画意的农村和农民生活的。他笔下"日夕气清，悠然其怀"（《归鸟》）的和平、宁静、安乐的农村和农民生活画面，是和当时黑暗、混乱、丑恶不堪的朝廷和仕宦生活针锋相对的。他以美妙的彩笔刻画了田园的美丽风光、农民安详舒适的生活，从而衬托出当时的士大夫是多么庸俗和无所作为。在他看来，那些人就像落在"尘网"中、关在"樊笼"里似的，不像农民那样悠闲自在，也嗅不到农村生活中的清新气息。由此可见，陶渊明是把农村和农民生活作为封建朝廷和仕宦生活的对立面来写的。他的那些美化农村和农民生活的田园诗，正是代表了对当时黑暗官场生活的厌恶，比起那些为封建统治阶级歌功颂德、装潢门面的庙堂诗是好的。可是，他的田园诗毕竟是以封建士大夫的心情来抒写的，不可避免地对当时的农村和农民生活作了歪曲的反映。

有人认为，陶渊明的作品只不过是反映他个人的生活和思想，以及他离开仕途后的困顿，没有反映当时的社会现实和人民生活中的痛苦。这个看法也是片面的。我们知道，陶渊明是一个抒情诗人，而抒情诗的特点是通过诗人的感受和爱与憎来反映现实中的问题。我们不能认为，抒情诗是个人主义的。在抒情诗里，往往作者就是活生生的典型形象。杰出的、伟大的抒情诗人对生活的抒写，总是这样那样地反映了人民生活中的问题和阶级关系。在这里，诗人的声音往往也在一定程度上代表了人民的声音。我国古代抒情诗《离骚》之所以千古不朽，正是由于诗人屈原通过自白，反映了时代的特征和人民的思想要求的缘故。诚如俄国伟大文艺批评家别林斯基所说："伟大的诗人谈着'我'的时候，就是谈着普通的事物，谈着人类，因为他的天性里就存在着人类所感受的东西，因此，人们在诗人的忧郁中认识自己的忧郁，在他的灵魂中认识自己的灵魂，并且在那里不仅看到诗人，还看到诗人是兄弟般和他们相通的'人'。"我们也应当这样来看陶渊明所写的抒情诗文。不错，陶渊明直接反映人民生活的作品并不多，他作品中的大部分是写个人生活中的感触，有的是借物寓意，有的是咏史见志，有的是写自己的操守，有的是写自己离开仕途以后"岂期过满腹，但愿饱粳粮"（《杂诗》）。这些诗句说明，诗人对物质生活并没有什么非分的要求，却过得这样困苦，以至于到了"三旬九遇食，十年著一冠"的地步。诗人"现身说法"告诉我们：当时像他这样的士大夫文人，一旦摆脱官场的寄生生活，归耕田垄，就要过"夏日长抱饥，寒夜无被眠"的生活，可以想见劳动人民生活在何等水深火热的境地！陶渊明在《庚戌岁九月中于西田获早稻》《丙辰岁八月中于下潠田舍获》《怨诗楚调示庞主簿邓治中》等作品中，更是直接描写了当时农村的凋敝和生活的困苦："山中饶霜露，风气亦先寒，田家岂不苦？弗获辞此难。四体诚乃疲，庶无异患干。"从中，我们清楚地看到当时的农民即使在收获的时候，还是过得多么愁苦！在《有会而作》的序文里，诗人写道："旧谷既没，新谷未登，颇为老农，而值年灾，日月尚悠，为患未已。"可以看出，诗人对于那些因灾荒而饥寒的农民寄予了多么深厚的同情！

有人认为，陶渊明的作品没有反映当时现实政治生活中的重大事件，没有对当时的封建统治者做过什么谴责，所以作品的现实意义不大。这种论断也是很偏颇的，对陶渊明作品缺乏具体的分析研究。诚然，陶渊明直刺时政、直接对统治者的横征暴敛予以抨击的作品不多。这是由于当时的统治阶级百般禁锢言论，任意残杀异己（魏晋名士如孔融、杨修、何晏、嵇康等人都是不得善终的）。陶渊明曾经沉痛地指出当时的环境是："繁华朝起，慨暮不存；贞脆由人，祸福无门。"（《荣木》）为了免遭杀身之祸，他的一些诗文采取了隐晦曲折的笔法，对当时的黑暗现实和奸凶邪佞旁敲侧击。但是，我们可以看到，被赞赏为"悠然见南山"的陶渊明，如鲁迅所指出的："并非整天整夜的飘飘然。"（《题未定草·六》）作为一位从官场上退下来的士大夫文人，他没有忘记用自己的笔去抒写现实生活中的问题。而这些作品，在当时的历史条件下是有一定的现实意义的。

我们知道，晋宋时代由于承袭魏文帝以来的门阀定品制度，形成了所谓士族豪门、品类各异的恶劣风尚。当时，即使在士族中，不是同品级的也不能通婚或并坐；至于士族与庶民之间的阶级界限，则更为森严。颜延之的《陶征士诔》中说陶渊明是："韬此洪族，蔑彼名级！"陶渊明并不想攀龙附凤以抬高自己的门第，并对当时的门户之见、谱牒之风十分厌恶。他把门第中人看作"异类"！在《感士不遇赋》里，陶渊明借贾谊、董仲舒、冯唐、李广等人的遭遇，对当时社会的压抑和排挤人才，做了极其猛烈的攻击与控诉："何旷世之无才，罕无路之不涩。伊古人之慷慨，病奇名之不立！"在《杂诗》里，他冒那个时代的大不韪，写出"落地为兄弟，何必骨肉亲"这样的诗句，可见他对当时的门阀制度是何等的深恶痛绝！

晋宋是清谈之风非常盛行的时代，许多士大夫文人整日里清谈玄言、不经世务。不少人还纵酒、佯狂、散发、去衣、箕踞……自鸣为"旷达索真"。陶渊明对于这些讲空话的、放浪形骸、颓废纵欲的文人，很不满意。"羲农去我久，举世少复真"，他把这帮"终日驰车走，不见所问津"的"名士"叫作"狂驰子"！

陶渊明的时代，有不少士大夫文人因生活苦闷而信仰佛道。陶渊明不但拒绝了名僧慧远的邀请，不愿皈依佛教，而且远比范缜《神灭论》早 90 多年就揭露了"神不灭"和"长生不老"的不可信（如《形影神》等诗文）。他指出，世间"人最灵智"，但人同"草木得常理"，死是人人必经之路！"我无腾化术，必尔不复疑。"（《形影神》其一）"形"既必死，则"神"必灭，长生之说，也就不足为信了。其次，晋宋时代的许多人都很迷信"天道""鬼神"，而陶渊明却宣称："天道幽且远，鬼神茫昧然！"（《怨诗楚调示庞主簿邓治中》）在他看来，"天道""鬼神"都不足信！不但这样，他还指出所谓"善恶报应"是一种欺人之谈，否则像伯夷、叔齐那样忠直不苟的人为什么反要饿死在首阳山？（见《饮酒》）陶渊明就是以这样清醒的、进步的观点，在自己的作品里严正地批判了当时泛滥的荒诞思想！

晋宋时代的政治斗争非常激烈。那时，我国北方被鲜卑等族占领，东晋偏安江南，人民多么渴望统一啊！难道陶渊明真像一些评论家所说的对此漠不关心吗？不！陶渊明的作品里反映了他少年时代就有的"大济于苍生"的壮志！所谓"壮志"，他的朋友颜延之解释为"怀邦"。换句话说，就是要光复北方失地，使苍生免受压迫！在他"抚剑独行游"的青年时代，他的心早已驰骋到北国辽阔的原野上了！所以，当刘裕伐秦攻入关中，执秦王姚泓，收复秦川的时候，他以欢喜的心情写下这样的诗句：

愚生三季后，慨然念黄虞。得知千载上，正赖古人书。圣贤留余迹，事事在中都。岂忘游心目，关河不可逾。九域甫已一，逝将理舟舆。闻君当先迈，负疴不获俱。（《赠羊长史并序》节选）

陶渊明虽然在病（负疴）中，还是盼望着能到北方漫游关洛，一睹祖国的文物和圣贤的遗迹啊！他对刘裕这次北伐寄予了极大的希望！可是刘裕灭了后秦以后，因为急于篡位，中止了北伐，引兵南返，并以卑鄙、残酷的手段，废安帝、立恭帝，继而又逼迫恭帝禅位，杀恭帝！陶渊明以非常沉痛的诗句表达了深深的愤慨：

种桑长江边，三年望当采。枝条始欲茂，忽值山河改。柯叶自摧折，根株浮沧海。春蚕既无食，寒衣欲谁待？本不植高原，今日复何悔！（《拟古》其九）

陶渊明的著名诗篇如《述酒》《饮酒》等，分明都是借酒以寄托其伤时感事之意。明眼的读者不难看出，诗人所喝的并不是什么美酒，而是残酷的现实这杯苦酒！在他委婉的诗句里，隐藏着无限悲愤："但恨多谬误，君当恕醉人！"在诗人为自己辩解的字句里，我们依稀可见，当时的统治阶级是怎样封锁士大夫文人的言论的！

但是，如果就此认为陶渊明的作品已经达到"思想的净化"，是那个时代"最高的典型""臻于至善境界"等，而不去分析其精华和糟粕，显然也是一种片面的看法。我们在肯定陶渊明的作品基本上是现实主义的同时，也应当看到其在揭露丑恶现实、反映人民疾苦等方面还存在一定的局限。陶渊明的作品中所描写的"晨兴理荒秽，带月荷锄归"之类的闲情逸致、"田家风味"，跟当时处在"财伤役困，虑不幸生"（《宋书·武帝纪》）环境里的流离失所、破产的农民生活相比，是有着极大的距离的。陶渊明所追寻的无怀氏、葛天氏之民的"衔觞赋诗，以乐其志"（《五柳先生传》）的生活，在当时也是空想。同时，陶渊明对人生的看法，也不免流露出他那个时代士大夫文人所特有的虚无颓丧的情绪，认为人生若寄、短促且空虚！在这种虚无思想的支配下，他歌颂了消极苟安、超然独处、冲淡玄远、逃避现实的生活，如上引《拟古》其四，再如"人生无根蒂，飘如陌上尘。分散逐风转，此已非常身"（《杂诗》其一），等等。这实质上是歌颂对什么事情都采取听其自然、"无所谓"的消极态度。

这里，我们不禁想起恩格斯对歌德作品的评论。恩格斯认为，歌德作品中对当时德国社会的态度有两重性，因为在歌德的心中，时常进行着天才诗人和法兰克福市参议员、魏玛枢密顾问官的斗争；前者厌恶周围环境的鄙俗气，后者却对这种鄙俗气妥协迁就，因而歌德有时非常伟大，有时极为渺小，有时是反抗的、爱嘲笑的、鄙视世俗的天才，有时则是谨小慎微、事事知足，胸境狭小的小市民。❶ 我们不想把 1500 多年前我国封建时代的诗人陶渊明拿来跟资本主义时代的诗人歌德作对比，但不可否认，陶渊明作品中表现出的思想感情和政治态度，对当时社会也是有两重性的：他一方面对当时丑恶的黑暗现实表示极端不满，但另一方面，又没有勇气去拨乱反正，表现出一种无可奈何的消极情绪；他一方面坚决摆脱官场生活，决不做统治阶级的帮闲或帮凶，另一方面又孤高自赏、隐归田园；他一方面有"猛志逸四海""大济于苍生"的宏愿，另一方面又甘心在"东篱"与"南山"之间消磨心志；他一方面厌恶名士派的放浪形骸、玩世不恭，另一方面自己也沾染上了虚无思想，好酒适性、忘形宇宙；他一方面"结庐在人境"，跟农民"共话桑麻"，另一方面又感到孤独，以"孤云""失群马""孤生松"自况；他一方面写出了"金刚怒目"式的作品，另一方面又写出了一些虚无、感伤情调的诗篇。陶渊明的作品里之所以表现出这样互相矛盾的两重性思想，是因为他是跟朝廷决裂了的诗人，但在思想上和生活上又是和封建士大夫阶级有着千丝万缕联系的文人。他否定封建统治阶级，倾向于人民，在一定程度上反映了人民的困苦和愿望，但与人民又存在很大的距离。这是天才诗人陶渊明和士大夫陶渊明的表现，也是当时一些士大夫思想进步性及其局限性的表现。正因为这样，陶渊明作品里表现出来的思想有广泛的代表性，具有一定的现实意义。但其中又有很大的局限性，包含若干消极的方面，跟我们今天的时代精神不相容。因此，我们只有以马克思列宁主义的思想观点，对陶渊明作品作认真细致的研究，才能从中取得有用的东西，才不至于受到其消极思想的影响。

1988 年 1 月 9 日子夜

第 4 次修改稿

---

❶ 《马克思恩格斯列宁斯大林论文艺》，人民文学出版社 1986 年版，第 40 页。

四、李白研究

李白大名称诗仙，敏捷千首孰比肩？
清心雅韵分明在，飘逸焕彩锦绣篇。
笔锋端运郢人斧，诗思如同江水潜。
龙蟠鹤舞风雷震，千古传诵李青莲。

——倬云《读李白诗》

（一）前　引

与杜甫齐名的唐代大诗人李白，在中国文学史上留下了不朽的名字。他的诗篇为千千万万喜爱诗歌的人所传诵。

读完诗人留下的 1570 余首诗，会沉醉在他优美的诗情中。他是个多么善于歌唱的诗人啊，正如他同时代的伟大诗人杜甫所形容："敏捷诗千首""斗酒诗百篇"。然而，是谁在捉弄天才呢？像这样一个富有才华的诗人，又生长在号称"太平盛世"的盛唐时代，却不免于潦倒、漂泊一生，遭贬谪，坐刑狱，险受死刑，终于寂寂无闻地死在异乡。

爱流浪是他的个性吗？醇酒、美人是他的追求吗？他何以写起"游仙诗"？……诗人无比的才华受到千秋万代的赞赏，然而有谁能了解诗人生前寂寞困苦的生活呢？

（二）李白生活的时代

李白生于唐武后长安元年，死于代宗宝应元年（701～762 年）。这 62 年间，唐朝社会从战乱到和平、又从和平到战乱。直到唐玄宗李隆基，才出现了短暂的太平——"开元盛世"。然而玄宗晚年"深居燕适，沉蛊衽席"（《新唐书·李林甫传》），"玉树春归日，金宫乐事多"（李白《宫中行乐词》）；把大权托给专事逢迎的政客李林甫等人 19 年，后来又宠爱杨贵妃。于是，有裙带关联者皆腾达显贵，"姐妹兄弟皆列土，河东三镇节度使"，国家军权悉旁落，如李白诗中所歌："日惨惨兮云冥冥，猩猩啼烟兮鬼啸雨。……权归臣兮鼠变虎。"（《远别离》）

君昏于上，权臣蔽于下，小人得意"鼠变虎"了，宦官亦操纵大权，如高力士充任右监门后将军，杨思勖做辅国大将军，"宦官黄衣以上三千员，衣朱紫千余人，其称旨者辄拜三品将军……甲舍名园，上腴之田，为中人所名者半京几矣"（《新唐书·列传·卷一百三十二》)。李白在《古风》中曾这样描写：

> 大车扬飞尘，亭午暗阡陌。中贵多黄金，连云开甲宅。路逢斗鸡者，冠盖何辉赫。鼻息干虹霓，行人皆怵惕。世无洗耳翁，谁知尧与跖。

腐败的统治终于招致变乱与衰亡。天宝十四年（755 年），安禄山诡言奉密诏讨杨国忠，反自范阳，拥兵 15 万占夺洛阳、长安，自称"大燕皇帝"。玄宗带了杨贵妃和国舅们攀上"难于上青天的蜀道"，到四川逃难；途次马嵬坡，"六军不发"，不得不把贵妃、杨国忠杀了。太子李亨即位于灵武，号肃宗。郭子仪借了回纥之兵，戡平了"内乱"。但不久，史思明之乱又起，唐室江山已摇摇欲坠。这是李白所处的时代。60 年的风霜，给诗人太多的感触。

（三）李白的生平际遇

关于李白的身世，古籍中有不同的记载：李阳冰的《草堂集序》说他是陇西成纪人；魏颢《李翰林集序》说他是蜀人；刘昫《旧唐书·文苑列传》说他是山东人。李白在《上安州裴长史书》中则称："白本家金陵。"从这些材料分析，我们大致可以肯定李白的本籍是金陵，先世望族住过陇西成纪，儿时的居所是四川彰明县清莲乡。25 岁以前，李白一直蛰居在川北，之后流落在金陵、扬州、安陆、太原、山东、会稽、长安、洛阳、汴州（今开封）、齐州、幽州（今北京）、庐山、彭泽、洞庭、三峡、当涂等地，到处为家。他的足迹遍布黄河流域、大江南北，差不多走遍了全中国。

李白大约是出身于豪富之家，少时很聪明，《旧唐书》说他"少有逸才，飘然有超世之心"。他自称"五岁诵六甲，十岁观百家""十五观奇书，作赋凌相如"。15 岁之后，还兼好剑术。26 岁，离开四川，"仗剑去国，辞亲远游"，前往襄汉（今湖北省境），南泛洞庭，东游金陵。后来，在湖北安陆跟已故相国许国师的孙女成亲，在这儿度过了约 10 年时光。这时，李白已是才名横溢的诗人了。他怀着相当强烈的政治抱负，写了《上韩荆州书》《上安州李长史书》《上安州裴长史书》，渴望这些达官显贵能为他引荐，使其"脱颖而出"，将才能"委身国土"。可是，他的希望并没有实现，只好叹息自己"误学书剑，薄游人间……有才无命，甘于后时"（《暮春江夏送张祖监丞之东都序》）。35 岁那年，李白到北方漫游，在山西太原无意中救了后来封王的郭子仪。在 41 岁时，又到齐鲁任城（今山东济宁县）住下，常与孔巢父、韩准、裴政、张叔明、陶沔等在徂徕山上酣饮酬唱，号为"竹溪六逸"。他在这里度过了 6 年时光。

天宝元年（公元 742 年），李白南游会稽（今浙江绍兴），与道士吴筠同居剡中（今浙江嵊州）。时筠以召赴阙，荐白于朝，玄宗三次下诏征白为翰林学士。李白便有了一段"承恩初入银台门，著书独在金銮殿"（《赠从弟南平太守之遥》）的生活。但好景不长，他的政治生活只是昙花一现。他原来是抱着"寰区大定，海县清一"的志愿来京师的，可是却被人当成清客。这种生活，是跟他的理想相违背的。同时，由于他恃才傲物、狂放不羁、"眼高四海空无人"，要"力士脱靴，贵妃捧砚""戏万乘如僚友"，很快就得罪了权贵而受到了打击，无法在京师待下去了。官场生活的梦醒来时，他就上疏请求皇帝赐他"还山"！

"中年谒汉王，不惬还归家。"（《寄王屋山人孟大融诗》）他满怀抱负，从南方来到了西京，如今却怀着惆怅的心情，一事无成地离开了长安。此后10年，他"万里无主人，一身独为客"（《淮南卧病书怀》），遨游四方。就在天宝三年初夏，他与同时代的伟大诗人杜甫在洛阳相遇。杜甫写他们的友谊道："余亦东蒙客，怜君如弟兄。醉眠秋共被，携手日同行。……不愿论簪笏，悠悠沧海情。"（《与李十二白同寻范十隐居》）他们一同畅游梁宋等地。第二年秋天，他们又在兖州重晤。后来，李白去江东漫游，杜甫西归，他们再没有见面。

当节度使安禄山叛乱、唐玄宗奔蜀的时候，李白在江西庐山屏风叠避乱，却被江陵府都督兼四道节度使永王璘（唐玄宗第十六子）辟为府僚。李白怀着"过江誓秋水，志在清中原"（《南奔书怀》）的宏愿，希望能在平定安禄山叛乱中出一分力量，却不幸而成为统治阶级内部矛盾的牺牲品。永王璘不久即为肃宗李亨所派遣的河南招讨判官李铣军所败，李白也被牵累入狱。肃宗原欲处其死刑，汾阳王郭子仪愿以官爵赎罪，李白得免死刑，判流夜郎（今贵州桐梓境）。于是，鬓发苍苍的58岁的老诗人李白，又走上了流徙的长途。当他到了巫山时，却因册立太子改元被赦了。

"昔放三湘去，今还万死余。"（《赠史郎中》）这以后，老诗人李白又在金陵和宣城一带流浪，最后从宣城投奔他在当涂的从叔李阳冰处。就在肃宗宝应元年十一月，他以疾卒于当涂，享年62岁，"葬采石之龙山，后改葬青山"（《一统志》）。

这是诗人李白一生际遇的梗概。"文章憎命达，魑魅喜人过。"在黑暗的社会里，一代天才就这样地被碾碎了！白居易在《李白墓》一诗中写得好："采石江边李白坟，绕田无限草连云。可怜荒垄穷泉骨，曾有惊天动地文。但是诗人多薄命，就中沦落不过君。"

（四）李白的思想及其对大自然景色的描写

悲来不吟还不笑，天下无人知我心。（《悲歌行》）
徘徊六合无相知，飘若浮云且西去。（《赠裴十四》）

天才诗人李白，他的思想与性格是复杂而矛盾的。他既怀有"欻起匡社稷""欲济苍生"的抱负，有美好的理想，又是个"莫使金樽空对月"的、带有颓废色彩的诗人；他那么激赏宝剑、侠客与英雄，但又沉醉在醇酒、风月与美人中；他既爱世间，又要逃避现实、求仙访道、隐遁山林；他既豪放达观，又显得悲观消沉。

然而，李白的这种思想与性格，也不是无从理解的。他的急公好义、大无畏等"侠士"性格，是少年时就养成的。他少年时崇尚任侠行为，结交的尽是任侠之徒。他写道：

自幼好任侠，有四方之志，年十五而修剑术，二十而怀纵横之策，欲遍干诸侯。仗剑去国，辞亲远游，虽身长不满七尺，而心雄万夫。所至尚意气，重然诺，轻财好施，常为人急而不敢自为。尝游扬州时，不逾一年，散金三十余万，落魄公

子悉皆济之。(《与韩荆州书》)

少年学剑术，凌轹白猿公。珠袍曳锦带，匕首插吴鸿。由来万夫勇，挟此生雄风。托交从剧孟，买醉入新丰。笑尽一杯酒，杀人都市中。(《结客少年场行》)

其次，李白深受老庄和魏晋文人思想的影响。我们知道，魏晋南北朝政局纷乱。晋代外戚、宦官更迭用事，整个社会动荡不安，一般士大夫文人无意政治，在一定程度上否定了"学而优则仕"的儒家思想，清谈玄学之风日盛，老庄思想找到了丰沃的园地。他们把人生看作无常，把天地看作"万物逆旅"，认为人生一世，应尽情享乐、纵酒放歌，认为"忠不足以安君，适足以危身；义不足以利物，适足以害生"。这个思潮，到了隋唐时代仍然有影响。在李白的友辈中不少人都不同程度受这一思潮的熏染。杜甫的《饮中八仙歌》中所歌颂的，都是那么放纵不羁爱自由的人。

李白也是受到魏晋思潮影响的。他年轻时就熟读老庄著作，把老子当作自己的祖先，道："仲尼欲浮海，吾祖之流沙。"(《古风》其二十九) 同时，他也倾慕魏晋时代的文人如庾信、鲍照。他的初期作品 (如《大鹏赋》) 和后期作品中所表现的轻视尧舜、嘲笑鲁儒、抛弃礼法、蔑视庸俗，都充分说明他受到老庄和魏晋玄学思想的深远影响。这是诗人思想中的一支伏流。

再次，李白还受到道教很深的影响。我们知道唐代又是道教盛行的时代。道教创自张道陵、张角，完成于魏伯阳、葛洪、寇谦之。它接受了古代的阴阳五行之说，同时为了取重于士大夫，再附会黄老的虚无和"修真养性"之说而成。晋代葛洪的《抱朴子》宣称神仙必有，服药、修"房中术"可成仙。李唐与老子同姓。唐高宗李治亲谒老子庙，尊老子为"太上玄元皇帝"，并命王公以下皆习《道德经》，免道士赋役，道士得以位列诸侯。唐玄宗李隆基亲为《道德经》注疏，并在南京诸州设立玄元庙及崇玄馆，尊玄元为大圣祖，尊庄子、列子等为真人。玄宗的妹子玉真公主亦为女道士。在李白的朋友中，如东严子、持盈法师、司马承祯、吴筠、元丹丘等都是当时朝野知名的道士。李白曾学道于白眉空，受符箓于高天师。他的作品中有"炼魄栖云崿，霓裳何飘摇"(《赠嵩山焦炼师》)、"遥见仙人彩云里，手把芙蓉朝玉京"(《庐山谣寄庐侍御》)，可见他相当向往炼丹与神仙的生活。这些事实说明，道教思想也是李白思想中的一支伏流。

复次，李白也受到佛教思想的影响。我们知道，佛教自西汉末东汉初传入中国，唐代也是佛教极其发达的时代。魏晋以后，连年战乱，贵族们的高度寄生生活，人民大众的苦痛，都使得佛教广泛流传；至隋唐盛极一时，高僧辈出，移译经籍不可胜数。特别是玄奘游历西域17年回国后，所译佛教经典不下1330余卷。玄宗时又有高僧金刚志等来华，佛教成为盛唐时期重要的社会思潮。李白中年时，常与僧人往还。我们从他的《赠僧朝美》《赠僧行融》《崇明寺佛顶尊胜陀罗尼幢颂》《金银泥画净土变相赞》《地藏菩萨赞》及《化城寺大钟铭》《舍利佛》等诗中可以看出，他对佛教教义了解很深。在佛教看来，一个人若排除"我"与"我见"，无名利、爵位之欲，始能达到"大解脱"，也就是"涅槃"的境界。李白诗中有"宴坐寂不动，大千入毫发"(《夜怀》)、

"茫茫大梦中，惟我独先觉"（《谈玄》），说明他沾上了佛教的虚无思想。所以，我以为佛教思想也是李白思想中的一支伏流。

诗人李白是时代之子。任侠、老庄、魏晋玄学、道教和佛教思想，在他身上得到了不同程度的反映。它们错综复杂、具体而微地影响了他的思想性格与生活，使他时而积极，时而消极。但大体说来，在仕宦长安以前，他比较热衷功名，有很大的政治抱负，迫切希望能为君王赏识，建功立业，澄清天下。可是，他那倔强、孤傲、任性、热爱自由、不受拘束、放纵无忌的名士气派和处世态度，是和当时的官场极不相容的，所以在京师的三年生活中，他遭受打击是很必然的。诗人深深地感慨：

> 楚国青蝇何太多，连城白璧遭谗毁。荆山长号泣血人，忠臣死为刖足鬼。
> （《鞠歌行》）
> 寒驴得志鸣春风，折杨黄华合流俗。（《答王十二寒夜独酌有怀》）

"松柏虽苦寒，羞逐桃李春。"（《颍阳别元丹邱之淮阳》）他的雄心壮志被黑暗现实击碎了。他要洁身自好，就不能不摆脱官场。诗人沉痛地歌道："焉能与群鸡，刺蹙争一餐。"（《古风》其四十）这以后，魏晋文人式的放歌纵酒的生活、道佛的虚无思想，逐渐代替了原来的"慷慨激昂"。

我国封建时代的士大夫文人，当彷徨困楚而百无聊赖的时候，往往要求官能上的刺激，去抚慰自己蒙受重创的心灵。李白何以歌着醇酒美人，也可以从这里得到解释。且看他的自白：

> 人心若波澜，世路有屈曲。三万六千日，夜夜当秉烛。（《古风》其二十三）
> 常时饮酒逐风景，壮心遂与功名疏。（《赠卢司户从南平太守之遥》）
> 穷愁多万端，美酒三百杯。愁多酒虽少，酒倾愁不来。（《月下独酌》）

诗人的一生历尽世态炎凉。他过过"龙驹雕镫白玉鞍，象床绮席黄金盘"的生活，曾与"五侯七贵同杯酒"，还曾被系刑狱"我愁远谪夜郎去"。对于人生，对于世情，他有着太多的感触！他乃狂歌代哭，"高歌取醉欲自慰""但愿长醉不愿醒"。他的狂歌豪饮与其说是达观享乐，不如说是一种愤世嫉俗、借酒消愁吧！诗人带着这么沉痛悲酸的情调，在狂饮之余唱道："抽刀断水水更流，举杯消愁愁更愁。人生在世不称意，明朝散发弄扁舟。"

李白对当时"曲如钩，封公侯；直如弦，死道边"的黑暗社会非常之不满意。他对于世变沧桑，有着这样的看法：

> 笑矣乎，笑矣乎！君不见曲如钩，古人知尔封公侯。公不见直如弦，古人知尔
> 死道边。（《笑歌行》）
> 悲来乎，悲来乎！天虽长，地虽大，金玉满堂应不守，富贵百年能几何。死生
> 一度人皆有，独猿坐啼坟上月，且须一尽杯中酒。（《悲来吟》）

这是一代天才诗人李白在苦难时代、在阴暗的国度中的"悲剧"。他想以所学"济天下苍生"，却"南徙莫从，北游失路"；他想入世，又不愿随俗浮沉、同流合污；他想超脱，又不能超脱；他想做一个慷慨悲歌的壮士，又不能真正成为壮士；他想做一个

遁入山林的隐士，又不能安下心来成为隐士；他既不能像屈原、杜甫那样，沉浸在苦难的现实里，为人民歌唱，又不能像陶渊明那样赋"归去来兮"潇洒隐逸；他既不像壮士，又不像隐士，更非神仙。贯穿在他的作品中的思想观点、道德标准、生活趣味都说明，他是一个带有深刻的时代和阶级特点的、思想充满矛盾的诗人啊！

（五）李白诗歌的成就

> 兴酣落笔摇五岳，诗成啸傲凌沧洲。（《江上吟》）
> 落笔生绮绣，操刀振风雷。（《赠从孙义兴宰铭》）

看！诗人李白是以多么浩大的神情在歌唱，多么自负地驰骋在诗歌的天地中啊！1200 多年来，李白在中国的诗坛上赢得了"诗仙"的雅号。所谓"诗仙"，日本文学史家儿岛献吉郎说得好："不是他底诗发表神仙思想的多，乃是说他的笔致飘逸，无一篇不出人之意表，而有一种清新轻妙、羽化登仙之处。"（《中国文学通论》）

李白不是咬文嚼字的"艺术至上"主义者。他认为文章的作用是"变风俗"，他反对六朝以来专门注意形式、专事雕琢文句的绮丽文字。他用诗歌批评当时的诗歌创作道：

> 大雅久不作，吾衰竟谁陈？王风委蔓草，战国多荆榛。龙虎相啖食，兵戈逮狂秦。正声何微茫，哀怨起骚人。扬马激颓波，开流荡无垠。废兴虽万变，宪章亦已沦。自从建安来，绮丽不足珍。圣代复元古，垂衣贵清真！（《古风》其一）

李白认为"诗贵清真"，反对摘章绣句，"绮靡淫艳"。他的诗，纯朴自然，正像他放浪不羁的性情一样，声韵和格调不能限制和束缚它们。他那"渴骥涌奔泉"似的开阔思想，创造出了丰富多彩的诗歌形式和格调。在他的诗篇中，有的像激流似的奔放，如《将进酒》；有的热情横溢，如《天马歌》《望庐山瀑布》；有的天然去雕饰，无限清新，如《早发白帝城》；有的撷取民歌的手法，写得通俗易懂，别有风味，如《夜思》《山中答客问》；有的意境甚深，耐人寻味，如《古风》；有的委婉动人，如《怨情》。他的 140 多首乐府诗，不蹈袭前人；他的《古风五十九首》，颇像《古诗十九首》；他的五言诗，颇受前代诗人鲍照、谢朓、阮籍、左思、陶渊明等的影响。但这些诗决不是简单的模仿，而是别出心裁。李白用超凡的神力抒写一切，创造出了新的形式与风格。他把古乐府灵活地应用在诗创作中：

> 噫吁嚱，危乎高哉！蜀道之难，难于上青天！……尔来四万八千岁，不与秦塞通人烟。（《蜀道难》）
> 拂彼白石，弹吾素琴。幽涧愀兮流泉深，善手明徽高张清。（《幽涧泉》）

李白的诗歌在艺术风格和表现方法上富有浪漫主义色彩。他的诗句中燃烧着感情的火焰，带着一股悲壮的情绪，表现出一种雄壮的美。他善于运用夸张和象征的手法，通过丰富的艺术想象力，以鲜明生动的语言来刻画事物，有一种磅礴、雄伟的艺术力量，感染着人。不论是什么题材和主题，到他手里都写得虎虎有生气，笔致飘逸，出人之意表。

李白善于以自己的遭遇、欢乐和悲哀，写出倾注着时代思想和感情的诗篇。陶渊明以自己为"模特儿"，塑造了封建时代"贫士"的典型形象；李白也以自己为"模特儿"，塑造了一个"名士派"士大夫文人的典型形象。"日试万言，倚马可待"（《与韩荆州书》）、"兴酣落笔摇五岳，诗成啸傲凌沧洲"，这是"名士"的一面；轻生死、重然诺，不拘小节、狂放不羁，这是"名士"的又一面。

李白的诗篇，是"安史之乱"前后唐代社会的生动图画，为诗坛贡献出富有鲜明倾向性的艺术作品，对"盛唐"社会的黑暗进行了无情的揭露，对当时宫廷权贵进行了猛烈的抨击，在一定程度上反映了人民崇高优美的心灵和对于光明、自由、幸福生活的向往，表达了当时人民的思想和愿望。正是由于生动地表现了这个时代杰出人物的生活和思想，所以他的作品不但有很高的社会价值，也有很高的艺术价值。

有人认为李白只不过是个"宫廷诗人"，说他"不过是宫廷诗人中比较狂放的人物，他的诗言多而意少，有时则装腔作势，而里面没有什么东西"。这种看法不对！我们知道，所谓"宫廷诗人"，只是随帝王权贵车马之后，赋诗纪盛、粉饰太平的角色。这种宫廷弄臣、府邸清客，为李白所不齿。李白认为，像司马相如那班人在宫廷里"竞夸辞赋……当时以为穷极壮丽，迄今观之，何龌龊之甚也"（《大猎赋序》）。不错，李白曾以翰林学士身份在宫廷陪侍唐玄宗游宴，甚至也曾奉诏写过《宫中行乐词》《清平调》等诗词，但不能因此就认为他是"宫廷诗人"。李白即使在宫廷里十分受"恩宠"的时候，跟那些奉诏应制的"宫廷文人"还是有本质上的不同的。李白虽然写过一些宫词，但他的代表作品，不是宫词。他的作品充分地反映了对当时宫廷权贵的蔑视。他所写的古诗、乐府诗、古近体诗中，有不少是大胆地、无情地揭露了贵戚杨国忠和阉官高力士那帮人"连云开甲宅""鼻息干虹霓"（《古风》其二十四）的荒淫奢侈，并对那些"树党自相群"的口蜜腹剑的官僚李林甫之流进行了猛烈的抨击！他把这帮人比作"群沙""众草""群鸡"和迎风的桃李。他对杨贵妃也不很尊敬，说她"猖狂""淫昏"；甚至把唐玄宗看作是"徒希客星隐，弱植不足援"的昏君，把他的穷兵黩武比作秦始皇，把他的沉溺酒色比作楚怀王和吴王夫差。

李白大胆地揭露了宫廷权贵的糜烂生活，表达了对这些危害国家的蟊贼的无比憎恶。同时，他以满腔的热情表达了对历史上那些代表光明和正义的优秀人物的热爱，如"直度易水，远仇始皇"的荆轲，为民除害、见义勇为的朱亥、侯嬴、郦食其，为人排患释难的鲁仲连，"散发棹扁舟"的范蠡和"椎秦博浪沙"的张子房，为国家建立奇勋的诸葛武侯，等等。

有人认为李白的诗"从未想到社会和人民""完全不了解人间世的痛苦"。这也是不符合事实的。在李白的诗中，不乏游侠、渔人、拖船户、铜匠、卖酒叟以及歌妓、弃妇、商人妇、宫女、戍妇等的形象，如"炉火照天地，红星乱紫烟"（铜匠）、"采鱼水中宿"（渔翁）、"吴牛喘月时，捉船一何苦"（拖船户）。

李白还以唐代各阶层妇女为题材，写了80余首诗歌。有人说"李白对于女性的诗，纯粹是以肉感为主""李白所崇拜的女人，大概都是下流女子"。我以为，这也是对李白诗歌的歪曲。李白诗歌中所创造的妇女形象是相当动人的。他的作品在一定程度上反映了封建社会妇女内心的悲哀和欢乐。他的《寄远十二首》是很优美的情诗；《久别离》里的"待来竟不来，落花寂寂萎青苔"，反映出恋人的离愁；《闺情》里的"织锦心草草，挑灯泪斑斑"，委婉、细腻地表现出相思相恋之情。李白很同情被幽禁在后宫里的妇女。在《长信宫》等名作中，他写出了"月照昭阳殿，霜清长信宫"里"独坐怨秋雨"的宫廷妇女的悲惨生涯。在《子夜吴歌》《思边》《紫骝马》《捣衣篇》等诗中，他为那些男人戍边的戍妇倾吐了怨愤的情绪："玉关此去三千里，欲寄音书那可闻！""何日平胡虏，良人罢远征！"在《江夏行》等诗中，诗人还以非常沉痛的笔触深刻地表现出商人妇的哀怨情绪："为言嫁夫婿，得免长相思"，可是"去年下扬州，相送黄鹤楼。眼看帆去远，心逐江水流。只言期一载，谁谓历三秋。使妾肠欲断，恨君情悠悠。"在《长干行》中所表现的商人妇精神上的痛苦，也是相当深刻的。较之白居易的《琵琶行》思想感情的深度并不逊色。此外，他的名作《去妇词》《妾薄命》等，还替当时被遗弃的妇女提出了控诉："不叹君弃妾，自叹妾缘业。忆昔初嫁君，小姑才倚床。今日妾辞君，小姑如妾长。回头语小姑，莫嫁如兄夫。"诗人以多么有力的诗句，为生活在当时社会广大妇女的不幸遭遇提出抗议啊！我们能说李白所写的这些有关妇女生活的诗，都是什么"肉感"和"下流"的吗？请谴责诗人写"妇人"的批评家认真研究李白的这些诗篇再发议论吧！我以为，这些诗篇在李白的作品中是很有现实意义的呢！

有人认为"李白是一个对战事不闻不问的人"，还有人把李白看作是盲目反对一切战争的人。这也是不合实际的。且不说李白写过《侠客行》《结袜子》《少年行》这样歌颂游侠的诗篇，事实上，李白对于自己生活的时代历次发生的战争都是"闻"而且"问"的。这些战争，几乎在他的诗歌中都有所反映。李白激烈地反对的是劳师远征的开边战争，热烈地歌颂的是抵御外侮、保卫国家的战争。如所周知，唐朝曾多次发动对吐蕃、契丹、突厥的征伐。李白在《古风》其三十四、《乌夜啼》《战城南》等诗中，猛烈抨击了这些穷兵黩武的战争："长号别严亲，日月惨光晶。泣尽继以血，心摧两无声。"诗人还生动地反映了天宝十年玄宗发兵南诏（云南大理一带）强迫征调中，人们被逼得妻离子散的惨状："千去不一回，投躯岂全生"？！诗人为这些"征戍儿"喊出了不平的心声，表现了他们强烈的厌战情绪。诗人还通过"横行青海夜带刀，西屠石堡取紫袍"这样带刺的诗句，有力地抨击了唐朝的将领牺牲数万人生命给自己换来荣誉的血腥事实！诗人以激愤的诗篇沉痛地写道，由于连年不断的开边战争，把国家弄得"咸阳天下枢，累岁人不足。"（《书怀赠南陵常赞府》）他还以"野战格斗死，败马号鸣向天悲""乌鸢啄人肠，衔飞上挂枯树枝"等令人触目惊心的景象，刻画出了战争的残酷。"乃知兵者是凶器，圣人不得已而用之。"（《战城南》）他多么渴望让人们过上安居乐业的生活啊！

可是李白并不盲目反对一切战争。他以雄健的诗句，赞美了民族自卫战争。他的战歌，如《胡无人》《塞下曲》《从军行》等，都是写得很出色的。"鼓声鸣海上，兵气拥云间。愿斩单于首，长驱静铁关"，何等雄壮有力！"骏马似风飙，鸣鞭出渭桥"，让人看到雄赳赳、气昂昂的出师情景。特别是天宝初年节度使安禄山侵占北方，人民遭受离乱之苦，国家处于危难的时候，他多么渴望官军能起来抗敌御侮啊！诗人以《经乱离后天恩流夜郎》等诗篇，对安禄山的兵临城下、哥舒翰等将领不战而降的局面，表示了沉痛的抗议。因此，当永王璘以抗敌为号召时，他满腔热情地歌着："南风一扫胡尘静，西入长安到日边！"（《永王东巡歌》其十一）可见，李白并不是对战争"不闻不问"，而是观点鲜明地反映了当时的战争。

李白还以生花的妙笔，描写了祖国的锦绣山河。他"一生好入名山游"，足迹遍及名山大川。诗人生动地刻画出了故乡四川的许多胜境，如"飞泉挂碧峰"的戴天山、"飞湍走壑"的剑阁、"绝怪"的峨眉山、"猿声梦里长"的巫山、"峨眉山月半轮秋"的平羌江。同时，他也以美丽的诗句歌唱了祖国的许多地方，如"（小儿）拦街争唱白铜鞮"的襄阳、"烈火张天照云海"的赤壁、"水引寒烟没江树"的汉阳、"楼观岳阳尽"的岳阳楼、"婵娟罗浮月"的罗浮山、"摇艳桂云"的广西、"白阳秋月苦"的豫章、"白浪高于瓦宫阁"的和州、"青天无片云"的牛渚、"旧苑荒台杨柳新"的姑苏台、"石头巉崖如虎踞"的金陵、"越水绕碧山"的越中、"华顶高百越"的天台山、"看花东陌上"的洛阳、"十载客梁园"的梁园、"暮宿龙门中"的龙门、"霜威出塞远，云色渡江秋"的太原、"三见秦草绿"的咸阳、"雪花大如席"的燕山、"明月出天山，苍茫云海间"的玉门关，等等。

李白以清新佳丽的诗句，描写了祖国大地变幻多姿的景色。诗人的艺术彩笔，刻画景物不但传真，而且传神。他的"故人西辞黄鹤楼，烟花三月下扬州。孤帆远影碧空尽，唯见长江天际流"（《黄鹤楼送孟浩然之广陵》），被陆放翁赞为佳作。他的"海风吹不断，江月照远空"（《望庐山瀑布》）、"飞流直下三千尺，疑是银河落九天"（《望庐山瀑布》其二）、"两岸青山相对出，孤帆一片日边来"（《望天门山》）、"相看两不厌，只有敬亭山"（《独坐敬亭山》）等名句，都是把自然理性化了。这些景色，比现实中的更美妙动人。此外，他的游仙诗，如《游泰山》《梦游天姥吟留别》《飞龙引》等所描写的瀛洲、紫泥海，都是以现实的景色为背景，通过非凡的想象力，虚构出若干幻想境界。例如：

> 四月上泰山，石平御道开。……天门一长啸，万里清风来。玉女四五人，飘摇下九垓。含笑引素手，遗我流霞杯。稽首再拜之，自愧非仙才。旷然小宇宙，弃世何悠哉。（《游泰山》）

李白不但描写了怒吼的黄河、连绵不尽的长江和田园、边塞，还描写了芬芳的兰草、孤直的松柏、出水的芙蓉、迎风的柳絮、扑天的大鹏以及黄鹂、杜鹃、白鹭鸶、燕子、苍鹰等充满生命力的飞鸟；所有这些都充满了生气，充满了一种对自由生活的渴望和激情。

朴素与自然，是他诗歌的另一个特点。读"朝辞白帝彩云间，千里江陵一日还。两岸猿声啼不住，轻舟已过万重山"（《早发白帝城》），我们似乎也坐轻舟过三峡，看到了急涌的峡流。诚如诗人诗中所谓"清水出芙蓉，天然去雕饰"。

李白的诗歌富有民间文学的特色。他善于运用通俗而又凝练的字句，出口成诗地歌颂祖国的山河。例如：

> 问余何意栖碧山，笑而不答心自闲。桃花流水杳然去，别有天地非人间。
> （《山中问答》）

很平凡的自然景物，在他的笔下都被写得兴味盎然。这也显出了李白的惊人的艺术技巧。例如：

> 花间一壶酒，独酌无相亲。举杯邀明月，对影成三人。月既不解饮，影徒随我身。暂伴月将影，行乐须及春。我歌月徘徊，我舞影零乱。醒时同交欢，醉后各分散。永结无情游，相期邈云汉。（《月下独酌》）

这儿歌唱的，不过是一个人的月下独酌，然而诗人却写得有声有色，酒、月亮和影子都有了活跃的生命。

李白又是那么善于以自然景物为背景来抒发自己的思想感情。像"狂风吹我心，西挂咸阳树""思君若汶水，浩荡寄南征"，都是动人心弦的绝唱！他的《赠汪伦》《南流夜郎寄内》等诗，就是在动人景色的描写里衬托出像音乐旋律似的思想感情。他描写景物的诗篇往往渗透着对当时黑暗现实的不满，表达了自己对光明的追求。如在《江上秋怀》里，他发出了"长叹令人愁"的感喟；在《江南春怀》里，他感触的是"天涯失乡路"；在《襄阳歌》《梁园吟》里，他借凭吊古人抒发了对现实的强烈不满和反抗；在《江夏赠韦南陵冰》里，他甚至要"捶碎黄鹤楼""倒却鹦鹉洲"以发泄内心的不平；在《梦游天姥吟留别》等诗里，他发出了"安能摧眉折腰事权贵，使我不得开心颜"的强烈抗议，勾画出跟当时丑恶的社会构成鲜明对比的"非人间"乐园。在这些作品里，山水的形象和诗人的感情是融合在一起的。

（六）余 论

李阳冰在《草堂集序》中写道："自中原有事，公避地八年。当时著述，十丧其九，今所存者，皆得他人焉。"李白诗文"十丧其九"，这是文坛的一大损失。但我们凭留下的这些诗章，也足以为诗人的千古天才而浩叹了！

李白清新俊逸的歌唱、险怪奇绝的构思、精圆的造语、独特的艺术风格、自然流畅的文笔、富有创造性的精神，作为我国古典浪漫主义歌者所遗留下来的丰富遗产，有许多是值得我们去批判地学习的。"冠盖满京华，斯人独憔悴！"（杜甫《梦李白》）像古代的许多有正义感的文人一样，诗人李白潦倒一生。我们怎能不为他的一生、他的天才而感慨呢？诗人留下的作品，将永远地流传下去啊！

1946 年中秋节于杭州

五、杜甫研究

李杜文章在，光焰万丈长。
不知群儿愚，那用故谤伤。
蚍蜉撼大树，可笑不自量。

　　　　　　　——韩愈《调张籍》

（一）前　引

　　与李白齐名的杜甫，在我国文学史上同样留下不朽的名字。自唐代以来，杜甫享有很高的盛誉。他为唐诗开拓了新的境界，是我国现实主义诗歌的巨匠。但是关于杜甫的创作及其在历史上的地位，并不是没有争议的。唐元微之十分推崇杜甫，说他"词气豪迈而风调清深，属对律切而脱弃凡近"，可谓"诗人以来，未有如子美者"（《唐故工部员外郎杜君墓系铭并序》）。而历代著名作家如韩愈、白居易、杜牧、欧阳修，王安石、苏轼、黄庭坚、陆游、元好问、方孝孺等也都十分推崇杜甫。但是杨升庵认为，杜甫的诗歌"拘乎对偶……汩于典故；拘则未成之律诗而非绝体，汩则儒生之书袋而乏性情"（《文章辨体》）。杨大年诋毁杜甫为"村夫子"，王慎中、郑继之、郭子章等人都对杜甫及其作品百般挑剔。郭沫若同志的《李白与杜甫》一书也这样那样地责难杜甫，这是令人感到遗憾的。本文试对杜甫及其诗词创作特别是其科学文艺做些粗浅的分析。

（二）杜甫生活的时代

　　杜甫生于唐玄宗先天元年（712 年），死于唐代宗大历五年（770 年）。其间，有唐代的开元盛世（713~741 年），国家出现了比较繁荣的局面。开元十四年，全国人口有4000 多万。"忆昔开元全盛日，小邑犹藏万家室。"杜甫的一生，经历了太平公主谋逆赐死，张孝嵩定西域，吐蕃、突厥求和，李隆基封禅泰山，行开元大衍历，裴耀卿、张九龄为相、罢相，吐蕃陷石堡城，高力士权倾朝野，安禄山、史思明叛乱，李隆基奔蜀，肃宗即位等大事。

　　"安史之乱"的七年，严重地破坏了生产，中央集权制也被破坏，形成了藩镇割据的局面。北方荒芜，统治阶级加强了对江淮一带人民的剥削。同时，由于瘟疫流行，赋税有增无已，绝户者"延及亲邻"。杜甫晚年亲身经历了战乱，是离乱苦难时代的目击者。他对当时的黑暗现实感受非常深刻，对黑暗的社会政治非常不满。他的诗歌反映了那个时代的面貌，所以被誉为"诗史"。

（三）杜甫的生平际遇

杜甫字子美，号少陵，自称"少陵野老"，先世湖北襄阳，生于河南巩县，是西晋名将杜预的后代，初唐诗人杜审言之孙；父亲名闲，做过兖州司马和奉天县令。杜甫少年时代读了不少书，有较高的文化教养。正如他自己所说："往昔十四五，出游翰墨场。斯文崔魏徒，以我似班扬。七龄思即壮，开口咏凤凰。九龄书大字，有作成一囊。"（《壮游》）他少年时代体魄也较为结实，"忆年十五心尚孩，健如黄犊走复来。庭前八月梨枣熟，一日上树能千回"（《百忧集行》）。他20岁时漫游吴越，特别是"东下姑苏台"（《壮游》），使他饱览南朝胜迹，对他的文学修养和诗歌创作产生了很大影响。他35岁时到长安求仕，应试不第，"忤下考功第，独辞京尹堂"（同上）。当时，他父亲在山东任兖州司马，他遂东游齐赵，"东郡趋庭日，南楼纵月初"（《登兖州城楼》），登泰山，"岱宗夫如何？齐鲁青未了"（《望岳》）。约在天宝三年，他在东都洛阳与李白相识，结下了诚挚的友谊。李白比他年长十几岁，他们"醉眠秋共被，携手日同行"（《与李十二同寻范十隐居》）。不久，李白南游江左，杜甫北游历下（济南），"海右此亭古，济南名士多"（《陪李北海宴历下亭》）。开元二十三年，杜甫东游梁、宋、晋、赵之后，"快意八九年，西归到咸阳"（《壮游》），他又回到了长安。天宝六年，皇帝下诏："天下通一艺以上者，皆诣京师。"但是由于丞相李林甫忌才，经过"考试"，无一人及第；他还向皇帝庆贺，胡说什么"野无遗贤"。杜甫因献《三大礼赋》受知于玄宗，也因李林甫的破坏没能被重用。"献纳纡皇眷，中间谒紫辰。……微生沾忌刻，万事益酸辛。"（《奉赠鲜于京兆二十韵》）天宝十三年，他再献《封西岳赋》。唐玄宗很赏识他的才华，但终因李林甫当政，没有得到一官半职，过着"朝扣富儿门，暮随肥马尘。残杯与冷炙，到处潜悲辛"（《奉赠韦左丞丈二十二韵》）的痛苦生活。44岁时，他才当上个右卫率府胄曹参军的小官。在这前后，他写了《兵车行》《丽人行》《秋雨叹》《出塞》《自京赴奉先县咏怀五百字》等现实主义诗篇。

天宝十四年冬，安禄山叛乱。杜甫身陷长安，这使他更接近人民生活。直到至德二年（757年），他才冒险从长安跑了出来，到了当时皇帝的所在地——凤翔。"麻鞋见天子"，唐肃宗封他为左拾遗（管供奉讽谏廷议）。后来，他为被罢相的房琯说话，几乎罹罪，为宰相张镐所救，始免。房琯被贬幽州刺史，杜甫也迁官华州司功。在这前后，他写了《春望》《悲陈陶》《北征》《三吏》《三别》等富有爱国思想和人民性的作品，揭露统治阶级的黑暗与腐败，反映了人民生活的痛苦。约一年后，他弃官前往秦州、成州，由于生计困难，又携眷入蜀。上元元年（760年），在友人的帮助下，他在成都城西浣花溪建起了草堂，住了约两年。当时，他的世交严武任东西川节度使，他们时相过从。严武还朝时，杜甫送他到绵州，曾留居于梓州。杜诗中的《严公仲夏枉驾草堂》《送严公入朝十韵》《送严侍郎至绵州》等，都是当时的作品。后来，严武再镇蜀，杜甫又携眷回草堂。严武推荐他做检校工部员外郎。广德二年（764年）六月，他入严武幕府。永泰元年（765 年）夏，严武卒，杜甫奔东蜀。他在云安住了几个月，大历元年（766 年）春，迁夔州。两年后，他从白帝城乘船出瞿塘峡，至江陵，徙公安，到岳州。第二年，他又去潭州。大历五年，入衡州，依舅父崔伟。同年年末，杜甫卒于湘水中的一条小船里，享年 59 岁。43 年后，由他的孙子归葬于河南偃师首阳山下。

（四）杜甫诗歌的特色

北宋王洙把杜诗编成《杜工部集》，历代注本很多。宋代，有徐居仁的《分门集注杜工部诗》。清代杨伦的《杜诗镜铨》，注文较为简约。清代的仇兆鳌花费 20 多年完成的《杜诗详注》，集康熙以前各种注本之大成，收杜甫各种体裁诗歌 1400 余首。诚如元稹所形容，杜诗"尽得古人之体势，而兼人之所独专"。

杜甫的诗歌在一定程度上反映了他生活时代的真实面目。他的《兵车行》《丽人行》《前出塞》《后出塞》等诗，反映了"安史之乱"前人民生活的痛苦、宫廷权贵的腐朽和危机四伏的社会；他的《月夜》《悲陈陶》《悲青坂》《春望》《哀江头》等诗，反映了他身陷叛军时的见闻；他的《羌村》《北征》《述怀》《彭衙行》等诗，反映了他任左拾遗时的遭际和战乱时的人民生活；他的《洗兵马》《新安吏》《潼关吏》《石壕吏》《新婚别》《垂老别》《无家别》等诗，刻画出当时官吏的专横暴戾和广大人民所受的苦难，反映了他任华州掾时的所闻所见；他的《空囊》《佳人》等诗，反映了他弃官客秦州、同谷时的见闻和思想情绪；他的《江村》《狂夫》《茅屋为秋风所破歌》《百忧集行》《闻官军收河南河北》《征夫》《旅夜书怀》等诗，反映了诗人漂泊西南时的频仍战乱、人民的贫困生活和自己的困难处境。

杜甫十分关怀国事，烦忧的是国事，这是杜诗的一个思想特色。正如毛泽东同志所形容，杜甫的许多诗是政治诗。杜甫一生经历的政治上的大事，都在诗中得到了反映。正因为如此，杜甫及其作品有"诗史"之称。

忧国忧民是杜诗最突出的思想特点。"穷年忧黎元，叹息肠内热。"杜甫是那么热爱人民，关心人民的命运。即使是"幼子饥已卒"，他还是"默思失业徒，因念远戍卒"（《自京赴奉先县咏怀五百字》），甚至是"济时敢爱死，寂寞壮心惊"（《岁暮》）。他沉痛地写道："况闻处处鬻男女，割慈忍爱还租庸。"（《岁晏行》）《围炉诗话》中说杜甫"于黎民，无刻不关其念"，这是很真实的。

杜甫善于以简短的诗句对当时贫富悬殊的生活作极为鲜明的描写："朱门酒肉臭，路有冻死骨。"（《自京赴奉先县咏怀五百字》）"富家厨肉臭，战地骸骨白。"（《驱竖子摘苍耳》）看！这寥寥 20 个字多么深刻地表现了当时的一些人过着花天酒地的生活，另一些则是饥寒交迫，冻死道旁，或者是为统治者卖命成为战地骸骨。这两个对偶句多么简练，又多么形象。

诗人不留情地指出了统治阶级对人民的奴役、压迫。"高马达官厌酒肉，此辈杼轴茅茨空"（《岁晏行》）、"边庭流血成海水，武皇开边意未已"（《兵车行》）。杜甫猛烈地斥责了那些花天酒地、荒淫无耻、"炙手可热势绝伦"（《丽人行》）的皇亲国戚杨氏兄妹；抨击了杨玉环的惑君、豪奢、游乐，揭露了宦官李辅国之流的弄权。在《三吏》《诸将五首》《三绝句》《草堂》等诗中，揭露了将帅的无能、官吏的贪婪、地方官的专横暴厉。"彤庭所分帛，本自寒女出。鞭挞其夫家，聚敛贡城阙"（《自京赴奉先县咏怀五百字》），人民辛苦创造出来的财富都被吸血的统治者剥夺去了！

如果说陶渊明在一系列作品中塑造了一个贫士形象，李白在一系列作品中塑造了一个名士形象，杜甫则通过一系列诗歌塑造了一个忠烈的、忧国忧民之士的形象。他身在江湖，心存魏阙，"老病南征日，君恩北望心"（《南征》），"时危思报主，衰谢不能休"（《江上》），"我多长卿病，日夕思朝廷"（《同元使君春陵行》）。即使垂老之时，仍然系念君国，这是他忧国忧民思想的一个方面。日夕关怀国事，关心政治，对统治阶级恨铁不成钢，为"乾坤满疮痍"忧虑不已，这是忧国忧民思想的又一方面。严以律己，守正不阿，以天下苍生的苦乐为苦乐，敢于替人民说话，同情人民的疾苦，"谁能扣君门，下令减征赋"（《宿花石戍》），"必若救疮痍，先应去蟊贼"（《送韦讽上阆州录事参军》），这是他思想的又一方面。"万国尽征戍，烽火被冈峦"（《垂死别》），"焉得铸甲作农器，一寸荒田牛得耕"（《蚕谷行》），这是忧国忧民之士对战争的看法。"吁嗟乎苍生，稼穑不可救！安得诛云师，畴能补天漏"（《九日寄岑参》），"众寮宜洁白，万役但平均"（《送陵州路使君赴任》），"新松恨不高千尺，恶竹应须斩万竿"（《将赴成都草堂途中有作》），集中地表现了这个忧国忧民忠烈之士的气概。"战血流依旧，军声动至今。"（《风疾舟中伏枕书怀》）杜甫以这首诗结束了诗歌创作生涯，说明他自始至终是忧国忧民的忠烈之士。

正如恩格斯对歌德的评价那样，天才诗人和杜工部员外郎的内心，也时常进行斗争——前者厌恶周围环境的鄙俗气，后者却不得不对这些鄙俗气妥协迁就。杜甫一方面跻身长安，两次献礼赋，求仕宦，另一方面却对统治者强烈不满；一方面抱着"致君尧舜上，再使风俗淳"（《奉赠韦左丞丈二十二韵》）的宏愿，另一方面却自感"无力正乾坤"（《宿江边阁》）；一方面有着"安得广厦千万间，大庇天下寒士俱欢颜"（《茅屋为秋风所破歌》）的幻想，另一方面却安于"自断此生休问天，杜曲幸有桑麻田"（《曲江三章》）的现状；一方面写出《悲陈陶》《哀江头》《春望》《羌村》《北征》《三吏》《三别》等一系列同情人民、具有高度思想性和现实意义的诗篇，另一方面却"一饭未尝忘君"（苏轼语），有忠君思想。他一方面讥讽、揭露、批判皇帝，另一方面却对皇帝、王公贵族抱着幻想，说什么"高帝子孙尽隆准，龙种自与常人殊"（《哀王孙》）；他一方面同情人民疾苦，另一方面却要他们忍受剥削压迫，"劝其死王命，慎莫远奋飞"（《甘林》）；他一方面崇尚儒学，另一方面却声称"儒术于我何有哉，孔丘盗跖俱尘埃"（《醉时歌》），把孔丘同盗跖相提并论。可见，杜甫的思想有矛盾的地方。但他厌恶黑暗和丑恶的现实是矛盾的主要方面。作为中世纪正派的士大夫文人，他不失为一位忧国忧民的忠烈之士。

杜甫一生游历了祖国南北，浏览了锦绣山河，大大开阔了眼界。他青年时代远游吴越，在姑苏探访了吴王阖闾的墓道、虎丘山的剑池，渡钱塘江，临会稽，游天姥山，到过六朝时代繁盛的江宁，参观了顾恺之的临摹壁画。可惜当时他所写的纪游诗十九已散失。他在考场落第后，远游齐赵，"放荡齐赵间，裘马颇清狂"（《壮游》）。他写出了气魄雄伟的东岳泰山："会当凌绝顶，一览众山小"（《望岳》）。后来，他到了长安东南郊，写出了"烟绵碧草萋萋长"的乐游园、"登兹翻百忧"的大雁塔。他登临"诸峰罗立如儿孙"的西岳华山，走过"莽莽万重山，孤城山谷间"的秦州，途经"山谷势多端"的寒硖，到达"石门云雪隘，古镇峰峦集"的龙门和"北对西康州"的"亭亭凤凰台"。他写了"天下壮"的剑门和"曾城填华屋，季冬树木苍"成都府。他在武侯祠前徘徊，"丞相祠堂何处寻，锦官城外柏森森"；逛阆山，"阆州城东灵山白，阆州城北玉台碧"；涉阆水，"巴童荡桨歌侧过，水鸡衔鱼来去飞"；途次白帝城，"城尖径仄旌旆愁，独立缥缈之飞楼"；游览三峡、夔州，"赤甲白盐俱刺天，闾阎缭绕接山巅"，以及湖南岳阳等地，"吴楚东南坼，乾坤日夜浮"。由于频年战乱，他的诗歌使人感到"国破愈觉山河美"，同时，他在自然景物的描写中常常融入独特的社会理解。这也是杜诗的一个特色。

（五）杜甫对李白的正确评价

李白和杜甫是我国诗坛上两颗永远闪耀的明星，他们结下了终生不渝的友谊，这是文学史上的千古佳话。

天宝三年初夏，他们相遇于洛阳。这时，李白44岁，已经在文坛上有了很大声誉，因不肯"摧眉折腰事权贵"而离开了长安；比李白小11岁的杜甫，在诗歌创作方面初露锋芒，也经历了应试不第。他们一见如故，"醉眠秋共被"，视若兄弟，一起畅游了梁宋等地。第二年，他们又在兖州见面。后来，李白到江东，杜甫西归，"生别常恻恻"，从此就没有再见面，真是"昔年因读李白杜甫诗，长恨二人不相从"（韩愈《醉留东野》）。

关于李杜，前人留下不算太少的评论文字，或扬李贬杜，或扬杜贬李，很少对两位诗人做出中肯的、恰如其分的评价。这是由于他们在一定程度上离开李杜的作品和时代，按照个人主观的喜好评论。看看杜甫怎样评价李白，对于我们今天正确评价两人是很有参考价值的。

杜甫诗中涉及李白的，共有15首。其中，《赠李白》《与李十二白同寻范十隐居》《冬日有怀李白》《春日忆李白》《梦李白二首》《天末怀李白》《寄李十二白二十韵》《不见》等，是专门赠李白的；《送孔巢父谢病归游江东兼呈李白》《饮中八仙歌》《苏端复筵简薛华醉歌》《昔游》《遣怀》等诗，是在诗中提及李白的。这些诗歌的写作时间，大致在天宝三年（744年）至大历元年（766年）。它们一方面反映了两人的深厚友谊，一方面也反映了杜甫对李白的评价。

杜甫最早赠李白的诗是七绝《赠李白》：

秋来相顾尚飘蓬，未就丹砂愧葛洪。

痛饮狂歌空度日，飞扬跋扈为谁雄？

在这首诗里，杜甫把李白比作晋代的葛洪。葛洪一生过着很不得意的生活，后来归依了道教。像李白这样富于才学的人，也像葛洪似的，只落得"痛饮狂歌空度日"。杜甫对李白得不到应有的重视表示惋惜。如果说在这里杜甫对李白的"恃才傲物"，特别是"飞扬跋扈为谁雄"，还有些规劝之意，他在《赠李白》和《与李十二白同寻范十隐居》中则认为，像李白这样做过翰林学士的人竟然能够从趋腥逐臭的官场中摆脱出来，是特别值得尊敬的。

"李侯有佳句，往往似阴铿。"（《与李十二白同寻范十隐居》）这是最早出现在杜甫诗歌中的对李白作品的评语，主要是从艺术表现形式如音律、丽辞、炼字等方面将李白的成就跟六朝著名诗人阴铿比照的。天宝五年，杜甫在《春日忆李白》中这样写道："白也诗无敌，飘然思不群。清新庾开府，俊逸鲍参军。"用20个字概括了李白诗歌创作的艺术成就。杜甫以自己最敬慕的诗人阴铿、何逊、庾信、鲍照等来称赞李白诗歌的成就，很明显，这决不是任意吹捧。正如《杜诗镜铨》的编注者杨西河所说，这是对李白"心服"而"形之篇什"的表现，是对李白的尊敬以及深厚感情的流露。

杜甫在长安还写了七言《饮中八仙歌》。这首诗，赞颂了曾在长安同他生活过的贺知章等八位名士派文人，其中有四句写的是李白："李白斗酒诗百篇，长安市上酒家眠。天子呼来不上船，自称臣是酒中仙。""李白斗酒诗百篇"七个字，突出地表现了李白超人的艺术才华；"长安市上酒家眠"这个细节描写，生动地刻画出一代天才的纯朴风采；"天子呼来不上船，自称臣是酒中仙"，生动而又深刻地描绘出李白傲岸不羁的名士派性恪。这28个字，集中地、栩栩如生地概括出长安时期的李白形象。

以上是天宝六年以前杜甫作品中有关李白的描写。此后十几年中，只有《送孔巢父谢病归游江东兼呈李白》中的"南寻禹穴见李白，道甫问讯今何如"和《苏端复筵简薛华醉歌》中的"近来海内为长句，汝与山东李白好"。前两句表达了对李白的怀念，后两句是对李白古风长句的崇高评价。

"安史之乱"起，李白在江西避乱，被李隆基第十六子永王璘邀为僚佐。后来永王兵败，李白也获罪入狱，后远谪夜郎。杜甫在秦州听到这个消息后，怀着沉痛的心情写出了《梦李白二首》《寄李十二白二十韵》《天末怀李白》《不见》等诗篇。这几首诗，思想内容和艺术技巧都取得了非常高的成就。杜甫的可贵之处，就在于敢冒风险，挺身而出，为李白申辩，表示同情。在唐代，凡是被判处流刑的，都受人鄙视。当时有诗道："得罪谁人送，来时不到家。白头无侍子，多病向天涯。"杜甫则在诗歌里以祢衡、马援、苏武、夏黄公来比拟和颂扬李白，甚至把李白比作屈原——"应共冤魂语，投诗赠汨罗"（《天末怀李白》）。

"笔落惊风雨，诗成泣鬼神。"（《寄李十二白二十韵》）这十个字，多么简练、多么形象地概括了李白的诗歌成就！"千秋万岁名，寂寞身后事！"（《梦李白》）杜甫对于李白在文学史上的不朽，是坚信不疑的。

(六) 尾　语

　　杜甫的诗歌在后世产生了重大影响。他同时代的元稹、白居易、杜牧、聂夷中，宋王安石、苏轼、陆游、元好问，明方孝孺、屈大均，清钱牧斋、吴梅村等人，都在不同程度上受他的影响。虽然北宋的杨大年责骂杜甫为"村夫子"，明杨慎、谭元春等攻击杜甫，但是"尔曹身与名俱灭，不废江河万古流"（《戏为六绝句》）。郭沫若同志把李白和杜甫比作我国文学史上的"双子星座"，他们的诗各有各的特色。郭沫若同志还曾把屈原称作"人民诗人"。杜甫是否要加上"人民诗人"的称号，这里暂不做回答。但他的诗歌中无疑有不少为人民歌唱的篇章，我们从中可以看到唐代社会的真面目。

六、白居易研究

童子解吟长恨曲，胡儿能唱琵琶篇。

——唐宣宗

（一）白居易的时代

白居易是中唐的歌手，他把一生的精力贡献给了诗词创作。他的诗充满了生活与感情的交响，是理智与想象的凝结。他是唐代创作最丰富的诗人，留下的诗词达3800余首。

他生长于唐中叶。元和长庆时，虽号称中兴，但是在暴君、宦官、藩镇军阀的压制剥夺下，人民过着惨淡悲苦的日子。均田制瓦解了，人民不得不流为佃客、浮户（没有土地的佃农）。

白居易出身于破落的贵族家庭，是战国名将白起的后代。他的祖父和父亲做过县令，但都两袖清风。他在幼年便饱尝痛苦，少年时代的创作中充满了烦忧："家贫忧后事，日短念前程。"（《自江陵之徐州路上寄兄弟》）"可怜少壮日，适在穷贱时。"（《悲哉行》）在青年时代，他过尽流离生活："东西不暂住，来往若浮云。离乱失故乡，骨肉多散分。江南与江北，各有平生亲。"（《朱陈村》）

他在"历官二十任，食禄四十年"（《醉吟先生墓志铭》）中，走遍黄河两岸、大江南北，住过繁华的京都，谪居过江南，流徙于江州、忠州、杭州、苏州等地，尝尽人世的苦味，目击了专权政治带给人民的灾难和广大人民如何在多灾的境域中挣扎求生。惨痛的现实鞭打着他的心，他选择了伟大诗人杜甫的创作道路，摆脱了玩弄技巧的旧方法，面对现实，用通俗雅丽的诗句书写人间。

（二）白居易的生平际遇

白居易，字乐天，山西太原人，唐代宗大历七年（772年）生于河南新郑，距杜甫死后三年、元稹生前七年，约与韩愈、柳宗元同时。他的祖父白锽以明经及第，著集十卷传世。父亲白季庚，是天宝末年明经出身。兄弟白行简亦精于辞赋，著有《李娃传》《三梦记》等短篇著作。居易生有夙慧，六七个月时便能识字，百试不讹。六七岁时已会作诗，九岁知音律。稍长，励志求学，十六七岁即参加进士考试。

那时的科举制度，更重要的是名公大人的推荐，所以投诗谒见成为常事。相传，当白居易从乡间来到京师，将诗文呈给文坛宿将顾况评阅时，顾氏看一下他的名刺便道："长安米贵，居大不易。"然读其诗至"离离原上草，一岁一枯荣。野火烧不尽，春风吹又生"时，不禁大加赞赏说："有才如此，居亦不难。"顾况到处延誉其才。白居易遂于贞元十四年（798年）一举及第，这时他27岁——"慈恩塔下题名处，十七人中最少年"。

贞元十九年，授秘书郎职，白居易举家迁居长安常乐里。他写那时的生活道："茅屋四五间，一马二仆夫。俸钱万六千，月给亦有余。既无衣食牵，亦少人事拘。"（《常乐里闲居偶题十六韵》）这是他官宦生活的开始。

元和元年（806年），授陕西周至县尉。他远道奔波，生活多不称意，常与好友陈鸿、王质夫等同游名山胜境。《长恨歌》即作于此时。翌年，召为集贤院校理，旋授翰林学士。

元和三年，拜左拾遗，遂平生志。他的许多带有现实锋芒的诗和50余首《新乐府》均写于此时。为了"上不忍负恩，下不忍负心"，他认真地负起谏官的责任，"有阙必规，有违必谏；朝廷得失无不察，天下利病无不言"（《初授拾遗献书》）。他这时的诗，多是为了矫正时弊。但他也由于耿直招了不少怨怒。

他结婚晚，40岁才生女，然而仅三年女儿就夭折了。时适以丁母丧，乃得假三年。诗人写道："一朝归渭上，泛如不系舟。置心世事外，无喜亦无忧。终日一蔬食，终年一布裘。寒来弥懒放，数日一梳头。朝睡足始起，夜酌醉即休。人心不过适，适外复何求？"（《适意》）过了三年的隐士生活，他再出山，拜太子左赞善大夫。他本还想做一番事业，但不满他耿直的政敌们已环伺四周了。

元和十年七月，宰相武元衡为盗所杀，白氏上书请为申冤。这给了新任宰相打击他的借口，说他的母亲因赏花坠井而死，他却写《赏花诗》《新井诗》，有失孝道，有伤名教。就这样，他被流徙到江州。四年的流徙生活，磨去了他的雄心壮志。在庐山下，在九江边，虽然他还处之泰然，但是心中已不无"今年欢笑复明年，秋月春风等闲度"（《琵琶行》）之感了。《琵琶行》《庐山草堂记》以及许多纪游诗即作于此期。"远谪四年徒已矣，晚生三女拟如何。"（《自到浔阳生三女子》）这是他那几年中他最大的收获吧。

元和十四年春，他又奉诏移徙忠州。"不知远郡何时到？犹喜全家此去同。"（《入峡次巴东》）在忠州不及一年，又拜主客司郎中知制诰，返京。

穆宗即位（821年），除中书舍人知制诰。因上书论事，天子不能用，乃求外仕杭州。两年中，为利于灌溉，他发动杭州人民修筑了长堤，即今之白堤。

长庆四年（824年），召任太子左庶子。可是，他已不安于京官的生活了，一年后，他又请任苏州刺史。

文宗太和元年（827年），拜秘书监。继为刑部侍郎、太子宾客。五十八岁时，偶得一子，"岂料鬓成雪，方看掌弄珠"（《阿崔》），这使他喜出望外。

太和五年，拜河南尹，"六十河南尹，前途足可知"（《六十拜河南尹》）。这是他最伤心痛苦的一年，独子崔儿夭亡了，好友元稹也于是年卒，"八月凉风吹白幕，寝门廊下哭微之。妻孥亲友来相吊，唯道皇天无所知"（《哭微之》）。伤心的诗句，一字一泪。

太和七年，充太子宾客分司。后三年，改授太子少傅分司。

会昌二年（842 年），退居洛阳。常与香山（洛阳龙门山之东）僧人结香火社，自号"香山居士"，醉心佛道。

会昌六年，一病不起，乃作《醉吟先生墓志铭》。不久即去世，葬于香山寺。唐宣宗追封其为尚书右仆射。

（三）白居易的政治思想及其对于文艺创作的意见

白居易是个在政治上和文学上有主张有见地的人。他在《策林》中大胆地提出："天子之耳不能自聪，合天下之耳听之而后聪也；天子之目不能自明，合天下之目视之而后明也；天子之心不能自圣，合天下之心思之而后圣也。"诗人以为要政治上轨道、国家强盛，执政者当倾听人民的声音："臣闻三皇之为君也，无常心，以天下心为心；五帝之为君也，无常欲，以百姓欲为欲。顺其心以出令，则不严而理；因其欲以设教，则不劳而成。"怎样才能倾听人民的声音呢？诗人主张恢复采诗官：

> 采诗官，采诗听歌导人言……周灭秦兴至隋氏，十代采诗官不置……诤臣杜口为冗员，谏鼓高悬作虚器……君兮君兮愿听此，欲开壅蔽达人情，先向歌诗求讽刺。（《采诗官》）

当两位为国为民的官吏——御史大夫陆长源，祠部员外郎郑通诚——遭暴徒杀害时，诗人沉痛地质问："惟善人兮，邦之纪纲。邦之瘁兮，正人先亡。谓天之恶下民兮，胡为乎生此忠良。谓天之爱下民兮，胡为乎生此豺狼。"（《哀二良》）

诗人以为要社会安定，让人民懂得"礼义廉耻"，首先应当让他们变富足："贫富适宜，上下无羡耗之差，财力无消屈之弊，而富安温饱、廉耻礼让尽生于此矣。"人民为什么会贫困呢？他认为是由于少数官吏荒淫无耻："臣窃观前代人庶之贫困者，由官吏之纵欲也；官吏之纵欲者，由君上之不能节俭也。"因此他恳请王公大人们关心人民的生活："念其嘉生，则苛酷之吏黜矣；念其惮劳，则土木之役轻矣；念其恶贫，则服御之费损矣；念其冻馁，则布帛麦禾之税轻矣；念其怨旷，则妓乐嫔嫱之数省矣……"（《策林》）

基于此，在文艺创作上，诗人强调"为人生而艺术"的主张。为什么要创作？为谁创作？创作的目的是什么？诗人的意见是："为君主为臣为民为物为事而作，不为文而作也。"（《新乐府序》）"文章合为时而著，歌诗合为事而作。"（《与元九书》）诗人把文艺作品，尤其是诗，看作是一种变革社会的武器、移风易俗的工具："故闻《蓼萧》之诗，则知泽及四海也；闻《华黍》之咏，则知时和岁丰也；闻《北风》之言，则知威虐及人也；闻《硕鼠》之刺，则知重敛于下也；闻广袖高髻之谣，则知风俗之奢荡也。"（《策林》）

在《读张籍古乐府》中，白居易也谈到创作的目的："为诗意如何？六义互铺陈。风雅比兴外，未尝著空文……上可裨教化，舒之济万民。下可理情性，卷之善一身。"

他反对艺术至上，反对玩弄文字技巧、内容贫乏的淫词浮藻："俾辞赋合炯戒讽谕者，虽质虽野，采而奖之；碑诔有虚美愧辞者，虽华虽丽，禁而绝之。"（同上）这就是说，写实的、含有"炯戒讽谕"的作品，不但要提倡，而且要嘉奖；内容贫乏的作品，即使写得很美，也要禁绝。

（四）白居易诗歌的特色

白居易的作品中充满着人本主义精神。他的诗，不是咬文嚼字，不是无病呻吟，一字一句都饱含着深刻的感受，从心腔深处迸发出来。正如诗人自白："不能发声哭，转作乐府诗。篇篇无空文，句句必尽规。功高虞人箴，痛甚骚人辞。非求宫律高，不务文字奇。惟歌生民病，愿得天子知。"（《寄唐生》）

他要用诗服务人民，唤醒执政者对于人民生活的注意。在《与元九书》中，他写道："仆当此日，擢在翰林，身是谏官，月请谏纸。启奏之外，有可以救济人病，裨补时阙，而难于指言者，辄咏歌之。"所以他的诗大半是针对时弊而歌，如《上阳白发人》，愍怨旷也；《胡旋女》，戒近习也；《新丰折臂翁》，戒边功也；《捕蝗》，刺长吏也；《缚戎人》，达穷民之情也；《杜陵叟》，伤农夫之困也；《缭绫》，念女工之劳也；《卖炭翁》，苦宫市也……确是达到了"篇篇无空文，句句必尽规"的为人生而艺术。

诗人留下的丰富诗篇，反映出一个时代各阶层生活的风貌。他写君王的奢侈生活："一人出兮不容易，六宫从兮百司备。八十一车千万骑，朝有宴饫暮有赐。中人之产数百家，未足充君一日费。"（《骊宫高》）他用隋炀帝劳民伤财以致亡国的例子告诫君王："大业年中炀天子，种柳成行夹流水。西自黄河东至淮，绿阴一千三百里。……南幸江都恣佚游，应将此柳系龙舟。……海内财力此时竭，舟中歌笑何日休？上荒下困势不久，宗社之危如缀旒。炀天子，自言福祚长无穷，岂知皇子封酅公。龙舟未过彭城阁，义旗已入长安宫。萧墙祸生人事变，晏驾不得归秦中。土坟数尺何处葬？吴公台下多悲风。二百年来汴河路，沙草和烟朝复暮。后王何以鉴前王？请看隋堤亡国树。"（《隋堤柳》）他用带刺的笔，大胆地抨击那些为了个人安乐，不惜摧折人力物力的贪官暴吏：

> 官牛官牛驾官车，浐水岸边般载沙。一石沙，几斤重，朝载暮载将何用？载向五门官道西，绿槐阴下铺沙堤。昨来新拜右丞相，恐怕泥涂污马蹄。右丞相，马蹄踏沙虽净洁，牛领牵车欲流血。右丞相，但能济人治国调阴阳，官牛领穿亦无妨。（《官牛》）

在科举制度下，无数文人受到摧残。诗人不禁感慨："悲哉为儒者，力学不知疲。读书眼欲暗，秉笔手生胝。十上方一第，成名常苦迟。纵有宦达者，两鬓已成丝。"然而，豪门子弟、不学无术之徒，却享尽人间清福："沉沉朱门宅，中有乳臭儿。状貌如妇人，光明膏粱肌。手不把书卷，身不擐戎衣。二十袭封爵，门承勋戚资。春来日日出，服御何轻肥。朝从博徒饮，暮有倡楼期。平封还酒债，堆金选蛾眉。"（《悲哉行》）

在苛政之下，人民生活在水深火热中。诗人带着愤怒，为被压制的人民呼喊："浚我以求宠，敛索无冬春。织绢未成匹，缲丝未盈斤。里胥迫我纳，不许暂逡巡。岁暮天地闭，阴风生破村。夜深烟火尽，霰雪白纷纷。幼者形不蔽，老者体无温。悲端与寒气，并入鼻中辛。昨日输残税，因窥官库门：缯帛如山积，丝絮似云屯。号为羡余物，随月献至尊。夺我身上暖，买尔眼前恩。进入琼林库，岁久化为尘！"（《秦中吟·重赋》）

一面是荒淫无耻，一面是艰辛劳动；一面是花天酒地，一面是号寒啼饥。诗人对照地写出他们，使人战栗，使人不安："朱绂皆大夫，紫绶悉将军。夸赴军中宴，走马去如云。樽罍溢九酝，水陆罗八珍。果擘洞庭橘，脍切天池鳞。食饱心自若，酒酣气益振。是岁江南旱，衢州人食人！"（《秦中吟·轻肥》）

统治者为了邀取边功，不惜牺牲人民性命。诗人在《新丰折臂翁》中表达了人民对战争的憎厌，对征兵的反对："是时翁年二十四，兵部牒中有名字。夜深不敢使人知，偷将大石捶折臂。张弓簸旗俱不堪，从兹始免征云南。骨碎筋伤非不苦，且图拣退归乡土……"

白居易是古代诗人中对妇女给予最多同情的。他了解她们，怜悯她们，为她们歌唱。诗人笔下的妇女，涵盖唐代社会的各个层面，有卖薪女，"乱蓬为鬓布为巾，晓踏寒山自负薪"（《代卖薪女赠诸妓》）；织衣妇，"丝细缲多女手疼，扎扎千声不盈尺"（《缭绫》）；贫富人家的女儿对比，"红楼富家女，金缕绣罗襦。见人不敛手，娇痴二八初。母兄未开口，已嫁不须臾。绿窗贫家女，寂寞二十余。荆钗不直钱，衣上无真珠。几回人欲聘，临日又踟蹰"（《秦中吟·议婚》）；愁怨闺妇，"寒月沉沉洞房静，真珠帘外梧桐影。秋霜欲下手先知，灯底裁缝剪刀冷"（《寒闺怨》）；被遗弃的妇女，"新人迎来旧人弃，掌上莲花眼中刺。迎新弃旧未足悲，悲在君家留两儿。一始扶行一初坐，坐啼行哭牵人衣"（《母别子》）；宫女的眼泪，"雨露由来一点恩，争能遍布及千门？三千宫女胭脂面，几个春来无泪痕"（《后宫词》）。诗人用最沉痛最深刻的字句，无奈地喊出："人生莫作妇人身，百年苦乐由他人。"（《太行路》）

（五）白居易的写作技巧

通俗化是白诗的一个特点。诗人善于用口语写诗，盛传其诗"老妪都解"。他开拓了一条诗歌通俗化、大众化、口语化的道路。他的诗，证明了通俗不是庸俗。在他明白如话的诗句中，仍充满艺术性。

他最常见的写实手法是"直刺时事"，很少蕴蓄，如《秦中吟》《宿紫阁山北村》等。同时，他也常利用史事、人物以至动物，引喻讽刺，如《隋堤柳》《杂兴》《观刈麦》等。

他的新乐府完全摆脱了旧时创作形式的牢笼，创造出活泼自由的新形式。在《新乐府序》中，诗人自白道：

凡九千二百五十二言，断为五十篇。篇无定句，句无定字；系于意，不系于文。首句标其目，卒章显其志，《诗三百》之义也。其辞质而径，欲见之者易谕也；其言直而切，欲闻之者深诫也；其事核而实，使采之者传信也；其体顺而肆，可以播于乐章歌曲也。

他还善于运用简洁精干的笔法进行概括、描摹。如《琵琶行》：

自言本是京城女，家在虾蟆陵下住。十三学得琵琶成，名属教坊第一部。曲罢曾教善才服，妆成每被秋娘妒。五陵年少争缠头，一曲红绡不知数。钿头云篦击节碎，血色罗裙翻酒污。今年欢笑复明年，秋月春风等闲度。弟走从军阿姨死，暮去朝来颜色故。门前冷落鞍马稀，老大嫁作商人妇。

仅百余字，就反映出琵琶女从初出茅庐到独领风骚、再到流落风尘的生涯。其中渗透着衰朽的世情、变幻的人生，显示出文笔的力量。此外，《长恨歌》《游悟真寺》等诗，也证明诗人是有才力创作长诗的。

尽管后代以歌功颂德称名的御用文人对白诗极尽侮辱，说是什么"淫词亵语"，但事实证明，他的创作为人民所喜闻乐见，为大众所拥护欢迎。在《与元九书》中，诗人说道："自长安抵江西，三四千里，凡乡校、佛寺、逆旅、行舟中，往往有题仆诗；士庶、僧徒、孀妇、处女之口，每有咏仆诗者。"

他的诗不但风行国内，而且传播到国外。在西域，在日本，都有人传颂和赏识他的诗。正如唐宣宗所吟："童子解吟长恨曲，胡儿能唱琵琶篇。"

（六）白居易晚年的思想矛盾与转变

诗人在晚年，笔端转向，写起闲适诗与感伤诗了。这是专制时代的悲剧。专制时代不许敢说敢笑"不怕强豪怒"的诗人存在。诗人晚年回首道："众排恩易失，偏压势先倾。虎尾忧危切，鸿毛性命轻……长沙抛贾谊，漳浦卧刘桢。"（《江州赴忠州至江陵已来舟中示舍弟五十韵》）

诗人带刺的诗歌，刺痛了豪强贵族们的心："闻仆《哭孔戡诗》，众面脉脉，尽不悦矣；闻《秦中吟》，则权豪贵近者相目而变色矣；闻《登乐游园》寄足下诗，则执政柄者扼腕矣；闻《宿紫阁村》诗，则握军要者切齿矣。"（《与元九书》）终于，他受到打击，被人造谣中伤，一再受贬。诗人感慨道："性疏岂合承恩久，命薄元知济事难。"（《初罢中书舍人》）残酷的现实，粉碎了他的壮志，冰冻了热情。他消沉了，"自是宦情衰落，无意于出处，唯以逍遥自得，吟咏性情为事。"（《旧唐书》）在思想上，他开始转向，走向避世的道佛，以"山水、风月、歌诗、琴酒乐其智"（《与元九书》）。

多灾多难的时代，磨灭了天才的光辉。我们能过分指责诗人逃避现实吗？请倾听诗人老年时的哀诉吧："况在名利途，平生有风波。深心藏陷阱，巧言织网罗。举目非不见，不醉欲如何？"（《劝酒寄元九》）流浪的生活，加深了他的痛楚。他沉浸在愁苦的海洋里，被灰色的感情笼罩。因此，诗人后期的感伤诗，不是对现实的厌弃，只是对旧世界的憎恶与愤怒。

诗人自号"醉吟先生""乐天居士"。他写着闲适诗，企图逃避现实，不问世情，可是，这种企图失败了。由于他感受得深刻，他的心中曲直分明，所以尽管他嘴上说闲适，内心却充满悲苦。这种矛盾悲哀的心情，在他晚年的诗作中随处可见："旧病重因年老发，新愁多是夜长来。"（《岁暮》）"此生飘荡何时定，一缕鸿毛天地中。"（《风雨晚泊》）

1948 年 4 月 17 日重改

七、张籍乐府诗研究

> 风雅比兴外，未尝著空文！
> ——白居易《读张籍古乐府》

（一）前　引

张籍，字文昌，苏州吴郡人，或谓和州乌江人，"性诡激，能为古体诗，有警策之句传于时"（《旧唐书》本传）。他由孟郊引介，与文坛泰斗韩愈晤面于汴州，愈极器重。贞元十五年（799 年），登进士第，补太常寺太祝，复迁国子助教秘书郎。韩愈为国子祭酒，特以状引荐，谓籍"学有师法，文多古风，沉默静退，介然自守，声华行实，光映儒林"。乃除国子博士，历水部员外郎，主客郎中。

张籍生卒年不详。据胡适等考证，约生于唐代宗永泰元年（765 年），卒于唐文宗太和四年（830 年）。当时，外有回纥、吐蕃入寇，内有朱泚、李希烈之乱，社会动乱不安。

张籍居韩门弟子之列，深受韩愈引介之恩，与韩愈的关系极为密切。韩愈言之有物的写作态度，对他不无影响。在《祭退之》一诗中，张籍写两人的友谊道："北游偶逢公，盛语相称明。名因天下闻，传者入歌声。……观我性朴直，乃言及平生。由兹类朋党，骨肉无以当。坐令其子拜，常呼幼时名。……出则连辔驰，寝则对榻床。搜穷古今书，事事相酌量。有花必同寻，有月必同望。为文先见草，酿熟偕共觞。新果及异鲑，无不相待尝。到今三十年，曾不少异更。"

韩愈以外，他与当时的文人过从甚密的还有孟郊、白居易、元稹、王建、贾岛、姚合等。他尤其倾心于白居易、元稹、王建等的写实态度。在《赠王建》一诗中，张籍写道："白君去后交游少，东野亡来箧笥贫。赖有白头王建在，眼前犹有咏诗人。"

张籍身体羸弱，患有目疾，且个性狷直，不善逢迎，所以到老仍是个穷官，一生颠沛于贫穷忧患之中："骨肉待我欢，乡里望我荣。岂知东与西，憔悴竟无成。人言苦夜长，穷者不念明。惧离其寝寐，百忧伤性灵。"（《南归》）

（二）未尝著空文的现实主义作家

张籍作诗有取于杜甫。冯贽在《云仙杂记》中写道："张籍取杜甫诗一帙，焚取灰烬，副以膏蜜，频饮之，曰：'令吾肝肠从此改易。'"在乐府诗中，张籍写出了统治阶级、豪门贵族的横征暴敛和暴政下人民生活的痛苦：

老农家贫在山住，耕种山田三四亩。苗疏税多不得食，输入官仓化为土。岁暮锄犁傍空室，呼儿登山收橡实。江西贾客珠百斛，船中养犬长食肉。（《野老歌》）

山头鹿，角芰芰，尾促促。贫儿多租输不足，夫死未葬儿在狱。早日熬熬蒸野冈，禾黍不收无狱粮。县家唯忧少军食，谁能令尔无死伤。（《山头鹿》）

《河堤行》，写官僚权贵的淫威；《伤歌行》《乌夜啼引》，反映出专制时代大官小吏的痛苦——一旦得不到主子欣赏，便要遭贬、坐狱。他的《董公诗》是一首对贪暴者的训诲之作，表扬了爱民的好官。《求仙行》《学仙诗》《北邙行》，大胆地抨击以老子为祖、以道教为国教的唐室君主们的神仙思想和迷信恶俗。诗人写道：

汉皇欲作飞仙子，年年采药东海里。蓬莱无路海无边，方士舟中相枕死。招摇在天回白日，甘泉玉树无仙实。九皇真人终不下，空向离宫祠太乙。丹田有气凝素华，君能保之升绛霞。（《求仙行》）

唐代统治者多好边功，兵革不息，黎民为征战而苦，妻离子散，骨肉不聚。诗人怀着激愤的心情，为百姓、为那千千万万的枯骨呐喊："陇头风急雁不下，沙场苦战多流星。可怜万国关山道，年年战骨多秋草。"（《关山月》）"边人亲戚曾战没，今逐官军收旧骨。碛西行见万里空，幕府独奏将军功。"（《将军行》）

在《筑城词》中，诗人含着愤怒的眼泪为被迫劳役的人民歌唱；在《董逃行》《废居行》等诗中，诗人更是大胆地抨击官军的军纪荡然。战争胜利了，大批官吏发了财，人民却无家可归了："闻道官军犹掠人，旧里如今归未得。董逃行，汉家几时重太平！"（《董逃行》）

诗人怀着沉重的心情，为封建淫威与封建礼教双重压迫下的妇女写出心头的怨语："妇人依倚子与夫，同居贫贱心亦舒。夫死战场子在腹，妾身虽存如昼烛。"（《征妇怨》）在《吴宫怨》等诗中，诗人写出了宫廷妇女的怨苦："宫中千门复万户，君恩反覆谁能数。君心与妾既不同，徒向君前作歌舞。"

此外，如《江南行》，写江南一带娼妓的生活；《促促词》，写农妇生活；《宛转行》，寄小妇思夫的绵绵情意；《采莲曲》，写采莲女的生活……最令人感动的是《离妇》一诗。诗人用沉痛的语言，为因无子而被遗弃的女人歌唱，显示出野蛮的礼制如何折磨人、吃人：

十载来夫家，闺门无瑕疵。薄命不生子，古制有分离。……昔日初为妇，当君贫贱时。昼夜常纺织，不得事蛾眉。辛勤积黄金，济君寒与饥。洛阳买大宅，邯郸买侍儿。夫婿乘龙马，出入有光仪。将为富家妇，永为子孙资。谁谓出君门，一身上车归。有子未必荣，无子坐生悲。为人莫作女，作女实难为。

"为人莫作女，作女实难为"，这是带着多少酸楚的句子啊！

（三）尾 语

最感人的诗，是反映出、刻画出大多数群众悲喜哀乐的诗。所以，我们歌颂张籍，他是人世间的写实主义者。他的人道主义心肠，是可宝贵的。他同时代的诗人如韩愈、姚合、白居易，已经看出他作品的社会价值。韩愈赞赏他道："险语破鬼胆，高词媲皇坟。"（《醉赠张秘书》）姚合在《赠张籍太祝》中评道："绝妙江南曲，凄凉怨女诗。古风无敌手，新语是人知。"白居易则正确地道出张诗的社会意义：

> 张君何为者？业文三十春。尤工乐府诗，举代少其伦。为诗意如何？六义互铺陈。风雅比兴外，未尝著空文。读君学仙诗，可讽放佚君。读君董公诗，可诲贪暴臣。读君商女诗，可感悍妇仁。读君勤齐诗，可劝薄夫敦。上可裨教化，舒之济万民。下可理情性，卷之善一身。始从青衿岁，迨此白发新。日夜秉笔吟，心苦力亦勤。时无采诗官，委弃如泥尘。……（《读张籍古乐府》）

是的，一千多年来，张籍的诗曾被如泥尘般的委弃，为"文人""学者"所冷眼。然而，张籍怀着人民热情的诗句，会因他们的"轻蔑"而暗淡吗？

1947 年 11 月于建国楼

八、晚唐诗人聂夷中及其为农民歌唱的短诗

几千年来，我国都是以农立国的。然而，在众多的诗人中，有几个曾为农民的痛苦歌唱过呢？是的，陶潜、王维、储光羲、孟浩然、范成大、梅尧臣、高启、吴宽、施润章、袁枚等人，都歌唱过农村与农民，但多半是以士大夫的思想感情去抒写的。在他们笔下，农民生活得悠闲自在，农村充满了迷人的景色！他们写的多半是"田园诗"，没能如实地反映出封建奴役下农民的悲惨境况。

聂夷中是封建士大夫文人中比较了解农民生活，并在一定程度上为被压迫的农民歌唱的唐末诗人。聂夷中生于唐文宗开成二年（837年），卒年不详，在正史中没有记载。《全唐诗》说："聂夷中，字坦之，河东人，咸通十二年登第，官华阴尉。少贫苦，精于古体，有《公子家》诗，《田家》诗，言近意远，合三百篇之旨。"《唐诗纪事》《全唐诗话》等也有相关记载：他虽然中了进士，但由于没有钱"活动"，久滞长安，过着贫穷的生活。"自嫌性如石，不达荣辱理。"（《住京寄同志》）在四处碰壁的遭遇中，他感触很深。由于他曾"奋身草泽，备尝辛楚"，所以任华阴县尉时"多伤俗悯时之举，哀稼穑之艰难"（《唐才子传》）。

唐朝末年，宦官掌权，朋党分立，藩镇割据。同时，内战频繁，政局混乱，吐蕃、回纥亦屡屡寇边。"均田制"完全被破坏，贫者益贫，富者益富。诚如陆贽在奏议中所指出："富者兼地数万亩，贫者无容足之居，依托豪强，以为私属。贷其种食，赁其田庐，终岁服劳，无日休息，罄输所假，常患不足。有田之家，坐食租税。贫富悬绝，乃至于斯。"在苛捐杂税下挣扎的农民破产了，很多人流为"逃亡户"，由王仙芝、黄巢等领导的农民起义爆发了。

这是诗人聂夷中生活的时代。聂夷中怀着沉痛的心情，在《田家二首》里写下了不朽的诗句：

父耕原上田，子劚山下荒。六月禾未秀，官家已修仓。

在《伤田家》里，诗人刻画出在封建官府和高利贷商人的剥削下，广大农民过的是怎样痛苦无告的生活。诗人写道：

二月卖新丝，五月粜新谷。医得眼前疮，剜却心头肉。我愿君王心，化作光明烛。不照绮罗筵，只照逃亡屋。

显然，诗人是怀着人民的苦楚，带着农民的血泪在歌唱的。诗人沉痛地指出，广大农民一年到头在山上耕田，在山下开荒，可是谷子还未成熟，官府已经修好仓库，等着

剥夺他们的劳动成果了。他们贫穷到这个地步，还不得不忍受高利贷的剥削。"二月卖新丝，五月粜新谷"，当养蚕、耕种的季节到来时，他们因贫穷不得不借高利贷，到了收获之日，再以倍息归还。正因为这样"未丝而卖，未谷而粜"，广大农民不能不沦于万劫不复的境地了。诗人大胆地向统治阶级呼喊，要他们像烛光一样洞照一下这些农民，给农民留下一条生路。

聂夷中还在诗歌中以动人的艺术笔触刻画出破碎了的农村的面貌。在《闻人说海北事有感》一诗中，诗人通过生动的形象，反映了故乡连年战乱后的景象：

> 故乡归路隔高雷，见说年来事可哀。村落日中眠虎豹，田园雨后长蒿莱。海隅久已无春色，地底真成有劫灰。荆棘满山行不得，不知当日是谁栽。

这些诗句，和陶渊明的"暖暖远人村，依依墟里烟。狗吠深巷中，鸡鸣桑树颠"、王维的"雉雊麦苗秀，蚕眠桑叶稀。田夫荷锄至，相见语依依"比较起来，情调是完全不同的。后者是在礼赞自然和田园，流露出牧歌般的情调。其中，没有劫后的村舍，没有在痛苦、贫困之中挣扎的农民。然而，在聂夷中的诗里，却有着农民的叫喊，有着农民对现实的不满和怨愤。诗人笔下的农村也不是那么迷人，而是一幅凄惨悲凉的图画！

我们都知道，唐代的达官显贵都过着奢侈的生活。且不说杨国忠、高力士，就是以清廉闻世的郭子仪，也拥有百余里田地，三千余仆婢。聂夷中以沉痛的心情，写出了那些豪族暴吏的生活，指出他们玩弄女性（《大垂手》）、掠夺人粮食（《空城雀》）。诗人在《公子行》中写道：

> 汉代多豪族，恩深益骄逸。走马踏杀人，街吏不敢诘。红楼宴青春，数里望云蔚。金釭焰胜昼，不畏落晖疾。美人尽如月，南威莫能匹。芙蓉自天来，不向水中出。飞琼奏云和，碧箫吹凤质。唯恨鲁阳死，无人驻白日。花树出墙头，花里谁家楼。一行书不读，身封万户侯。美人楼上歌，不是古凉州。

他们在大街上走马踏死人，官吏不敢过问；他们日日夜夜过着花天酒地的生活，一行书不读，反被封为万户侯。在《公子家》中，诗人以寥寥二十字，勾画出一个饱食终日、不务劳动，把禾苗看作恶草的王孙公子的形象：

> 种花满西园，花发青楼道。花下一禾生，去之为恶草。

伟大的诗人应当是时代的候鸟、人民的歌手，把灵感种在现实的土壤中，歌唱人民生活。聂夷中的诗歌里虽不免流露出没落士大夫的哀愁，如《劝酒》《饮酒乐》等，可是，由于他对现实的敏感，那些浸染了人民血泪的诗句，在今天是应当受到赞美，得到应有的评价的！因为在封建社会，有几个士大夫肯为胼手胝足的人民歌唱，有几个生活在象牙塔里的庙堂诗人能了解农民们的痛苦呢？

初稿于杭州

1986 年 5 月 12 日重改

九、朱淑贞及其歌颂大自然的诗词

（一）关于朱淑贞的年代

朱淑贞，也作朱淑真，是我国元代以前留下作品最多的女诗人之一。关于她生活的年代和身世，以及她的某些作品的真伪，数十年来古典文学研究者们曾做过若干探索，但由于资料较为缺乏，不容易做出令人满意的判断。

况周颐的《蕙风词话》等书，根据朱淑贞作品中与魏夫人酬唱的诗，认为这个魏夫人就是被朱熹誉为与李易安齐名的、能写诗的、北宋神宗年间的宰相曾布之妻。有的人则根据王士禛的《池北偶谈》记载的《朱淑贞璇玑图记》这篇短文，说王士禛在"辛亥冬，于京师见宋朱女郎淑贞手书《璇玑图记》一卷"，《图记》后书"绍定三年春二月"，从而断定这个朱淑贞是南宋末年人。

就笔者所看到的有关朱淑贞的生平文献资料，以朱淑贞死后为其编辑诗词的宛陵魏仲恭（端礼）所写的《朱淑贞断肠诗词集序》出现的年代最早。魏序作于南宋淳熙壬寅（1182 年），其时距女诗人李易安去世 31 年。序文中提到："近时之李易安，尤显著名者。"我们在朱淑贞诗词中不难找到与李易安诗词有关的印迹，如《得家嫂书》中有"非干病酒与悲秋"，显然与李易安名句"非关病酒，不是悲秋"有关。同时，在朱淑贞《元夜》诗中有"坠翠遗珠满帝城"，《元夜遇雨》中有"沉沉春雨暗皇州"，她把自己居住的杭州称为"帝城""皇州"，这是符合南宋建都杭州的史实的。据此推断，朱淑贞应是生于南宋时代。况周熙等的朱淑贞是北宋人的说法缺乏根据，朱淑贞诗词中酬唱的魏夫人也不是北宋时代的曾布之妻。至于王士禛《池北偶谈》中的说法，看来也不可靠。

如上所述，魏仲恭为朱淑贞诗词作序文时，朱已去世，岂有 40 余年后又作《璇玑图记》之理？我以为，如果对魏序写作年代没有异议，那么生于朱淑贞后 600 余年的王士禛，他所见到的《璇玑图记》或系另一个人写的，或系伪作，或则绍定为绍兴之误。从魏序和朱淑贞诗文中提供的资料来看，朱淑贞从事创作活动大致是在 12 世纪中叶，即南宋高宗绍兴至孝宗乾道年间。

（二）关于朱淑贞的身世

关于朱淑贞的身世，过去的文学史家也聚讼纷纭，对于她的婚姻与家庭生活都做过若干争论。如陈漱琴的《朱淑真〈生查子〉词辩诬》等文章，就认为朱淑贞未下嫁市井民家，她"嫁的丈夫功名官阶都不坏，往来的朋友也都是大人物"，她的婚姻和家庭生活不见得怎么不好。诚然，朱淑贞诗词中有"从宦东西不自由"等句，足以证明她的丈夫是官宦人家。但我们从她的生平文献资料看，可以肯定她对她的婚姻、她的丈夫，是极不满意的。否认这一点，是没有什么根据的，同时，也不能对她留下的诗词做正确的分析。早在南宋魏仲恭为她的诗词写的序文中就这样写道：

> 蚤岁不幸，父母失审，不能择伉俪……一生抑郁不得志，故诗中多有忧愁怨恨之语。每临风对月，触目伤怀，皆寓于诗，以写其胸中不平之气，竟无知音，恹恹抱恨而终。

明田艺蘅的《诗女史》中也说："父母不能择配……淑贞抑郁不得志，作诗多忧怨之思……卒恹恹抱恨而死。"明《名媛诗归》中也说："因匹偶非伦，勿遂素志，赋《断肠集》十卷，以自解郁郁不乐之恨。"此外，在《断肠集纪略》《宋诗纪事》等文献资料中，都有大致相同的记载，所以，朱淑贞对婚姻不满的论断是无可置疑的。

通过以上分析，我们大致可以断定：朱淑贞是12世纪中叶南宋时代人，她住浙江钱塘（今杭州）。父母为其择偶不慎，她嫁了一个不称意的丈夫，一生郁郁不得志。婚姻的悲剧，是她的最大不幸。在吃人的礼教、不称意的婚姻等压迫下，这位有很高才华的女诗人很快就被夺去了宝贵生命，她的诗词也因被看作"有违妇道"，被"一火焚之""百不一存"。朱淑贞的一生和她那焕发的才华，像被遗弃在疾风暴雨的荒原中的一朵鲜花，凋谢了。

（三）朱淑贞诗词中的社会思想及其艺术成就

基于上述理解，再来谈谈朱淑贞诗词中所表现出来的社会思想及其艺术成就。

显然，我们从"劫后余灰"的朱淑贞《断肠诗词集》中仍然可以充分见出她的照人天才。朱淑贞留下来的诗词虽不及300首，却是和着她的血泪写成的，是她不幸生活的写照。它们真实地反映了女诗人的生活、苦闷情绪、不得志的心情与身世。而这种苦闷情绪，在旧中国的不少妇女身上也同样存在过。如所周知，旧中国男女婚姻一般都是父母之命、媒妁之言。包办和强迫的婚姻，给青年男女带来了极其沉重的精神痛苦。正如鲁迅所说的："仿佛两个牲口听着主人的命令，'咄，你们好好的住在一块儿罢！'爱情！可怜我不知道你是什么！"（《热风·随感录四十》）朱淑贞的诗词正深刻地反映了包办婚姻制度下的青年男女特别是妇女的思想感情，反映了她们不愿意当"牲口"和要求独立自主、追求真正的爱情生活。在《愁怀》一诗中，女诗人对包办婚姻发出了强烈的抗议：

> 鸥鹭鸳鸯作一池，须知羽翼不相宜。东君不与花为主，何似休生连理枝。

在女诗人看来，硬让鸥鹭与鸳鸯生活在一个池子里，硬把一对不称心如意的怨偶匹配在一起，是多么"羽翼不相宜"啊！

婚后的不幸福和孤独感，对包办婚姻的不满情绪，在朱淑贞的作品中随处可见："山色水光随地改，共谁裁剪入新诗？""对景如何可遣怀，与谁江上共诗裁？"在字里行间隐隐约约可以看出，她对自己的配偶很不满意。据不完全的材料推断，她的丈夫可能是跟她完全异趣的纨绔子弟！她不愿意跟他同偕到老。在《黄花》一诗中，她从内心深处大胆地迸发出与"嫁鸡随鸡，嫁狗随狗"的封建道德观念根本不相容的反抗声音：

> 土花能白又能红，晚节犹能爱此工。宁可抱香枝头老，不随黄叶舞秋风！

对于经过"父母之命，媒妁之言"撮合成的夫妻，竟然宣称宁肯离异"抱香枝头老"，也不愿"随黄叶舞秋风"。这在那个封建礼教森严的时代，乃是大逆不道的！

"待将满抱中秋月，分付萧郎万首诗。"从朱淑贞诗词中隐约可见，她大约另有所爱。但可能是由于家庭包办的结果，她的恋爱生活像昙花一现："宛转愁难遣，团圆事未谐。"因资料有限，我们就不做详细考证了。但没有疑问，朱淑贞留下的不少流露真挚感情的恋歌，由于写得很真实，仍然有很高的艺术魅力。如《清平乐》一词：

> 恼烟撩露，留我须臾住。携手藕花湖上路，一霎黄梅细雨。娇痴不怕人猜，和衣睡倒人怀。最是分携时候，归来懒傍妆台。

女诗人笔下刻画出一对被爱情熏醉的情人，怎样携手湖上，毫无顾忌。如果说李易安的"眼波才动被人猜"表现的是封建时代闺阁小姐的矜持，那么朱淑贞的"娇痴不怕人猜"表现的则是大胆、放诞！

被封建时代的卫道士看作"鄙俗"和"有违妇道"的《生查子》一词，❶ 也是一首很出色的情歌：

> 去年元夜时，花市灯如昼。月上柳梢头，人约黄昏后。今年元夜时，月与灯依旧。不见去年人，泪湿春衫袖。

寥寥40字，细致地刻画出一个少女怎样约她的情人在元夜幽会，和相隔一年之后，又逢元夜"不见去年人"时的满怀惆怅。

由于爱情而引起思慕、怀念，是古今情歌里都有的，如《诗经》里的"月出皎兮"就反映了男女之间的不能遏止的思念感情。"东君有意能相顾，蛱蝶无情更不来。"朱淑贞的诗词十分真实地写出了这种热烈眷恋的情绪。她笔下的一些诗词，与中外著名情歌相比，并不逊色。如《江城子》一词：

> 斜风细雨作春寒，对尊前，忆前欢。曾把梨花，寂寞泪阑干。芳草断烟南浦路，和别泪，看青山。昨宵结得梦夤缘，水云间，悄无言。争奈醒来，愁恨又依然。展转衾裯空懊恼，天易见，见伊难！

朱淑贞追求真实爱情的生活，但在"男女大防""钻穴隙相窥，逾墙相从，则父母国人皆贱之"的封建社会里，特别是在宋代礼教极其森严、道学思想泛滥的时代，像她

---

❶ 过去不少人引《池北偶谈》《四库全书总目》《蕙风词话》等书说明此词非朱淑贞作，而是欧阳修作的，主要论据是明清版本《卢陵集》中载有此词。这个论据是薄弱的，欧阳修词集中掺入了不少别人的词；明杨升庵的《词品》及毛晋汲古阁刊本跋语中，都有关于朱淑贞《生查子》一词的记载。

这样不守"妇道"的人，是要被看作"离经叛道"并且不能有生存的权利的。因此，在当时的情况下，朱淑贞的恋爱和婚姻，诚如恩格斯对拉萨尔的一篇作品里的主人公所做的断语："构成了历史必然的要求与这个要求实际上不可能实现之间的悲剧的冲突。"（《给拉萨尔的信》）结局只好是"一死了之"。历史文献中记载的朱淑贞的早死，正是封建礼教压制下的悲剧结局。

朱淑贞极度不满意自己的处境，又无法摆脱。她的作品如《伤别》《诉愁》《愁怀》《旧愁》《恨别》《供愁》《无寐》《闷怀》等，都在一定程度上反映了封建时代妇女因不幸婚姻和恋爱所造成的精神上的痛苦。"益悔风流多不足，须知恩爱是愁根。"她写自己"独行独坐，独唱独酬还独卧。伫立伤神……泪洗残妆无一半，愁病相仍"的生活，像封建时代的多愁善感的女性一样"览镜惊容"，怕听檐前黄鹂婉转的啼声，怕听杜鹃啼叫的声音！当她听到"双燕呢喃语画梁"的时候，看到"楼头新月曲如钩"的时候，就引起满腔愁怀。当春天花开花落，当夏天"柔桑欲椹吴蚕老"，她的感觉是"不但伤春夏亦愁"；当秋天雨打芭蕉，冬天"霜月照阑干"，又是"滴泪罗衣不忍看"了！她也像那些封建制度折磨下的女性一样，陷在痛苦的深渊里，不能自拔。不管山河多么娇美，她的感受却是"对景无时不断肠！"朱淑贞以白描的手法、平浅的字句，在诗词里深刻地表现了她的忧伤，写出了自己境遇的困厄和"所适非伦"，一种无可奈何的悲哀情调给她的诗词蒙上了一层灰暗的色彩。的确，这些诗词给人的感受是很不健康的，而且从某一方面说来，这些诗词所表现的思想感情是深深地沾染了她那个时代的封建官宦小姐所特有的对花堕泪、对月伤怀、弱不禁风的感伤情调，和较为深厚的虚无、悲观的消极思想，但这种低沉、消极的情绪，又是封建力量压制下的一种精神病态，是由于精神上孤立无援造成的。在《秋日述怀》一诗中，朱淑贞沉痛地写道：

妇人虽软眼，泪不等闲流。我因无好况，挥断五湖秋。

这是封建时代，尤其是南宋礼教最森严时代受双重压迫的广大妇女带着血泪的控诉！

朱淑贞善于描写大自然的美妙景色。她以写自然景物为题材的抒情诗，不论是"山明雪尽翠岚深"的早春、"柳条如线未飞绵"的仲春、"红叠苔痕绿满枝"的晚春、"倦对飘零满径花"的暮春、"淡薄轻寒雨后天"的春霁、"子规催月小楼西"的春晓，还是"枝上浑无一点春"的初夏、"黑云带雨泻长空"的夏雨、"静数飞萤过小园"的夏夜；不论是"日落晚凉生"的早秋、"忍见黄花满径幽"的暮秋、"清光消雾霭""皓魄十分圆"的秋月、"潇潇滴井桐"的秋雨、"楼头新月挂银钩"的秋夜，还是"荷枯菊已荒"的初冬、"月映幽窗夜色新"的冬夜，等等；一方面，不免涂抹着相当浓烈的悲观厌世的色彩，另一方面也刻画出绰约多姿的大地景色，表现了自然界的丰富多彩、变化无穷。

朱淑贞所写的各种奇花异草，也是五色缤纷、光彩夺目的。她细心地刻画出"花品名中占得王"的牡丹、"芬芳红紫间成丛"的芍药、"独将妖艳贯花曹"的杏花、"朝来带雨一枝春"的梨花、"胭脂为脸玉为肌"的海棠、"白玉体轻蟾魄淡"的荼蘼、"玲珑巧蹙紫罗裳"的瑞香、"翠色娇圆小更鲜"的新荷、"满地红影蘸秋光"的芙蓉、"疏篱淡月著横枝"的梅花，等等。她笔下所描绘的大自然景色，一方面，在字里行间虽然也流露出她那孤芳自赏的心情，发出了"颜色如花命如叶"的悲叹；另一方面，也让人们看到了青翠萦目、万紫千红、芬芳逞艳、百蕊争妍、百花齐放的欣欣向荣的景象。

朱淑贞这些描写自然景物的作品，使人清楚地看到，这位被淹没在伤感、忧郁海洋里的女诗人，原来是多么热爱水光山色；她对于一切生物，原来是怀着多么深的欣悦啊！这使我们深刻地看到，封建制度是怎样地摧残人，怎样地将一个富有生命活力的少女推向死路！

朱淑贞的作品还热烈地讴歌了她心目中的英雄人物。她颂赞"盖世英雄力拔山"的项羽、"男儿忍辱者长存"的韩信、"功成名遂便归休"的张良、"一言清削独干诛"的晁错等人。可以看出，这位具有浓厚悲观色彩的女诗人的抱负。

在《喜雨》等诗中，表明朱淑贞不是一个对于外界完全不感痛痒的"闺秀"，她对于当时人民生活中的痛苦是有一定了解的。当"赤日炎炎烧八荒，田中无雨苗半黄"的时候，她迫切地希望天能下雨；"六月青天降甘雨"了，她的感受是"九州尽解焦熬苦""眼界增明快心腑"！再看她的《苦热闻农夫语有感》一诗：

> 日轮推火烧长空，正是六月三伏中。旱云万叠赤不雨，地裂河枯尘起风。农忧田亩死禾黍，车水救田无暂处。日长饥渴喉咙焦，汗血勤劳谁与语？播插耕耘功已足，尚愁秋晚无成熟。云霓不至空自忙，恨不抬头向天哭！寄语豪家轻薄儿，纶巾羽扇将何为？田中青稻半黄槁，安坐高堂知不知？

这里，在我们面前，展现了一幅六七百年前我国农民抗旱救灾、生产灭荒的图景。女诗人写到，农民怎样不怕三伏暑热，不管喉咙焦干、汗血勤劳，在火样的长空下，竭力车水救田、播种耕耘。朱淑贞怀着激愤的心情质问那些"纶巾羽扇"的豪家子弟：你们这些安坐在高堂上的人，知不知道田里的禾稻已槁黄了？可以看出，这个原本工愁善感的女诗人，对于当时人民生活的痛苦也是关心的。

十、《水泊梁山传说》序言*

大家都知道，伟大的古典文学名著《水浒传》出自作家施耐庵的手笔，成书于元末明初。然而追根究源，它本来是萌芽于宋元时代的民间传说，这些传说在流传过程中经过不断地丰富和演变，最后才在施耐庵的笔下连缀、加工、再创造而成为长篇巨著。据龚开的《宋江三十六人赞序》，在龚开的少年时代即宋末元初，有关宋江等水浒人物的传说故事已见于"街谈巷语"。通过《水浒传》所描写的人物活动与情节，我们还能多少捕捉到一些当年民间传说的形影，但可惜的是，由于没有记录，谁也说不上它们是什么样子，它们就像风一样自生自灭了。这对《水浒传》的研究来说，是非常遗憾的事情。

近几年来，山东省民间文学工作者付出了艰辛的劳动，深入水泊梁山和水浒英雄当年活动的地区，集录了大量流传在群众口头的水浒人物传说故事。这无疑是一项极有意义的工作。

至今依然活在群众口头上的这些传说故事，究竟渊源于宋元时期，还是受到《水浒传》成书（包括戏剧、曲艺等）的影响？就现有的材料看，还难以辨明，还有待广大民间文学工作者和《水浒传》的研究工作继续深入。但是不管怎样，传说故事毕竟与已经定型的书面文学中的人物、情节迥然相异，不仅在很大程度上体现出劳动人民口头创作质朴清新的特色，而且在英雄人物的出身经历、性格描写、对敌斗争等方面都为《水浒传》提供了补充。例如，《水浒传》中的豹子头林冲一露面，作者就交代他是八十万禁军教头，勇猛过人，有着高强的武艺，而《林冲教头》的传说则补充了他训练时的严格要求。他要求徒弟们一边骑马飞奔一边用武器把他耳朵上挂的铃铛挑下，还要把放在人头顶上的铜钱打掉而不伤到人。林冲认为，学会这样的本领才能枪无虚发。这就把八十万禁军教头的高明枪法和崇高威望有根有苗地补充了，读来令人信服。传说中的《花荣练箭》也是这样，说他能百步穿杨、飞马"采花""飞龙戏珠"。这说明花荣之所以箭无虚发，也是艰苦锻炼的结果。

传说中的相当一部分内容可以作为《水浒传》中一些英雄人物身世和经历的注脚。例如，花和尚鲁智深何以能力拔垂杨柳、三拳两脚打死镇关西呢？《鲁达少林寺学艺》传说他从小就学少林拳，是个不同凡俗的人物，而且少年时就与寺院有过一段因缘，这与后来他在五台山出家，晚年征方腊归来在杭州六和塔"坐化"也是一脉相承的。同

* 《水泊梁山传说》一书即将由民间文学出版社出版。

样，《李逵斗牛》《李逵井》等传说，说明黑旋风李逵早在加入梁山泊之前，就具有一定的阶级觉悟和造反精神了。这样，人们就更清楚李逵何以在农民起义军中越干越出色，最终成为一个毫无媚骨的大英雄。再如，传说中的鼓上蚤时迁，性格、形象更为丰满——他善于"偷鸡摸狗"，常常以此来"劫贫济富"。这样，就补弥补了《水浒传》中片面强调他长于偷鸡摸狗的偏颇。同样，传说中的孙二娘的形象更加丰满。她武艺高强，粗中有细，乐于"劫富济贫"。这也弥补了《水浒传》中只写她粗犷一面的不足。

从山东的同志们收集到的如此众多的传说中可以看出，水浒故事是深深地扎根于广大劳动人民的心目中的，为广大人民所喜闻乐道。可以肯定，除山东外，河北、河南、江苏都流传着大量的水浒民间故事，有待于我们去发掘、采录。1982 年，我们在江苏连云港海洲地区曾听到有关张叔夜在海洲抓住宋江等上千人的传说。我以为像这类传说，都是颇值得《水浒传》研究者注意的重要资料。

近几年来，《水浒传》的研究中出现了一种"新说"，即认为《水浒传》是元明之间出现的一种"市民小说"，把它看作是反映农民起义与农民斗争的看法是错误的。什么是市民？根据马克思的看法，市民属于资产阶级、小资产阶级的范畴，并不包括农民在内。不错，从明末嘉靖、万历，直到清朝康、雍、乾时期，大致是中国资本主义萌芽时期，小市民逐渐走上政治舞台，但对于当时整个中国说来，农民仍然是主体，市民只是很少数。从《水浒传》的具体内容来看，主要也是农民及来自农民的官吏反抗昏君和贪官的斗争，并非市民阶级反对封建主义的斗争。从山东省民间文学工作者采录到的这些传说故事中，可以看出像黑旋风李逵、三阮兄弟、石秀、朱武、吴用、晁盖、鲁智深、武松、刘唐、雷横、孙二娘等大部分梁山人物，都与山东省的梁上、浑城、东平、巨野、高唐州一带的农村有密切联系。这些故事至今仍流传在农村中，可以从侧面证明《水浒传》故事是植根于广大劳动农民中，是反映历史上的农民起义与农民斗争的。仅仅把《水浒传》局限在市民阶层的看法未必是正确的。

当然，在《水浒传》故事的流传过程中，说书人也起了很大的丰富、加工作用；在说书人的听众里面，包括城市市民。说书人为满足部分听众的要求，融合进一些市民的趣味和情调，采撷了一些市民的生活场景。《水浒传》成书后，这样一些趣味情调、生活场景被保留了下来，成为《水浒传》的构成部分。但如果因此就无视《水浒传》所表现的主要历史内容，而认为它是"市民小说"，那就不很妥当了。

1985 年 2 月

十一、优秀文学遗产中的人物行动描写

——从《水浒传》说起

　　文学作品中的人物形象，要通过特定的描写才能在读者心中留下深刻印象。是正面人物还是反面人物，是进步人物还是落后或反动人物，主要看其怎样对待生活，怎样立身行事。列宁说得好："判断一个人，不是根据他自己的表白或对自己的看法，而是根据他的行动。"（《唯物主义和经验批判主义》）诚然，列宁讲的是现实生活中的人物，但同样适用于文学作品中的人物。

　　著名古典小说《水浒传》塑造了一系列令人难忘的人物形象。它不是用概念式的说教或表白来塑造人物，而是通过具体生动的描写，表现特定人物怎样行动和为什么这样行动，来揭示人物的思想、性格。例如，林冲这个人物，是通过岳庙还香愿、结识鲁智深、冲撞高衙内、误入白虎堂、刺配沧州、棒打洪教头、雪夜上梁山、水寨大并火、活捉一丈青等一系列事件来刻画的。宋江这个人物，是通过私放晁盖、杀阎婆惜、大闹清风寨、刺配沧州、浔阳楼题反诗、好汉劫法场、白龙港聚义、智取无为军、三打祝家庄、攻打大名府、三败高太尉、全伙受招安、神聚蓼儿洼等事件刻画出他善于团结人才、运筹帷幄，既有革命性又有妥协性的思想、性格。在文学作品中，仅对人物的肖像和性格作客观的描述是不够的，必须将其引到行动中去，才能栩栩如生地写出更富有性格的人物。

　　文学作品中的行动描写，是为表现人物性格服务的，所以必须符合特定人物在矛盾冲突中的特点。对于作家来说，作品中的人物不是棋盘上的棋子，要根据其特点来描写，不能命令他们如此这般或那般的行动。同时，作家塑造人物，必须要符合艺术规律。在任何一部优秀的作品里，人物的思想性格与其行动之间总是有一致性，即只有这样的行为才符合这样的人物，也只有这样的人物才会有这样的行为。

　　文学作品中所塑造的典型人物，其行动总是有自己的特色，既不能为他人所替代，也不能与他人相调换。例如，林冲在妻子受辱时表现出来的委曲求全、胆小怕事，是符合他当八十万禁军教头时的思想性格的。倘若换成鲁智深或武松，事态的发展就完全两样了。又如，林冲和武松吃了官司后，都曾被两名公人押解着去流配地，但他们对待公人的态度截然不同。林冲一路上赔尽了小心，逆来顺受，以至于被烫坏了脚，又被绑在树上……如果没有鲁智深的营救，他十有八九是活不成了。武松则一路上没把公人们放在眼里，反倒让他们赔尽了小心，令人觉得被押解的不是武松，而是那两个公人。作者通过这样的描写，极其生动地刻画出两人的不同性格。

鲁迅说得好："文学不借人，也无以表示'性'；一用人，而且还在阶级社会里，即断不能免掉所属的阶级性，无需加以'束缚'，实乃出于必要。"（《"硬译"与"文学的阶级性"》）正像现实生活里的人总是这样那样地受到阶级出身的制约一样，优秀的文学作品在刻画人物的行动时，也不能离开一定的阶级关系。《水浒传》的作者由于受到时代的制约，不可能有明确的阶级观点，不可能自觉地把握人物的阶级本质。但由于作者对当时的社会了解非常深刻，能够发现不同类型人物的特性，所以能刻画成功。茅盾同志曾以林冲、杨志和鲁达为例，作了很精辟的分析："善于从阶级意识去描写人物的立身行事，是《水浒传》的人物描写的最大一个特点。"（《谈〈水浒〉的人物和结构》）这个看法是对的。

我们知道，《水浒传》里李逵、鲁智深、武松这三个英雄人物写得非常成功。有强烈的正义感，同情下层人民疾苦，痛恨贪官污吏，是他们的共同特点。同时，他们的行动、举止，又受到各自的阶级出身、经历和教养的制约，显出各自的特色。出身贫农的黑旋风李逵单纯、直率、爱憎分明，对阶级敌人怀着刻骨的仇恨。他的心目中只有梁山水泊，至于"鸟官军""大宋皇帝鸟位"，都不放在眼里。他的确就像一股扫荡压迫的旋风，在任何斗争中都是最坚决最勇猛的闯将。在他身上，充分体现了地地道道的农民英雄的革命性和不妥协精神。花和尚鲁智深，照茅盾同志的分析："光景是贫农或手艺匠出身而由行伍提升的军官。"（同上）他无亲无故，也没有产业，但有一身好武艺，有义气，有胆量，有强烈的反抗精神。他见郑屠欺压金老父女，就打死了郑屠；见周通强占民女，就怒打了周通；见高俅要陷害林冲，就仗义保护；见崔道成、邱小乙欺负瓦官寺僧众，就除去了崔、邱。舍己救人，见义勇为，是花和尚鲁智深的特色。同时，他出身行伍，阅历较广，所以虽粗犷豪放，但粗中有细。城市贫民出身的武松同样是一条硬汉，既勇猛善战又沉着机警，讲义气，专打天下强暴。他走向反抗是从哥哥被害、从个人恩怨开始的。

显然，带有阶级出身色彩的人物，在《水浒传》中并不少见。例如，朱仝和雷横本是郓城县的都头，都富有正义感，是一对老搭档，一个管马兵，一个管步兵。朱仝出身于富户，雷横早先为铁匠，所以，一个细致精灵，一个豪放粗犷。

如同现实生活中的人不能遗世而孤立一样，文学作品中的人物行动也不是孤立的。《水浒传》常常通过人物的复杂关系来展现人物的行动。例如，小说开头先写王进，由王进引出史进，由史进引出鲁达，由鲁达引出林冲，由林冲引出杨志，由杨志引出晁盖、吴用、三阮兄弟。这样，就把一百单八汉被迫上梁山的起义斗争以及受招安后的一系列行动，像连环套一样，一环连着一环，十分紧凑地展现在读者眼前。这些人物既有共同的目标，又有各自的独特经历和行为举止，都展现在正反面人物的矛盾冲突和社会的阶级斗争中。例如，林冲的行动展现在他与高俅父子的斗争中，武松的行动展现在他与西门庆、蒋门神、张团练等人的斗争中，解珍、解宝的行动展现在他们与毛太公之子等人的斗争中。作者不但出色地刻画了正面人物，也细致地刻画了反面人物；即使是对那些陪衬性人物，如卖炊饼的武大郎、卖雪梨的郓哥、地方团头何九叔等，也进行了细致的描写。

人的行动千种万状，作家要想把某人的行动全表现出来是不可能的。文学作品不是现实生活的录事簿，它所表现的人物行动要比生活中的更典型、更集中、更概括。《水浒传》的作者就像那些擅长画人物的画家，善于选择特定人物最有代表性的特征，用简练的笔触，使人物的形象像浮雕似的展现在读者眼前。

人物的行动是通过各种动作表现出来的。所以描写时，应当重视对人物动作的刻画。《水浒传》就相当重视人物行动的细节描写。例如，一提起李逵，人们就想起那个吃起饭来狼吞虎咽、打起仗来火杂杂地抡着两把板斧的彪形大汉；一提起鲁智深，人们就想起那轰雷般的吼声，抡着六十二斤水磨禅杖的英雄好汉。这是和作者出色的细节描写分不开的。在《水浒传》里，像林冲与洪教头比武、杨志与索超比武、武松醉打蒋门神等，都有很精彩的细节描写。又如，武松打虎时，"双手抡起哨棒，尽平生气力，只一棒，从半空劈将下来，只听得一声响，簌簌地将那树连枝带叶劈脸打将下来"，把打虎的声势刻画得有声有色。接着，"（武松）只一闪，闪在一边""（大虫）翻身只一扑，扑将来"，"只""闪"的叠用，把人同猛兽之间的激烈搏斗无比生动地表现了出来。

有些人物行动的描写是相同的，但表现出的人物性格却不同。《水浒传》里既有武松打虎，又有李逵、解珍、解宝打虎。从表面上看，都是打虎，但刻画出的人物性格、反映出的具体内容却不同。在武松打虎中，刻画出的是他的倔强性格和勇敢精神；在李逵打虎中，刻画出的是他的勇猛精神和孝子之心；至于解珍、解宝打虎，则纯粹是为生计所迫，反映出封建社会中被压迫人民的悲惨命运及其不甘屈服的斗争精神和患难相扶的高尚品质。可见，同样是打虎，却各有各的声势，各有各的特色，彼此之间不能调换。

在优秀的文学作品中，人物动作与对话往往是结合着来写。有不少场面，人物动作和对话同时表现，这样就加强了人物的形象性。在《水浒传》中，有一些写得非常成功的例子。例如，鲁智深义护林冲，即将分手时，警告两名公人道："你两个撮鸟，本是路上砍了你两个的头，兄弟面上，饶你两个鸟命。如今没多路了，休生歹心！"两人道："再怎敢，皆是太尉差遣！"待分手时，鲁智深看着两人又说道："你两个撮鸟的头硬似这松树么？"二人答道："小人头是父母皮肉包着些骨头。"鲁智深抡起禅杖，只一下，打得树有二寸深痕，齐齐折了，喝一声："你两个撮鸟，但有歹心，教你头也与这树一般！"摆着手，拖了禅杖，叫声："兄弟，保重！"自回去了。这里的人物对话与行动是糅合在一起的，对话衬托出这个江湖好汉的威力，活现了这个人物豪迈神勇的形象。

为了深刻表现现实生活中的矛盾斗争，文学作品中的人物行动不能都写得直通通。《水浒传》里有些人物行动写得很曲折，令人感到真实。例如，对于梁山泊首领宋江，从他流落江湖到入伙梁山，花了许多笔墨，行动相当曲折。他在杀了阎婆惜后没有直奔梁山，而是投奔柴进；大闹清风寨后，大批人马都上梁山了，他却因石勇投书，回家

"奔丧"；接着，刺配江州，路过梁山，被劫上山寨，但他偏不肯留下；大闹江州之后，才死心落草。这样一番描写，是符合人物思想性格的，同时也给他后来的妥协、投降埋下了伏笔。

人物行动不一定都要从正面写，有时采取侧面描写的方法反而更妥帖，更富有艺术韵味。《水浒传》里有些人物的行动就是从侧面来描写的。例如，当卢俊义要仆人李固和他一同离家时，李固托病不去，挨骂后，无言地只看着卢妻贾氏。李固出城时，贾氏"看了车仗，流泪而入"，而当卢俊义离家时，贾氏对丈夫说："路上小心，频寄书信回来！"说罢，燕青流泪拜别。第一段写出李固与贾氏的关系。第二段写贾氏听到卢俊义离家时没有悲伤，没有眼泪，而当他出门见了行李车时，反而哭了；这"哭"，哭得多么稀奇。第三段写卢俊义离家时，贾氏只是作了一番嘱咐，没有眼泪，"哭"的反倒是燕青。通过这几个片段的描写，衬托出贾氏与仆人李固之间的暧昧关系。

《水浒传》之所以能把梁山泊人物写得富有生命力，主要就在于人物行动的描写准确、生动、深刻。特别是从"智取生辰纲"起，在读者面前展现出一系列典型的人物行动，生动、深刻地反映了封建社会农民起义斗争的壮丽图画。

近年来，对于《水浒传》有着不同的看法，特别是由于"四人帮"的干扰破坏，用《水浒传》来影射现实生活和斗争，引起对《水浒传》评价的混乱。但《水浒传》是我国古典文学中的遗产，这是无可非议的。此外，还要指出，《水浒传》的作者除了施耐庵，还有罗贯中以及其他人，这从书中的有关描写可以明显地看出来。例如，鲁智深杀了恶霸郑屠户，被官府逮捕时，书中分明说他目不识丁，看不懂文告，但在一百二十回本的后段，在他"坐化"之前，又说他会写诗。这类矛盾，充分说明《水浒传》的作者不是一个人。因此，对于《水浒传》的研究必须审慎从事，不能简单化。

不可否认的是，今天现实生活中的人物行动已经完全不同于封建时代的人物行动，我们在从事文学创作时，不能把《水浒传》中的描写方法生搬硬套。但作为古典文学巨著的《水浒传》，它所采用的种种描写人物行动的方法，对于我们今天无疑有着重要的借鉴作用，这是需要我们在批判的基础上很好地去学习、研究和继承的。

十二、试论李卓吾对《水浒传》的评点[*]

我国古典长篇小说《水浒传》自问世后，就被封建反动统治阶级及其御用文人看作是"诲盗逆书"，受到各种歪曲、毁谤和摧残。长久以来，从事《水浒传》研究的，往往言必称金圣叹，甚至对金圣叹挖空心思诬蔑、歪曲《水浒传》的评点文字也加以美化，硬把金圣叹看作是"同情农民起义"的文学评论家，称他为"封建文化的贰臣""封建政权的叛逆"，等等。而对于士大夫文人中第一个大胆肯定这部小说的明代杰出思想家、通俗小说评点家李卓吾（1527～1602 年）和他对《水浒传》的评点，[1] 则很少有人加以研究和重视。

关于李卓吾是否评点过《水浒传》，他评点的是哪一部《水浒传》，他是如何评点这部小说的，以及他对《水浒传》的评点在我国文学批评史上应占什么地位等，在学术界是有不同意见的。本文想就李卓吾《水浒传》评点中的一些问题谈谈个人的粗浅看法，希望得到读者和专家们的指正。

（一）

有的文章认为，李卓吾根本没有评点过《水浒传》，署名李卓吾评点的《水浒传》都是伪造的。如新中国成立前胡适在其《百二十回本忠义水浒传序》中就说：

> 今世所传忠义水浒传大概出于李贽死后。因为他爱批点杂书，故坊贾翻刻《水浒传》也就是借重这一位身死牢狱而名誉更大的名人。[2]

---

[*] 本文曾以萧伍的笔名发表于《学术月刊》1964 年第 5 期。编入时有调整——编者注

[1] 署名李卓吾评点的《水浒传》主要有四种：（1）《李卓吾先生批评忠义水浒传》一百卷，一百回，明万历三十八年容与堂刊本，不题撰人，前有李贽序（由虎林孙璞书写）、小沙弥怀林的《批评水浒传述语》，每回正文中有眉批、夹批、圈点和回末总评；（2）《出像评点忠义水浒全书》，不分卷，一百二十回，明万历四十二年杨定见、袁无涯刊本，前有李贽序、《发凡》和杨定见《小引》，附录《宋鉴》中关于宋江和梁山泊农民起义的部分，以及《宣和遗事》中有关宋江等的事迹的全文，题施耐庵集撰、罗贯中纂修，每回正文中有眉批、夹批、圈点和回末总评；（3）《李卓吾评忠义水浒传》一百回，明芥子园本，题施耐庵原本，前有大涤余人序，除每回末无总评、缺后二十回外，其眉批、夹批均与《出像评点忠义水浒全书》大致相同；（4）《李卓吾先生评忠义水浒传》一百卷，题施耐庵集撰、罗贯中纂修，明万历刻，清康熙五年石渠阁重修本，本衙藏板，前有《水浒传叙》，但文中未见李卓吾评语。可以说，今天留下来的署名李卓吾评点的《水浒传》，主要是前两种。

[2] 《中国章回小说考证》，实业印书馆，第 124 页。

胡适甚至连李卓吾的《忠义水浒传序》也认为"似是书坊选家的假托"。他断定两本（按，即上页注1所说前两种）"同是假托于李贽的"。署名李卓吾评点的小说戏曲中的确有赝品。李卓吾的学生汪本钶在《续焚书》的序文中这样说道：

> （李卓吾）死而书益传，名益重。……夫伪为先生者，套先生之口气，冒先生之批评，欲以欺人而不能欺不可欺之人。世不乏识者，固自能辨之。第浸至今日，坊间一切戏剧淫谑，刻本批点，动曰卓吾先生，耳食辈翕然艳之。其为世道人心之害不浅，先生之灵必有余恫矣。❶

如果因此便认为李卓吾根本没有评点过《水浒传》，显然是不符合事实的。李卓吾晚年在给好友焦弱侯的书简中，曾谈到他批点《水浒传》的事。他在信中这样写道：

> 千难万难不肯遽死者，亦只为不忍此数种书耳。有可交付出，即死自瞑目，不必待得奇士然后瞑目也。《水浒传》批点得甚快活人……念世间无有读得李氏所观看之书者。❷

在这里，李卓吾不是分明说自己因批点《水浒传》而感到快活，甚至因这部书未得其人交付而不愿"遽死"吗？李卓吾晚年较为亲近的友人袁小修在《游居柿录》中也有同样的记载：

> 万历壬辰夏中，李龙湖（卓吾）方居武昌朱邸，予往访之。正命僧常志，抄写此书，逐字批点……❸

再看曾在较长时期内跟李卓吾同在龙湖上院生活过的小沙弥怀林的《批评水浒传述语》中的一段文字：

> 和尚自入龙湖以来，口不停诵、手不停批者三十年，而《水浒传》《西厢记》尤其所不释手者也。盖和尚一肚皮不合时宜，而独《水浒传》足以发抒其愤懑，故评之为尤详。据和尚所评《水浒传》，玩世之词十七，持世之语十三，然玩世之处，亦俱持世心肠也……

以上引文说明，李卓吾曾评点过《水浒传》，这是无可置疑的。胡适认为《忠义水浒传序》也是伪作，更属主观臆断。李卓吾的这篇文章收集在他生前刊刻的《焚书》（按，该书初刻于1590年，重刻于1600年）里。像李卓吾这样十分鄙视弄虚作伪的人，岂能把伪作编在自己文集里。所以，我以为，否认李卓吾批点过《水浒传》、把《忠义水浒传序》看作赝品，都不恰当。

但是，署名为李卓吾评点的百回本《忠义水浒传序》与百二十回本《出像评点忠义水浒全书》中的评点是不是都出于李卓吾之手呢？

我们知道，这两种不同回目、不同版本的《水浒传》评点虽都署名为李卓吾，但每一章回的眉批、夹批、旁点、回末总评，就其思想内容和文字风格方面看，是很不相

---

❶《续刻李氏书序》，见《续焚书》，中华书局1959年版，第4~5页。

❷《与焦弱侯书》，见《续焚书》，第35页。

❸《袁小修日记》，上海杂志公司1933年版，第244页。

同的，不可能出于一人的手笔。看来，其中可能有一种是伪作。有的文章认为，容与堂百回本的批语是伪作，而百二十回本的批语则是李的稿本，由杨定见改动过，主要依据是袁小修的《游居柿录》上还记载："袁无涯来，以新刻李卓吾批点水浒传见遗。"同时，据百二十回本的杨定见《小引》，这本书是由杨定见交与袁无涯的，而杨定见确与李贽有着很密切的关系。❶ 但是，不能认为这些就能证明百二十回本《水浒传》是李卓吾评点的。袁小修的这段文字并没有肯定袁无涯刊刻的《水浒传》中的评点文字出于李卓吾之手，而单是因为杨定见与李卓吾关系较为密切就认为该本是李卓吾评点的，这个论据是薄弱的。据我的初步研究和推断，认为容与堂百回本《水浒传》的评点出于李卓吾似乎是比较符合实际的。有下面几点理由。

（1）上面说过，《忠义水浒传序》一文肯定是李卓吾写的。署名李卓吾评点的百回本、百二十回本虽都以此为全书的序文，但这篇序文主要是谈到梁山泊起义军"破辽""灭方腊"，根本没有提及"征田虎""征王庆"。如果李卓吾评点的是百二十回本并为该书作序的话，岂能不提"征田虎""征王庆"呢？在百二十回本杨定见的《小引》中也提到"取卓吾先生叙忠义水浒传文，同声读之"。可见，杨定见也认为《忠义水浒传序》是真的。这也证明李卓吾评点的不是百二十回本《忠义水浒全书》。

（2）李卓吾的作品中对当时的封建道德思想和贪官污吏的抨击是相当强烈的。例如，他歌颂被楚抚王之垣杀害的学者何心隐，说"何心老英雄莫比"。❷ 在他看来，"真正圣贤，不免被人细摘。"❸ 当他受到封建反动势力的迫害时，一些同情他的朋友要向赃官告饶，他这样回答：

> 我若告饶，即不成李卓老矣……故我可杀不可去，我头可断而身不可辱，是为的论，非难明者。

李卓吾这种不妥协的战斗精神，在容与堂百回本《忠义水浒传》的评点中，表露得很充分。而在百二十回本《忠义水浒全书》的评点中，则有不少地方是与李卓吾这种战斗思想相违背的。下面试举数例来证明。如对李逵打死殷天锡这件事，百回本的批语：

> 我家阿逵，只是直性，别无回头转脑心肠也，无口是心非说话。如殷天锡横行，一拳打死便了，何必誓书铁卷。柴大官人到底有些贵介气，不济不济。

而百二十回本却是这样说：

> 殷天锡侵夺柴氏田庄，得李逵一拳，大快。今也如天锡者不少，尚有黑旋风板斧而出，大可危也。

拿这两条批语对比，显然前者表现的战斗思想倾向较为明显。又如《陈桥驿挥泪斩小卒》中，容与堂百回本以极其鲜明的态度歌颂了这个敢于反抗官府的、不怕死的无名

---

❶ 严敦易：《水浒传的演变》，作家出版社1957年版，第195页。
❷ 《与焦漪园太史书》，见《续焚书》，第29页。
❸ 《与焦弱侯书》，见《续焚书》，第42页。

军校，夹批"妙人"二字，眉批"这个军校可取"。总评中说，从这件事看到，宋江貌似"至诚"，实质上是"参之以诈"，"一觉可厌"。评点者显然是把自己的同情放在敢于同反动朝廷特派厢官做斗争的小军校这方面的。相反地，百二十回本中则这样批道："读至公明挥泪斩小卒，其由衷之言，令人感泣不已！"作者是把同情放在杀死军校的宋江这方面。又如，当鲁智深把周通、李忠的器皿卷走后，周通说道："不如罢手，后来到好相见。"百二十回本眉批道："做人处世，千古名言。"不难看出，批语表现出的是息事宁人、与世无争的口吻，与李卓吾著作中比较突出的顽强斗争、不曲阿的精神是没有什么共同之处的。所以，从思想内容来看，容与堂百回本的批语同李卓吾其他著作的精神基本吻合，而百二十回本的批语则与李卓吾著作中所表现的战斗精神存在很大距离，甚至有些是抵触的。

（3）从文字风格来看，容与堂百回本批语的文风、笔调同李卓吾著作特别是他晚年的短文、书简非常相像。评点者以李卓吾特有的那种别具风格的鲜明生动、辛辣的文字对书中的人物、事件做出评价，同时，他密切联系自己所处的时代，写下了带着愤懑情感的批语。相反地，百二十回本中的批语则多半是平平稳稳，语多平淡。如对"林冲雪夜奔梁山"这样激动人心的回目的总评是："高衙内相思症空儿火热。"又如，在"柴进簪花入禁院，李逵元夜闹东京"这一回，竟以"柴进假扮王观察心胆甚大，李逵劈打杨太尉意气粗豪"这样不痛不痒地类似骈文的句子作为总评。像这样呆板的文字，实在不像出于李卓吾的手笔。

（4）从《水浒传》版本演变的历史看，百回本刊于万历十七年（1589年，见百回本天都外臣序），上述袁小修谈到李卓吾在万历壬辰（1592年）评点《水浒传》，这个时间恰是百回本《忠义水浒传》出版后的第三年。可见，李卓吾评点的正是这部《水浒传》。而据郑振铎等的考证："现在所看到的最早的一百二十回本，是17世纪中叶的杨定见本"。刘修业的《古典戏曲丛考》也认为，百二十回本刊于万历四十二年（1614年），即李卓吾死后十几年。可见，李卓吾生前并没有见过这部书，当然更谈不上评点了。

（5）容与堂百回本的各回回末，总评起首多用"李卓吾曰""李贽曰""李和尚曰""卓翁曰""李秃翁曰"，等等，有数十处之多，而在百二十回本中，除了有一回用"李卓吾曰"外，则无一署名，这也可作为前者出于李卓吾的旁证。同时，百二十回本比百回本晚出四年；如果署名李卓吾的百回本是赝品，百二十回本的出版者岂能不予揭穿？这也说明，百回本中的李卓吾批语并非伪作。

（6）《水浒传》写鲁达为金老父女抱不平、打死镇关西时，百二十回本回末总评这样写道："陈眉公有云：'天上无雷霆，则人间无侠客。'郑屠以虚钱实契而强占金翠莲为妾，此是势豪长技。"我们知道，陈眉公即陈继儒，比李卓吾小三十几岁。李卓吾约于万历壬辰年批点《水浒传》，那时陈眉公只三十出头，哪有著作宏富的文坛前辈引用后来者的话？同时，就我所知，这句话见于《眉公先生晚香堂小品》卷十之《侠林叙》一文，是陈眉公为洪世恬著《侠林》一书所作的序文开头的一句话。文中谈到"余少好任侠，老觉心身如死灰"，可见这篇文章是他晚年写的。那时，李卓吾去世已久，怎能在评点中引用他的话呢？这也说明，署名李卓吾的百二十回本的批语是伪作。

通过以上的简单分析，我认为容与堂百回本《忠义水浒传》是李卓吾批点的，而袁无涯的百二十回《忠义水浒全书》刊本是伪作。

（二）

我们知道，钱希言的《戏瑕》、周亮工的《因树屋书影》等书都认为，所谓李卓吾评点的《水浒传》实际上出于梁溪叶昼（文通）的手笔。❶ 下面试就容与堂百回本《忠义水浒传》的评点来谈谈李卓吾对《水浒传》的评价。

李卓吾怎样评《水浒传》？在《杂说》一文中他这样写道：

> 且夫世之真能文者，比其初，皆非有意于为文也。其胸中有如许无状可怪之事，其喉间有如许欲吐而不敢吐之物，其口头又时时有许多欲语而莫可以语之处，蓄极积久，势不能遏。一旦见景生情，触目兴叹，夺他人之酒杯，浇自己之垒块，诉心中之不平，感数奇于千载。既已喷玉唾珠，昭回云汉，为章于天矣，遂亦自负，发狂大叫，流涕恸哭，不能自止。宁使见者闻者切齿咬牙，欲杀欲割，而终不忍藏于名山，投之水火。❷

这虽然是讲作文章的道理，但也可作为李卓吾评点《水浒传》的写照。李卓吾把《水浒传》看作是"贤圣发愤之所作"。❸ 他评点《水浒传》的主要特色就是借题发挥，即借评点这部小说抒发心中的不平，并对自己所处的时代和社会进行了严厉的批判。

我们知道，李卓吾生活在明嘉靖、隆庆、万历年间，这是我国封建社会处于衰朽没落的黑暗时代。嘉靖皇帝朱厚熜一心想成仙，成天炼药；隆庆皇帝朱载垕沉迷于后宫、游宴，长久不问朝政；万历皇帝朱翊钧贪财好货，派大批宦官充当矿监和税使，到处以开矿增税为名，对人民横征暴敛。在反动官府的压迫剥削下，16世纪中叶，先后爆发了以蔡伯贯为首的白莲教起义，以刘汝回为首的太湖人民起义。李卓吾生活在思想文化受到严密控制的时代，文人中提倡"尊孔忠君"，"以孔子之是非为是非"（李卓吾语），以朱子对儒家经典著作的注释为准绳，把封建纲常和道德教条遵为"天理"，等等。李卓吾对这些极不满意，通过对《水浒传》这部揭露封建社会黑暗、歌颂人民起义斗争的小说的评点，充分发挥了他的见解。如在"七星聚义"中，刘唐建议劫夺梁中书送给他丈人蔡京的不义之财"生辰纲"，他批道："是，大是！"（第十五回）在他看来："晁盖、刘唐、吴用都是偷贼的，若不是蔡京那个老贼，缘何引得这班'小贼'出

---

❶ 钱希言在《戏瑕》中写道："比来盛行温陵李贽书，则有梁溪人叶开阳名昼者，刻画摹仿，次第勒成，托于温陵之名以行。……于是有叶宏甫批点《水浒传》。"周亮工在《因树屋书影》卷一中也这样记载："叶文通，名昼，无锡人，多说书，有才情，留心二氏学，故为诡异之行。迹其生平，多似何心隐，或自称锦翁，或自称叶五夜，或称叶不夜，最后名梁无知……当温陵焚、藏书盛行时，如《四书第一评》《第二评》《水浒传》《琵琶》《拜月》诸评皆出文通手。"

❷ 见《焚书》，中华书局1961年版，第96~97页。

❸ 《忠义水浒传序》，见《焚书》，第108页。

来?!"（第十四回）李卓吾对那帮借势欺人的贪官污吏深恶痛绝，说高俅父子、陆谦、富安等人："好一伙不识道理，不知法度的畜生！"（第七回）

李卓吾把《水浒传》艺术地描写出来的豪绅恶霸欺压良民的典型事例看作是当时社会生活的概括。当金老父女向鲁达控诉镇关西郑屠怎样以"虚钱实契"作践金翠莲时，他的批语是："世上都是如此！"（第三回）西门庆勾结贪官污吏，阴谋陷害武松，他的批语是："今之做官的都是如此！"（第二十六回）

李卓吾甚至把攻击的矛头指向封建社会的昏君。《水浒传》第一回讲到民间瘟疫盛行时，他的批语是："瘟疫盛行，为君为相的无调。"

李卓吾的时代，"道学"蔚为风尚。"道学"之士"能起名""济用"，而实质上却是"阳为道学，阴为富贵，被服儒雅，行若狗彘"。❶ 他对言行不一的文士，对假道学思想，展开了猛烈的攻击。《水浒传》充分揭露了黄文炳之流的刁钻狡猾和拍马逢迎的无耻行径，李卓吾在批语中写道："如今读经书的，哪一个不是阿谀谄拨之徒?!"（第三十九回）

李卓吾以满腔的热情颂赞了梁山泊的英雄好汉。他把鲁智深、李逵、武松等都看作是大丈夫、真男子、仁人、智人、勇人、圣人，把他们看作是菩萨、罗汉、佛……他特别赞赏李逵拿起两把板斧到法场去救人的英雄事迹，他说："晁盖须十七人才来干事，张顺亦是九人方来劫牢，那里如李大哥独自一个两把板斧便自救人，是如何胆略，如何忠义。"（第四十回）他歌颂武松"是个真男子，勿论其他，即杀人留姓字一节，已超出寻常万万矣"（第三十一回）。

李卓吾对梁山泊英雄首领宋江基本上是肯定的，但不是无批判的肯定。他指出，宋江有胆识，在大闹西岳华山时他率领的大军"如入无人之境，大胆大胆，卓老亦不及也"（第五十九回）。他说："未有忠义如宋公明者也。"❷ 又指出，宋江身上沾染有假道学的东西，善于运用"黄老之术，以退为进，以舍为取"（第六十四回），不像李逵、鲁智深等英雄好汉那么纯朴。

有人认为，李卓吾在《水浒传》评点中表现出来的政治观点、思想倾向与后来的金圣叹基本上是相同的，他之所以将《水浒传》冠以"忠义"两字只是由于梁山泊英雄投降朝廷，并且随征方腊，其实他对农民起义并没有什么同情。这种看法是片面的。不能认为金圣叹与李卓吾对于《水浒传》所描写的以宋江为首的梁山泊农民起义军的态度没有什么不同。金圣叹虽然对《水浒传》一书也做过相当高的评价，认为"天下文章无出水浒右者"，但只是认为《水浒传》的文章好，他在评点中则极力把《水浒传》赞美农民起义这一主要内容掩盖、歪曲了，他费尽心机来证明《水浒传》的作者对梁山泊英雄好汉采取的是否定和谴责的态度。他对书中所写的英雄人物虽也做过一些赞美，但从总的方面看，他对起义军是否定的，把他们看作"凶物恶物"。他的批语中

---

❶ 李贽：《初潭集》卷八，第40页；卷四，第22页。
❷ 《忠义水浒传序》，见《焚书》，第109页。

虽然也有怒骂贪官污吏、同情人民的话，但基本上是站在统治阶级的立场，为了巩固、维持封建统治。他特别反对给《水浒传》加上"忠义"二字，认为不能说"水浒有忠义，国家无忠义"（贯华堂七十回本《水浒传》第五十七回）。他不同意宋朝的"招安"政策，认为只要是"造反"的，就要赶尽杀绝，所以他以卢俊义的一场"噩梦"来结束了《水浒传》。

而李卓吾对《水浒传》中农民起义军的态度并不是这样。他对《水浒传》的评点，主要是"夺他人之酒杯，浇自己之垒块"。他不是一般地把《水浒传》的主要思想看作是"大圣贤言，圣人之道"，而且在《忠义水浒传序》中非常明确地指出：参加梁山泊军的起义人都是大力大贤有忠有义之人，宋朝君臣比德行比力量都不如梁山泊好汉。从某方面说来，这是对农民起义的支持和赞扬。诚然，李卓吾对梁山泊好汉的正义斗争还不能充分肯定，对梁山泊好汉争取李应、卢俊义上山也有所责难，但从总的方面看，他对梁山泊起义军的斗争行为是相当同情的。鲁达三拳打死镇关西时，他的批语是："好文章，直令人手舞足蹈！"林冲雪夜上梁山前杀死奸官走狗陆谦等人，他的批语是："杀得快活，杀得快活！"李逵说："放着我们许多军马，便造反怕怎地！晁盖哥哥便做大宋的皇帝，宋江哥哥便做小宋的皇帝。"他的批语是："天上的言语，大皇帝、小皇帝，都是不经人道语。"（第四十一回）他不寄希望于反动朝廷，相反地，他认为在反动朝廷里像曹正、张青这样较为正派、能识别人才的人物，简直连一个都没有了（第十七回），而只有梁山泊好汉才能高举"忠义"的旗子。在那个时代，李卓吾敢于承认"水浒之众，皆大力大贤有忠有义之人"，敢于承认梁山泊起义军高举的是"忠义"的旗子，而认定朝廷无忠义，这不能不说是很有见地、很有胆识的。而所有这些，是低声下气、歌颂"太平天子当中坐"，要人民"完租""负曝"（贯华堂七十回本《水浒传》最后的两首诗）、永远做顺民的金圣叹所不能企及的。

有人认为，李卓吾不是也把梁山泊好汉说成"强盗"吗？这岂不是对起义军的诬蔑？在李卓吾的时代，一般士大夫文人把农民起义军称作"强盗"是很平常的。我们看问题不能只看表面，要看本质。问题在于，李卓吾是把梁山泊好汉及其正义斗争当作一般的、名实相符的杀人放火、祸国殃民呢，还是寄同情于"强盗"？只要我们认真研究李卓吾为《忠义水浒传》所作的序言及其对《水浒传》的评点，便不难看出，他的思想倾向是后者而不是前者。李卓吾感慨："如今世上都是瞎子，再无一个有眼的，看人只是皮相。"（第六回）在他看来："凡言词修饰、礼教闲熟的，心肝倒是强盗。"（第三十八回）他指出："不知知府是强盗，强盗是知府？"（第五十回）可见，李卓吾实质上把封建反动官府里的官员看作强盗，而他们才是名实相符的强盗哩。所以，我们不应因为李卓吾曾把梁山泊好汉称作"强盗"而忽视他对起义军的肯定。

李卓吾歌颂《水浒传》的进步思想倾向，与他对历史上一些农民起义首领抱同情态度的进步观点是一脉相承的。在李卓吾著作里，把陈胜、窦建德等都列入《世纪》，与历代帝王并列。他对黄巢声讨统治阶级的檄文十分赞赏，认为以黄巢为首的农民起义军所以能节节胜利，是由于"天下离心，人士多附之"。他尤其对当时在闽粤"攻城陷邑，杀戮官吏，朝廷为肝食"，以至于"称王称霸，众愿归之，不肯背离"约三十年的"海盗"林道乾十分钦佩。在《因记往事》一文中，他细致分析了"盗贼"频出的原因，认为在黑暗的环境下，"举世颠倒，使英雄豪杰抱不平之恨，英雄怀罔措之戚"，所以才"直驱之使为盗也"。当有人开玩笑地问他："公可识林道乾否?"他风趣而又意味深长地答道："余是何人，敢望道乾之万一乎?"可见李卓吾对同时代社会中"盗贼"的同情。他在评点《水浒传》时，虽然袭用了"盗贼"的称呼，但实际上他对梁山泊英雄的正义斗争是赞扬和同情的。

（三）

李卓吾生活的明嘉靖、万历年间，八股文、试帖诗很流行，文学创作中风行的是所谓从容安闲的"台阁体"。当时所谓的"古文运动"，实际上是一味仿古，即"文必秦汉，诗必盛唐"，不要什么创造性。李卓吾坚决反对文学创作中的矫揉造作，认为八股文、试帖诗都是"假文"。他针对"复古派"文人提倡的"文必秦汉，诗必盛唐"，提出了"诗何必古选，文何必先秦"。在他看来，文学是不断地演变和发展的，"降而为六朝，变而为近体，又变而为传奇，变而为院本，为杂剧，为《西厢曲》，为《水浒传》……"他不但在思想上大力肯定《水浒传》，同时，在艺术创作方面也十分推崇，认为它是"古今至文"。❶ 周辉在《金陵琐事》中有这样一段记载：

> 李卓吾常云：宇宙有五大部文章，汉有司马子长《史记》，唐有杜子美诗，宋有《苏子瞻集》，元有施耐庵《水浒传》，明有《李献吉集》。

在八股文、试帖诗充斥文坛之际，李卓吾敢于突破偏见，对《水浒传》一书予以如此高的评价，把它看作"古今至文"，列为"宇宙五大部文章"之一，这也是很有胆识的。

李卓吾的《水浒传》评点中，对该书艺术描写出色之处的批语，虽只有三言两语，却往往能切中要害。一切文学艺术作品不能没有人物描写。塑造我国封建社会中的农民起义英雄人物的典型形象，是《水浒传》这部古典优秀作品的杰出贡献。李卓吾指出了《水浒传》在塑造人物方面取得的重要成就。他在批语中这样写道："施耐庵、罗贯中真神手也。描写鲁智深处便是个烈丈夫模样，描写洪教头处便是忌嫉小人身份；至差拨处，一怒一喜，倏忽转移，咄咄逼真，令人绝倒，异哉!"（第九回）"描写李小二夫妻两个，无不入神。怪哉! 怪哉!"（第十回）

李卓吾认为，《水浒传》人物描写的艺术成就，在于细致地刻画了人物的个性。他说：

> 《水浒传》文字妙绝千古，全在同而不同处有辨。如鲁智深、李逵、武松、阮小七、石秀、呼延灼、刘唐等众人都是急性的，渠形容刻划来，各有派头，各有光景，各有家数，各有身份，一毫不差，半些不混，读去自有分辨，不必见其姓名，

---

❶ 《童心说》，见《焚书》，第98页。

一睹事实，就知某人某人也。读者亦以为然乎，读者即不以为然，李卓老自以为然，不易也。（第三回）

这都是李卓吾对《水浒传》一书所做的艺术分析中的独到见解。

李卓吾评点《水浒传》的文字生动自然，不滥用典故，又往往能"切中关键，开豁心胸"（醉香主人《新镌李卓吾原评西厢记序》）、"肌襞理分，时出新意"（袁中道《李温陵传》）。他的见解很大胆，对旧社会的抨击相当猛烈。袁宏道在《东西汉通俗演义序》一文中曾谈到，有人在读了李卓吾评点的《水浒传》后拍案叫绝，说："若无卓老揭出一段精神，则作者与读者千古俱成梦境。"从某一方面看，李卓吾对《水浒传》的评点，的确有助于作品的阐明，有助于人们对作品所描写的人物性格的理解，同时，也能启发读者注意现实生活问题。

（四）

通过以上简单分析，可以看到，李卓吾对《水浒传》的评点同他的其他著作一样，在一定程度上表现了倾向于人民的民主思想。李卓吾的一生受尽了封建反动统治阶级及其帮凶帮闲文人的迫害，曾被人目为"人妖""叛圣""猖狂而无忌惮"，而被驱逐出境，晚年又被逮系镇抚司狱，遭杀害。他的著作也以"惑乱人心，狂诞悖逆"等罪名，被反动官府下令禁止并焚毁：一焚于万历三十年，再焚于天启五年，直到清朝，仍未停止。其所以如此，是因为他的著作中表现了那个时代进步的批判精神，触动了封建社会的烂疮疤，从而使反动统治阶级及其御用文人群起而攻之（封建反动文人金圣叹在《水浒传》的评点文字中也辱骂了李卓吾），必欲置之死地而后已。而李卓吾的可贵之处是不怕被攻击，用他自己的话说，就是敢于摆开"堂堂之阵""与千万人对垒"。李卓吾对《水浒传》的评点，恰恰体现了他的这种战斗精神。正因为这样，他所评点的百回本《忠义水浒传》也遭到了明清以来反动统治阶级的禁锢，甚至已不容易找到一部全本了。❶

当然，李卓吾毕竟生活在 400 多年前的封建社会，由于时代和阶级的局限，他在《水浒传》的评点中对于农民起义和农民战争的本质，并没有什么深刻的认识，只是把起义军的行侠仗义、劫富济贫当作一种义行来歌颂。他的《忠义水浒传序》中强调，宋朝处于外患频仍的时代，《水浒传》的作者施耐庵、罗贯中由于看到"宋室不竞，冠履倒施，大贤处下，不肖处上，驯致夷狄处上，中原处下。一时君相犹然处堂燕鹊，纳币称臣"，所以他们"虽生元日，实愤宋事，是故愤二帝之北狩，则称大破辽以泄其愤"。这种看法虽然有一定的现实依据，但他片面强调梁山泊英雄好汉的"忠义"思想，把《水浒传》看作是反对权奸、为王室尽忠的小说。用"忠义"两字来概括《水浒传》，就把《水浒传》反映的统治阶级与被统治阶级的矛盾说成忠臣义士与奸臣的矛

---

❶ 现在，李卓吾评点的容与堂本百回本《忠义水浒传》，只在日本内阁文库藏有一部，中国文学研究所及北京图书馆善本室所藏的均不全。

盾。这个看法是与《水浒传》的精神不完全符合的。同时，他特别强调《水浒传》中基本符合封建统治阶级利益的农民起义受招安的结局，也削弱和冲淡了《水浒传》中富有战斗性的、鲜明的阶级斗争的思想内容。这说明，作为进步士大夫文人李卓吾，他的世界观还没有摆脱封建主义。同时，我们还要看到，李卓吾对于通俗小说和戏曲的认识还是初步的，没有形成系统的理论。他对小说的评点，就是在《水浒传》的评点中，有些地方仍不免穿凿附会、肢解作品。因此，我们必须以批判的态度来看待李卓吾对《水浒传》的评点，来学习和继承他古典小说评点的遗产。

十三、关于《荡寇志》

以《水浒》七十回本"续书"面目出现的俞仲华的《荡寇志》，又叫《结水浒传》，是一部彻头彻尾歪曲《水浒》和诬蔑我国封建社会农民革命起义的反动古典小说。如果说《水浒》写的是"官逼民反""除暴杀官"，《荡寇志》写的则是"民反官剿""荡'寇'救官"；如果说《水浒》处处阐明"取非其有官皆盗，损彼有余'盗'是公"，把梁山泊起义军看作是"替天行道"，并以满腔热情歌颂了他们的正义斗争，那么《荡寇志》则是阐明"只有朝廷除'巨寇'，那堪'盗贼'统官军"的歪理，诬蔑梁山泊起义军是"聚众暴乱"，是"乱臣贼子"，把血腥镇压农民起义的反动官军歌颂为"除暴安良"。《荡寇志》这部小说是披着艺术盛装出现在我国古典文坛上的，诚如鲁迅所说："书中造事行文，有时几欲摩前传之垒，采录景象，亦颇有施罗所未试者，在纠缠旧作之同类小说中，盖差为佼佼者矣。"❶ 很明显，对《荡寇志》全面彻底地进行分析批判，将有助于我们识别历史上的反动派在激烈的阶级斗争和思想斗争中，是怎样通过文学艺术这个武器来宣扬自己的观点，蒙骗人民群众，从而千方百计地为反动统治阶级效忠服务的。这篇文章是在这方面做一些探索的尝试。

（一）

《荡寇志》作者俞仲华，原名万春，别号忽来道人，浙江山阴人。生于清乾隆五十九年（1794年），❷ 卒于清道光二十九年（1849年）。兄弟七人，排行第二，曾学医于山阴陈念义。❸ 他的著述，据他儿子俞龙光说，除《荡寇志》外，尚有《骑射论》《释医学辩论》《净土事相》等书，"皆属稿而未全"。俞仲华的父亲是一名军官。远在嘉庆中叶，俞仲华就跟随他父亲的"剿匪"官军，镇压广东珠崖城的黎族人民起义。道光初年，俞仲华又随其父在桂阳，利用收买的办法，镇压了梁得宽、罗帼瑞为首的农民起义，"获首百余人"，把梁得宽"立毙杖下，毁其器械，夷其巢穴，除其强梗"（俞蠡立

---

❶ 《鲁迅全集（第8卷）》，人民文学出版社1957年版，第20页。

❷ 俞仲华在《荡寇志缘起》中说："仲华十有三龄，居京师之东长安街，梦一女郎，仙姿绝代……"结尾谓："梦则嘉庆十一年四月初九日漏三下。"据此推算，俞仲华当生于清乾隆五十九年。

❸ 据王英祝《潜斋医学业书》《怀砚录》卷二记载："山阴君俞仲华，下方桥陈念义之高弟也……饮酒谈兵……兼佞佛，久寓省垣，与余交最深，惟谈医不和……俞尝撰《续水浒演义》一书，又名《荡寇志》，尊朝廷以诛'盗贼'……惜笔力远逊耐庵……其次子极聪慧，善诗画，患咯血，乃翁传与以桂附药。仲华殁后，《荡寇志》未脱稿，其长子伯龙茂才与仁和邵循伯茂才续成之。"

《荡寇志续序》）。接着，他又参加了对南方以赵金龙为首的瑶族人民大起义的围剿。我们知道，赵金龙领导的瑶族人民起义发生于清道光十一年（1831），范围遍及楚、粤、桂三省瑶族地区，实际上是汉、瑶、侗等民族掀起的一次联合反抗清朝封建统治者的起义。最初，朝廷派湖南提督海凌阿等带兵去镇压，为起义军击败。道光十二年，清廷又调遣五省兵力联合围剿，俞仲华亦"负羽从戎""从征瑶变"。不久，起义军被血腥镇压，俞仲华也被清廷大加赏赐，得了"功名"。鸦片战争后，随着帝国主义的加紧入侵中国，反清运动此起彼伏，这时，俞仲华已回到浙江，在杭州行医。道光二十二年"海疆戒严"，他又因"献策军门，备城战守器械，鉴赏于刘玉坡抚军"（俞龙光《荡寇志按语》）俞仲华屡次参加的这些镇压各地人民起义的活动，正是他创作《荡寇志》这部反动小说的"生活源泉"。

　　俞仲华于道光六年开始《荡寇志》的写作。其中，几度因参加镇压人民起义的活动而搁笔，直到道光二十七年这部小说才初步定稿，前后历时22年。但俞仲华"未遑修饰而殁"，又经其子俞龙光代为修润，于道光二十九年刻板问世。俞仲华竭尽其半生"心血"来写《荡寇志》，是有其鲜明的目的性的。原来他对当时不断发生的"民变"极为不满。他13岁便熟读《水浒》。在他看来，当时人心之所以"败坏"，农民起义之所以此起彼伏，是由于《水浒》"淫词邪说，坏人心术"所致。他深感《水浒》在民间的深远影响，认为"此书若容他存留人间，成何事体？莫道小说闲书不管紧要，须知越是小说闲书，越是传播的快；茶坊酒肆，月下灯前，人人喜说，个个爱听"。他也看到《水浒》既已刊刻行世，"已不能禁止他"。这样，他不惜镂心呕血，用尽半生精力写成《荡寇志》这部反动小说，来与《水浒》相抗衡，以挽救"世道人心"，为摇摇欲坠的封建王朝效劳。

　　《荡寇志》出版前后，正是我国各地农民起义运动风起云涌的年代。据不完全统计，那时全国各地发生的较有规模的农民起义，1847年有26起，1848年有17起，1849年有16起。1851年，爆发了规模浩大的以洪秀全为首的太平天国农民起义和以张洛行为首的捻军农民起义。而清廷在镇压农民起义军的同时，还三令五申禁止歌颂农民武装起义的古典小说——《水浒》的流传。但使统治阶级感到棘手的是，像《水浒》这样家喻户晓的小说，已经不是反动官府的一纸禁令所能禁绝的。他们不免哀叹道："禁之未尝不严，而卒不能禁者，盖禁之于其售者之人，而未尝禁之于其阅者之人；即使其能禁之于阅者之人，而未能禁之于阅者之人之心。"所以当《荡寇志》这部坚决保卫封建统治阶级利益、恶毒诬蔑农民起义的反动小说一问世，就受到了地主士绅、王公贵族们的热烈赞赏。有些清末的反动文人学者竟将俞仲华比作战国时"息邪说，距诐行，放淫词"的孟子；在他们眼里，为广大人民群众所热爱的《水浒》是一部"害人心术，遗流毒与邻国天下""贻害匪浅"的书，而《荡寇志》则是一部"救害匪浅"的书（古月老人《荡寇志序》）。他们妄想通过《荡寇志》的流传，使所谓"误入歧途者，亦凛然思，翻然悔，转邪就正"（徐佩柯《荡寇志序》），"遵道遵路以守王章，亲上尊君以完税课，做好人，行好事"（钱湘《续刻荡寇志序》）。因此，当这部反动小说出笼后，那些地主官绅及其文士走卒，便欣欣然奔走相告，甘愿自掏腰包，为其刻印流传。特别是当太平天国起义军以排山倒海之势震动清朝江山时，统治阶级的一些王公大人竟把《荡寇志》当作反对农民起义、宣扬官军威力的工具书。咸丰元年（1851 年），豪绅集资翻印；咸丰三年，又印了袖珍本，"播是书于乡邑间，以资劝惩"（同上）。同治七年（1868 年）仲春，一些官僚又将这部反动小说重新刻印成袖珍本；之后，楚南太守又"集资再刊"。但这部为封建统治阶级不断刊印的反动小说，却为当时的广大革命人民所深恶痛绝。当太平天国农民起义军占领姑苏时，遂将《荡寇志》一书连同原版统统毁弃了。

（二）

《荡寇志》的基本情节大致是这样：北宋徽宗正和四年后，以宋江为首的啸聚在梁山泊的农民起义军，已发展至数十万人，并攻取了山东定陶县，渡魏河、破濮州，占领了冷艳山、直隶的盐山及青州府的青真山等地。主人公陈希真原是个官府提辖，因好"道教修炼，绝意功名"，推病在家。他的独生女儿陈丽卿武艺高强，习得一手好剑法，因貌美被高俅养子高衙内看上，被逼离家出走，"权作绿林豪客"，创猿臂寨，而与水浒寨对立。但他们是"形在江海之上，心存魏阙之下"，不等反动官府招安，即聚集力量，在所谓"兴师报国"的名目下，跟官府派遣的以云天彪、徐槐等为首的"剿匪"官军合作，围剿梁山水泊。结果把梁山泊一百单八汉"尽数擒拿，诛尽杀光"，甚至将这些英雄好汉的鬼魂也永远镇压在石碣之下，不得翻身。而这帮杀害梁山泊英雄的军官头目，却个个由反动朝廷分官受职，图影功臣；陈希真父女等"功成"之后，又入山"修道"，最终"羽化登仙"，成了"正果"！这就是《荡寇志》一书的梗概。

《荡寇志》丑化农民起义军，美化反动官府和"围剿"官军，宣扬各种反动伦理道德观念，并不是以简单生硬的说教灌输给读者的，而是很巧妙地通过歪曲历史生活的"艺术描写"呈现在读者眼前的。

歪曲《水浒》所塑造的英雄人物，并抓住这些人物性格中的局限性一面，加以夸大、丑化，从而抹杀他们的革命性一面，这是俞仲华在《荡寇志》里歪曲梁山泊英雄形象的一个主要手法。如所周知，《水浒》里的宋江，是一个完整的英雄形象。施耐庵在热烈歌颂这个英雄首领有政治识见、有组织才能，和赤胆忠诚地为农民起义事业而斗争的同时，也尖锐地批评了这个小官吏出身的人物的动摇性。俞仲华则抓住宋江思想性格上的这个弱点，夸而大之。他通过忠义堂失火、宋江任意将几十个下属斩首、宋江认蔡京女儿女婿为干亲、宋江与误国奸臣蔡京暗通声气等细节描写，把宋江篡改成为一个阴险毒辣、毫无原则、不惜出卖梁山泊群众利益的个人野心家；把善于与敌人讲权谋的宋江歪曲成在梁山泊英雄好汉中弄权术、摆架势的奸诈、卑鄙的角色。俞仲华也以同样的反动观点来歪曲玉麒卢俊义等梁山英雄首领。大家知道，《水浒》里的卢俊义是个有"一身好武艺，棍打天下无双的"好汉。把这样的人物争取上梁山，对于招抚群雄上山、加强梁山泊武装力量有积极的意义。卢俊义上梁山后，在攻打曾头市、活擒史文恭等战役中，是出过一番力量的。但由于阶级出身的局限，卢俊义对于农民革命事业不是很坚定，也曾幻想"归顺朝廷，建功立业"，并最终成为梁山泊走"招安"路线的代表人物。俞仲华在《荡寇志》里抓住卢俊义的这个性格特点大肆夸张，特意写了他两次反省：一次在梦醒以后，一次在官军头目徐槐的"临训"之后。俞仲华借卢俊义之口责难宋江，诬蔑梁山泊的斗争是"杀人越货的勾当"。

既以《水浒》"续书"面目出现，又要否定《水浒》；既要"摩前传之垒"写已定型的人物，又要挖空心思去诬蔑、歪曲以至否定这些人物。在这方面，俞仲华是煞费苦心的。以豹子头林冲为例，"仗义是林冲，为人最朴忠"！林冲被官府逼迫到家散人亡后"雪夜上梁山"，是令人无比同情的。而俞仲华却让《水浒》开头提到的曾做过东京殿帅府八十万禁军教头、被高俅逼走后没有下文的王进出现，以封建正统的伦理道德观念大力责难林冲，辱骂他"不该陷入绿林""不轨不法""罪上加罪"，来"气翻"林冲。用尽心机诬蔑和丑化梁山英雄好汉，是贯穿在《荡寇志》的字里行间的，如霹雳火秦明"滚下山麓去，脑浆迸裂"、鲁智深"发了疯"、武松在战斗中"力尽自毙"、公孙胜为陈希真"摄去魂魄擒获"、军师吴用成为"瓮中之鳖"、宋江被"射瞎左眼"，等等。可以看出，俞仲华为了诬蔑、歪曲梁山泊英雄好汉，对他们都很有"分寸"地做了一番苦心的安排，而这些安排都寓有一定的反动深意。

在《荡寇志》里，俞仲华还特意描写了一些《水浒》原著中并无其人的梁山水泊头领，他们都是些道德败坏、品质恶劣的家伙。如金毛吼施威原是私商出身，因强奸亲嫂子、杀害亲兄弟后"落草"的；飞天元帅邝金彪无恶不作，是个"几处市镇被他搅乱得都散了"的角色；戴全是个"不务正业"的"拆家精"，等等。俞仲华故意用这些人来鱼目混珠，是要向读者宣传梁山泊所纠合的不过是一些坏分子和在百姓中间为非作歹的亡命徒。

俞仲华也是以很巧妙的"手法"来美化统治阶级人物以欺骗读者的。对于那些被《水浒》揭露的罪大恶极的害民官吏，《荡寇志》并不认可。相反的，它还故意让陈晓真、陈丽卿、刘广、祝永清、苟英、范成龙、真祥麟等人（后来都是统治阶级最凶恶的鹰犬）也为高俅逼迫上山，做了一段时间"绿林强盗"，他把这些人和宋江等人分作两样写法，使前者显出"真忠真义"，后者显出"大奸大恶"；同时，还通过《女飞卫发怒锄奸》《丽卿痛打高衙内》《高知府妖法败丽卿》《女诸葛定计捉高封》等回目，"严厉批评"了《水浒》对高俅父子等的揭露。

在《荡寇志》里，俞仲华把反动首脑人物都写成既具有"人性"，又极"英明"。在这里，徽宗皇帝已不是《水浒》里所写的踢气球、玩妓女的昏君，而是"诛奸斥佞"的开明皇帝了！在这里，"剿匪"冠军头目"辅国大将军"陈希真，是以"菩萨心肠、英雄手段、神仙事业、名将风流"的面目出现的；在这里，"剿匪"急先锋女头目陈丽卿，被渲染为"天真烂漫""勇冠三军"的闯将；"剿匪"冠军大将军祝勇清被写成"庄重儒雅"，熟谙韬略、兵机的儒将；"剿匪"经略左军大将军云天彪，被写成"凤眼蚕眉、绿袍金铠、美髯飘动"的关云长型……总之，那帮杀人不眨眼的"剿匪"官军大小头目，以及地主阶级官府中的僚佐，在这部小说里，都"化腐朽为神奇"地变成"正人君子"。俞仲华"巧妙"地以最漂亮的辞藻来装潢这帮"荡寇""英雄"，以掩盖他们的罪恶，迷惑读者的心志。

是的，"《荡寇志》颇擅长战阵的描写"，但我们要看到，"灭他人（农民起义军）志气，长自己（反动'剿匪'官军）威风"，是这部反动小说的鲜明特色。俞仲华尽情地歌颂"剿匪"官军的节节"胜利"，把梁山泊农民起义军描写成日暮途穷、被动挨打，把施耐庵在《水浒》里所描写的英雄好汉篡改为丧失斗志、畏缩不前的"乌合之众"！当然，这些描写，是通过他那"艺术"曲笔来迷惑、欺骗读者的。例如，在《陈丽卿斗箭射花荣》中，他首先以很长一段文字来描写花荣的箭法如何神奇、厉害，但却被女官军头目陈丽卿射死了！《陈丽卿夜战扈三娘》中，先写一丈青扈三娘因听到丈夫被害，满腔悲愤，素服出阵，誓要为其夫报仇；这场激烈战斗深深吸引了读者，但结果却是女英雄被陈丽卿"扼死"了！

可以看出，俞仲华在这部小说里处处以反动观点歌颂统治阶级之"功"之"德"，极力贬斥、诬蔑农民起义军，而所有这些都是通过相当熟练、细致的"艺术描写"展现在读者的眼前的。正因为这样，《荡寇志》这部反动小说才为封建统治阶级热烈赞赏。

（三）

周秦以来，我国历史上的农民起义和农民战争不绝如缕。正像毛泽东同志所说："中国历史上的农民起义和农民战争的规模之大，是世界历史上所仅见的。在中国封建社会里，只有这种农民的阶级斗争、农民的起义和农民的战争，才是历史发展的真正动力。"❶ 施耐庵的《水浒》和俞仲华的《荡寇志》先后出现，针锋相对，深刻表明，我国封建社会不但在现实生活中进行着激烈的、不可调和的阶级斗争，在思想文化战线上，在作为上层建筑的文学艺术领域中，也同样存在激烈的、不可调和的阶级斗争。

列宁指出："在反动分子（历史学家和哲学家）的学说中包含有关于政治事件更替的规律性和阶级斗争的深刻思想。"（《列宁全集》第 20 卷，第 197 页）《荡寇志》这部小说，是通过文学艺术集中地反映了我国封建社会阶级斗争中统治阶级的反动观点，从某种意义上说，其中也包含有关我国历史上"政治事件更替的规律"。因此，把它当作"反面教材"，是有参考价值的。

恩格斯说过："封建的国家，是贵族用以镇压农奴的机关。"我国封建时代的国家，也无例外地是镇压农民起义的机关。在黄巾起义的十年间，皇甫嵩等所带领的官军就杀害农民起义军不下 30 万人，黄巾军首领张角、张梁、张宝三兄弟都被杀害了。这以后，各个王朝都以围剿农民起义为"职务"，历史上封建统治阶级杀害农民起义军及其首领的滔天罪行，是罄竹难书的。但由于统治阶级屡兴文字狱，文网森严，因此很少有反映

---

❶《毛泽东选集（第 2 卷）》，人民出版社 1952 年版，第 619 页。

封建统治阶级血腥镇压农民起义的文学作品。而《荡寇志》这部小说倒是真实地保留了若干画面。我们从其某些章回中可以看到那帮反动统治阶级是怎样穷凶恶极地用"铁腕"来对付革命人民的。《荡寇志》开篇便写"剿匪"官军打到盐山，将抓到的"二百多喽啰，分绑各城门，尽行斩首，并那五百余颗首级，都去号令"；当官军在野云渡一役获胜时，将俘获的5600多个梁山泊农民起义军成员，各割掉一只耳朵，发配给官兵为奴，并规定"如再犯罪，便即处死"；当官军"荡平了"梁山泊时，将俘获的梁山泊英雄首领"一齐绑赴市曹，凌迟处死"。这些细节描写，是代表封建地主豪绅利益的官府血腥镇压农民起义的写照，深刻表明反动统治阶级是丝毫不讲什么"人道"的。

《荡寇志》这部反面教材还告诉我们：当革命力量风起云涌时，反动统治阶级总是千方百计纠合一切反革命力量来对付人民。《荡寇志》写梁山泊农民起义军以排山倒海之势震撼着封建王朝时，反动统治阶级如何纠集皇室贵族、官僚地主、行商坐贾、豪绅团练等一切旧社会渣滓，组成反革命武装，倾其全力，去"围剿"农民起义军。在统治阶级的营垒内部固然有矛盾、有斗争，但为了镇压农民起义、保卫地主阶级的既得利益，他们却勾结起来。《荡寇志》有这样一个细节描写：尽管陈希真父女与高俅父子结下了很深的仇怨，但当高俅的"剿匪"军被起义军围困于蒙阴时，陈希真等还是纠集救兵前往，并认定这"事关君国，分所难辞"。当陈丽卿问道："爹爹，你怎的要去帮高俅？须吃别人笑我没志气，颠倒去奉承他。"陈希真的回答非常干脆："蒙阴是官家的地方，所以叫我去救，并不说怎么去救高俅。"接着又说："打狗看主。他是官家大臣，不承你杀了他，如何对的住官家。"这表明反动统治阶级镇压农民起义的行动是十分坚决、十分一致的。

反动统治阶级不但动员内部力量，还费尽心机串通外部力量来"围剿"农民起义军。《荡寇志》独出心裁地塑造了一个外国军师"大西洋欧罗巴人"白瓦尔罕的形象，靠这个洋人的智慧制造了"奔雷车"和"沉螺舟"等新式武器，进攻梁山水泊，取得"围剿"的"全胜"。显然，这个虚构反映了在农民起义的巨大冲击下，地主官绅要求外国资本主义强盗伸出支援之手，来拯救他们摇摇欲坠的江山的愿望。我们知道，清廷在太平天国运动中和外国侵略者勾结起来，一起绞杀了太平天国运动，并由此认识到帝国主义是他们的靠山。而在资本主义强盗刚刚用大炮打开我国国门的"鸦片战争"年代，清朝统治阶级还在"排外"的时候，《荡寇志》的作者就在这部反动作品中通过白瓦尔罕这个形象，阐明中外反动派可以"团结一致"，可以依赖洋人制造枪炮来扼杀农民起义军。这也说明俞仲华对于时势有着"特殊敏感"，对于反革命的"华洋结合"有着独到的"远见"，不愧为反动统治阶级的忠实鹰犬。

《荡寇志》有意挑选被梁山泊起义军消灭的恶霸祝朝奉等的后代祝永清及其裙带人物作为"正面"角色，处处不忘替他们"鸣冤"。《荡寇志》写到，当官军占据兖州城后，在府堂上摆起桌案，供起了地主恶霸祝朝奉、祝龙、祝彪等人的牌位，并将被拘获的梁山英雄拿来活祭。这里不禁令人想起1871年第一个无产阶级政权——巴黎公社被资产阶级武装镇压时的情景。当时，资产阶级也是那么野蛮地"用后膛枪杀人还嫌不够迅速，于是便用速射炮去成百成千地屠杀被征服者。……后来，当已发觉不可能把一切人全部杀尽的时候，就开始了大批的逮捕，并从俘虏群中任意抽出一些牺牲品拿来枪毙。"（《法兰西内战》）《荡寇志》这个反面教材表明，反动统治阶级是不会自甘退出历史舞台的；他们即使是被打垮了，只要有朝一日得到了反动复辟的机会，就会用最狠毒最残暴的手段来对革命群众及其首领进行报复。

《荡寇志》里所塑造的"正面人物"如陈希真、云天彪、徐槐等"剿匪"官军头目和反动官府僚佐的形象，从某种意义上说，仍不失其典型意义。如上所述，他们都是外表"明智""纯良"，甚至"道德文章"还"高人一等"，但揭开他们的"画皮"，却是坚决与人民为敌、"杀人如草不闻声"的混世魔王。这不禁使我们想起某些官修的"正史"中所记载的那些镇压农民起义军的官老爷的"表功"文字。在这些"墨写的谎言"中，总是把被逼起义的群众及其首领描画成"野蛮成性"的"叛逆"之人，把皇帝及其帮凶、把沾满起义军鲜血的反动官军头目写成英雄豪杰。请看，俞仲华的《荡寇志》不就是用这种"正史"的口吻，对这帮野蛮杀害人民的官军头目进行了"艺术"的加工吗？

毛泽东同志曾经告诫我们："有些政治上根本反动的东西，也可能有某种艺术性。内容愈反动的作品而又愈带艺术性，就愈能毒害人民，就愈应该排斥。"《荡寇志》就是这种思想内容极其反动而又带有艺术性的、能毒害人的作品。但是，新中国成立前，有些文人学者却说什么"《结水浒传》写的天衣无缝""俞仲华的才真是不让施耐庵"，说这部小说"畅发伟词，十色五光"，甚至把俞仲华比作莎士比亚，等等，显然都是极其错误的，同时也说明《荡寇志》迷惑过不少人。此外，认为"《荡寇志》一书所宣扬的反动思想，大家都还是了解的。此书在艺术上表现上也写得很低劣，不值得批判"，我看是低估了这部书的反动影响，因而也是不适当的。

《荡寇志》反映了封建地主阶级的反动观点。它的出现，说明我国封建社会的统治阶级十分重视文学艺术这个武器，把它作为宣传的工具，为自己的统治服务。《荡寇志》花费20余年，几度易稿，再三修饰，才刻印成书，这也说明统治阶级的御用文人对于"文艺创作"并不都是粗制滥造的。他们为了起到欺骗作用，也是懂得"刻意求工"，力图通过细致的"艺术描写"来迷惑人。但是，《荡寇志》也说明，一切反动的文学艺术作品，由于歪曲了人民的生活和斗争，歌颂的是没落的、濒于死亡的东西，因此，不管披着怎样炫目的"艺术盛装"，总是无法掩盖它们的本质，终归要遭到人们唾弃的！

十四、漫谈《红楼梦》的戏曲改编

《红楼梦》刊刻后不久，便被改编成戏曲，流传到清朝光绪年间的就有孔昭虔号荃溪的《葬花》、刘熙堂的《游仙梦》、仲云涧号红豆村樵的《红楼梦传奇》、万荣恩号青心居士的《醒石缘》、吴兰征的《绛蘅秋》、朱凤森的《十二钗传奇》、吴镐号荆石山民的《红楼梦散套》、石韫玉号花韵庵主的《红楼梦传奇》、陈钟麟的《红楼梦传奇》、许鸿磐号六观楼主人的《三钗梦北曲》、杨恩寿号蓬道人的《姽婳封》、周宜号悼红楼主人的《红楼佳话》等。近代戏剧家也多和《红楼梦》有一定关系。著名京剧演员梅兰芳、程砚秋都演过《红楼梦》戏并留下了舞台剧本。欧阳予倩写过20多出京戏，其中《宝蟾送酒》《馒头庵》《黛玉葬花》《摔玉请罪》《鸳鸯剑》《王熙凤大闹宁国府》《贾政训子》《黛玉焚稿》《鸳鸯剪发》9个剧目是由《红楼梦》改编的。此外，各地方戏中的《红楼梦》剧目更多，如京剧《红楼二尤》、闽剧《黛玉焚稿》、川剧《宝玉哭灵》、湘剧《探晴雯》、粤剧《千金一笑》、越剧《宝玉祭雯》《晴雯》、黔剧《黛玉葬花》、滇剧《宝玉听琴》、桂剧《芙蓉诔》、评剧《鸳鸯剑》、秦腔《晴雯补裘》、河南坠子《黛玉归天》等都风靡一时。

100多年来，由《红楼梦》改编的戏剧中虽然有一些在思想艺术上取得一定成就，但总的看来，在思想性、艺术性方面都没有超过或达到原著的水平；相反地，有些剧作还削弱和阉割了原著的精华。如清朝嘉庆年间出现的有较大影响的仲云涧的《红楼梦传奇》，尽管作者自称是出于"哀宝玉之痴心，伤黛玉、晴雯之薄命，恶宝钗、袭人之阴险……大可为黛玉、晴雯吐气"，却主要是吸取了一些《红楼梦》续书所描写的离奇曲折的情节，让晴雯和黛玉都返魂复生了，并安排了《劝婚》《礼迎》等场面，让宝玉和黛玉成为夫妻、晴雯当上宝玉的爱妾；最后，宝玉、黛玉以及贾母等人都羽化登仙，贾母将宝玉的"来历""根基"告诉了宝玉、黛玉。又如吴镐的《红楼梦散套》，写柳湘莲、尤三姐死后成了神仙，黛玉死后被接上"丹霄"、升为"绛珠娘娘"，贾宝玉出家后畅游"太虚""恍然大悟"，等等。又如许鸿磐的《三钗梦北曲》分《勘梦》《悼梦》《断梦》《醒梦》四折，把主题归结为虚无主义和人生如梦；其《自序》里说："余谓读《红楼梦》以为悲且恨者，莫如晴雯之逐、黛玉之死、宝钗之寡，因谓之'三钗梦'。夫晴雯之逐，梦也；黛玉之死，亦梦也；宝钗之先涸尘而后证果，则梦之中又演梦焉。嗟乎，人生如梦耳！余亦在梦中。乃为不知谁何之人摅之悲，平其恨。呓语耶？抑痴人之说梦耶？"不难看出，这些改编的戏是用因果报应、宿命论、装神弄鬼、虚无主义等封建主义道德观念歪曲和篡改了《红楼梦》原作的主旨。这些改编戏，事实上反映了不同阶级的作者对《红楼梦》的认识和对社会生活的看法。

在新中国成立前，就是一些较好的《红楼梦》戏，由于改编者思想认识上的局限，也在剧本里留有封建糟粕。如闽剧《黛玉焚稿》在思想性、艺术性方面都有一定成就，但在"盗玉""游仙境"等场次也不免宣扬因果报应，把主题归结为宿命论。这些事实说明，不从历史唯物主义出发对《红楼梦》做深刻的分析，就不能够做好《红楼梦》的戏剧改编工作。

新中国成立以来，戏剧工作者在《红楼梦》的改编上也进行了不少新的尝试。笔者所见到的剧本有：夏昉改编的《红楼梦》（越剧，上海天下书报社1953年版），包玉珏改编的《新红楼梦》（越剧，上海汇文书店1954年版），岳军等人改编的《红楼梦》（河南曲剧，河南人民出版社1956年版），洪隆改编的《红楼梦》（越剧，上海文化出版社1956年版），吴白匋、水木改编的《红楼梦》（锡剧，江苏人民出版社1956年版），赵清阁改编的《贾宝玉与林黛玉》（话剧，新文艺出版社1957年版），徐进改编的《红楼梦》（越剧，上海文艺出版社1979年版），等等。这说明不但对《红楼梦》的研究大有其人，把《红楼梦》改编成戏剧同样也有不少人在进行尝试。

总的看来，《红楼梦》改编在新中国成立以后有了很大的进步。特别是经过1954年以来对《红楼梦》研究方法展开批判后，一些以宝黛恋爱悲剧为中心的改编剧目基本上做到了保留精华、剔除糟粕——突出表现了原著中宝玉、黛玉的叛逆性格及他们忠贞的爱情，揭露了封建制度、封建家庭的罪恶及其对青年男女的束缚与摧残，剔除了原作中的宿命论的糟粕。徐进改编的越剧《红楼梦》，是比较优秀的剧本之一。作者吸取了前人改编的长处，在思想性和艺术性上都取得了较高的成就。这个剧本被许多剧团传演，并搬上了银幕。这是可喜的收获。当然，这并不是说新中国成立以后改编的《红楼梦》剧本都尽善尽美了。如何恰如其分而不是简单化地把《红楼梦》改编成戏剧，是值得我们进一步研究的课题。

把一部长篇古典小说特别是在人们心目中有深刻印象的名著恰如其分地改编成戏剧，搬上舞台，并不是那么容易。从形式上看，不仅有体裁的转换，还有选择题材的问题。古典长篇小说与戏剧是两种不同的艺术形式。从某一方面说，小说对于人物、事件可以舒卷自如地铺开写，没有太多的制约，戏剧则受空间、时间、舞台的种种制约，要情节更集中、矛盾更突出、形象更鲜明。一部戏不能将小说中所写的各种人物、事件、场面都详尽无遗地搬到剧本中来，特别是要把《红楼梦》——被人们誉为"封建时代百科全书"这样一部包罗万象的巨著成功地搬上舞台，就更不是一件容易的事。《红楼梦》人物多、场面多、事件多，情节复杂，正如该书第六回所说："荣府中合算起来，从上到下也有三百余人，一天也有一二十件事，竟如乱麻一般。"挑什么人、什么事，即选什么题材来改编，这是颇费斟酌的事情。所以，把《红楼梦》改编成戏剧就不能不是一个再创作的过程。但是，这个再创作决不是一个单纯的技术性的问题，更不是枝节的剪贴、改编所能奏效的。因为要改编出符合我们今天需要，具有高度思想性、艺术性的剧本，就要求作者既要忠于题材的历史真实性，又要掌握马列主义方法，正确理解历史生活和当前现实生活和广大观众的欣赏要求，正确掌握该强调什么、不强调什么、剔除什么的客观标准。这样，才能使改编的东西超过古人，达到应有的水平。

由此可见，把《红楼梦》改编成戏剧，需要有创造性的劳动。但是这种创造不能是无根据的主观臆造。对《红楼梦》的改编，不仅要受到该书所写的特定历史时代的制约，还受到原书的制约——发生在清朝雍乾年间的人物、事件，就不能像现代发生的人物、事件；发生在大观园里的矛盾斗争的事情，就不能像我们今天所处的生活环境中发生的事情。把《红楼梦》里的人物、事件搬上舞台，虽然可以加以创造，但要基本上忠于原著。因为这部杰作经过 100 多年的流传，早已成了家喻户晓的故事，观众在自己的心目中已经有了一个个活生生的《红楼梦》人物。因此，舞台上出现的人物，如宝玉、黛玉、宝钗、晴雯，只要与原书有所出入，特别是把他们的思想、精神面貌拔高了或压低了，都会受到这样那样的抵触。比如，《红楼梦》中所刻画的宝玉和黛玉的恋爱，是符合生活在清代贵族家庭和大观园那样环境中的，那种令人压抑的、含蓄的爱情活动是很自然的，也是和作品中的人物性格相吻合的。我们不能把宝玉和黛玉的恋爱描写成资产阶级式的恋爱。但是，一些新改编的《红楼梦》戏曲却没有很好地做到这一点。例如，包玉珏改编的越剧《新红楼梦》，第二场《倾诉衷情》中有这样一段幕后合唱："情哥哥，来到了潇湘馆，东张张，西望望，开个玩笑。林妹妹，不防备，吓了一跳。赔笑脸，说好话，黛玉含笑。"接着黛玉唱："青春一去不再临，你不把我放在心。"宝玉忙接唱："放在心，放在心，此生难忘是卿卿。宝玉不是负心人。"于是黛玉以手戳宝玉额，宝玉接住黛玉的手；黛玉娇羞，两人甜蜜地微笑。第三场《饯别花神》中，黛玉唱："幸有知音宝哥哥，落花流水两相恋。此心已许素心人，终盼月老来成全。今年落花孤单眠，明年可能两缠绵。"第四场《誓订鸳盟》，宝玉竟然与黛玉双双跪下，海誓山盟，结为夫妻。宝玉唱："若有半点假心意，天打雷劈化为尘。"他们合唱："不愿分离在世上，但愿死后永同心。"然后二人对视，破涕为笑。看来，这已经远远离开了原著所涉及的封建礼教制约的宝黛性格和宝黛恋爱方式了，其情调也是带有浓厚资产阶级庸俗气的。所以，它实际上是歪曲地描写了原书的宝黛性格和他们的恋爱方式。

要恰如其分地把《红楼梦》里的人物搬上戏剧舞台，就要精确地刻画人物，使人觉得确是当时历史条件下可能有的人物，又是原著里的人物。新中国成立以后出的不少《红楼梦》戏剧，大致上都注意到这方面，但有些却不是这样。它们往往有意无意地拔高了某些人物，以为这样可以更好地起思想教育作用，结果却事与愿违，使人感到戏里的人物缺乏社会基础，很不真实。包玉珏的《新红楼梦》中有一折写贾母当面与宝玉议亲，要宝玉娶宝钗为妻，宝玉坚决反对，唱道："夫妻乃是终身事，总要双方自主张，才能恩爱多欢乐，才能和睦福寿长。若是随便成婚配，害了自己害高堂。"紫鹃在知道宝玉与宝钗成婚时，这样唱道："他们硬包办，结果害人害自己。"黛玉唱："礼教胜过吃人狼。"幕后合唱："青年要想争自由，封建思想要扫光。"我们不能设想，在那个时代，在那样的环境里，像宝玉、黛玉、紫鹃这样的青年男女竟能提出婚姻"双方自主张"，反对包办，认识到"礼教胜过吃人狼"。又如，岳军等人改编的河南曲剧《红楼梦》中，黛玉临死前对丫鬟紫鹃说："箱中还有三百金，你和雪雁去赎身。大观园是一个陷人坑，你俩回家奉双亲。"很明显，像这样把林黛玉写成临死前不忘拿钱让丫鬟去赎身，从大观园中"解放"出去，我们看了以后，觉得这不像是林黛玉，而是有点现代革命思想的女性了！

要恰如其分地把《红楼梦》改编成戏剧，必须从原著所反映的时代和环境出发，正确描写人物之间的阶级关系，而不能凭主观好恶美化或丑化人物；必须恰当地通过舞台艺术形象，正确揭露悲剧的阶级根源。新中国成立以来，改编者是注意了以阶级观点为指导改编《红楼梦》的，但仍然有些剧本做得很不够。如某些剧作不适当地美化了宝钗和袭人这两个人物。夏昉改编的越剧《红楼梦》，竟把宝钗和袭人写成极力主张宝玉和黛玉结婚的人。第五场，宝钗对母亲说："宝兄弟配林妹妹真是天生的一对，我真弄不懂为何硬把我跟宝兄弟扯在一起。"唱："宝黛匹配真相称，为何存心作别论。强按牛头来饮水，害得宝玉受苦刑。即使宝玉来答应，女儿我也不依允。"第六场，新房里宝钗对宝玉说："安排圈套来骗你，宝钗苦苦不肯依。父母之命难违背，李代桃僵不得已。"在场的袭人也唱道："老祖宗做事太偏心，二奶奶鬼话她全信。他一心只想林妹妹，眼看巧计成画饼。"谁都知道，《红楼梦》里所写的薛宝钗基本上是封建阶级所欣赏的人物，是一个善于应变、追求利禄的封建大贾的女儿；袭人是一个封建主子所称道的忠顺奴才。作者把她们强跻于宝玉和黛玉之列，让她们也具备了宝玉和黛玉的思想意识，显然是与原著精神相对立的，是不符合特定人物的阶级性格的。这样做的结果，就是调和了人物之间的斗争，使观众不知道应该赞美哪一个，分不清谁是封建制度的拥护者，谁是反对者。

这个问题还表现在某些剧本不能通过改编的舞台艺术形象正确地反映出《红楼梦》人物悲剧的阶级根源，把悲剧与作品人物所处的环境完全割裂开来，把造成悲剧的主要原因归结在个别人物身上，归结在一些偶然现象上。例如，夏昉在《红楼梦》剧本的《本事》里就写道："贾母前最得宠的王熙凤，是心地恶毒，手段狠辣的人。她是薛姨妈的内侄女，出于亲戚和经济上的原因，竭力主张把薛宝钗嫁给宝玉。"岳军等人改编的河南曲剧写黛玉临死前痛骂凤姐："恼只恼凤姐心肠狠，杀人不用刀和枪。"这样，便把造成宝黛爱情悲剧的主要原因推到凤姐身上，从而模糊了贾府统治者拆散宝黛爱情的典型意义。也有的剧本如洪隆改编的越剧《红楼梦》，把贾母写成一位十分慈爱的老人，她之所以要宝玉娶宝钗，只是由于她迷信"金玉良缘"之说——剧本第七场，贾母唱："我替宝玉算了命，算命先生果然灵，说他要配金命人，冲喜才能除灾星。"这样，就冲淡了封建统治阶级扼杀宝黛爱情的罪恶，模糊了宝黛恋爱悲剧的阶级根源。

我们知道，《红楼梦》所反映的最深刻的矛盾是以贾宝玉、林黛玉为代表的反封建主义与封建主义的矛盾，通过这个矛盾的发展，一步步地酿成了宝黛的爱情悲剧。在原著中，宝玉与黛玉的忠贞爱情在那阴森的贵族家庭中激起了极大的波澜，于是封建势力联合起来、动员起来，用一切软的硬的、明的暗的手段，来对付这一对青年。贾政挥起鞭子，贾母流着眼泪，凤姐布下阴谋，袭人打探情况，一起扼杀了宝玉和黛玉的爱情，因为宝黛的思想、感情、语言、行为都越出了封建礼教的规范。可以看出，作者是把这两个形象放在这样的环境之中，让他们的爱情在这样的矛盾中发展。这个矛盾的发展，注定了他们的悲剧结局。我们从原著中看到的是必然的悲剧，是整个封建势力对他们的扼杀。

我们主张恰如其分地把《红楼梦》改编成戏剧，是建立在不断提高剧本的思想水平和艺术水平的基础上的。恰如其分是指作品题材的历史真实性和现实需要、时代要求的辩证统一，决不意味着不要创造性地改编。好的改编剧本，都是这种辩证统一的创作。《十五贯》的改编是这样，《梁山伯与祝英台》的改编是这样，《白蛇传》的改编也是这样。《三打祝家庄》之于小说《水浒传》，曹禺的《家》之于巴金的小说《家》，都有了发挥创造，达到了更高境界。

徐进改编的《红楼梦》之所以比较成功，也在于他不是剪接式地把小说的情节堆砌起来，原封不动地照抄原著的对话和场面，而是将自己感受最深的宝黛恋情悲剧作为主要内容，以宝、黛、钗三个人物的关系作为主要线索，选出有关宝黛恋爱纠葛的《读西厢》《闭门羹》《葬花》《焚稿》等场面，加以集中、取舍、组合。正如改编者自己所说，他做到了"既须参照小说布局，而又不可依样画葫芦，完全受其制约。必须在小说的千头万绪、复杂万状、十分丰富的素材面前不迷失方向，不被素材缚住手脚，而是根据戏的需要，大胆而又细心地去裁剪小说，调用素材，组织剧情"。

从他的裁剪和对于素材的调用，我们可以看出，作者并没有忽略从现实需要和欣赏要求出发。例如，作者把原著第二十七回正当大观园鼎盛时期的《黛玉葬花》移到宝玉被打之后，从而更具有悲愤力量，显示了环境的压力和黛玉的反抗性格。又如，作者舍弃了原著中宝玉因失"通灵宝玉"而得病的情节，突出了宝玉因爱情而病，从而真正指出了他的病源，增强了控诉力量。再如，全剧没有重述原书多次提到的和尚的"金玉良缘"之说，在写贾母等人为宝玉议婚时更没有提贾母相信"金玉良缘"之说，从而更加清楚地揭示出宝玉悲剧的阶级根源。另如，作者还舍弃了续书中宝玉与宝钗结婚生子，宝玉为了报恩，从忠孝思想出发，参加了科举考试，然后才出家的情节，而改为宝玉闻黛玉身死，前往哭灵之后，就决然出家，使这个悲剧有了更加积极的艺术力量。

很显然，像这样的戏曲改编，是受人们欢迎的。因此，这个剧在各地演出后，收到一定艺术效果。当然，徐进同志改编的这个剧本也还有美中不足的地方。据笔者粗浅的看法，还有如下一些欠缺：（1）这个剧本主要是以宝黛爱情事件为中心，宝黛爱情悲剧固然是《红楼梦》中最重要的事件之一，但毕竟不能概括全部《红楼梦》；把以宝黛爱情悲剧为中心的戏曲称为《红楼梦》，不免是"以偏概全"了。（2）这个剧本对于《红楼梦》中的一些人物如贾母、王夫人、宝钗、凤姐、袭人等舞台形象塑造得不够鲜明，比较苍白无力；特别是对作为宝黛恋爱悲剧主角之一的薛宝钗的思想性格描写，较为浮光掠影，给人印象较淡薄，比起原作大为逊色，因此多少削弱了对封建阶级罪恶凶残的控诉力量。（3）改编者还没有很好地在全剧中突出造成这个婚姻悲剧的典型环境的描写；因此，观众在看完这个戏以后，多半是沉浸在这对青年男女恋爱悲剧中，而对于产生这个悲剧的具体环境与社会背景没有产生应有的更为强烈的憎恶感情。(4) 从全剧的改编看，特别是最后几场，气氛过于低沉，使人感到较大的压抑，与今天人们的感情、思想意识似有距离。当然，比起作者的成功之处，这些是次要的。

我们需要改编出思想性、艺术性都更高的《红楼梦》戏剧，创造出无愧于这部伟大作品的剧目。改编这个戏的目的，是揭露和批判封建制度的罪恶，给我们今天的观众带来好的影响，使观众对封建社会、封建制度、封建家族有所认识，真正看到封建上层贵族的糜烂生活，看到封建制度给青年男女带来的灾难，认识到它必然崩溃的命运。

十五、略评昆剧《晴雯》*
——关于《红楼梦》的戏曲改编之一

　　王昆仑、王金陵同志根据我国古典小说《红楼梦》改编的昆剧《晴雯》，是不久前首都戏剧舞台上受到观众广泛注意的《红楼梦》戏曲改编的剧目之一。《红楼梦》一书通过贾、王、薛、史等封建贵族家族的衰亡史，生动地反映出封建社会内部种种尖锐复杂的矛盾。《红楼梦》里描写的大观园内的大大小小悲剧，都从不同角度和不同程度上反映了这些社会矛盾发展的结果。作为《红楼梦》里的小人物——晴雯的悲剧，同样是发生在这样的典型环境里的。但是，晴雯的悲剧不同于宝玉、黛玉的悲剧，也不同于二尤、金钏、鸳鸯等人的悲剧。虽然有着共同的阶级根源，但又有自己的特点：这位"身为下贱，心比天高，风流灵巧"的丫鬟，出现在大观园里——正如黛玉的孤僻性格出现在大观园里一样，是根本不协调的。这位天真纯洁的少女，在封建贵族的钩心斗角、相互倾轧之中，终于被贾府的统治者以"勾引宝玉""狐狸精"的罪名赶出大观园，抱屈终身。王昆仑、王金陵同志把晴雯充满诗意的一生再现在戏剧舞台上，揭露出封建统治者的罪恶凶残，是很有现实意义的。这个剧的台词很优美，演员虽然是青年同志，演技却都很出色，音乐和谐，灯光、布景、服装都很好，在人们面前再现了清代封建贵族的生活。这些都是值得肯定的。然而，作为对我国伟大古典文学名著的改编，《晴雯》这出戏在塑造戏剧舞台人物特别是晴雯方面，似乎还有不够完美之处。

　　曹雪芹在《红楼梦》中塑造了晴雯完整的一生，晴雯是曹雪芹笔下的一颗明珠。作者用水墨画和抒情诗的笔触，描绘了晴雯这个纯洁、美丽、充满青春活力、富有反抗精神的少女形象。她像把一座光辉绚丽、洁白无瑕的玉雕矗立在污浊幽暗的园林里，相形之下，使读者对生活在大观园里的人们的善与恶、美与丑看得更加分明。把《红楼梦》所刻画的这样光辉的形象搬上戏剧舞台，要受到作品人物所处的历史时代和环境的制约；同时，由于晴雯这个人物的思想性、艺术性达到高度的统一，舞台人物要达到这部古典名著所精雕细刻的艺术水平也是很不容易的。

　　昆剧里的晴雯不仅能助人之急，而且能说出"普天下，贵贱分，苦命人当怜苦命人"；不仅不羡慕那些"官场贵客"，而且认识到他们是"逢迎谄媚""趋炎附势的小人"；不仅自比芙蓉，而且不屑那些春花嫩柳、禁不住风霜之苦的朱门殷户的小姐，鄙

---

　　* 这篇文章是昆剧《晴雯》演出时写的，在"文革"中也被"抄走"，今幸而复得，发表出来也许对《红楼梦》的戏曲改编有些参考之处。

视那些牡丹芍药、富贵庸俗的做官为宦的人，唱出："到处欺凌无处诉，到处泥污，心高人更孤，怪爹娘，你生儿无媚骨，学不了随人俯仰，谄媚工夫。"人们不禁要问，晴雯很小就失去父母，孤苦伶仃，10 岁被卖给贾府奴才赖大做奴才，从小没有受过"教养"，带着一身"野气"，她能够说出这样的话吗？这样的话更像是个孤高小姐的话。在《抄检》一场，王夫人审问晴雯的时候，晴雯竟那样从容不迫、大义凛然，冷笑道：

> 哼……望风捕影之事，便说勾引；扶危济难，反诬偷盗。家法如此，天理何存？我们做丫鬟的虽穷，也没有自甘轻贱……太太定要加罪于晴雯，晴雯只有性命一条，生死存亡，任凭发落！

有人说，这个剧通过七场戏"反映了封建社会奴隶反抗主子和反抗奴才主义的斗争，歌颂了敢于反抗压迫，富有反抗精神的少女形象"，还有人说，"《晴雯》是一出有战斗性的历史""是一曲反压迫的颂歌"。拙见认为，如果这个戏不是从《红楼梦》改编的话，并不过誉，但作为特定古典文学名著的改编，却不能说这样的颂赞是妥当的。诚然，《红楼梦》中的晴雯是一个有锋芒、刚强的女性，她天真无邪、心口如一，具有一定斗争精神。曹雪芹对她的评价是："霁同难逢，彩云易散，身为下贱，心比天高，风流灵巧招人怨。"但是要看到，由于小说人物所处的历史条件和那种矛盾斗争的环境，晴雯的斗争形式似乎不可能如昆剧所写的那样。原著处理晴雯的性格是比较恰当的：王夫人在审问她的时候，她虽然着恼，只不敢作声。她本是聪明过顶的人，见向宝玉可好些，便不肯以实话答应，忙跪下回道："我不大到宝玉房里去，不常和宝玉在一处，好歹我不能知；那都是袭人和麝月两人的事，太太问她们。"被夫人喝退后，晴雯虽然"这气非同小可"，但也只是"一出门便拿绢子握着练，一头走，一头哭，直哭到院内去"。这样写未必削弱晴雯的斗争性，却令人感到是恰如其分、真实可信的。到王善宝家的抄检她的东西时，这位倔强的丫头，面对仗势欺人的奴才，表现了自己独特的性格：

> 只见晴雯挽着头发闯进来，"豁啷"一声，将箱子掀开，两手提着底子，往地下一倒，将所有之物，尽都倒出来。王善宝家的也觉没趣儿，便紫胀了脸，说道："姑娘，你别生气。我们并非私自就来的，原是奉太太的命来搜察的。你们叫翻呢，我们就翻一翻；不叫翻，我们还许回太太去呢。那用急的这个样子！"晴雯听了这话，越发火上浇油，便指着他的脸说道："你说你是太太打发来的，我还是老太太打发来的呢！太太那边的人我也见过，就没见你这么有头有脸的大管事奶奶！"

这样的行动，突出了晴雯的反抗性格，是恰如其分的。昆剧《抄检》一场中节选了这段情节，因此令人感到是恰如其分的。但在写王夫人审问晴雯时，晴雯的表现似乎是过分了。封建时代的奴才，生杀予夺之权操在主子手中；在森严的高堂上，一个女奴哪能破口指斥主子呢？那样的话，岂有不被活活打死的道理？

《红楼梦》原著中的晴雯虽然遭到这样的摧残，但她并不能完全知道自己受害的内幕，更无法认识到这是阶级压迫。她只是感到冤枉，想到"有人暗算她"。她临死前对宝玉说："只是一件事，我死也不甘心。我虽生得比别人好些，并没有私情勾引你，怎么一口咬定了我是一个'狐狸精'!"这是符合一个距离我们今天有200多年、长期被关在深宅大院里与社会隔绝的年青女奴的思想、身份的。她的反抗不能不具有特定的时代、阶级地位和环境所赋予的特定形式。她从王夫人那里回来后对袭人说的一些话，对王善宝家的抄检时的表现，以及临死前对宝玉的言行，都是她反抗的表示。晴雯，她只能有这样的反抗，我们不能责备她反抗得不够。把她的反抗性拔高了些，表面上似乎强调了反抗精神，实际上是把生活简单化，这样反而削弱了作品对封建社会的深刻揭露。

马克思主义教导我们，只有用阶级和阶级斗争的观点来认识、分析社会现象和人们之间的关系，才不会在错综复杂的现象和关系面前迷失方向、陷入迷途。对《红楼梦》的改编，塑造戏剧舞台上的《红楼梦》人物形象，当然也不能例外。《红楼梦》作者自然不会懂得什么叫作阶级和阶级斗争，然而，由于他对自己所描写的人物生活非常熟悉，有深刻入微的研究，忠于生活，因此《红楼梦》中的人物基本上是符合那个时代特定阶级人物性格的，在客观上也比较真实地反映了一定的阶级内容，反映出《红楼梦》人物悲剧的阶级根源。把《红楼梦》中的人物搬上戏剧舞台，必须恰如其分地表现人物之间的阶级关系。倘若为了突出表现戏里人物的阶级矛盾斗争，而对某些人物之间的矛盾冲突加以不适当的夸张描写，就有可能使原来深刻复杂的阶级关系、阶级矛盾简单化和表面化。看来，昆剧《晴雯》在这方面是有欠缺的。

昆剧《晴雯》自始至终贯穿着晴雯同王宝善家的特别是同袭人的尖锐的矛盾冲突。在第一场，首先展现了一幅堂皇绮丽的大观园图景，晴雯等众丫鬟正在桥边簪花斗草，十分欢乐。这时候，突然出现了"忠实奴才"王善宝家的蛮横干涉，袭人对其白眼、怒目。就这样，展开了晴雯和王善宝家的冲突斗争，也交代了晴雯和袭人的矛盾。之后几场，进一步展开了她们的矛盾冲突。随着这个矛盾冲突的起伏、激化，终于出现了晴雯的悲剧——被逐、被害。观众只能把愤恨集中于袭人、王善宝家的身上，觉得好好的，偏要你们这些小丑来挑拨离间，坑害人家! 特别是作者始终强调袭人和晴雯的针锋相对的矛盾斗争，几乎在每一场戏里，都把她们写成冤家对头; 把袭人加以丑化，处处表现她是挖空心思陷害晴雯的主角，好像袭人眼中最主要的敌人就是晴雯，必拔此"眼中钉"而后快。第一场，袭人"见宝玉、晴雯二人亲切谈笑，怒容满面，拂袖而去"; 第二场，晴雯上场"碰面不理袭人，只和宝玉说话"。为了晴雯跌折了名扇事，晴雯说袭人:"猫哭耗子假慈悲，你的心事，我还不知道么?"袭人说:"好一个不知好歹的晴雯……日后你自有明白的一天。"第三场，袭人出场念:"休说生来奴婢命，但能攻取主人心。唉! 我苦口婆心，规劝宝玉读书上进，可恼晴雯这个丫头偏偏从中阻拦。看将起来此人一日不走，怡红院一日不宁。唔! 倒要想个主意。"第四场，袭人在王夫人面前放晴雯"冷箭":"可是那宝二爷呀，月下花阴，闲游散闷。怡红院里谁陪衬——晴雯!"第五场，袭人明知当夜王夫人等要来抄检怡红院，出于陷害之心，让病中的晴雯坐在宝玉床上补孔雀裘。当晴雯被逐出大观园，袭人（看着宝玉背影，得意一笑）:"早知今日无归宿，何不当时低下头。"第七场，宝玉去探视临死前的晴雯，袭人还是追了去，用"老爷找你"之名把宝玉招回。

有人认为："晴雯被害固然是主子对奴隶的压迫与反压迫的正面冲突，袭人对主子尽忠求荣，实际上成为陷害晴雯的帮凶。剧作者没有直截了当地把它说穿，却是含蓄中见尖锐。剧本比小说在这一点上处理得明确，是一个很好的发展。"还有人认为："在揭露阶级矛盾方面，剧本比原著进一步。"不能认为这样的评论是妥当的。晴雯到底是被谁杀害的？是袭人、王善宝家的？或者主要是她们？晴雯的悲剧根源何在？是袭人的忌恨和暗害，是袭人的告密吗？当然不能这样简单地看问题。我们不否认晴雯和袭人是相对立的两种不同类型的人物。

早在清代，《红楼梦》的戏曲改编者分析晴雯、袭人这两个人物时就认为："晴雯是黛玉的影子，袭人是宝钗的影子，所谓身外身也。"（陈钟麟《红楼梦传奇·凡例》）在戏剧中适当描写晴雯与袭人这两个丫头不同的思想性格和品质，以及她们之间的矛盾冲突，当然是必要的。昆剧《晴雯》第二场《撕扇》依据原著精神做了较为深刻、生动的描写，是值得我们肯定的。但不能认为全剧所表现的袭人与晴雯之间的矛盾冲突是恰如其分的。是的，像袭人那种"假正经"、貌似"忠厚"、善于顺应主子需要的奴才的确令人感到可厌、可恶，但作为贾府奴婢的她并不是极端堕落、卑鄙的、无足可取的角色。《红楼梦》里的袭人同样也是个悲剧人物，这里不去详细论列，但有一点可以肯定的是，我们不能把晴雯被害死归咎于袭人这样的女奴。

王昆仑同志在《晴雯之死》一文中把晴雯之死与黛玉之死做了比较，指出晴雯的悲剧之不可避免在于她的思想性格与黛玉有相通之处。他说："在这个世界上除了林黛玉以外谁能够理解宝玉、同情晴雯呢？现实的世界掌握在正和宝玉敌对势力手里……看起来这个世界不是能容许晴雯和自己这样的人生活下去了。"（《光明日报》，1962年12月8日）这是有道理的。当然，我们还要看到晴雯的悲剧反映了多种矛盾的交集。特别要指出，《红楼梦》原著中的晴雯是作为统治阶级内部钩心斗角、互相倾轧的牺牲品。事实是，邢夫人拿到了在大观园里拾到的"绣香囊"，小题大做，要以此打击王夫人。王夫人立即把矛头引向大观园里的丫鬟，结果晴雯被害、四儿被逐、司棋被迫自杀、芳官等几个女孩子被逼出家，形成了对女奴的一次大摧残。而迫害者却收到了一箭三雕之利：打击了对手，缩减了开支，赶走了不称心的、有可能"勾引坏""命根子"宝玉的女奴才。这次行动是封建大家庭内极为残酷的阶级压迫的行动。《红楼梦》通过艺术形象的描写，充分表现了晴雯的悲剧是封建制度各种矛盾发展的结果，是这个家族没落衰败的结果。

因此，从某一方面说来，晴雯之死同黛玉之死一样，虽然是一系列封建人物造成的，但却不能完全归咎于个别人物，特别是不能完全归咎于袭人、王善宝家的这样作为封建阶级的帮凶人物。而昆剧《晴雯》却过分强调了晴雯和袭人、和王善宝家的矛盾，使人感到似乎晴雯被害主要是由于袭人、王善宝家的陷害，在王夫人面前挑唆、进谗，因此移恨于袭人、王善宝家的身上，冲淡了对罪魁祸首王夫人的认识，削弱了对晴雯悲剧阶级根源的认识。

同样，对于晴雯与宝玉的关系，也要从作品所规定的时代环境和原著的基本情景出发，恰如其分地塑造这两个舞台人物的关系。我们并不否认，从《红楼梦》所描写的人物思想、精神世界方面看，晴雯是属于宝玉、黛玉这方面的人物。正因为这样，宝玉在贴身丫头里面是比较喜欢晴雯的。但还要看到，在晴雯身上固然有些黛玉的"影子"，但晴雯毕竟不是黛玉。她们阶级、教养不同，等级地位也不同。晴雯是上无父母、下无兄弟、从小被卖给贾府的丫头，黛玉是出身于官宦之家的，是父母双亡、投靠"国戚显贵"外祖母家的千金小姐。我们决不能以刻画黛玉思想、精神面貌的笔调来刻画晴雯，不能以描写黛玉与宝玉的关系来描写晴雯与宝玉的关系。但是，昆剧《晴雯》对于晴雯与宝玉关系的描写似乎是不那么得体的。如第一场写簪花斗草小桥西，晴雯与宝玉并肩谈笑，评桃李、松竹、梅菊、荷花、海棠、牡丹、芍药；第三场写晴雯与宝玉开怀谈笑绛云轩，共论官场小人、诗书禄寿；都令人觉得像是宝玉与黛玉相谈的样子，同时，剧中又把晴雯与宝玉关系处理得比较暧昧，不免令人觉得晴雯就是宝玉的恋人。又如第二场，晴雯自白："我昭昭皎月，他朗朗天衢，平时里推心置腹，真诚相待，全不论主和奴。我只道怡红院里长相聚……"晴雯生宝玉的气，宝玉看看晴雯说："正是：使碎一片心，难明无限情！"作者还通过袭人的嘴说："宝二爷，看你不到一时三刻，心里想着晴雯，嘴里念着晴雯，若是读书如此用功就好了。"特别在《思晴》与《死别》两场，晴雯与宝玉的关系过分缠绵。如在《死别》中："二人猛然相见，抱持哭泣。"晴雯对宝玉唱道："不怕我转眼黄泉去，我只愁留下你独自受孤凄。"的确，细读原著，可以看出晴雯、宝玉是相当亲近的。但这亲近是有一定限度的。晴雯完全理解，她和宝玉决不可能成为夫妻，至于做宝玉侍妾，她瞧不上眼，她不止一次尖刻地讽刺巴结上下、只图当宝玉侍妾的袭人。她和宝玉亲近是因为宝玉不摆爷儿们的架子，对丫鬟们比较平等；是因为她和宝玉在思想上有共鸣之处，能够相互了解。也正因为晴雯坦白、天真，不像那些千依百顺而又彼此排挤、陷害的奴婢那样势力、庸俗，和宝玉、黛玉的叛逆性格有相通之处，所以宝玉对她确是另眼看待。正是因为这样，晴雯死后，宝玉悲痛地对黛玉说："素日你对他最厚。"可以看出，尽管宝玉和晴雯十分投契，但毕竟不是情人的关系，而是比较亲密的主奴关系。《红楼梦》写晴雯至死还含冤地说：

> 只是一件事，我死也不甘心。我虽生得比别人好些，并没有私情勾引你，怎么一口咬定我是一个"狐狸精"！

没有"私情"而以"勾引宝玉"的罪名加以戕害，这正是晴雯的悲剧深触人心的地方。这个事实也正说明了在那样的封建贵族家庭和那样等级界限森严的环境里，宝玉与晴雯关系的阶级内容。何况袭人与宝玉真有"私情"，也无法越出主奴关系呢！王昆仑同志在《晴雯之死》一文中正确地指出："宝玉生命途中志同道合的伴侣自然是黛玉。"但是，昆剧写的宝玉与晴雯之间的关系过于"儿女私情"，这样反而削弱了晴雯悲剧的本质内容，而且使观众看完《晴雯》以后，不能不问道："这样一来，置黛玉于何地位了呢？"

把《红楼梦》这样一部卷帙浩繁的优秀古典小说改编成戏剧曲目，搬上舞台，的确不是很容易做好。过去，戏曲舞台上出现的冠以《红楼梦》之名的戏，实际上多是裁取宝黛爱情悲剧部分，编连成戏。而昆剧《晴雯》却以《红楼梦》中一个人物为中心，吸取了有关部分，再创造出了晴雯这个完整的舞台人物形象，刻画了晴雯的一生的悲剧历程，这是一个有意义的尝试。王昆仑同志多年来对《红楼梦》人物做过较为深湛的研究。也正因为如此，作为一个观众，就很自然地对作者重新塑造的舞台上的晴雯形象提出较高的要求，希望不但能符合原著的精神，而且精益求精，推陈出新，达到更完美的境界。以上这些意见可能很不恰当，作为观剧随感记录下来，供剧作者参考。

十六、从《好逑传》和《玉娇梨》在国外流传说起

——读书偶记

早在 18 世纪中叶，我国古典小说《好逑传》就译成外国文字在欧洲传播。《好逑传》最早外文译本的原稿，是在一个多年侨居在我国广东、名叫魏肯逊的人的稿件中获得的，但这部书究竟是谁译的已不详。译稿所署时间是 1719 年，译文分为四卷，前三卷用英语翻译，第四卷用葡萄牙文译成。后来，第四卷又由柏西译为英文。这部译稿于 1761 年在英国伦敦出版。

1766 年，法国里昂又出版了根据英译本转译的《好逑传》法文四卷本。同年，该书又由德·莫儿译成德文，在德国莱比锡出版。1767 年，在荷兰阿姆斯特丹出版了《好逑传》的荷兰文译本。

到了 19 世纪初，《好逑传》又有了另外一种直接从中文翻译成的英译两卷本，译者是英国皇家学会会员戴维斯，书名被改作《幸福的结合》，于 1829 年在伦敦出版。1842 年，格里奥·达西又将该书直接从中文译成法文，在法国巴黎出版。

据不完全统计，18 世纪中叶以后，《好逑传》先后出现了两种英译本、三种德译本、一种法译本。19 世纪及 20 世纪前期，又有多种新译本出现，总数在 15 种左右。

《玉娇梨》的外文译本出现得较为晚些。1826 年，在法国巴黎出版了亚培·雷睦絷的《玉娇梨》法译四卷本。1827 年，在英国伦敦出版了《玉娇梨》英译两卷本，书名改作《两个娇美的表姐妹》。1864 年，在巴黎又出版了斯坦尼恩拉斯·朱利恩的法文译本，书名改作《两个表姐妹》。

德国伟大作家歌德和席勒都读过《好逑传》的译本。歌德还读过《玉娇梨》和《赵氏孤儿》等中国古典作品的译本。据传，歌德和席勒都曾想根据《好逑传》写些东西，可惜没有实现。德国著名哲学家黑格尔也读过雷睦絷的《玉娇梨》译本，并在他的名著《历史哲学》中讲到中国科举制度时，引用了这部小说主人公的"既修毕十载寒窗，开始去猎取功名"等材料。

可是，这两部称誉西欧文坛的古典作品在我国长久以来却是默默无闻的。新中国成立前后出版的中国文学史和中国小说史，几乎都很少或根本没有提到它们。有些书中即使提到，往往也没有给予应有的评价，甚至以轻蔑的笔触予以否定。

诚然，这两部古典作品在思想内容方面有很大的缺憾，行文布局也没有跳出那个时代一般"才子佳人"小说的窠臼，并且受到时代思想的局限。如《好逑传》中所刻画

的一对青年男女虽然相亲相爱，却难以逾越那堵传统封建礼教的高墙，以至于不敢合卺；直到由皇后验辨贞操，证明他们两个以前没有"私情"，才结成为夫妇。这说明，该书作者终究没有摆脱名教的思想圈子。但是，作者通过较为细致的艺术描写、严谨的结构和引人入胜的情节，勾画出了一个美丽、机智、大胆的少女水冰心。她凭着她那不畏豪强的毅力，三番五次躲开官僚恶少、市井流氓的欺凌和胁迫，使棍徒们所设的诱婚圈套全被揭穿，最终和她所爱的人成了眷属。这样的人物形象在当时的社会条件下出现，不能说是没有任何社会意义的。鲁迅就认为，《好逑传》一书"文辞较佳，人物之性格亦稍异"（《中国小说史略》）。可见他对这部小说也并没有全盘否定。

至于《玉娇梨》一书存在的思想内容缺憾，较之《好逑传》有过之而无不及。诚如鲁迅所说，这部小说是通过"才子佳人之事，而以文雅风流缀其间，功名遇合为之主，始或乖违，终多如意"，并受到"当时科举思想之所牢笼"。其中不少文字，的确是带有"酸气"的。但倘从全篇而论，似也不能一概否定，鲁迅也指出书中"显扬女子，颂其异能，又颇薄制艺而尚词华，重俊髦而嗤俗士"（《同上》）。可见该书也未尝没有可取之处，特别是"嗤俗士"——通过婚姻瓜葛的描写，对那些伪装名士的人冷嘲热讽，无情地剥下他们的假面具，让其丑态百出——这些惟妙惟肖、入木三分的描写，也不无其社会意义。

歌德很赞赏《好逑传》里对男女主人公的细节刻画。他对这部作品里所表现出来的那一对互相爱恋的男女在长期交往中能"以礼自持"，以及作品中"涉及伦理道德观念"方面的描写，都给予很崇高的评价。当人们问他："中国小说看起来一定很奇怪吧?"他回答说："并不像人们所想象的那样奇怪。中国人在思想、行为和感觉方面和我们几乎一模一样……不过在中国人那里，一切更明朗些、纯洁些、符合道德些。"歌德把他读到的《好逑传》等中国古典作品和自己的作品做了类比。在他看来，这些小说跟他的《赫尔曼与多罗泰》很相似。生活在腐朽的资本主义社会的诗人歌德，看了这几部中国作品之后，不禁有感于自己同时代的一些诗人"几乎每一首都以一种不道德的淫荡的题材为基础"。他沉痛地指出，这"正是由于时代的乖戾"的缘故啊！在读了《好逑传》等中国文学作品以后，歌德对人说："中国人有成千上万的小说"，他接着又谦逊地说："远在我们的祖先还住在森林之前，他们就已经有这些小说了。"（以上均见《谈话录》）可见，伟大作家歌德对我国古典文学作品何等尊重。

我国古典文学源远流长。我们当然不应当因此就盲目自满，而不从世界的先进文学艺术中取得教益，那样将故步自封，得不到进步。但与此同时，对于我国古典文学，特别是像《好逑传》和《玉娇梨》这样曾被我国封建时代的一些评论家誉为"才子书"，并在外国文坛上较为广泛流传过的古典作品，我们也应当做审慎、全面的分析，吸取其中有用的东西，作为我们新文学创作的借鉴。这种工作对于我们来说，似也是很必要的。

十七、浙东"堕民"采访记

一上绍兴（时间：1948年2月1~18日）

（一）前　言

江浙一带的"堕民"，虽与平民（汉族人）毗邻相处，然风俗习惯殊异。数百年来，他们被摈出历史圈，为人所遗忘，即如民族学者林惠祥、宋文炳等的著作中，亦无从找到有关他们生活与史实的记载。

1947年秋，偶与人类学家吴定良教授话及中国少数民族研究，以迩近学者对于苗、瑶、壮、佤、黎、傈僳、畲、傣诸族所做深入考察与研究为喜，然独对"堕民"，除散见于某些府志、县志片断记载外，未有系统研究与问津者。"堕民"究为何种民族，其生活、风俗、习惯如何，更无从知晓。旧绍兴府属各县为"堕民"最大居留地。我以杭州、绍兴舟车称便，决定做一次采访。1947年10月中旬到绍兴后，与"堕民"相处居半月，耳濡目染，汇辑成帙。回来后又核实群籍，求索渊源。今特散记于后，以做初步研究。是为前记。

（二）"堕民"名称的确定

"堕民"（Duming），绍兴人称作"惰贫"（Du-bin）。在上虞、余姚、定海等县的县志中，尚有称之为"大贫""坠民""丐户""郎户""勾户"者。兹引证如下：

> 今浙江东有"丐户"者，俗名"大贫"。其人非丐，亦非必贫也，或且本名"堕民"，讹生此称。(《野获编》)

> 夫人之身有瘤，俗亦有瘤，俗之瘤则有丐户。丐以户称，不知其所始，相传为宋罪俘之遗，故摈之曰堕民。(《会稽县志稿》卷二十五)

> 四民之外有户以丐称者，例不得与良贱等。(《万历上虞县志》)

> 风俗一门，有二事极其注意，一曰坠民，又曰勾户……(《定海县志》)

> 坠民亦称作惰民，元代亦称为怯怜户，明时又称为丐户……(《辞海》)

从以上文献可见，所谓"堕民"也就是"丐户""大贫""怯怜户""勾户"。在这些充满着侮辱与轻蔑的名字中，"堕民"不过是比较普遍的称谓而已。

(三)"堕民"源流考

"堕民"的由来,限于资料,我们仅能从如下的古籍与传说之中见些端倪:

云大贫者,乃宋朝杨延昭部将焦光攒家丁得罪徙,流传至今,世充贱隶。(《野获编》)

相传宋将焦光攒以叛宋投金故被斥,或云明太祖恶宋将之投元者,摈斥之,及定户籍,扁其门曰……(《定海县志》)

宋南迁将卒背叛,乘机肆毒,其余党焦光攒等贬为"坠民",散处浙东之宁绍。其类有二,一曰"丐户",一曰"郎户"。(《余姚县志》)

有丐户杂处民间以万计,不知其所始,自言宋将焦光攒部将,以叛宋援金,故摈之曰坠民。(《嘉庆山阴县志》卷十一)

四民以外有户以丐称者……相传为罪俘之遗……(《万历上虞县志》)

元亡时,宁波府城内,有蒙古兵千余人驻防将被戮,此辈哀求免死,愿世代为汉人奴隶,不齿齐民,故曰堕民。(《浙江省情》)

在《说文月刊》一卷九期中又以为,"堕民"是"按途涂荼等字余(Jg)而音(du),而浙山中特种部族。畲民(Zcming),畲字亦从余声……畲民为堕民之支系既无问题,则此种堕民,也许是百越遗裔……"

综上文献,证之"堕民"的源流有以下诸种说法:

(1)"堕民"是叛宋投金的宋将焦光攒的子孙,宋时即贬为"丐户"。

(2)明太祖时将投元的宋将的后代降为丐户——"堕民"。

(3)元亡之后留下来的蒙古人的后代,因求免死,故降为"堕民"。

(4)堕、畲同一家,"堕民"是百越的遗裔。

四说之间,拙见以为第一说比较近乎事实。首先,此说流播最广,"堕民"的传说亦如是。其次,所谓"丐户",在元代业已普遍存在。元分民众为十等:一官,二吏,三僧,四道,五医,六工,七猎,八民,九儒,十丐。第三,宋世叛宋投金的将领颇多,大多见载于史籍,有的还发表过"有名"的言论:"江南将帅多是庸材,每当出兵,必身居数百里外,称为持重……见敌奔逃,虚报战功。无功得赏,有罪不罚,这种国家,不亡何待。"可见焦光攒的叛宋投金是可能之事。第四,将罪俘流徙南方亦为有唐以来常见之事。白居易描写唐代徙胡之事道:"天子矜怜不忍杀,诏徙东南吴与越。"白氏的好友元微之的和诗注中写道:"近制西边每畲蕃囚例皆付置南方,不如杀戮。"证之宋徙焦光攒部属亦属可能之事云。

(四)浙江"堕民"的分布

"堕民"的足迹遍及东南诸省,然泰半定居于以下浙江诸县:绍兴、宁波、上虞、萧山、长兴、东阳、慈溪、奉化、镇海、象山、温岭、乐清、义乌、诸暨、定海。

据浙江省抗战以前的统计,宁波有1106人,上虞3295人,慈溪2210人,奉化

2000 人，镇海 1316 人，定海 6650 人，余姚 383 人，温岭 2112 人，义乌 1874 人，东阳 2864 人，象山 385 人，总数 2 万人左右。

这以外，"堕民"的最大居留地——绍兴，全县"堕民"总人口在 3 万左右。绍兴城内"堕民"恒集居"里街"，即三棣街。在狭小不平的街道上，有百余家"堕民"开张的商店。三棣街又称"堕民街"，从南首新桥以北到斜桥直街一带月池坊口为止，自西到东共有三条狭小的街衢。靠北首月池坊口为永福街，中为唐王街，南称学士街，这是"堕民"的城府之地，住着约七八百户人家。

绍兴城外的"堕民"多庙居野处。偏门外的牛角湾到止水巷前、昌安门外的念一堡、东关区的中天花、白商埠区的玉带桥、马山的夹里村、斗门的榨林、汤浦区的寺山、南池区的雾露桥、漓渚区的九板桥、柯桥区的蔡坛、菜金镇的韩衔、安昌区的彭家楼、长寿寺东的七市村、齐贤乡的洋石岸头等地，全是"堕民"住居所在。

（五）"堕民"的生活

1. 衣食住行

"堕民"的服饰与平民大抵相同。女人多黑衣黑裙，束腰带。姑娘多梳辫子，近亦有剪发者，妇女则梳长型高发作 8 型，上为夏发梳成，下作圆形处为假发髻盘，出门时手上带着一只竹方篮。男子于严寒之日，身着棉袍，脚上亦少穿袜，故有"赤脚堕民"之称。食料，除糙米外，番薯、玉蜀黍亦为主要食粮。在他们自成一统的住区内，全是歪斜、破损不堪的竹篱茅舍，干净的屋子难得见到。走过三棣街，会有一股陈旧的气味袭来。屋旁多是茅厕，因为粪便也是他们靠着生活的一种资源啊！三棣街以外的"堕民"大部分住在庙堂中。

2. 主要职业

"堕民"中的耕农如凤毛麟角，除了作为平民的佃农外，大多数从事低贱的职业。例如，为当地人任杂役，在平民婚丧喜庆之日，前往充任伺应、帮工、茶房、乐工、抬彩轿、抬棺等职役。此外，还有过着肩挑生活的，他们下乡用饴糖、炒黄豆、缝衣针换取鸡毛、鸭毛、鹅毛、头发、破布、棕丝等物去变卖。他们像吉卜赛人一样到处流浪，足迹遍及东南的穷乡僻壤。

3. 商业活动

他们的商业活动古老而繁多。散发着粪土气和霉味的三棣街，是"堕民"商业活动的大本营，在那儿可以看到男女老少都在辛勤地工作。他们在那些从各乡各地觅来的烂货中披沙拣金，这是一个"节约运动"的所在地啊。商店中最多的是"破布业"。收来的破布由家中的妻小分门别类——整块的、稍破的、破烂不堪的，经过蒸、洗、漂、晾四大步骤后，再按质量的优劣打成捆，分大小件，称其重量，以做批售。这些是制造鞋底、鞋面、衬布、布草鞋、布帚、地毯的材料，行销于闽赣各地。次为旧棉花业。他们把棉絮弹成棉被，或将旧棉花漂白，掺进新棉花中，捆扎成大包，运往沪杭一带卖给工厂做原料。次为鸡翎、鹅毛店，专事收集鸡毛、鸭毛、鹅毛，运往沪杭卖与工厂做制造毛毯和代替棉花的原料，并将粗糙的羽毛编成鸡毛掸子、羽扇之类贩卖。四为头发业。他们把收集来的乱发以长短分类，长发编成女用假发与戏班中用的假发和胡子，用短发制造"发袜"，供船夫在雨天穿用。五为轿行。他们备有轿子、花轿、仪仗、丧事仪仗、棺材罩、像亭、柱亭，所有夫役全由轿行负责招请。糖房也是他们产业之一，所制饴糖，平民叫作"堕民糖"，冬令产量尤多。糖类不一，有麦芽糖、芝麻糖、糖饼、春官糖、玫瑰糖，等等。除贩卖外，还用以换取废物，如破布、头发、破棉絮等。还有叫子店即以钢丝扎草心，押在鼓乐的梅花头上，使其发出嘹亮的乐声。棕丝店，是用棕丝搓绳。古董商，贩古董。此外，尚有麻袋店、打锡店、裁衣戏具店、草鞋店、理发店，等等，都是常见的商业活动。

4. 戏班、唱清音、吹鼓手、喜娘

"堕民"又多以演戏为业。民国初年，"堕民"所组织戏班多至百余，执业者占其全部人口的 1/10 以上，名角以下不止五六千人。戏班则有高调、文乱、弹武班、水陆之分，戏本多由口授；每班各有主管人，戏子前额剃光使人一望而知，名角多采包银制。在抗战以前还有数十班，战后只剩十数家了。

唱清音也是一种职业。在三棣街上挂着同春台唱班、荣华堂、余庆堂等牌子的，就是"唱清音"的"乐户"。他们不化妆，坐着唱戏，遇士大夫家喜庆、嫁娶或寿辰之日每为逢场清唱。现三棣街一带操唱清音业者，尚有十五六班，每班 8 ~ 12 人，由主人指定，但必为双数。他们大抵是唱一出绍兴戏折子后，再唱一出徽调（评剧），相间而唱，每日唱七八出。在光绪年间，唱清音最有名的是荣华堂，每次工资竟达 8 元以上。当结婚大礼时，吹唱者披上戏衣，跟着迎娶的彩轿沿途游行，以壮行色。

吹鼓手，每班 6 人左右，喜丧事之日充任，吹箫打鼓，以助热闹。其工钱较唱清音者少，但可以向办喜事的双方人家要各种名目的赏钱，如"押桌钱""道喜钱"和新娘子上轿时的"梳妆费"，新婚夫妇上床时的"送子赏"等。

喜娘，女性俗呼为"老姐"。她们操着喜娘的职业，伴送新娘到夫家。平民之家数日即去，而士大夫之家的新娘均头戴珠花、长钗、绸钗、珠皇伞等，琳琅满目，这些全由喜娘帮戴，故喜娘每留月余。此外，行结婚礼、勤见翁姑、庙见，亦全由喜娘扶持，她们可以从男女双方得到许多赏钱。

（六）"堕民"的特殊风俗习惯

1. 主顾和财产

每一家"堕民"都有自己的平民"主顾"（顾读为苦）。他们平常可自由出入主顾之家。凡举喜丧事，"堕民"全家大小都要到来帮忙。女的在主顾家中担当"主顾老嫚"，在主顾的少爷结婚时服侍新郎，负责剥莲子、泡茶、待客等；主顾的小姐出嫁时，她便成了"送娘老嫚"，担任喜娘。在"卜""堕"杂居之地，家家户户都有自己固定的"堕民"和"老嫚"，他们之间是奴隶主和奴隶的关系。穷苦的"堕民"还把这些主顾当成一笔最主要的"财产"，因为在主顾的身上多少可以讨得一些赏钱啊。唯其如此，主顾既可传给子孙，也可以变卖。例如，陈府是"堕民"甲家的主顾，"堕民"甲可以将其卖与"堕民"乙；嗣后，陈府的婚丧喜事全由"堕民"乙家负责帮忙料理，讨得赏钱，"堕民"甲不得干涉。

2. "野脚老嫚"与"脱壳堕民"

主顾家中遇有喜丧事除由"主顾老嫚"全家负责帮忙外，亦得雇请他人协助。这些由"主顾老嫚"另雇的人称作"野脚老嫚"。有钱的"堕民"多迁徙他地，冒充平民。此种"堕民"，人们称为"脱壳堕民"。

（七）"堕民"的文化

几世纪以来，"堕民"受尽了损害与侮辱。在所有的府志、县志及其他历史文献中，都以轻蔑的字眼形容他们。《山阴县志》说他们"贪黠而邪佞""丐者，俗之瘤也"。《会稽县志》说他们"内外率习污贱无赖。男子每候婚丧家，或索酒食，妇则习媒或伴良家新娶妇。又为妇贸便窃攘，尤善为流言，乱是非，间人骨肉……"也是将"堕民"看作"俗之瘤"，必去之而后快。然而，事实上并不如此。

1. 意识形态的产生及其道德观念

几世纪以来贫苦不堪的物质生活与阶级偏见，使"堕民"们失去了自尊心和独立的人格。他们的奴隶意识，是由政治与经济上的封建奴役造成的。他们向往自由民的生活，投靠于主顾门下，遇见平民便像奴隶遇见奴隶主一样恭敬。然而，他们实际上是有崇高德行的一群人。

（1）勤勉。他们虽被称作"堕民"，但实为"勤民"。其从业无论大小，莫不鞠躬尽瘁，备尝艰苦，远非士大夫、官僚阶级可比。

（2）节俭。他们的生活水准极低，对物质要求有限，又善于利用废物，已见上述。

（3）礼让。对平民礼让，无微不周。

（4）吃苦耐劳。他们在死亡线上挣扎着生活，肩挑日用百货，用饴糖去换取废物。他们是倔强的，永远劳苦不息。

（5）爱好和平。他们单纯，和平相处，乐天自得，与世无争。

（6）心地纯洁。他们没有贪污、掠夺与上流社会的种种恶劣习惯。

2. "堕民"的语言

"堕民"散居在平民之中，方言随地即异，住绍兴者为绍兴语，住萧山者为萧山语，住宁波者为宁波语。但他们却颇有语言的艺术，出语必讨人欢喜。

3. "堕民"的教育问题

向被看作化外低等民族的"堕民"，数百年来不准读书、捐官和参加考试。光绪三十年（1871年），"堕民"卢洪昶氏先是在宁波西城设立育德初等农工学校，又于江东设立育德小学。相传，清朝有些文士曾在绍兴为"堕民"创办学堂。秋瑾之狱，从大通学堂壁中搜出步枪18支。士兵之无知者，憾学士甚，但不敢毁其他学校，独欺侮"堕民"，捣毁其学堂。时王自任校长，嗣后又有杨氏兄弟提倡办学甚力。旧同仁社，即今日之同仁小学之前身，其间学生大半是"堕民"子弟。该校创办之日，经费咸由"堕民"戏班卖票募集而来。校之左隅有迎春馆戏园，日常由"堕民"演戏以维持校用。今迎春馆亦已倒闭多时，唯同仁小学尚存。冯氏校长向记者谓，该校学生大半是"堕民"子弟，家境十九清寒，他们在课余还帮父母工作；小学毕业之后，能升入中学者为数极少，大半是认得几个粗字之后即继承父母衣钵，或是学唱戏去。

4. "堕民"的艺术

"堕民"颇有艺术修养，以音乐、戏剧为最。"越曲"是他们常唱的曲子。男女多操戏曲业，上海越剧名角如汪筱奎等在当时都是非常有名的人物。当时演出的剧目，有《松鹰图》《轩辕镜》等。其中再插几出短剧，谓之插戏，如《三本铁公鸡》《关公显圣》等。至半夜，则演窜刀窜火，人从刀尖及火把上通过。再加上《拗荷花》——一人居中，四面呈环形，以是抵此人之腹臀，手相连接；周围倒卧下来，像一朵莲花，居中人手与手相连。或演《造牌坊》——一人居下，其肩上踏立两人，再踏四人，上面再踏两人，最上一人。下面一人力气最大，可以绕看台一周。凡此居中居下之人，块头、气力最大，全由"堕民"担任。

5. "堕民"的宗教信仰

"堕民"无固定的宗教信仰，以信仰佛道为最大多数，间有信仰基督教者。但他们有一个共同的信仰对象，即"老郎菩萨"——约八尺长之小木偶，演戏时祀于后台。传此木偶即唐明皇李隆基，因其首创梨园，故特供之。"老郎菩萨"同时被称为"送子菩萨"，喜娘把"老郎菩萨"送到洞房去，放在新婚夫妇的面前。

6. "堕民"的社会地位

在汉"堕"毗邻的地方，"堕民"总是受尽人们的轻视和侮蔑。在历史文献中，充满着对他们奴役与轻蔑的记载：

> 堕民例不得与平民相为婚姻，见人不拱手，不同坐……（《嘉庆山阴县志》）

> 四民中居业不得占，彼所业民亦绝不冒之……四民中所籍彼不得籍，彼所籍民亦绝不入，籍曰丐户，即有产不充粮，里长亦禁其学。……四民中即所常服彼亦不得服……（《会稽县志稿》卷廿五）

> 男不许读书，女不许缠足，自相匹偶，不与良民通婚姻，即钱财巨万，不得纳为官吏……（《野获编》）

> 家家吉凶之事男女皆来供役，衣服居处特异，其制狗头帽、横幅、布裙、低屋、小房，子孙不得考取入学仕进，良民不通婚姻……（《余姚县志》）

> 即有产，禁充吏员粮里长、乘车马，令其自相配偶……（《定海县志》）

直到今日，平民对于"堕民"畛域及阶级的成见仍深，即使最寒微的汉人，也以文明人自居，带着轻蔑的眼光看"堕民"。清代不许"堕民"入学、应试、捐官，极尽揶揄、讪笑、欺骗之能事，俨然以奴隶主自居，把"堕民"们当作"能言的工具"看待。今日的绍兴人民与"堕民"虽毗邻而居，但"堕民"的住区则自成一统，没有人肯搬到"堕民"住的地带去住，也没有人肯让"堕民"做他的邻居。"大街"是一条带着污蔑、讥讽色彩的地区。近街有桥一座，平民把它称作"划桥"——划分了汉"堕"之间界线的桥。因为有这样轻蔑的含义，善良的"堕民"都把它称作"新桥"。即使是最贫穷的女子，也不愿意嫁给"堕民"，汉"堕"间的通婚是绝少的事，甚至天真无邪的孩子们也不愿意与"堕民"的孩子一起玩。同仁小学中，绝少平民家庭送来的学生，父母们都以与"堕民"在一起会把自己的孩子带坏了为杞忧。大人的成见带给了他们的孩子，于是在童稚的心田中，也有了那么可怕的距离的阴影了。更可悲的是，知识分子也怀着牢不可破的阶级观念。一位过去同仁小学的女教师告诉记者：

> 在过去同仁校董请客，因为校董是"堕民"，所以我们汉人教师全体不去吃。因为跟"堕民"同吃，会降低我们自己的身份呀！

所以，在封建的淫威与魔掌下，"堕民"们过尽了辛酸、痛苦的日子。他们自卑地对平民倍加尊敬，称呼平民男孩作"官人"，婚后曰"少爷"，娶媳妇后曰"老爷"或"相公"，娶孙媳妇后曰"老太爷"或"老相公"；称平民女孩作"姑娘"，婚后曰"少奶"，娶媳妇后曰"奶奶"或"太太"，娶孙媳妇后曰"老奶奶"或"老太太"。过年时日，他们就带着乐器到各个财主家中，在财主的祖先像前吹奏致敬，向财主贺喜，并伸出求赏的手，求得一些酒饭、粽子、水果和菜食之类，欢天喜地地去了。

他们在沉默中埋头，勤勉地挣扎、求生，但他们所受的是无限度的压迫、轻蔑、不平……然而，狗急也会跳墙，何况人呢？历史上也不乏"堕民暴动"的记载：

> 丐以民，已答是甚也，亦竟其党以相讼，傥必胜于民。官兹土者知之，则右民，偶不及知，则亦回堕民。民耻之，务以所治之俗闻，必右而后已。于是丐之盟其党以求右民者滋益甚。故曰：丐者，俗之瘤也。（《会稽县志稿》）

然而他们的"暴乱"只是一片浪花而已，统治者的鞭子早已甩向了他们。这样不合理社会关系的存在，也引起许多怀有人道心肠的正义人士的愤怒与不平。首先挺身为"堕民"谋解放的，是卢洪昶氏。

> 清光绪间鄞人有卢洪昶者见而怜之曰："同是人也，而强名之为丐为堕以辱之，不平何如是焉。吾誓均之一，出而同人道。"时卢洪昶与达官显宦往来江海间者多与之识。洪昶遂以情告，皆诺其请。初拟由浙绅联名呈请浙抚请代奏为堕民出籍，并议建立农工学校，收教出籍子弟。既而农商部左丞王清穆与洪昶遇。洪昶告以故，曰何不以捐建农工学校名义具呈本部，本部专本具奏，请特旨开放，较呈抚转奏为捷。洪昶大喜，即如所言呈请。旋奉上谕商部奏浙绅捐建农工小学校，收教堕民恳恩除籍一折。查浙省堕民雍正年间已准除籍，乾隆年间又议准本身改业。下逮四世，清白自守者，准其报捐应试等语。现在该绅议设农工小学校，稗营实业以广造就，著照所请，至毕业后应如何给予出身之处，著学务大臣查照成案办理，钦此。于是两部堕民自元明相沿六百余年之特殊奇遇至是始革，时光绪三十年十月事也。（杭州通志馆资料）

《余姚县志》中也载：

> 谨案雍正元年，御史噶布泰题准照山西乐户削除其籍，俾改业自新，与民同

例，毋得为污贱……

民国十九年，浙江省政府亦提议"'堕民'与'良民'平等案"，各界人士热烈拥护，可是积习已深，畛域难除，正如定海县之所谓："光绪季年，虽谕命解放脱籍，然齐民无与为婚者……""堕民"依旧还是过着黑暗的生活，劳苦了一生，在破布、棉絮和废物、垃圾中寻讨生活。在社会上，他们也被人当作废物、垃圾，成为人们的"赘瘤"啊。

（八）尾　结

"堕民"在体质上有无特征，未有人做科学的调查和研究，故不得而知。就手边的县志和调查资料判断，所谓"堕民"，其实只是被奴役的汉人罢了。这不是种族歧视，而是奴隶制社会的残余，是阶级偏见，是奴隶主之于奴隶的关系的残存，犹如古印度的婆罗门阶级与刹地利舍阶级、古罗马的贵族与平民的关系一样。

时代进步了，被压迫的人们都将从沉痛的创伤中昂起头来争取做人的权利。但多少年了，勤勉的"堕民"却受着人间的轻蔑与痛苦。懒惰的人们把他们称作"堕民"——他们是勤勉的人，为什么却忍辱地守着残缺的制度，甘愿出入于"主顾"之家听其奴役？是因为贫穷啊！空言脱籍"解放"有什么用处呢？今天，千千万万的"堕民"像中国所有的人民一样，要求的是"免于恐惧、免于匮乏和人身自由"。

1948 年 2 月 18 日于浙大人类学研究所

二上绍兴（时间：1985 年 3 月 13 ~ 16 日）

这次是在浙江省委赵建华同志、绍兴市科委胡香泉同志和绍兴市群众艺术馆周莆棠等同志的热情帮助下，于 1985 年 3 月 13 ~ 16 日，重新来到浙江绍兴地区对"堕民"进行第二次调查访问。前后两次访问，相隔 37 年，江山虽然如旧，大有"换了人间"的感慨。记得上次到绍兴时，老朋友蒋仲三同志在绍兴中学任教，我住在他的学校里。当时，我还是个小青年。经过 37 年的风霜，尤其是"文革"中受"四人帮"的严重摧残后，心身交瘁，年已老大，鬓发灰白，且仲三同志已于 1977 年病逝。这次我来到鲁迅的故乡绍兴，再访"堕民"时，所获的情况却是十分可喜的。根据我这次的重新访问，得到的印象大致有如下几个方面。

新中国成立以后，"堕民"的政治地位有了根本性的变化，"堕民"在政治、经济、文化方面都得到了彻底的翻身。虽然绍兴的"堕民"仍然主要集中在三条街（学士街、唐王街、永福街），但他们与汉民之间已经没有什么重大隔阂，政治地位上完全平等，没有什么依附或附庸的关系。新中国成立以前，"堕民"不准种地，不准做工，不准念书，现在"堕民"中间已经有人参加市、省和全国人大或人民政协。在经济上，他们的生活起了很大变化。原来他们开的各式各样的小铺子已经联营，成为集体经营；有些人已经成为万元户，开办了规模不同的工厂。现在，绍兴市的"堕民"有上万人，已经成为完全具有独立人格的自由民，设有两个较大的居委会。他们中有省政协代表，如艺人十三龄童，还有全国人大代表，如艺人六龄童章宗美同志。

新中国成立前，"堕民"的孩子不准进学校，现在，"堕民"彻底翻身解放了，他们的小孩都上学读书，年轻人到工厂做工，1983～1984 年考进大学的就有 10 人。新中国成立后，"婚禁"也打开了，"堕民"与汉民可以结婚。

1949 年 5 月 7 日，绍兴解放。绍兴"堕民"原来最多干的职业是演员，但在新中国成立以前，"堕民"演员，正如他们自己所说："演戏演到老，不值一根草。"艺人又叫戏子，根本无社会和政治地位。新中国成立后，绍兴有绍剧第一、第二两个剧团，最负盛名的有两个戏，一个是驰名全国的《三打白骨精》，另一个是《相国志》，后者是讲人才问题的。《三打白骨精》曾到北京演出过，演孙悟空的就是六龄童章宗美同志。笔者这次到绍兴访问时，特地到他家看望了他。他高兴地谈起在北京演出时，郭沫若同志曾 6 次观看他的表演，然后写诗《三打白骨精》。后来周恩来总理也观赏了绍兴戏《三打白骨精》，看完后接见了全体演员，演孙悟空的六龄童章宗美，演猪八戒的章宗金。六龄童说，周总理祖居绍兴百岁堂，与"堕民"区很靠近，祖上同"堕民"也很接近；恩来同志的祖父童年在绍兴住过，周恩来同志还抱住六龄童的儿子（演小猴子）同六龄童三人合拍了一张照片，至今还挂在他们家作为纪念。六龄童章宗美同志在1957 年入党，做过绍兴市第一、二、三届人大代表，第三、四届省政协委员。《三打白骨精》这出戏还得了奖，戏中的 6 个演员都得过奖，得奖的都是"堕民"演员。后来，又把《三打白骨精》拍成电影，在全世界 72 个国家放映过，并得到好评；国内得过第二届百花奖最佳戏曲片奖，被评为 1961 年最佳影片。在北京演出时，在怀仁堂开演，当时毛泽东、刘少奇、周恩来、朱德、贺龙等国家领导人都参加了观看，全体演员受接见时激动不已，整夜睡不着，每人都写信回家。打倒"四人帮"后，他们又演出《三打白骨精》，立了大功，后来又演《火焰山》，小青年也得了一等奖，住在绍兴三条街的可以说条条街都有著名演员。

绍兴戏演得好不容易，它不像越剧，更需要硬功夫。就以闹天宫来说，不仅要大闹，还要巧闹、喜闹、火闹，由哪吒、托塔李天王一边唱，孙悟空一边打，逗演技。周恩来总理看完戏上台对演员们说："我是绍兴人，第一次看绍兴戏，你们武打打得很好。"章宗美还谈起他的小儿子章金莱在中央电视台拍摄的电视连续剧《西游记》中扮演孙悟空。如果说北方昆剧美猴王是李万春，那南方美猴王就是章宗美。他现在 62 岁，仍能演戏，为全国政协理事、省政协副主席、文代会三、四次会议代表、全国剧协副主席、绍兴市文联副主席，现在正在总结他的粉墨生涯，想写一部《西天路上五十年》。

章宗美同志还告诉我，现在绍兴"堕民"为了纪念鲁迅对"堕民"的关怀，❶ 办了个"树人中学"，来培养"堕民"子弟。"堕民"中还有位作家叫严新民，正在写绍剧和一些其他剧作。

由以上可见，堕民在政治上翻了身，经济上也得到了解放，文化上也翻了身。在绍兴，除了老一辈的以外，很少听到"堕民"这个称呼了。

---

❶ 鲁迅生前十分关心"堕民"。1933 年 7 月 6 日，他在上海《申报·自由谈》上发表《我谈"堕民"》，后来收在《准风月谈》这本小册子中。全文虽只有千余字，却流露了他对"堕民"的十分深厚的感情。

十八、中国封建社会历史停滞性研究

欧洲的封建社会历史近千年，而中国则有两千多年，长期停滞在封建社会阶段。在这两千多年中，有数百次的农民起义、农民战争和多次的改朝换代，以及外族入侵；同时，也留下了光辉的科学文化遗产。可为什么中国仍长期停滞在封建社会阶段，仍然"以农立国"呢？这便是本文要研究的问题。

（一）

先说社会停滞性的一般含义。我们知道，社会的发展是靠生产的发展，即必须不断扩大再生产，才能逐渐演变出新的社会。但在某些特殊条件下，社会的发展可能有两种变态形式：一种是由于生产力定型，没有力量改变现存社会结构，社会与自然之间形成均势，社会不能进步，这便是所谓的停滞；另一种是生产力处于衰竭状态，消费量超过生产量，在这种条件下，根本改变不了现存社会。因此，社会的发展、社会的停滞和社会的没落，构成了三种不同的形态。与其相对应的，分别是扩大的生产与再生产、简单的再生产和扩大再生产的停滞。中国的封建社会发展，正属于上述的第二种。它长期停滞在封建社会阶段，封建地主始终以超经济的手段榨取农民的劳动力，佃农成为社会劳动的主体。小规模的农业生产与家庭手工业结合，手工业不能得到扩大再生产。在这样的历史条件下，再生产非常简单，于是中国长期停滞在封建社会阶段。

其次，对于停滞还应该作如下理解：第一，所谓停滞，并不是静止。从唯物辩证法看，历史是永动的，因此，所谓停滞是指中国长期停滞于封建经济结构的阶段。就社会本身来说，它还是有发展和进步的，但不能冲破现存的生产关系进入一种新型的社会。实际上，清末的封建社会已不同于西周的，而且在生产工具上、在商业资本的发达与繁荣上，以及在科学、思想、文化的发展上，贯穿着发展与进步的特性。从低级走向高级，从简单走向复杂，有时似乎是以回复的形态出现，但其实是循着螺旋形发展的。因此，停滞并不是一成不变或毫无进步的意思。第二，停滞是一种相对的说法。从世界范围看，中国的封建社会历史比欧洲长，长时期以农立国，没有资本主义生产关系，因此说它长期停滞。再看看欧美各国，同样可以发现其封建社会发展的不平衡。美国独立时，就建立了资本主义社会，不曾经过封建社会。俄罗斯15世纪中叶进入封建社会，20世纪初叶进入社会主义社会。英法是欧洲进入资本主义社会的先锋，它们用产业革命和民主革命为封建社会唱响了挽歌。它们之间是具有相对的进步性与停滞性的。如果再比起殖民地国家的奴隶制社会，则中国的封建社会又是进步的。

最后，是笔者研究的几个要点：（1）人类社会的发展有其共性，每个社会又有其特性，因此，必须把握中国封建社会的特性，这些特性是构成其停滞的基本原因；（2）依据社会生活及历史文献来探讨停滞性的原因，才能做到有理有据；（3）主要原因与次要原因相结合，以了解问题的实质。

（二）

战国时期，我国的商业逐渐发达，商人的地位也逐渐提高，如孔子的门人子贡竟至结驷连骑，与各国诸侯分庭抗礼；城市渐兴，如洛阳、邯郸、定陶、临淄等已成为繁荣的城市。秦汉之世，商业进一步发展。《史记·货殖列传》说："及秦文孝缪居雍隙，陇蜀之货物而多贾。献孝公徙栎邑，栎邑北都戎翟，东通三晋，亦多大贾。"《汉书·食货志》说："秦……盐铁之利二十倍于古。"《史记·平准书》记载汉代商业的发展："富商大贾或蹛财役贫，转毂百数，废居居邑，封君皆低首仰给。"

南北朝时期，互市是一种常见的商业活动。《晋书·祖逖传》说："（石勒）因与逖书，求通使交市。逖不报书，而听互市，收利十倍。于是公私丰赡，士马日滋。"《魏书·食货志》说："北魏亦于南陲立互市，以致南货、羽毛齿革之属，无远不至。"杨衒之《洛阳伽蓝记·卷四》中这样记载当时的洛阳盛况及贵族生活：

> 市东有通商、达货二里。里内之人，尽皆工巧、屠贩为生，资财巨万。……舟车所通，足迹所履，莫不商贩焉。是以海内之货，咸萃其庭；产匹铜山，家藏金穴。宅宇踰制，楼观出云；车马服饰，拟于王者。市南有调音、乐律二里。里内之人，丝竹讴歌，天下妙伎出焉。……市西有延酤、治觞二里。里内之人，多酿酒为业。……市北有慈孝、奉终二里。里内之人，以卖棺椁为业，赁车为事。别有阜财、金肆二里，富人在焉。凡此十里，多诸工商货殖之民。千金比屋，层楼对出；重门启扇，阁道交通，迭相临望。金银锦绣，奴婢缇衣；五味八珍，仆隶毕口。

隋朝时，商业更加发达，统一了币制，开凿了运河。《隋书·食货志》载："炀帝即位……始建东都……徙洛州郭内人及天下诸州富商大贾数万家以实之。"又："淮水北有大市百余，小市十余所。"

唐朝时，不仅商业比以前发达，口岸的贸易和对外贸易也繁荣起来。东都洛阳以及江都、成都、扬州、苏州等地的商业都非常繁盛。此外，手工业、采矿业也很发达，陶器制造大有进步。

宋代，东南沿海一带的市舶司促进了与西域及东南亚的贸易发展，与高丽、新罗诸国的贸易也较为兴盛。白银成为通用货币，纸币也开始应用，商业、都市比以前更繁荣。《马可波罗游记》中描写当时的临安城："人口富庶，街市栉比，商号林立。……城内手工业极为发达，工人数目很多。男女大底衣丝帛，此丝帛即系本城所自造者。"

元代，由于领土横跨欧亚两洲，它的商业在宋代的基础上继续发展。《元史·耶律楚材传》说："中原地税、商税、盐、酒、铁冶、山泽之利，岁可得银五十万两，帛八万匹。粟四十余万石。"可以看出元代商业发展的盛大规模。

明代，都市与交通进一步发达。我认为，从明万历二十八年（1600 年）到清乾隆年间，是中国资本主义萌芽比较确定的时期，也是从封建社会走向资本主义社会的质变时期。当时，出现了手工业行会，商品也集中售卖，如珠宝廊、绫庄巷、锦绣坊、弓箭坊、木匠营。郑和七次下西洋，虽然本质上与近代的殖民经济完全不同，但也是商业资本空前繁荣下的伟大壮举。

清初到清中叶，与西方国家建立起正式的商业关系。1681 年，由英国输入的货物总值达 22 950 磅；1789 年，由广州输出的土布达 40 余万匹。这说明了清代商业的发达。而国内的商业及工场手工业也日益繁盛。

（三）

尽管商业日益繁盛，却始终未能改变封建土地所有制，未能突破封建社会的结构，走上资本主义生产之路。一方面，商业的发展破坏了封建经济的完整性；另一方面，又巩固了封建社会的停滞性。为什么会这样呢？

我们知道，在中国封建社会两千多年的发展中，有一个基本的特性，就是商业资本、高利贷资本与土地资本的结合。这种结合，使封建的生产关系更加复杂，土地的主人同时成为商业资本与高利贷资本的主人。商业资本不能独立存在，便无法与土地资本相对抗，反倒成了封建阶级扩大剥削的手段，使封建的生产关系更加巩固。

《史记·货殖列传》说："无盐氏出捐千金贷，其息什之。三月，吴楚平。一岁之中，则无盐氏之息什倍，用此富埒关中。"这说明商业资本转化成了高利贷资本。《汉书·食货志》说商人"亡农夫之苦，有阡陌之得"，可知商业资本与土地资本结合了。仲长统在《昌言》中说："井田之变，豪人货殖，馆舍布于州郡，田亩连于方国。身无半通青纶之命，而窃三辰龙章之服；不为编户一伍之长，而有千室名邑之役。"唐陆贽说："今富者万亩，贫者无容足之居，依托强家，为其私属，终岁服劳，常患不充。有田之家坐食租税，京畿田亩税五升，而私家收租亩一石。官取一，私取十，稼者安得足食？"（《新唐书·食货志》）《宋史·食货志》载殿中侍御史谢方叔之言："豪强兼并之患，至今日而极……今百姓膏腴，皆归贵势之家，租米有及百万石者。小民百亩之田，频年差充保役，官吏诛求百端，不得已则献其产于巨室以规免役。"《续文献通考》中记元代的情形："江南豪家，广占农地，驱使佃户。无爵邑，而有封君之贵；无印节，而有官府之权。"可以看出，商业资本、高利贷资本与土地资本结成一体，成为剥削的手段。

（四）

那么，为什么商业资本会与土地资本合流，使中国的封建社会发展停滞呢？主要有如下原因。

第一，是土地可以自由买卖。秦汉以前，在宗法、世禄、族田的结合下，土地是世袭的、私有的；秦代井田制瓦解后，土地从世袭的转到民间，可以自由买卖。欧洲的封建国家则不同，商业资本与土地资本经过了长期对抗，直到封建社会解体后，土地才转向民间。但在中国，秦汉以后土地便可自由买卖了，所以商业资本与土地资本的矛盾比较小。只要商人的资本雄厚，便可以得到土地；土地资本也可以成为商业资本，得到更多的土地。因此，商业资本与土地资本合流的趋势越来越明显。

第二，是历史上的重农抑商政策。统治者（土地占有者）之所以实行重农轻商的政策，是因为他们认为商人会使封建社会趋于崩溃，不像农民那样。同时，商人能利用多余资本收购土地，思想灵活，不若农民之易于驾驭。像秦始皇徙天下富豪于咸阳，以及商鞅等制定的政策，正是依据这一原则。《史记·商君列传》说："戮力本业，耕织致粟帛多者，复其身；事末利及怠而贫者，举以为收孥。"《史记·秦始皇本纪》道："上农除末，黔首是富。"到了汉高祖，仍然延续了这样的政策："令贾人不得衣丝乘车，重租税以困辱之。"（《史记·高祖本纪》）贾谊提出："古之治天下，至纤至悉也，故其蓄积足恃。今背本而趋末……生之者甚少而靡之者甚多，天下财产何得不蹶？……今驱民而归之农，皆著于本，使天下各食其力，末技游食之民转而缘南亩，则蓄积足而人乐其所矣。"（《汉书·食货志》）东汉规定，商人不得兼营，不得担任官吏。从魏晋到梁陈，都对商人征收重税。隋时，工商仍不得仕进。唐时用"率贷"的办法，值十抽二。五代后又用"铁法""盐法"等来限制商人。宋代更是"重本轻末"，王安石变法里的"青苗""保马"及"农田水利法"等，全是以重农为出发点的。元代的商业资本繁荣固为史上所未见，然亦着力执行重农政策。当时的商税征收在名义上是三取一制，实则不止于此。明代则明文颁布了贱商的号令。徐光启《农政全书》载："太祖加意重本折末，令农民之家，许穿细纱绢布，商贾之家，只许穿布；农民之家，但有一人为商贾者，亦不许穿细纱。"到了清代，更是赋外有赋、税外有税，商人被束缚得动弹不得。

历代的重农抑商政策使得商业资本在土地资本的淫威下苟延残喘，不得不向封建势力投降。土地资本迅速地抓住了商业资本，进一步扩张。这样，历史上的封建地主往往也是商业资本家，同时又是官僚豪族，他们运用政治上的权力加紧横征暴敛。东汉王嘉批评董贤道："贤家有宾婚及见亲，诸官并共，赐及仓头奴婢，人十万钱。使者护视，发取市物，百贾震动，道路喧哗，群臣惶惑。"（《汉书·王嘉传》）我们只要翻阅一下历史文献，关于官僚利用政治权力营商发财的记载，可以说是比比皆是。为了节省篇幅，这里就不多举例了。

（五）

土地资本与商业资本、高利贷资本结合后，对封建社会产生了以下影响。

第一，破坏了社会生产力。春秋战国以来，战乱不止，兵役成为影响生产力发展的一大因素。此外，建城、治河、修渠等也征用了大量人力。如秦始皇建阿房宫、筑长城，隋文帝筑仁寿宫，隋炀帝建迷楼，役夫都有数十万人。《汉书·沟洫志》载："成帝河平元年，卒治河者为著外徭六月。"《隋书·炀帝纪》载："大业元年，发河南诸郡男女百余万开通济渠。"

第二，苛捐杂税更加繁重。历史上，最普遍的是实物地租及力役地租，后来又加上小部分货币地租。历代的税赋也是有增无减。《左传·昭公三年》载："民三其力，二入于公，而衣食其一。"从战国末年到秦汉之世，土地可以自由买卖，遂使"富者田连阡陌，贫者无立锥之地"。东汉桓帝时，除了田一亩要出粟四升以外，每家还要出绢二匹、棉二斤。晋时，丁男之户，岁输绢三匹、棉三斤；女及次丁男为户者，半输。唐代实行租庸调税，受田者每年输粟二石（租）；每丁每年服役二十日，不役则每日输绢三尺（庸）；同时，输土产如绫等二丈，棉三斤，布二丈四寸，麻三斤（调）。宋行两税法，赋物有谷、帛、金钱、物产等。《宋史·食货志》载："比年多稼不登，富者操奇赢之资，贫者取倍称之息。一或小稔，富家责偿愈急，税调未毕，资储罄然。"

除了地租赋税外，还有各种杂税。《文献通考·征榷考》说："虚市有税，空舟有税，以食米为酒，以衣服为布帛，皆有税。"此外，还有"人头税"，又称"口赋""丁口之赋"，以及"城郭之赋""火耗"等。

第三，领主与劳动人民之间不等价交换。《文献通考·田赋考》概括说："增价以市所无，减价以贷所有""有者急卖而耗半值，无者求价费倍。"领主除了垄断商业及农民的劳动外，还夺去了农民的剩余产品，使他们陷入困境。

第四，战乱不断。历史上，一面是大小王侯为了扩大领地和商业势力，不断发生战争，一面是广大农民生活无着，接二连三地起义。战国二百多年间，用兵可考者有242次，这些战争不完全出于自卫。秦汉至明清，这一性质的战争仍在延续。农民反抗的战争，有秦末的陈胜、吴广起义，西汉末的赤眉军起义，东汉末的黄巾军起义，唐末的黄巢起义，等等。但由于新的生产力与新的生产方法未成熟，且无进步的领导者，历次的农民起义只是局部地打击了封建统治，成为改朝换代的牺牲品。

因此，土地资本、商业资本、高利贷资本的结合，成为中国封建社会发展停滞的内在基本原因。

（六）

另外还有两点原因：第一，不同于古希腊罗马社会，中国的奴隶社会阶段缺乏农业与手工业的分工，这使得工业不能摆脱农业的羁绊而独立发展；第二，氏族制的残余使得分工不易。这就是说，封建社会是建立在与氏族制妥协的基础上的，这使得生产长期处于自给自足的状态，社会关系相对简单，增强了社会发展的停滞性。《左传·定公四年》中子鱼说："昔武王克商，成王定之……周公相王室……殷民六族，条氏、徐氏、萧氏、索氏、长勺氏、尾勺氏，使帅其宗氏，辑其分族，将其丑类，以法则周公，用即命于周。"所谓"帅其宗氏，辑其分族"，就是不破坏原来的氏族组织，使其为封建制效力。再证以氏族制的其他残存如义田、义庄等制度，一样能说明这个问题。

一、中国传统文化与马克思主义

马克思主义与各国传统文化的关系问题，是各国学者所关注的。特别是第二次世界大战以后，马克思主义面临着新的挑战，一系列社会主义国家的建立，出现了新的情况、新的问题。同样，资本主义国家，尤其是资本主义发达国家也出现了一些新的情况、新的问题。借此机会，我想就中国传统文化与马克思主义的关系发表一些不成熟的意见，请各位指正。

（一）引　言

根据我对马克思主义的多年研究，我认为，它的出现并不是偶然的，它是人类文化发展到一定阶段的产物，也可说是伴随着近代科学技术的重大发展、产业革命和大生产而出现的时代的产物。它无疑是对前人创造的文化成果的继承。历史事实表明，马克思主义作为一种思想体系，之所以比人类以往的各种社会学说、主义传播得更加广泛，就是因为它与任何宗派的、封闭的、凝固的学说体系决不相同。它没有抛弃资本主义及其以前的宝贵成就，相反地，它吸收和改造了数千年来人类思想和文化发展中一切有价值的东西。正因为这样，现在世界各地的学者和广大人民，包括日本学者和群众，只要不带偏见，都会把它当作科学思想来探索和研究，承认它的博大精深和力量。就是说，作为科学思想的马克思主义决不是少数人臆造出来的，也不是脱离人类文化传统及其发展的产物。科学的马克思主义，决不可能也不允许去臆造什么新文化，否则就不是真正的马克思主义。一种科学思想问世后，总会经历曲折的历史命运，或被一些憎恶科学的人有意歪曲，或被一些浅薄的人作庸俗化、简单化的理解。然而，这无非是发展中的问题，对待马克思主义需要有实事求是的科学态度。一切尊重科学、尊重知识的人，都愿意也会承认马克思主义的价值和意义。它是人类文化宝库中极其宝贵的财富。

大家知道，中国有几千年的文化传统，各种发明创造对世界文明做出了巨大贡献。但近代以来落后了。这当然有自己各个方面原因，但更重要的是外国资本主义和列强的侵略，使中国沦为半殖民地半封建社会，使中国文化传统受到严重破坏。与此同时，西方先进文化特别是科学、民主、平等、自由、博爱的思想也向中国文化传统提出了挑战。一些先进的知识分子开始效法西方，他们的代表就是民主主义的先驱康有为、梁启超、谭嗣同、严复、孙中山等。西方的先进文化在中国起了很大的思想解放作用，促进了中华民族的觉醒和解放。但是帝国主义的侵略和掠夺，却与其先进文化形成鲜明对照。

俄国十月革命爆发，是惊天动地的大事。孙中山等人也在彷徨苦闷中看到了希望，大声疾呼："今日中国革命不以俄为师，断无成就。"孙中山把三民主义说成是马克思主义的好朋友。这段历史是尽人皆知的。也就是说，中国人接受马克思主义不是偶然的，是有它的历史原因的。

马克思主义传播到中国是在19世纪末20世纪初。最早把它介绍到中国的，是梁启超。戊戌变法失败后，梁启超流亡到日本，创办了蜚声一时的《新民丛报》。在这个刊物上，他初步介绍了马克思及其学说。此后，刘师培等人在日本翻译了《共产党宣言》第一章和恩格斯的英文版序言。朱执信的《德意志社会主义者小传》，发表在同盟会在日机关刊物《民报》上。可以说，马克思主义是经日本来到中国的。

近现代以来，马克思主义在中国的传播有四个阶段：一是19世纪末20世纪初；二是五四运动前后；三是新中国成立后；四是"四人帮"垮台后。这几个阶段都涉及马克思主义与中国传统文化的关系。

（二）马克思主义在中国的传播第一个阶段

19世纪末20世纪初，马克思主义在日本有较为广泛的传播，日本和中国的先进分子把它当作时髦的东西来学习。在这个阶段，马克思主义还没有在中国的土地上扎根，因为当时还不具备相应的社会条件。如刘师培等人就认为，社会主义在中国是古已有之。他们把老庄的虚无主义、古代的井田制、王莽的改革，都当作社会主义。孙中山是真诚的社会主义者。他说他所提倡的民主主义就是社会主义，他要使社会革命与政治革命即社会主义革命与民主主义革命毕其功于一役，他想在短时期内建立没有剥削、没有压迫的社会。这说明，当时的历史条件还不能满足马克思主义与中国传统文化的结合。因此，在这一阶段，马克思主义并没有对中国传统文化和中国社会产生什么大的影响。

（三）五四运动前后马克思主义在中国的传播

五四运动前后，出现了更大规模的马克思主义思想启蒙和传播，陈独秀、李大钊、瞿秋白、毛泽东、周恩来等是这个时期的代表人物。他们有一个共同的特点，就是对传统文化有相当深厚的修养，对马克思主义有比较科学的认识。这个时期，马克思主义风行一时。胡适也认为，历史唯物主义可以作为解析社会和人生大部分问题的工具。

五四新文化运动是更深刻更广泛的思想解放运动，突出地表现为马克思主义在中国的广泛传播。过去有人把新文化运动说成是新学和旧学之争，甚至是马克思主义和中国传统思想之争。我认为这样的说法是片面的，或者说，只是看到了表象，没有看到本质。新文化运动是历史的狂飙，它冲破的是封建礼教和封建道德观念，而不是优秀文化传统，就像西方的启蒙运动冲破的是中世纪的神学和封建思想，而不是西方的优秀文化传统；就像启蒙运动激活了其文化传统一样，五四新文化运动也激活了，或者说继承和发展了我国优秀文化传统。马克思主义认为，对于每一个国家、每一个民族的文化传统都要进行分析。文化传统中的积极力量，能作为民族精神支柱，代表民族性格，促进社会发展和民族兴旺；同时，文化传统中也包含阻碍社会发展的消极力量。有时，消极力量如封建等级观念、封建宗法制度等表现得十分突出，甚至占统治地位。这样的一些传统，难道不该被冲破？

按照恩格斯的说法，马克思主义是批判地继承人类的优秀思想成果，随着历史的发展不断发展、创新的。马克思对于德国古典哲学、英国古典政治经济学、法国早期社会主义以及历史学、社会学、法学、自然科学都采取了批判继承的态度。马克思主义决不是否定一切，而是审慎地取舍。

在这一阶段，出现了马克思主义与中国优秀文化传统的结合。

（四）新中国成立后马克思主义的大传播

新中国成立后，马克思主义迎来了它的大传播，马克思主义和中国传统文化接触的深度和广度都是空前的。人们运用马克思主义的观点和方法，彻底批判了封建文化、半殖民地文化，全面、系统地研究、整理文化遗产，与各国进行科学文化交流，中华民族的文化传统得到了发扬光大。

1957 年以后，由于指导方针的失误，我国经历了一段曲折。在文化方面出现了简单否定传统文化和外国文化等错误倾向。这段历史表明，对于马克思主义的僵化理解和运用，可以导致严重的后果。

（五）"四人帮"垮台后的马克思主义传播

"四人帮"垮台后，马克思主义的传播迎来了新时期——批判"左"的路线，强调实事求是，解放思想，进行真理标准的大讨论。这不仅是对"文化大革命"的彻底否定，还是新的历史条件下又一次巨大的思想解放运动。如果说五四运动时期的思想大解放是从打破传统文化中的消极力量开始的，这次则是从打破对马克思主义、毛泽东思想的僵化理解开始的。历史的经验教训让我们认识到，传统文化要发展，要适应世界的现代化发展，必须吸收、消化国外先进文化。尊重和发展优秀文化，对外开放，把我国建成高度文明的现代化国家。这些都是对待马克思主义、对待文化传统和外国文化的科学精神。

（六）结束语

中国传统文化是现实存在，是中国数千年历史发展形成的现实存在。马克思主义是科学思想，是认识和解释世界发展规律的科学思想。我们要尊重并运用马克思主义，自觉地以科学精神为指导，从客观现实出发，尊重客观规律，不断推进传统文化的发展。这种方法，是批判地继承。所谓批判，就是科学的分析，而不是简单的否定；所谓继承，就是历史的发展，而不是全盘肯定。这与故步自封、国故主义地对待传统文化是不相容的。传统文化的生命在于发展。批判地继承就是通过科学的分析，否定那些阻碍社会进步、束缚思想解放的内容。没有这样的否定，就不可能有真正的肯定和发展，这是任何国家和民族在文化发展过程中都可以理解到的。

马克思认为，对文化传统的研究，必须服务于今天的物质生产和精神生产。他说："使死人复生是为了赞美新的斗争，而不是为了拙劣地模仿旧的斗争；是为了赞扬想象中的既定的任务，是为了重新找到革命的精神，而不是为了使它的幻影重新游荡起来。"马克思满怀信心地说道："既然我们在力学等等方面已经远远地超过了古代人，为什么我们不能也创造出自己的史诗来？"我们决心在马克思主义的指引下，继承、发扬优秀文化传统，吸取各国优秀文化成果，建设新一代的、为后人所敬仰的文化新传统！

1985 年 6 月

二、马克思、恩格斯论幻想与科学幻想
——进一步提高我国科幻小说质量

"科幻小说"是一个完整的词汇，不容割裂。那种认为科幻小说"姓科"或"姓文"、是纯科学或纯文艺的看法都有片面性。既然叫"科幻小说"，就必须严格按照科学的途径来幻想，通过文学艺术的形象思维来进行小说创作。没有科学的幻想，就只能叫幻想小说，不能叫科学幻想小说。没有科学的构思，没有科学的幻想境界，即使小说写得如何动人，也是同科幻小说格格不入的。

但是，学习科学幻想如同学习科学一样，是不能一蹴而就的。因此，应当允许科幻作家在创作过程中逐渐提高自己的科学思想水平。人类在摸索前进中有过种种不科学的空想，而从空想社会主义到科学社会主义，也走过一条漫长的道路。科幻小说在我国的繁荣发展，意味着我国科学事业繁荣局面的到来。诚然，在科幻小说创作中出现过这样那样的缺点，如幻想太多、不切实际，等等，但仍要热情地加以关注，如同园地里的小花，要认真浇灌，栽之培之，使其朝着科学的方向茁壮成长。

有人认为，科学推理小说、惊险小说出版得过多了，倾向不好，会把孩子引入迷途。对于这些看法，需要分析。我们认为，不能一般地反对科学推理，因为它是推动科学发展的不可或缺的因素之一。爱因斯坦赞扬和肯定伽利略的科学推理方法是人类思想史上最伟大的成就之一，而且标志着物理学的真正开端。只要认真研究过科技史的人都清楚，科学推理对于科学发展起了多么重大的作用。笼统地、不加分析地反对科学推理，而不是反对那些披着"科学推理"的外衣强词夺理的，将会扼杀科学，阻碍科学的发展。当然，对于那些用非科学或反科学的诡辩术冒充科学推理的，是要反对的。对于惊险小说同样需要分析。科学幻想小说带点惊险色调是允许的，凡尔纳的若干科幻名著都如此。但如果这个"险"离开科学而使人为之"惊"，并且用反现实的手法激起人们猎奇取险的思想，以排遣吃得太饱的少爷小姐们心灵的空虚与寂寞，则是要不得的。

那么，到底什么是科学幻想小说呢？就是用文学艺术的形象思维去表现富有科学思想（或幻想）内容的作品。科幻小说是一种精神食粮，既要有艺术的构思以培养人们的审美情操，还要有科学幻想的魅力。这种幻想要符合科学思维的逻辑，要讲科学性。离开了科学性的幻想或者在科学上是错误的，小说写得越美、越吸引人，反作用就越大。

马克思、恩格斯告诫作者不要"在虚构中享乐""不要用幻想安慰自己和别人"，同时，也告诫我们要区别是什么样的幻想。马克思、恩格斯从来不反对科学幻想，他们所缔造的科学社会主义就是对人类未来的科学幻想，但又是可以实现的理想境界。他们强烈反对的是"好幻想的庸人""脑子里填满了……迷信和幻想"。在马克思、恩格斯看来，非科学的幻想就等同于迷信。

马克思、恩格斯在著作中充分肯定，科学家应当有科学幻想，应当有科学预见性。但是，首先要向科学学习，不能主观地、随意地去"教训科学"，或者把随意瞎说的东西"俨然作为科学的预见"，那就要陷于主观唯心主义的错误。马克思在《科伦日报》的社论中指出，那种"规定科学家应该有多粗的胡须才能成为世界智慧的化身"就属于这一类的"荒唐论断"，而那些"科学"则是用三文铜钱买来的"渊博学问"！我认为，市面上流行的科幻小说有相当一部分是属于这一类的，是不足为训的。

马克思的《鸦片贸易史》一文中有好几个地方说到幻想，值得我们深思。首先，他认为幻想要切合实际。1856～1858年，英法等国同中国进行了第二次鸦片战争，后来在天津签订了不平等条约，为外国在长江、台湾等地区开放了新的通商口岸。马克思写道："关于联军全权代表强迫中国订立新条约的消息，大概引起了大量扩充贸易的不切实际的幻想……是否能够完全相信，通商口岸的数目增多了，就一定会扩大对华贸易……"马克思认为，这种幻想既然是不切合实际的，就是不科学的。这说明是否切合实际是辨识科学幻想的一项重要原则。

其次，马克思认为不能以幻想来欺骗自己，就是说，骗人骗己的东西决不能称作科学幻想。马克思在同一篇文章中指出，当时的中国官府"由于被强力排斥于世界体系之外而孤立无依，因此，竭力以天朝尽善尽美的幻想来欺骗自己，这样一个帝国终于要在这样一场殊死的决斗中死去"。不可否认，在科幻小说中有相当一部分是骗人骗己的赝品，如调动死人的力量去割稻子、将死人的脑细胞注射到活人身上就能知道死人所知道的一切。这不是什么科学幻想。不要说死人，就是用活着的科学家华罗庚、茅以升等人的脑细胞注射到谁的身上去，也决不可能变成华罗庚、茅以升同志那样富有科学知识和修养的人。如果真那样的话，科普工作就大可以收起摊子了——一个人身上有数十万亿细胞，如果只要几个就可以传播科学知识，拿出几个来播种科学岂不更省事吗？这显然是无稽之谈，与科学幻想是风马牛不相及的。

第三，马克思反对创造离奇的、悲剧题材的幻想。这是要引以为戒的。当然，马克思针对的是帝国主义国家妄图用"鸦片特权"来进行贸易、来打开中国市场的幻想。马克思说："这的确是一种悲剧，甚至是诗人的幻想，也永远不敢创造出这种离奇的悲剧题材。"

科幻小说是科学与文学艺术相结合的特殊品种，它既需要科学也需要文学，缺一不可。不能把各种妄想的非科学或反科学的东西当作题材，否则就破坏了科幻小说的声誉。在马克思、恩格斯看来，不是所有的幻想都是好的，他们在《神圣家族》这部名著中就以雄辩的理论说服力批判了"思辨哲学的幻想"。

恩格斯曾批判当时的德国作家、"青年德意志"文学团体代表人之一泰奥多尔·蒙特和另一位德国作家亨利希·劳贝的作品，说他们除了"老一套的离奇幻想而外，就没有别的事好做"。这种纯粹是不切实际的幻想，将使读者陷入迷途，他们要从这泥潭中拔出脚来，也不愿意孩子们继续受非科学的以"科幻小说"为名的污染。

恩格斯在讲到科学幻想必须符合实际时，认为那些信口开河的幻想家们"主观的幻想，是被自己的客观的叙述所驳斥掉了"。可不是吗，我们有不少科幻小说正是这样，由于分外离奇古怪、想入非非，就被自己的叙述驳斥掉了。

科学共产主义的创始人曾科学地预言旧中国的死亡和新中国的诞生。恩格斯也说道："过了多少年，我们就会看到《波斯与中国》——整个亚洲新纪元的曙光。"这样的科学幻想在我国不是已经成为事实了吗？

中国的科幻小说创作还非常年轻，在它成长的过程中难免出现这样那样的缺点和错误。我们一定要采取积极扶持的态度，要在科幻小说园地里浇水除草，使其健康地发展。随着我国科学的发展，它也一定能够茁壮地成长起来的。

三、批评、继承、革新

（一）

我国古典文学遗产浩如烟海，从《诗经》起，历代名家辈出，留下了许多作品。如果再加上那些不知名的作家作品以及民间作品，那就更难以胜计。古典文学遗产中有许多宝贵的东西，诚如毛泽东同志在《在延安文艺座谈会上的讲话》（以下简称《讲话》）中指出："我们必须继承一切优秀的文学艺术遗产，批判地吸收其中一切有益的东西，作为我们从此时此地的人民生活中的文学艺术原料创造作品时候的借鉴。"当然，在古代文学遗产中，有不少是反映历代人民生活斗争的具有很高的思想性、艺术性的优秀作品，也有一些是奉诏应制、代圣立言，包含有封建毒素的东西。因此，要学习和继承这些遗产，首先要对它们进行批判。毛泽东同志以前就说过，对于历史遗产要"用马克思主义的方法给以批判的总结"（《中国共产党在民族战争中的地位》），又说，在"清理古代文化的发展过程"中，要"剔除其封建性的糟粕，吸收其民主性的精华""决不能无批判地兼收并蓄，必须将古代封建统治阶级的一切腐朽的东西和古代优秀的人民文化即多少带有民主性的革命性的东西区别开来"（《新民主主义论》）。毛泽东同志对于批判地学习和继承文化遗产的指示，我们一定要坚决地加以贯彻。

马克思列宁主义经典作家，都是以科学的批判态度来对待古代精神遗产。列宁说得好："马克思认为他的理论的全部价值在于这个理论'在本质上是批判的和革命的'。"（《什么是"人民之友"以及他们如何攻击社会民主主义者？》）没有批判，怎能分清精华和糟粕，怎能谈学习和继承？从历史上看，任何一个阶级对待前人遗产都不是无条件地全部接受，而是通过一定的代表人物，按照自己的观点、方法和本阶级的利益，加以清理和取舍的。可以说，凡是承传下来的，总是包含着批判；无批评的承传，在历史上是没有的。

什么叫批判？批判就是分析。即使是优秀的古典文学作品，其精华和糟粕也往往是交织在一起的。例如，有的作品强烈地反映了人民对封建统治者的反抗，却残存着皇权主义、封建迷信以及宿命论思想；有的作品表现了当时社会生活的真实图画，但宣扬的却是封建的道德观念；有的作品表现了爱国主义思想，但也表现了浓厚的忠君意识；有的作品表现了对人民疾苦的深厚同情、对社会的极端不满，但开出的却是"良君贤臣"的拯世药方，等等。因此，我们对古典作品就要具体分析。新中国成立以来，文学界对陶渊明、李后主、《红楼梦》《琵琶记》等古典作家作品的批判研究表明，分析、批判的工作做得越细致、深刻、彻底，就越能显出其精华所在。倘若不经过科学地分析、批判，就不容易做到正确的评价，也容易使人混淆古典作品的民主精华跟无产阶级思想的差别。

对于古典文学中不好的作品，也不应当简单地抛弃。恩格斯说得好："宣布这个哲学是错误的，还不等于制服了这一哲学。"（《费尔巴哈与德国古典哲学的终结》）特别是作品的好不好、作品中的封建糟粕，往往不能一望而知，要通过分析、批判才能识别。就是对那些落后的、反动的古典作品，在经过分析、批判之后再予以抛弃，对我们来说也会有好处。

对古代作家作品的分析、批判，要善于运用马克思列宁主义的历史唯物主义观点，在充分掌握材料的基础上进行。倘若用"人民性""现实性"等概念作为"框子"来生搬硬套，而不对具体作家作品进行深入研究，是不能做好古典作品的研究工作的。对于古典作品的批判研究，不能只看思想性不看艺术性，或只看艺术性不看思想性；不能只看它在历史上的作用，不看它在今天的作用，或只看它在今天的作用，不看它在历史上的作用。不能简单地以区分作品的民主性精华和封建性糟粕为满足，而不去弄清其基本倾向。我们既不能把古典作品中各种不同的因素平列在一起，采取折中主义的态度，模糊是非、美丑的界限，也不能抓住一方面，夸大为全方面，并由此得出全盘肯定或全盘否定的结论来。

很明显，在对古典作品的分析、批判中，那种百般挑剔、全盘否定的态度是不合适的，如把陶渊明看作是"反现实主义的诗人"，把王维的作品看作"不过是点缀升平"的，认为李贺的作品是"贵公子"的"唯美主义"，说李商隐的作品"不过是描写士大夫式的爱情"，说李清照是"贵妇人"出身、作品里只有"寻寻觅觅冷冷清清"的情调，等等。相反地，如果对古典作品中消极落后的封建糟粕抱欣赏的态度，甚至美化它们，也是不恰当的。封建时代士大夫阶级出身的作家，往往由于时代和阶级的制约，找不到出路，因而不可避免地在作品里流露出悲观厌世、逃避现实的思想情绪。这种思想情绪，是他们所处时代和阶级的产物。如果认为这些思想既然是历史的产物，就可以无批判地全盘接受，以至于贴上"革命性""人民性"等的标签，加以夸饰，则是错误的和有害的。例如，说"把人生看作飘然如寄的思想，是最深刻、最能激动人的同情的东西"，把古人歌颂纵酒、携妓的诗篇，都尽情地加以美化，等等。至于那些充满封建糟粕以及描写色情的古典作品，更不应当加以夸饰，说成"是过去那种黑暗透顶的旧社会里人们的精神苦闷的反映"，甚至认为它们"还有一定的进步意义"。

就是肯定古典作品中的民主性精华，也要切合实际、实事求是，不应当凭个人喜好妄作夸大。倘若为了肯定屈原作品的重要作用和意义，竟说什么"秦代万世之业乃是被《楚辞》所震撼而推翻的"；为了肯定陶渊明，就将他说成"是一个具有朴素农民思想的诗人"，其作品"将当时豪门所把持的门第社会，有力地冲破了一个缺口，使宋代以后寒士抬了头"；为了肯定李白，就将他看作"解放的化身"，说他的"每一首诗篇，每一首小诗，都像勇士唱着前进的战歌，像农夫高歌播种的情调"，其中"没有感伤的情绪，没有低沉的音调"；为了肯定杜甫，就认为他像现代革命作家那样奋不顾身地战斗，把他跟鲁迅相比拟。我认为，像这样的颂赞，未必能正确理解古代的伟大作家及其优秀作品的真正意义。

（二）

五四运动时期，对封建思想和封建时代的文学艺术作了比较彻底的批判，这是应该加以充分肯定的。但正如毛泽东同志所说，五四运动本身也是有缺点的，"那时许多领导人物，还没有马克思主义的批判精神，他们使用的方法，一般地还是资产阶级的方法，即形式主义的方法。……没有历史唯物主义的批判精神，所谓坏就是绝对的坏，一切皆坏；所谓好就是绝对的好，一切皆好"（《反对党八股》）。这个缺点，反映到文学思想的斗争中，就是对传统文化的全盘否定，同时也给"全盘西化"论以可乘之机。早在 1938 年，毛泽东同志就在《中国共产党在民族战争中的地位》一文中指出："学习我们的历史遗产……是我们学习的另一任务……从孔夫子到孙中山，我们应当给以总结，继承这一份珍贵的遗产。"在《讲话》里，毛泽东同志更明确地指出："我们必须继承一切优秀的文学艺术遗产……对于中国和外国过去时代所遗留下来的丰富的文学艺术遗产和优良的文学艺术传统，我们是要继承的。"毛泽东同志强调学与不学有极大的区别，他说："有这个借鉴和没有这个借鉴是不同的，这里有文野之分，粗细之分，高低之分，快慢之分。"

毛泽东同志说过："中华民族不但以刻苦耐劳著称于世，同时又是酷爱自由、富于革命传统的民族。"（《中国革命和中国共产党》）我国古典优秀作品在思想内容方面，就是富有革命的优良传统的，如屈原《离骚》的批判君恶，司马迁《史记》的歌颂反抗，李白作品的鄙视王侯、对当时黑暗现实的强烈不满，等等。历史上的优秀作品，总是这样那样地反映和歌颂人民的生活、斗争、理想和愿望，批判封建统治阶级对人民的奴役和压迫。同时，这些作品还根据各个时代的生活，塑造了一系列典型的人物形象，如古代英雄的典范花木兰、黄忠、穆桂英，人民智慧的化身诸葛亮、吴用，反抗精神的代表李逵、鲁智深、武松，酷爱自由、追求理想的化身白素贞、崔莺莺、祝英台，等等。这些光辉成就及优良传统，是要很好地加以学习和继承的。

我国古典文学遗产中还保留了无比丰富的、为广大人民所喜闻乐见的民族艺术形式。那些不朽的人物形象，不但具有自己时代和阶级的特点，也具有民族共同的性格、气质等。在人物形象的塑造方面，往往运用白描的手法，不但注意形似，更注意神似。在结构方面，重视首尾衔接，眉目清楚，故事情节集中、精炼、生动，如矛盾同志所说，往往是"可分可合，疏密相间，似断实连"，即使"长到百万字却舒卷自如，大小故事纷纭复杂、错综，然而安排得各得其所"。在长篇小说中，往往每一章回都有个重心；全书通过若干有矛盾斗争的故事情节（如《三国演义》里的《火烧赤壁》《群英会》，《水浒传》里的《大闹野猪林》《智取生辰纲》《三大祝家庄》等）紧紧地扣住读者的心弦，使人得到艺术上的享受，受到思想上的感染。在语言方面，有些作品（如

《水浒传》《红楼梦》等）由于人物语言写得好，令人闻其声如见其人；古典优秀诗歌音节和谐，朗朗上口，易于背诵。这些在表现形式、手法方面的优良传统，也要很好地学习和继承。

我国的古典文学作品，如《离骚》《水浒传》《窦娥冤》等，在不同程度上都有现实主义和积极浪漫主义相结合的优良传统。这些作品，不但生动地反映了人民的生活，抨击和揭露了旧社会的黑暗，而且生动地反映了人民的理想，既具有艺术魅力，又根植于现实生活的土壤中。这些创作方法也是值得我们认真总结和批评地继承的。

我国古典文学理论遗产极其丰富。据《中国丛书综录》，古代流传下来的诗文评有600种左右，词曲理论有200种左右，还有很多分散在其他古籍中。其中，有的是关于文艺理论的论述，如刘勰的《文心雕龙》；有的是对历代作家作品的评介，如钟嵘的《诗品》、胡仔的《苕溪渔隐丛话》、赵翼的《瓯北诗话》；有的是记载作品的故实，如孟棨的《本事诗》；有的着重探讨创作技巧，如陆机的《文赋》、严羽的《沧浪诗话》；有的研究文体，如挚虞的《文章流别论》；有的是随笔杂录，如欧阳修的《六一诗话》、司马光的《续诗话》，等等。在这些论著中，固然掺杂有若干糟粕，但也有不少创造性的见解，记录了不少创作经验。如1500多年前出现的《文心雕龙》，刘勰以那么渊博的文学和历史知识，优美、简练的文字，生动地阐明了文学的起源、各种文体源流、创作的基础、修辞等问题，提出文学创作要重视思想内容，反对"徒趋文饰"的形式主义。又如钟嵘的《诗品》，对汉朝以后的120位诗人及其作品进行了详尽的品评，提出了诗歌创作的要求。

在古代的其他著作中，往往也留有关于文学艺术的一些可宝贵的见解，如孔子提出的"言以足志，文以足言""言之无文，行之不远"（《左传·襄公二十五年》），孟子的"不以文害辞，不以辞害志"（《孟子·万章篇》），王充的反对虚妄、要求真美，陈子昂的"兴寄"说（《修竹篇序》），李白的重天真、贵自然，等等。这些见解，对我们今天的创作还是有意义的。很显然，我们倘能以马克思列宁主义的观点，对古代文学理论遗产加以整理、批判地继承，不但有助于丰富马克思列宁主义文艺理论，也有助于我国文艺创作事业的繁荣。

（三）

我们不是为继承而继承。我们研究古典文艺遗产，是要从中吸收精华，作为发展和创造社会主义新文艺的借鉴。诚如马克思所说："使死人复生，是为了赞美新斗争，而不是为了勉强模仿旧斗争……是为了再度找到革命的精神，而不是为了让革命的亡灵重新游荡起来。"（《路易·波拿巴政变记》）

毛泽东同志告诫我们，学习前人和今人的经验，都不应当"削足适履"，必须"从自己经验中考证这些结论，吸收那些用得着的东西，拒绝那些用不着的东西，增加那些自己所特有的东西"（《中国革命战争的战略问题》）。但毛泽东同志又在《讲话》中谆谆地告诫我们："继承和借鉴决不可以变成替代自己的创造，这是决不能替代的。文学艺术中对于古人和外国人的毫无批判的硬搬和模仿，乃是做没有出息的最害人的文学教条主义和艺术教条主义。"我们的继承必须以革新为前提。倘若片面强调继承，而不要革新，就意味着只要量变不要质变，只要进化论不要辩证法，这样将失掉批判的革命意义。

"望今制奇""绦生于蒨"，1500 多年前的刘勰就讲"通变"。用今天的话说，"通"就是继承，"变"就是革新。文学艺术也是后浪推前浪。一般来说，后一个时代往往比前一个时代有发展。我们从四言诗、五言诗、七言诗的发展，宋元以来的平话小说、章回小说以至"五四"的白话小说，可以看到继承和革新的线索。不论是在语言方面，还是在结构、形式方面，都是既有继承，又有革新。

我们知道，继承不是机械地模仿，革新要求的是独创的精神。古今中外杰出作家的作品，总是在继承以往成就的基础上有所革新的。从元稹的《会真记》到王实甫的《西厢记》，从宋话本《三国志平话》到罗贯中的《三国志演义》，从宋《大唐三藏取经诗话》到吴承恩的《西游记》，从《大宋宣和遗事》到施耐庵的《水浒传》，等等，都充分体现了继承与创造是分不开的。以李白、杜甫为例。大家知道，他们都继承了自《诗经》至唐代的优良传统而有所创新。李白的作品深受《诗经》《离骚》、汉魏乐府民歌的影响。他从谢灵运、谢惠连、鲍照、谢朓、庾信、阴铿、江淹、陈子昂、崔颢那里吸取了许多宝贵的东西，但他清新俊逸的笔致、险怪奇绝的构思，却是极富有独创性的，六朝的纤巧淫靡被一扫而空。杜甫关心时政的诗篇得力于风雅，他的《同谷七歌》等名作跟屈原的《离骚》、张衡的《四愁诗》以及蔡文姬的《胡笳十八拍》等有着千丝万缕的联系。他的五言诗接响于苏武、李陵，嗣音于汉魏。他的律诗，正如他自己所说，"颇学阴何苦用心"，连沈约、宋之问对他也不无影响，"清词丽句必为邻""转益多师是吾师"（《解闷》）。这是杜甫从前人成就中取得教益的生动写照。但他表达人民痛苦和愤怒的现实主义诗歌，却完全有其独创的风格。顾炎武说得好："李杜之诗所以独高于唐人者，以其未尝不似未尝似也"。"未尝不似"就是说，他们都继承了以前的诗歌遗产；"未尝似"就是说，他们并不是一味模仿，而是有所革新，有所创造。也正是由于有了革新、创造，所以李杜的作品才千古不朽。

对于社会主义文学艺术说来，我们所说的革新包括两个方面：一是整理古典文学艺术遗产，使其成为社会主义文学艺术的一个组成部分；二是在古典文学艺术遗产的基础上，创造社会主义新文艺。对于古典文学艺术遗产的革新，我们既要反对以现代无产阶级的标准要求古人，又要努力以无产阶级思想进行革新，不能把这两者混同起来。新中国成立以来，在各地上演的优秀古典剧目，像《梁山伯与祝英台》《白蛇传》《十五贯》《团圆之后》《杨门女将》等，就是以无产阶级思想进行革新的成功范例。但不是一切古典文艺遗产都可以采取像戏曲那样的革新方法的，如屈原、陶渊明、李白、杜甫、白居易乃至曹雪芹等人的作品，如顾闳中的《韩熙载夜宴图》等作品，则不能乱抢板斧、任意增删。而有些优秀作品由于版本多，或被窜改歪曲过，整理校勘、去伪存真等方面的工作也是革新中不可缺少的。

从历史发展来看，我国社会主义文学艺术是在古典文学基础上的推陈出新，是从现代人民生活出发的革新和创造。毛泽东同志在《讲话》中指出，丰富多彩的人民生活才是一切文学艺术家取之不尽、用之不竭的创作源泉，而"过去的文艺作品不是源而是流"，它们"是古人和外国人根据他们彼时彼地所得到的人民生活中的文学艺术原料创造出来的东西"。社会主义文学艺术是历史上一切优秀、进步作品的继承者，又是新文学的革新者和创造者。由于社会主义文学是从各个方面来表现我国社会主义革命和建设中人与人的相互关系、新的思想和道德、新的瑰丽绚烂的人民生活，所以我们的文学艺术是崭新的，是过去的任何时代所难以比拟的。

无产阶级的文学艺术家是古典文学艺术遗产的忠实继承者，又是社会主义文学艺术的革新者。高尔基继承了普希金、果戈理、托尔斯泰等革命民主作家的传统，在无产阶级革命时代将文学艺术提到了一个新的高度，成为无产阶级文学艺术的革新家。同样地，从赵树理的《小二黑结婚》《三里湾》、梁斌的《红旗谱》等著名作品中也可以看到，它们受到古典优秀作品的深厚影响，特别是在艺术技巧方面，但在思想内容及表现形式上都是革新的。

批判、继承、革新，这是辩证发展的过程，也是文学上的不断革命！为了创造出最新最美的社会主义文学，一切文学艺术家、一切有出息的文学艺术家一定要遵照毛泽东同志在《讲话》中的嘱咐，到人民生活中去，到火热的斗争中去，到最广大最丰富的"源泉"去；同时，又不要忘记在中国古典文学的"流"中，吸取艺术创作的经验。

四、新与旧

新与旧的问题是人们经常会遇到的。"除旧布新""送旧迎新"，这是人们熟悉的老话头。一部人类历史，充满着新与旧的斗争。没有新与旧的斗争，人类社会就会变成一潭死水，不会有进步。

就社会生活领域来说，真正的新事物代表着不断成长、壮大、前进的进步力量，是符合历史发展方向的。它们像新生的婴儿、初升的红日，具有无比旺盛的生命力，是不可战胜的。而旧事物则与此相反，它们代表着将要衰亡或正在衰亡的东西，必然要被新事物所代替。

在新与旧斗争的过程中，新的东西由小变大、由弱变强，上升为支配的力量；旧的东西由大变小、由强变弱，以至灭亡。这是基本趋势。当然，历史发展的行程，并不是一帆风顺的。一切新的社会力量，从初生开始，总是要经历许多曲折，克服许多困难，才能一步步发展起来；一切衰朽的社会势力，即使到了最后的阶段，也不会自甘灭亡，总是千方百计地垂死挣扎。可是，古往今来，新陈代谢，后来居上，是谁也抗拒不了的历史发展规律。

在新与旧的斗争中，马克思列宁主义者总是站在新事物方面，坚决支持新事物，促进新事物的发展。而要做到这一点，就要认真研究在一定的历史时期，究竟有一些什么新的社会因素、新的阶级力量、新的人物和思想是与旧的社会经济形态及其上层建筑斗争的，从而决定什么是应当称赞或歌颂的，什么是应当反对的。马克思列宁主义者必须学会辨别新事物的嫩芽，加以爱护和扶植，尽力帮助它们成长；同时，还必须学会把真正的新事物同那种冒充新事物的旧事物区别开来。

在社会生活中，新与旧的斗争和它们的表现形式，是错综复杂的。当然不能认为，凡是自称为"新"的东西，就是真正的新事物。旧事物往往采用某种新形式，或者打出新旗号，冒充新事物。因此，辨别真正的新事物和这种冒牌的新事物，就是十分重要的。

在思想领域，反动的资产阶级学者为旧的、反动的东西打出"新的""先进的"旗号来骗人，这是常常见到的事情。例如，被列宁严厉批判过的马赫主义者，曾经采用各种新名词、新术语，作为他们贩运资产阶级旧货的假面具。他们冒充"最新的自然科学哲学"，妄图用自然科学特别是物理学的新成就，来证明马克思主义的唯物主义是错误的。而实际上，正如列宁所指出，他们是在歪曲地利用科学上的新材料，贩运早已被科学推翻了的贝克莱、休谟、费希特等人的主观唯心主义和不可知论的旧货，跟自然科学的新成就毫不相干。

反动、没落的资产阶级甚至用"新"字牌号，将资产阶级上升时期学术思想中某些带有进步倾向的东西统统抛弃，将其中落后的、反动的东西发展成更落后、更反动的东西。例如，德国资产阶级哲学家康德的哲学本来是唯物论同唯心论的调和，是二者的相互妥协，却被资产阶级教授学者加上了"新"字号，成为"新康德主义"；他们完全抛弃了康德哲学中的唯物主义因素，把其中的主观唯心主义拼凑成为一个体系，百般宣扬。又如，黑格尔的唯心主义哲学体系具有保守性和反动性，但包含的辩证法却具有进步性和革命性；被资产阶级教授学者加上"新"字号的"新黑格尔主义"，却抛弃了黑格尔哲学中优秀的东西，进一步宣扬和发挥了其中反动、落后的东西，使它成为维护帝国主义反动统治、为资产阶级民族主义和沙文主义辩护的学说，以至于给法西斯匪徒奴役人民和种族虐杀提供"理论"根据。

在政治上，帝国主义和其他一切反对派也常常把他们变本加厉的残暴统治，说成是"新"东西。在第二次世界大战期间，希特勒把侵略其他国家说成是建立什么"新秩序"；日本帝国主义把他们对我国的侵略暴行，美其名为"建立东亚新秩序"；蒋介石在统治期间，为了推行其愚民政策，大事宣扬旧道德、旧思想，却把这些标榜为"新生活运动"。这些"新"招牌，并不能掩盖他们的反动统治、野蛮血腥的民族压迫和掠夺的罪行。

马克思、恩格斯在《共产党宣言》中嘲笑那些企图用假面具掩盖封建主利益、高喊"社会主义"口号的封建贵族，说他们屁股上还盖有旧的封建印章。帝国主义和一切反动派不管怎样标"新"，他们屁股上的旧印章也是有目共睹的。

资产阶级越腐朽没落，就越在各方面玩弄新花样。现在，在西方资产阶级的腐朽艺术中，各种骗人的"新花样"层出不穷。例如，一些资产阶级"新"画家，在身体上蘸颜料，在画布上打滚作画，甚至将骡子的尾巴、猩猩的巨掌胡乱涂出来的东西，也当作了不起的美术创作；在伦敦，举行过用眼睛瞧而不用耳朵听的、所谓没有声音的音乐晚会；在汉堡，举行过所谓"一无所有"的展览会，展出一些空白画纸当作美术品，用一些不成形的泥团当作雕塑品，放映只有黑白斑点的电影，等等。这些"新花样"的背后，恰恰是一些没落、反动的东西。我国宋代评论家吕祖谦说得好："外观其辞，日新日巧""内观其实，日薄日秃！"（《东莱博议·楚子问鼎篇》）看来，这句话也可以作为垂死的帝国主义"新""尊容"的写照。

历来的修正主义者，为了散布跟资产阶级妥协调和的思想，替自己的叛变行为辩护，也常常爱标榜"新"。远在19世纪90年代，老修正主义者伯恩斯坦写的《社会主义的前提和社会民主党的任务》等著作，就是以"探新"的面貌出现，说什么只要通过阶级调和，让工人阶级同资产阶级在议会里携手合作，不需要推翻资产阶级的统治，不需要无产阶级专政，就可以使资本主义制度逐渐和平进入社会主义。伯恩斯坦把这一套叫作工人阶级的"新"道路。考茨基提出的修正主义的各种"新理论"，实质上都是重弹资产阶级和伯恩斯坦之流的旧调。

修正主义者的这一套挂着"新"招牌的陈腔滥调，究竟是从哪里来的呢？原来是从资产阶级的字纸篓里拣来的，没有什么新奇。甚至是伯恩斯坦的名句"运动就是一切，最终目的是微不足道的"，也是从资产阶级学者舒尔泽·赫维尔尼茨那里抄来的。他们跟在资产阶级教授学者后面，举起双手赞成"新康德主义"，赞成"新黑格尔主义"。他们高喊"回到康德那里去"，并且也像资产阶级教授学者一样，将黑格尔当作"死狗"来打，喊叫着什么黑格尔的辩证法"是妨碍对实物的一切合理观察的圈套"（《社会主义的前提和社会主义民主党的任务》）；他们把马克思、恩格斯的辩证法一股脑儿地看作是经院哲学的残余加以否定，而自己却在宣扬比黑格尔的唯心主义还要浅薄和庸俗一千倍的唯心主义。

列宁对修正主义者整旧翻"新"的恶劣行径非常厌恶。早在1899年，列宁在《我们的纲领》等文章中，对伯恩斯坦及其追随者——俄国"经济派"的勾当，作了极其猛烈的抨击。列宁说道：

> 我们现在要问，那些纠集在德国社会主义者伯恩斯坦周围大喊大叫要"革新"这个理论的人，究竟对这个理论有什么新的贡献呢？什么也没有。他们并没有把马克思和恩格斯嘱咐我们加以发挥的科学推进一步，他们并没有教导无产阶级任何新的斗争方法；他们只是向后退，抓住一些零零碎碎的落后理论，不是向无产阶级宣传斗争的理论，而是宣传让步的理论，宣传对无产阶级死敌、对不倦地寻找新花招来迫害社会主义者的政府和资产阶级政党让步的理论。（《我们的纲领》）

南斯拉夫现代修正主义者同样也标榜，他们那一套理论是"最新"的。他们把帝国主义国家看作是超阶级的，把它们的国家垄断资本主义看作是"社会主义因素"，认为帝国主义列强之间的矛盾已经"降至最低限度"，它们正在日益联合起来。这种论调，实质上是考茨基的"超帝国主义论"的翻新，都是为取消无产阶级革命。他们和老修正主义者伯恩斯坦、考茨基一样，以为可以和平过渡到社会主义。就连他们自吹为富有"创造性"的所谓"直接民主制"，也不过是老修正主义者的观点。这个"直接民主制"要采取所谓"工人自治"的形式，企图和社会主义国家的民主集中制相对立。他们诽谤社会主义国家的经济职能，把它诬蔑为"官僚主义"。而考茨基在1917年的《恐怖主义和共产主义》一文中，恰恰是把社会主义国家对企业的管理和委派企业领导人诬蔑为"强加于工人""独裁者的暴力"。

请看，几十年前的老修正主义和今天的南斯拉夫现代修正主义者的调子，是多么合拍啊！修正主义者把他们的旧货标榜为新东西，把真正的新事物诬蔑为过时的旧东西。老修正主义者叫嚣"马克思主义过时了"，现代修正主义者则在叫嚣"列宁主义过时了"。

马克思列宁主义是客观真理，是全世界劳动人民争取解放、实现社会主义和共产主义理想的学说。马克思列宁主义是适应人类历史上最先进的阶级——无产阶级登上世界历史舞台的新形势而出现的新思想，它同一切腐朽的、没落的旧思想是对立的。马克思列宁主义学说的创立者根据工人运动的实践，批判地审查和检验了人类思想史上的全部遗产，真正继承了人类思想史上的一切优秀成果。马克思列宁主义产生以来，在广大劳动人民的革命斗争中越来越显出其新的生命力，并且在革命实践中，不断地丰富、发展，不断地被证实。诚然，马克思列宁主义的个别结论会随着历史的变化而有所改变，在新的情况下得到新的结论，但基本原理是不会改变的。马克思列宁主义当然要密切注意新环境、新情况，永远保持对新生事物的敏感，重要的是运用其基本原理、立场和方法，对新环境、新情况进行科学的分析，做出正确的判断。离开了马克思列宁主义的基本原理，决不能对任何新情况做出正确的、恰当的判断，不可能得出任何新的正确的结论。

修正主义者只是借某些新情况，企图推翻马克思列宁主义的基本原理。事实上，并不是马克思列宁主义"陈旧了""过时了"，而是这些老的和新的修正主义者背叛了无产阶级的先进思想，陷入了散发着陈腐的臭味的资产阶级思想的泥坑，把只能受到人民唾弃的渣滓当作什么新鲜事物来玩赏。

善于区别新事物和旧事物，在新旧斗争中积极支持新事物的成长，这是革命者的经常性任务。对于革命者来说，树立对新事物必然胜利的坚韧不拔的信心，尤其重要。"真金不怕火炼"，真正的新事物是经得起风吹雨打，经得起历史考验的。那些自吹自擂为"新事物"的旧东西，代表的是没落、腐朽的力量，终归是要心劳日拙、彻底失败的。

五、改革需要深知民众的心

鲁迅在《习惯与改革》一文中，特别指出："有志于改革者倘不深知民众的心，设法利导，改进，则无论怎样的高文宏议，浪漫古典，都和他们无干，仅止于几个人在书房中互相叹赏，得些自己满足。"这是极富有见地的论断。

在这篇文章中，鲁迅引用了列宁的论断（将"风俗"和"习惯"都包括在"文化"之内，以为改革这些很为困难），并指出："倘不将这些改革，则这革命即等于无成。"如果"改革一两，反动十斤"，又有什么用呢？因此，鲁迅认为："倘不深入民众的大层中，于他们的风俗习惯，加以研究，解剖，分别好坏，立存废的标准，而于存与废，都慎选施行的方法，则无论怎样的改革，都将为习惯的岩石所压碎，或者只在表面上浮游一些时。"

群众通情达理，从善如流，并不像一些人所想的那样顽固不化。拖拉机比牛耕地好，哪些农民要坚决反对使用拖拉机呢？收割机比人工收割快，哪些人要反对使用收割机呢？在国外，已经出现两个半人能养100万只鸡，谁还愿意整家几口人养几只鸡雏呢？当然，群众也要求持续的、安定团结的局面。那种"挑动群众斗群众"的岁月，那种置生产于不顾、专讲斗争的日子，是群众深恶痛绝的。

如今，人民群众举双手欢迎社会主义现代化，十分愿意在党和政府的领导下向"四化"进军，迅速地把经济生产搞上去。我们一定要使每个党员干部都能"深知民众心"，排除干扰，刻不容缓地把科学技术搞上去，争取早日实现社会主义现代化！

六、主观主义和实事求是的对比

——从"十五贯"两个官吏的形象谈起

昆剧"十五贯"在北京演出后，轰动了首都剧坛。现在，这出戏已在全国近 20 个城市以十几个剧种演出。文化部还决定把它拍成电影，和广大观众见面。这出戏为什么能够受到这么多观众的热烈欢迎呢？这是因为它以丰富的人民性、生动的故事情节、尖锐的戏剧冲突，牵动了千千万万观众的心。

"十五贯"的故事梗概：县官过于执错判了尤葫芦被杀案，真凶娄阿鼠漏网，一对无辜的青年（熊友兰、苏戌娟）被认作凶手，判了死刑。经过三审六问定案后，在行刑前却被监斩官知府况钟发现了冤情，最后查明真凶，平反冤案。这出戏塑造了两个性格鲜明的封建官吏形象。通过过于执的主观主义、官僚主义，揭露了封建统治阶级草菅人命的可憎本质；通过为民请命的清官况钟，表达了人民的理想和希望。这是主观主义和实事求是的鲜明对比，是富有教育意义的。下面试就这两个人物作一些分析。先说过于执。

我们知道，舞台上的知县过于执是一个既不贪财也不枉法的官吏。他看上去是一个胸有成竹、充满自信的人，如他登场时的自白：

> 想我过于执自从到任以来，屡逢疑难案件，幸亏我善于察言观色、揣摩推测。虽然民性狡猾，一经审问，十有八九不出我之所断。上至巡抚，下至黎民，那个不知我过某人英明果断！❶

但是，自封为"英明果断"的过于执，为什么会错判了这宗命案呢？

首先，他对案情的判断是从主观想象出发，既没有调查研究，也不作具体分析。当差役将苏戌娟、熊友兰押到县衙时，街坊群众反映苏戌娟在尤葫芦被杀后是与熊友兰同行的；尤葫芦被杀后丢了十五贯钱，而熊友兰身上恰巧也有十五贯钱。因此过于执把苏、熊两人认成杀害尤葫芦的疑犯，这在当时的情况下是无可厚非的。同时，作为审案官，过于执对苏、熊二人犯罪的可能性做出若干揣摩推测，也是未尝不可的。过于执的错误在于，当他还没有将案情的来龙去脉搞清楚时，就根据一些偶合现象和自己的"揣摩推测"来断定：熊友兰与苏戌娟一定是通奸谋杀无疑！接着，他就按照这个框子，曲解犯人供词，乱抓"证据"。例如，当他见到年轻美貌的苏戌娟时，便做了如下"分析"：

---

❶ 文中引文均见"十五贯"剧本，载《剧本》1956 年 6 月号。

看她艳如桃李，岂能无人勾引？年正青春，怎会冷若冰霜？她与奸夫情投意合，自然要生比翼双飞之意。父亲拦阻，因之杀其父而盗其财，此乃人之常情。这案情就是不问，也已明白十之八九的了。

苏戌娟的花容月貌既然能成为和"奸夫""同谋杀父"的证据，当过于执发现她不过是尤葫芦的养女时，就更相信自己的判断是百无一讹的。按照过于执的"逻辑"：尤葫芦见苏戌娟招蜂引蝶，伤风败俗，自然要来管教，因此苏戌娟怀恨在心——既非亲生父女，遂起凶杀之意。过于执既然十分肯定地把苏戌娟当作"杀父凶手"，当他听到苏戌娟的辩解时，自然就认为她是"一派胡言""不愧凶手本色"了。同时，熊友兰的辩解也就是徒然了。

以"察言观色""揣摩推测"的主观臆断代替调查研究和具体分析，过于执的断案也就坠入五里云雾之中，真伪莫辨了。

其次，过于执断案错误还因为他严刑逼供。如果他能倾听一下"犯人"的口供，派人到近在咫尺的悦来客栈查证一下，就不难搞清熊友兰的十五贯钱确是货款，也不难了解苏、熊二人居于两地，他们之间不可能有奸情。可是过于执没有这样做，只是根据他"治国安邦刑为主"的做官哲学，妄想依靠重刑来完成审讯。他威胁苏戌娟说："杀父盗财，还敢狡赖！不受刑法，怎知厉害"，威胁熊友兰说："小刑可耐，大刑难挨！若不招供，夹棍等待"。这对青年被屈打成招，判了死刑。过于执还以为惩办了"坏人"，保护了"好人"，以为"这样一桩人命重案，不消三言两语，被我判得清清楚楚，明明白白"。就在他自我陶醉的背后，是这对青年男女的含冤莫白，是杀人真凶的逍遥法外、拍手称快。

更错误的是，当况钟提出不同的意见后，过于执竟然毫不考虑。他还把况钟到尤葫芦家勘察看作是挖他墙角的"多此一举"和"迂阔"的行为，把况钟向街坊查访看作是"无知""荒唐"，把从尤葫芦家找到的、同案情有很大关系的所有证物一概看作是"不足为奇"的废料。正是由于这样的固执己见和主观偏见，过于执在判案过程中所犯的错误也就越来越大，最终造成了冤案。

再谈况钟。其之所以为人们称道，首先是因为他从实际出发，细心分析问题，不拘于成见。我们知道，在"十五贯"里，况钟是尤葫芦案的临时监斩官。作为监斩官，他的任务是监督行刑，至于犯人是否有冤情，他不负责过问。同时，这个案子已经三审六问，由部文批准，交付执行。在这样的情况下，犯人呼冤，不管也正常。但当况钟发现有疑点时，并没有置之不理。他没有被三审六问的案卷所束缚，而是认真地研究案情，终于发现了过于执的漏洞："一住淮安，一住无锡，怎结的这私情？一赴常州，一赴皋桥，既同路自可同行。他二人有奸情并无实证。"于是，他根据疑犯提供的线索，立即派人到悦来饭店查证，证实熊友兰的十五贯钱确是货款。他由此断定"熊友兰是冤枉的"，并推断苏戌娟可能也是冤枉的。显然，这个推断是有事实依据的，也是正确的。

同时，为了伸张正义，他把个人得失置之度外，敢于为民请命，与官僚主义做斗争。他知道"朱笔一点，人命两条"的严重性，决定深夜求见都爷周忱，要求给疑犯缓期行刑。这对他来说是一件万分困难的事。我们知道，周忱是一个高高在上，不顾人民死活，把自己的尊严和威信看得比老百姓的性命重要得多的封建官僚的典型。他的做官哲学是"一生唯谨，从来是不违常规"。他所赏识的正是过于执这样"不违常规"，善于"照章办事"，"见闻多，阅历多"的官吏。至于"斗胆胡乱为"、敢于顶撞上司的况钟，则使周老爷感到头疼和不舒服。可是，在这么一位上司面前，况钟并没有退缩。虽然周忱一再强调监斩官的职责是"验明正身，准时斩犯回报"，并警告况钟"王法如山，何人敢违"，但况钟始终没有屈服，答道："想我们为官之人，上报国家，下安黎民。这样草菅人命，卑府实难从命！"而"为民请命，即丢官，不后悔"。他愿意拿官印做抵押，在周忱限定的半个月内把案情查清楚。由于况钟的坚持，这对青年获得了缓期行刑。

可是，况钟并未因此就心安理得。为了平反冤情、查获真凶，他不辞道远，亲自到命案发生地去勘察。在勘察过程中，他认真负责、实事求是的态度和善于开动脑筋的精神，也是非常值得称颂的。我们知道，况钟是在过于执的冷嘲热讽中进行勘察和调查的，他的对手是极其狡猾的娄阿鼠。但况钟没有动摇，没有被困难吓倒。他在现场勘察中发现了多半贯铜钱和小木盒里藏着的一对灌了铅的骰子。他由骰子联想到赌徒，由赌徒联想到娄阿鼠，这就掌握了案情的重要线索。他在东岳庙扮作测字先生，和娄阿鼠并坐在一条凳子上。他抓住娄阿鼠做贼心虚的弱点，最终使其露出马脚。在查证中，况钟从未根据初步得到的材料轻率地做出判断，而是审慎地利用材料研究案情。尽管他认为娄阿鼠是杀害尤葫芦的重大嫌疑犯，但仍让门子吩咐皂吏说："娄阿鼠虽然嫌疑重大，尚难断定就是凶手，不可鲁莽行事。"甚至在娄阿鼠归案以后，仍继续调查，直到从他家搜出尤葫芦的钱袋等物证，才开庭审讯。娄阿鼠无法抵赖，只得认罪服法。冤案最终平反。

显然，过于执的主观主义和况钟的实事求是导致案情向不同方向发展的根本原因。作为封建官吏的代表，过于执是敌视人民的，他心目中的人民都是"刁男""泼妇"，没有一个好人。从这样的思想出发，就不能不草菅民命，不能不冤枉好人。相反，况钟是有着社会责任感的。他能"体民苦""察民情"，关切人民的生死祸福，因此才能为民请命，为蒙冤者洗刷冤情。

党的第八次代表大会提出，我们工作中最根本的缺点，是许多干部在思想和工作中还没有摆脱主观主义。今天，"十五贯"的时代已经过去了，但是像过于执这样的主观主义、官僚主义思想，还没有消亡。一些人简单粗暴地从概念出发，不问人民疾苦，想当然地处理问题，结果是成事不足，败事有余。正因为这样，"十五贯"这出戏是有现实意义的，它是一面镜子，让我们引为鉴。我们应当像况钟一样对人民负责，在工作中开动脑筋，重视调查研究，实事求是。"十五贯"中两个官吏的形象对我们的教育就是这样。

【附】 况钟二三事

况钟是明朝人（1383～1442 年），在苏州做了 12 年知府。当时，因苏州等九郡情况特殊，朝廷特地给况钟等九人每人一份敕书，准许他们在一定范围内便宜行事。况钟初到苏州，很少说话，只是深入了解情况，观察属吏行事，并记录下来。过了一个月，他突然召集属吏，宣读了敕书后，一一宣布调查清楚的某些官吏的贪污受贿。因为证据确凿，没有人能否认，于是，杀了六个贪官污吏，免职十几人。从此，苏州人民叫他"况青天"。况钟做官很廉洁，他任满离开时，就如他自己所吟咏的："清风两袖去朝天，不带江南一寸棉。"苏州人民都很爱戴他，数万人恳求他留任。(《纲鉴易知录》卷五、卷六)

七、试论鲁迅与欧洲资产阶级优秀文学遗产

伟大作家鲁迅对于文学艺术遗产批判继承的问题曾发表过许多精辟的见解。下面试就鲁迅如何对待欧洲资产阶级文学遗产的问题谈点个人的学习体会。

（一）介绍欧洲资产阶级优秀文学遗产，是为了适应我国民主革命中反帝反封建斗争的需要

鲁迅的古典文学造诣极深，对欧洲资产阶级文学遗产也做过相当深刻的研究。鲁迅说自己年轻时便爱看果戈理等人的作品。他一生翻译的外国文艺著作约有 300 多万字，其中有很大部分是欧洲资产阶级优秀文学作品。早在 1907 年，鲁迅在《摩罗诗力说》中就介绍了意大利诗人但丁、英国诗人拜伦和雪莱、波兰诗人密茨凯维支、匈牙利诗人裴多菲、俄国诗人普希金和莱蒙托夫等人的作品，以及他们参加民主革命或民族解放斗争的事迹。鲁迅写这篇文章的时候，正是辛亥革命前夜。他专门介绍"立意在反抗，指归在动作"的欧洲"摩罗"诗人是有深刻用意的，如介绍裴多菲是为了使"在满洲政府之下的人，共鸣于反抗俄皇的英雄"，介绍密茨凯维支"所鼓吹的是复仇，所希求的是解放"的作品是为了"招致中国青年的共鸣"。在《我怎么做起小说来》这篇短文中，鲁迅更明确地写道：

> 因为那时正盛行着排满论……都引那叫喊和反抗的作者为同调的。……因此所看的俄国、波兰以及巴尔干诸小国作家的东西就特别多。……记得当时最爱看的作者，是俄国的果戈理和波兰的显克微支。

这说明，鲁迅介绍欧洲资产阶级优秀作品主要是适应我国民主革命反帝反封建斗争的需要，是为了给战斗中的人民大众以精神上的鼓舞和力量。

（二）在肯定欧洲优秀古典文学遗产的同时，也严正地指出其局限性

鲁迅从当时中国革命和革命文学的需要出发，写了不少介绍欧洲资产阶级著名作家与作品的文章。直到晚年，他还挤出时间编辑《译文》、翻译果戈理的《死魂灵》。鲁迅并不是无批判地介绍这些作品的，特别是接受了马克思主义思想以后，他都是以革命的批判态度来看待的。鲁迅的这种批判态度，从他对俄国伟大作家果戈理、陀思妥耶夫斯基、托尔斯泰等人作品的评论中可以看出。鲁迅高度评价了这些人在文学创作上的成就，同时也严正地指出他们作品的局限性与某些消极影响。

众所周知，果戈理的作品反映了俄国黑暗的社会生活，反映了乌克兰人民热情乐观的性格，讽刺了俄国地主的庸俗和卑劣，塑造了俄国社会多种多样的典型人物，对俄国批判现实主义文学产生了很大影响。鲁迅十分重视果戈理，说他的作品"以描绘社会人生之黑暗著名""以不可见之泪痕悲色，振其邦人"，认为《死魂灵》中所写的地主形象"可真是生动极了，直到现在，纵使时代不同，国度不同，也还使我们像是遇见了有些熟识的人物"（《鲁迅全集·第 1 卷》，第 220 页、196 页）。但是鲁迅又严正地指出，果戈理由于阶级出身的局限，没有能够成功地塑造当时俄国劳动人民的形象。他一针见血地指出，由于"果戈理自己就是地主"，所以他作品里地主的典型形象写得很成功，"至于写到农奴，却没有一点可取了"（《鲁迅全集·第 6 卷》，第 292 页）。

鲁迅对俄国杰出作家陀思妥耶夫斯基评价很高，认为他是"显示灵魂的深者"，并且有着相当高的艺术创作才能和技巧，"他写人物，几乎无须描写外貌，只要以语气、声音，就不独将他们的思想和感情，便是面目和身体也表示着"（《鲁迅全集·第 7 卷》，第 94 页）。他的作品反映了小公务员的悲惨生活，反映了具有自我牺牲精神的人却被看作"白痴"。但鲁迅又指出，他是"俄国专制时代的神经病者"，他的作品中有不少消极的东西，而"陀思妥耶夫斯基式的忍从"是不真实的。鲁迅说，在中国"百分之百的忍从，在未嫁就死了定婚的丈夫，坚苦的一直硬活到八十岁的所谓节妇身上，也许偶然可以发见罢，但在一般的人们，却没有"；同时，"忍从的形式，是有的，然而陀思妥耶夫斯基式的掘下去，我以为恐怕也还是虚伪，因为压迫者指为被压迫者的不德之一的这虚伪，对于同类，是恶，而对于压迫者，却是道德的"（《鲁迅全集·第 6 卷》，第 328 页）。

鲁迅把俄国伟大作家托尔斯泰看作是 19 世纪的"俄国巨人"。托尔斯泰的作品深刻地反映了其以宗法社会为基础的农民世界观的矛盾：一方面无情地揭露了沙皇制度和新兴资本主义势力的种种罪恶，另一方面宣传对恶的不抵抗。鲁迅指出："托尔斯泰正因为出身贵族，旧性荡涤不尽，所以只同情于贫民而不主张阶级斗争。"（《鲁迅全集·第 4 卷》，第 165 页）鲁迅对托尔斯泰的反对暴力和不抵抗主义做过深刻的分析。他说，托尔斯泰"不主张以恶报恶的，他的意思是皇帝叫我们去当兵，我们不去当兵，叫警察去捉，他不去，叫刽子手去杀，他不去杀，大家都不听皇帝的命令，他也没有兴趣……"鲁迅以幽默而又深刻的笔触尖锐地指出，这种天真的想法只不过是一种不可能实现的幻想。他说："然而如果一部分的人偏听皇帝的话，那就不行。"在鲁迅看来，在资产阶级统治下的那个充满阶级压迫、阶级剥削的黑暗社会里，像托尔斯泰这样的思想是行不通的；如果按他的办法来做，客观上对统治阶级是有利的。也正是从这个观点出发，鲁迅热烈地赞扬高尔基在《回忆杂记》中对托尔斯泰的评价。鲁迅认为，高尔基"用极简洁的叙述，将托尔斯泰的真诚的和粉饰的两面，都活画出来，仿佛在我们面前站着"。（《鲁迅全集·第 7 卷》，第 94 页、454 页、191 页）

鲁迅还对俄国作家安德烈夫等人做出了严正的批评。他认为，安德烈夫虽然也写过对穷人表示同情的作品，但是充满了感伤的情绪，"全然是一个绝望厌世的作家。他那思想的根底是：一、人生是可怕的（对于人生的悲观）；二、理性是虚妄的（对于思想的悲观）；三、黑暗是有大威力的（对于道德的悲观)"（《鲁迅全集·第 9 卷》，第 366 页）。鲁迅还说："从安特来夫（按，即安德烈夫）的作品里遇到了恐怖，阿尔志跋绥夫的作品里看见了绝望和荒唐。"（《鲁迅全集·第 4 卷》，第 352 页）这些评语是恰如其分的，是很深刻的。安德列夫正是由于否定了社会理想，鼓吹社会利己主义，所以在"十月革命"以后逃亡到国外。

鲁迅指出，在"旧社会将近崩坏之际，是常常会有近似带革命性的文学作品出现的。然而其实并非真的革命文学。例如，或者憎恶旧社会，而只是憎恶，更没有对于将来的理想，或者也大呼改造社会，而问他要怎样的社会，却是不能实现的乌托邦；或者自己活得无聊了，便空泛地希望一大转变，来作刺戟，正如饱于饮食的人，想吃些辣椒爽口……"（《鲁迅全集·第 4 卷》，第 352 页）鲁迅的这些阐述，可以作为处于没落期的欧洲资产阶级批判现实主义文学若干特点的写照。

鲁迅坚决反对无批判地拜倒在欧洲资产阶级文人学者面前。他与当时我国资产阶级文人盲目吹捧和拜倒在外国资产阶级作家面前的行为进行了严肃的斗争，指出："梁秋实有一个白璧德，徐志摩有一个泰戈尔，胡适之有一个杜威。"（《鲁迅全集·第 4 卷》，第 107 页）在鲁迅看来，像徐志摩那样对印度著名诗人泰戈尔盲目颂扬，不仅不能使人正确地了解泰戈尔，反而把人们弄糊涂了。大家知道，泰戈尔一生创作丰富，他的中短篇小说反映了英帝国统治下的下层人民的悲惨生活，特别是妇女的困难处境；他的诗歌格调清新，具有民族色彩，所以，应当给予一定的文学地位和评价。鲁迅正确指出，把泰戈尔看作"活神仙"，是无限度地拔高了，反而"会使青年人敬而远之"；如果不把他看成"一个活神仙，青年们对于他是不至于如此隔膜的"（《鲁迅全集·第 5 卷》，第 469 页）。

正如高尔基所说："资产阶级文化遗产里，蜜糖和毒药是紧紧混合在一起的，而资产阶级的科学关于人类历史性的过去的'真话'，又具有一个假装纯洁少女的老于世故的妖妇的本质。"❶同样，在资产阶级批判现实主义的文学作品里，也是"蜜糖和毒药紧紧混合在一起的"。资产阶级的先进作家曾对阻碍资本主义发展的封建道德、教会统治和封建贵族的等级制度做了有力的揭露和批判，帮助资产阶级建立自己的思想体系和道德观念。当无产阶级革命风起云涌、资产阶级趋于没落的历史时期，这些作家作为资产阶级的"浪子"，并没有摆脱世界观的局限。他们美化了各种资产阶级个人主义，美化了个人奋斗、个人反抗和个人英雄主义，并且在作品中笼罩着浓郁的悲观主义和感伤主义的色彩。因此，我们在读这些作品的时候，必须以无产阶级的观点认真细致地分析批判，做到鲁迅所说的"弃去蹄毛，留其精粹"，这样才能"滋养及发达新的生体"（《鲁迅全集·第 6 卷》，第 19 页）。

鲁迅从马克思列宁主义的阶级分析的观点出发，深刻阐明了 19 世纪俄国资产阶级

---

❶ 《高尔基政论集》，时代出版社 1951 年版，第 514 页。

杰出作家屠格涅夫、陀思妥耶夫斯基、托尔斯泰等人是站在贵族或资产阶级立场来批判旧社会的；他们虽然在作品中塑造了性格鲜明的人物，对资产阶级做了一定的批判和揭露，也"算作为被压迫者而呼号的作家"，但"离无产者文学本来还很远"，"大抵是叫唤、呻吟、困穷、酸辛，至多也不过是一点挣扎"（《鲁迅全集·第 4 卷》，第 330 页）。就是说，资产阶级的杰出作家仍然存在阶级局限性，没有给我们指出正确的方向。

（三）从革命的需要出发，弄清楚遗产中哪些是有用的，哪些是有害的，然后采取区别对待的态度

鲁迅以革命的、科学的批判态度对待欧洲资产阶级文学遗产，并不意味着他认为欧洲资产阶级文学的优秀作品中就没有什么可吸取的东西。鲁迅说得好："新的阶级及其文化，并非突然从天而降，大抵是发达于对于旧支配者及其文化的反抗中，亦即发达于和旧者的对立中，所以新文化仍然有所传承，于旧文化也仍然有所择取。"（《鲁迅全集·第 7 卷》，第 586 页）这里所说的"新的阶级"，就是指无产阶级；而"有所传承""有所择取"，用今天的话来说，就是批判地继承文学遗产。

鲁迅在《拿来主义》一文中，详尽地阐明了批判地继承古典文学遗产的观点。他把遗产比作祖上留下的一所大宅子，认为："不管三七二十一""拿来！"那么，怎样把遗产"拿来"，"拿来"后怎么办？鲁迅指出：（1）"如果反对这宅子的旧主人，怕给他的东西染污了，徘徊不敢走进门，是孱头"；（2）如果为了"保存自己的清白"，"放一把火烧光"，"则是昏蛋"；（3）如果"原是羡慕这宅子的旧主人的，而这回接受一切，欣欣然的蹩进卧室，大吸剩下的鸦片"，那当然更是"废物"。鲁迅通过这个形象的论述深刻地阐明了既不要不敢接受遗产，也不要无批判地接受遗产，甚至吸取其中的糟粕。在他看来，必须弄清楚遗产中哪些是有用的，哪些是有害的，然后采取区别对待的态度。他说："我们要或使用，或存放，或毁灭。那么主人是新主人，宅子也就会成为新宅子。然而首先要这人沉着、勇猛、有辨别、不自私。没有拿来的人，人不能自成为新人，没有拿来的，文艺不能自成为新文艺。"这里所说的"使用""存放""毁灭"，是区别对待遗产的三种不同办法。鲁迅强调要"运用脑髓，放出眼光，自己来拿"！而拿来以后要"占有它，挑选它"。（《鲁迅全集·第 6 卷》，第 32 页）鲁迅正是以这样清醒的批判态度来吸取中外文学遗产的。

无产阶级是新世界的创造者，也是新文学的创造者。无产阶级要批判地继承古典文学中的优秀的东西，但决不是盲目照搬，而是从无产阶级的思想观点出发，通过审慎的选择，把有用的作为养料，来创造无产阶级崭新的文学艺术。鲁迅在谈到自己怎样从事小说创作时这样写道："大约所仰仗的全在先前看过的百来篇外国作品。"（《鲁迅全集·第 4 卷》，第 393 页）这里所说的"百来篇外国作品"，实际上就是他后来经常讲的果戈理、显克微支等人的作品。但是谁都清楚地看到，作为革命民主主义者的鲁迅，他所写的《狂人日记》《阿 Q 正传》《祝福》等著名短篇小说，决不是那"百来篇外国作品"的生搬硬套或简单模仿，而是富有独创性的，特别是在语言结构和表现手法上，又非常好地继承并发扬了我国文学的民族特色。鲁迅也曾说到，《狂人日记》是受果戈理同名小说的影响。但正如鲁迅自己所说，他的《狂人日记》"意在暴露家庭制度和礼教的弊害，却比果戈理的忧愤深广，也不如尼采的超人的渺茫"（《鲁迅全集·第6卷》，第 33 页）。

由此可见，鲁迅在从事短篇小说创作时，虽然以那"百来篇外国作品"作为养料，却是把它们"消化"了的，并且是密切结合当时中国社会的实际情况，以富有民族特色的艺术形式写出了民主革命所需要的和人民喜闻乐见的作品，"显示了'文学革命'的实绩"（《鲁迅全集·第6卷》，第 190 页）。鲁迅的短篇小说创作实践，给我们树立了一个批判地继承古典优秀文学遗产的范例。

（四）必须提防遗产中旧思想的"软刀子"，要看到遗产既能"裨助着将来，也束缚着后来"

对欧洲资产阶级文学遗产进行批判和重新估价，这是历史赋予我们的一项重要任务。今天，我国人民正在热火朝天地从事社会主义的"四化"建设，为了进一步提高人民群众的社会主义觉悟，必须进一步肃清思想文化战线上的旧影响。我们文化战线包括文艺战线要为社会主义建设事业服务。要区别欧洲资产阶级文艺遗产同社会主义文艺的思想界限。

鲁迅曾经精辟地指出，拜伦等人的反抗是出于"不平"，而这种"不平"是出于个人的"自尊"。鲁迅说："自尊至者，不平恒继之，愤世嫉俗，发为巨震，与对跱之徒争衡。盖人既独尊，自无退让，自无调和……乃以是渐与社会生冲突。"这说明鲁迅在早年就看出，拜伦的反抗只是个人对旧社会的不满。应当指出，在对欧洲资产阶级优秀文学作品的研究中，有不少文章做了过分的赞扬。例如，有的人对易卜生的《傀儡家庭》等作品赞扬备至，有的人把英国资产阶级诗人罗伯特·彭斯的诗篇看作是"抒情绝唱。……经得起不断玩味、思索"，等等。显然，像这样无批判地盲目歌颂资产阶级文学作品，会对读者引起不好的影响。其实，当鲁迅还是民主主义革命者时就曾指出，易卜生虽然"瑰才卓识"，但"其所著书，往往反社会民主之倾向"。鲁迅在《娜拉走后怎样》一文中就指出，易卜生虽然在这出名剧中提出了资本主义社会制度下的妇女问题，但始终没有解决妇女的出路问题。（《鲁迅全集·第1卷》，第 211 页、187 页、273页）鲁迅对资产阶级优秀文学艺术作品采取的革命的、批判的精神，是我们今天要很好地学习和发扬的。

无产阶级需要批判地继承中外古典文化遗产中的优秀的东西，来充实自己、丰富自己；但是，我们不能被中外文化遗产所束缚，这是十分重要的事情。作为我国"新文化运动"的旗手——鲁迅以历史唯物主义观点指出，文化遗产不只"裨助着后来，也束缚着后来"（《鲁迅全集·第6卷》，第 269 页）。正是从这个观点出发，鲁迅一方面要我们批判地继承文学遗产中的有用的东西，另一方面又告诫我们必须从封建阶级、资产阶级的偏见中解放出来，摆脱旧思想的影响。这种态度是十分正确的。

鲁迅指出，"收纳新潮，脱离旧套"是十分重要的（《鲁迅全集·第1卷》，第278页）。他认为，列宁在《共产主义运动中的"左派"幼稚病》一文中指出的"千百万人民习惯势力是最可怕的势力"是"独到的见解"，所以，倘不以无产阶级思想来将"风俗""习惯和文化"进行改革，"革命即等于无成，如沙上建塔，顷刻倒坏"（《鲁迅全集·第4卷》，第175页）。鲁迅慨叹："每一种新制度，新学术，新名词，传入中国，便如落在黑色染缸，立刻乌黑一团，化为济私助焰之具。"（《鲁迅全集·第5卷》，第389页）他坚决反对既"叫打倒旧东西，又拉旧东西来保护自己"，主张除旧布新（《鲁迅全集·第4卷》，第97页）。他说："早就应该有一片崭新的文场，早就应该有几个凶猛的闯将。"（《鲁迅全集·第1卷》，第332页）鲁迅要我们对各种旧思想、旧习惯保持警惕，因为在一定的环境和气候下，"各种古的沈滓，新的沈滓，就都翻着筋斗漂上来，在水面上转一个身，来趁势显示自己的存在了"。带有资产阶级思想的文人学者是常常会翻腾那些"沈滓"，让它们"翻着筋斗漂上来"的。鲁迅要我们重视"出卖旧货的新广告"。他告诫我们要以冷静的头脑分辨真正的新与旧，不为"广告"所迷惑。他充满着信心写道："沈滓又究竟不过是沈滓，所以因此一泛，他们的本相倒越加分明，而最后的运命，也还是仍旧沈下去。"（《鲁迅全集·第4卷》，第254~256页）

批判地继承优秀的文化遗产可以使我们更好地创造新文化、新文学，但是如果不用革命的批判态度来对待遗产，就要产生这样或那样的副作用。也正是在这个意义上，鲁迅把遗产中存在的各种旧思想看作是杀人不见血的"软刀子"。他说："有些读书人说，我们看这些古东西，倒并不觉得于中国怎样有害，又何必这样决绝地抛弃呢？是的。然而古老东西的可怕就正在这里""因为这是'软刀子'。"（《鲁迅全集·第7卷》，第425页）鲁迅在这里虽然主要是讲中国传统的"老调子"和封建时代的旧思想，但对于外国传统思想来说，也完全是适用的。我们今天生活在"四化"建设的历史新时期，必须用社会主义思想去战胜封建资产阶级思想，决不能"身首异处"——身子进入了社会主义，而头脑里还存留着封建资产阶级的王国，不能盲目吹捧资产阶级文艺作品，以至于把资产阶级批判现实主义文学作品中的正面人物当作社会主义的英雄人物来歌颂。鲁迅指出："要想进步……总得连根的拔去了'二重思想'。"（《鲁迅全集·第1卷》，第417页）也正是在这个意义上，我们决不能对欧洲资产阶级文学艺术、对欧洲资产阶级文学遗产拜倒。

鲁迅把新兴的无产阶级看作"一扫旧来的污秽的无产阶级"（《鲁迅全集·第4卷》，第246页）。这对于我们今天也是很有启发的。工农兵群众和一切革命知识分子，只有"一扫旧来的污秽"，才能在无产阶级革命道路上轻装奋勇前进。

（五）只有树立无产阶级世界观，才能做遗产的主人

革命文艺工作者不但要善于从中外优秀文学遗产中吸取有用的东西来丰富社会主义文艺创作，同时，还要彻底清除遗产对自己所产生的各种不良影响。只有树立了无产阶级世界观，才能真正做一切历史遗产的主人。

　　鲁迅之所以能够对遗产采取清醒的态度，因为他首先是个革命家，他从革命的需要来研究遗产。鲁迅在对待历史文化遗产方面值得我们学习的，不仅在于他能够充分掌握资料，以马克思主义观点来阐释遗产中的若干问题，以革命的、科学的批判态度来对待历史文化遗产，还在于他常常尖锐地、深刻地揭露自己灵魂深处怎样受到旧思想的毒害，并且严正地进行了自我剖析。例如，他认为自己因为读的旧书多，"影响到所做的白话上，常不免流露出它的字句、体格来。但自己却正苦于背了这些古老的鬼魂，摆脱不开，时常感到一种使人气闷的沉重"；在《坟》出版时，他毫不留情地指出因受到旧文学的影响，自己的文字成为"古文和白话合成的杂集"，"也许又要给读者若干毒害"（《鲁迅全集·第1卷》，第364页）。鲁迅严正地指出，他的《狂人日记》还没有"脱离外国作家的影响"，《药》"也分明留着安特莱夫式的阴冷"（《鲁迅全集·第6卷》，第190页）。鲁迅沉痛地揭露了自己思想上"也何尝不中些庄周韩非的毒，时而随便，时而很峻急"。他说："我觉得古人写在书上的可恶思想，我的心里也常有""我常常诅咒我的这思想，也希望不再见于后来的青年。"（《鲁迅全集·第1卷》，第365页）鲁迅正是这样严格地批判自己，他说得好："革命者决不怕批判自己"，他坚决地反对"脑子里存在着许多旧的残滓，却故意瞒了起来，演戏似的指着自己的鼻子道：惟我是无产阶级"（《鲁迅全集·第4卷》，第52页、109页）。

　　鲁迅的伟大，不仅表现在他敢于与落后的、反动的社会现象进行针锋相对的斗争，也表现在他敢于与自己身上的偏见和旧思想做斗争。特别是在他接受了马克思主义思想以后，他经常批判自己前期的思想和文章，并且毫不姑息地纠正了自己20年来"只信进化论的偏颇"。可以说，正是由于不断进行自我批判、自我思想改造，毫不妥协、毫不吝惜地跟各种旧思想做斗争，才使得鲁迅逐渐树立了无产阶级世界观，成了中国文化革命的伟人。

　　今天，我们这些从民主革命走过来的文化工作者、文艺工作者，也同样不可避免地、不同程度地受到中外传统文化遗产所宣扬的各种旧思想的影响。应当看到，传统文化遗产总是这样或那样地与我们的思想有着血缘关系。无数事实证明，不除旧，就不能布新；封建资产阶级世界观没有彻底地改造，无产阶级的世界观就不能很好地树立起来，就不能正确对待文化遗产——自以为在探索和发掘历史文化遗产，却为历史文化遗产中宣扬的旧思想所俘虏。

　　这也说明，革命的文化工作者、文艺工作者在对待历史文化遗产问题上应当以鲁迅为榜样，时刻以无产阶级思想照耀自己，对一切落后的、腐朽的、反动的东西深恶痛绝，警惕和清除各种旧思想的影响。只有像鲁迅那样，不怕批判自己，不将"旧的残滓""故意瞒起来"，正视思想改造，勇于进行自我批评，真正树立起无产阶级的、共产主义的世界观，才能正确批判遗产中所宣扬的与社会主义思想相抵触的东西，继承遗产中对我们有用的东西，真正做遗产的主人。

（六）结束语

鲁迅作为思想家、文学家，他对待一切历史文化遗产和文学遗产的态度给了我们深刻的启示：要不要坚持历史唯物主义和辩证唯物主义的阶级分析方法，对中外古典文艺遗产进行分析批判；要不要对封建资产阶级文学遗产中的反动东西进行揭露；要不要把对遗产的研究服务于当前的斗争；是古为今用呢，还是颂古非今；是外为中用呢，还是崇拜西洋；是引导人们往前看，还是往后看？这是批判继承历史文化遗产和文学遗产中根本对立的两种原则。鲁迅是以非常清醒的阶级分析的思想观点来对待文学遗产的批判继承问题的。但是我们应当看到，鲁迅的批判态度在民主革命时期和他接受马克思主义，成为无产阶级文化革命战士以后，是有所不同的。特别是后一时期，他对文化遗产的批判更为深刻。在那个时代，鲁迅就能以那么清醒的科学的批判态度来分析中外文学遗产的作用，并且告诫人们要从遗产的束缚中解放出来，这是难能可贵的，是应当受到重视的。

鲁迅对中外文化遗产所做的深刻研究，主要是服从于当时的斗争。例如，他研究唐宋以来的严刑酷吏，主要是为了说明国民党反动派对人民的屠杀和压迫；他研究《说文解字》，主要是阐明汉字必须改革；他研究古代的石刻画像、金石碑帖，主要是为了从这些实物中剖析中国历史和传统文化；他写历史小说，主要是借古喻今，作为与旧社会做斗争的工具和武器。我们不能忘记"古为今用""外为中用"的原则而盲目学习中外文化遗产。鲁迅十分重视现在，他说："发思古之幽情，往往为了现在。"（《鲁迅全集·第5卷》，第459页）他总是从对中国人民、对革命和建设事业有没有好处出发，来看待遗产问题。也正因为这样，鲁迅当时才那么强烈地反对青年人钻到故纸堆里去，他说："杀了'现在'，也便杀了'将来'——将来是子孙的时代。"（《鲁迅全集·第1卷》，第420页）

古典文学遗产不可能为社会主义新文艺提供现成的东西，因此，对文学遗产的批判继承决不能代替自己的创造。毛泽东同志说得好："继承和借鉴决不可以变成替代自己的创造，这是决不能替代的。文学艺术中对于古人和外国人的毫无批判的硬搬和模仿，乃是最没有出息的最害人的文学教条主义和艺术教条主义。"（《毛泽东选集·第3卷》，第862页）鲁迅也正确阐明了继承和革新的关系，他说："久矣夫，中国的学者们也早已口口声声的叫着保古！保古……但是不能革新的人种，也不能保古的。"在他看来，不能为遗产而遗产，文学艺术中的创新是十分重要的事情。他指出："倘若先前并无可以师法的东西，就只好自己来开创。"他在谈到学习古代艺术遗产时说道："将来的光明，必将证明，我们不但是文艺上的遗产的保存者，而且也是开拓者和建设者。"（《鲁迅全集·第7卷》，第202页、679页）在这里，他十分明确地阐明了对文艺遗产的态度。我们"保存"遗产，批判地继承遗产，是为了创新。鲁迅指出，我们"必须跨过那站着的前人，比前人更加高大。"（《鲁迅全集·第4卷》，第145页）今天，新中国正如鲁迅生前所梦寐以求的那样，以"雄厉无前"的姿态"屹然独立于天下"（《鲁迅全集·第1卷》，第192页）。我们的社会主义新文学一定是要跨过封建阶级、资产阶级"前人"的，一定可以创造出"比前人更加高大"的作品来。

八、把国外先进的科学文化“拿来”

——读鲁迅的《拿来主义》

鲁迅在《拿来主义》一文中沉痛地指出：“中国一向是所谓‘闭关主义’，自己不去，别人也不许来。”到了鸦片战争、门户开放以后，又成了“送去主义”，如把一批古董拿到巴黎去展览，几位“大师”捧着几张古画和新画到欧洲一路的挂过去，等等。鲁迅特别指出，要在“送去”之外，还得“拿来”。

鲁迅所说的“拿来”，并不等同于“送来”。“送来”是“抛给”的，不是我们所需要的，甚至是我们要抵制的。鲁迅说：“但我从别国里窃得火来，本意却在煮自己的肉的，以为倘能味道较好，庶几在咬嚼者那一面也得到较多的好处，我也不枉费了身躯。”（《“硬译”与“文学的阶级性”》）这是说，引进外国的东西，须对我国人民有利。

什么是我们要拿来的东西呢？鲁迅提出一个重要的原则，那就是：“我们要运用脑髓，放出眼光，自己拿来！”他又说，要“沉着，勇猛，有辨别，不自私”。我国要实现四个现代化，需要最新的科学技术，需要电气化，需要电子计算机，等等。总之，我们要从先进国家“拿来”的东西是很多的。这里简单说几点：第一，是科学管理的方法；第二，是实现农业现代化、工业现代化、科学技术现代化和国防工业现代化的各项科学技术；第三，是先进的教育方法和培养人才的方法；第四，是善于吸收其他国家长处的精神（如日本）。

鲁迅说得好：“没有拿来的，人不能自成为新人。”我看，如果不“拿来”国外先进的科学文化，“四化”也要成为空话。

九、孙用传略

（一）

孙用原名卜成中，1902 年出生于杭州弼教坊一个刻字工人家庭。父亲卜汝俊原是个萧山的农民，因没有田地可种，十一二岁就来杭州一家刻字店当学徒，一生以刻字为生；他生了 8 个子女，因家庭十分贫困，只活下来 3 个。杭州有首民谣描述这类刻字工人的景况："远看似先生，近看像活狮。刻尽千山木，饿煞一家人！"

孙用年纪稍大便进私塾读书，9 岁进小学，13 岁进杭州宗文中学。每逢开学，因不能把学杂费一起缴齐，便受学校会计的嫌憎："这一点钱还要分期缴！"这使他幼小的心灵受到刺痛。幸好，这个学校的老师多是饱学之士，如《上古神话演义》的作者钟毓龙、《诗词曲语辞汇释》的作者张相、名画家姜丹书等——他们都是孙用的老师，培养了他勤奋好学的精神。他就在这种自卑、好学的状态下读完了中学，于 1919 年夏天高中毕业。

中学毕业后，家中再无力供他升学，他只好考入邮局，当一名洋文拣信生。这时，父亲已失业，全部家庭的担子压在 17 岁的孙用身上，他只得兢兢业业地工作。由于他工作勤奋、敏捷，加以自学不懈，10 年以后，他从拣信生逐步提升为邮务生、乙等邮务员。

（二）

1929 年，孙用 27 岁。这一年对他来说，是个非常重要的转折性的年头。

邮局的工作是刻板的、沉闷的、与世隔绝的，正直、进取的孙用，对此不能满足。因此，他在工作之余，刻苦自学，除专攻英语外，还进修了被人视为"赤色事物"的世界语；同时，他大量地阅读当时进步的文艺刊物，并尝试从世界语翻译各国的诗歌——他曾编译了一部《异香集》，可惜未能出版。

就在这一年的年初，他把从世界语翻译的莱蒙托夫的 6 首诗寄给《奔流》月刊，竟意外地收到鲁迅的复信。鲁迅的信虽短，却很恳切，他说："蒙寄译诗，甚感，但极希望先生许我从中择取四首，于《奔流》中发表，余二首附回，希谅察为幸。"同年 2 月，《奔流》就刊出了这 4 首诗：《帆》《天使》《我出来》《三棵棕榈树》。

不久，有位懂俄文的张逢汉写信给《奔流》，认为孙用的译诗"有些处与原文不合""失掉了原文的精彩"。鲁迅在刊物上公开为孙用辩护说："译诗很难，从世界语转译更难。但我们因为想介绍些名家不屑道的东欧和北欧文学，而少懂的原文的人，所以暂时只得用重译本，尤其是巴尔干诸小国的作品。"

介绍"东欧和北欧文学""尤其是巴尔干诸小国的作品"，其具体含义是什么呢？是着意介绍被侵略国家和被压迫民族的文学作品，从而激起我国人民的爱国主义感情和反帝反封建的斗志。而这，也成为孙用日后从事翻译工作的一个鲜明的指路标。

同年9月，孙用又把从世界语翻译的匈牙利爱国诗人裴多菲的长诗《勇敢的约翰》寄给鲁迅。鲁迅读后，觉得原诗即是名著，译文又极好——"认真而且流利，恰如得到一种奇珍"，当即复信表示，愿意帮助出版单行本。可是，他介绍给书社，不要；介绍给杂志社，不收。鲁迅为了"赌气"，决定自己出钱印，但钱又不够。忙了一年半，书还是没出成。他回忆当时的艰难情况说："于是满身晦气，怅然回来，伴着我枯坐，跟着我流离。"最后，还是共产党人宣侠父创办的湖风书局接受出版了，可是本钱又不够。结果由鲁迅出了230元，负责印插图和作者像，书局出了200元买纸、印刷，终于把这部长诗印出来与中国读者见面了。孙用回忆这段往事时，多次说："如果没有鲁迅先生的帮助，是再也印不成的""纵使在50年后的今天，我也还是感激不已的！"

孙用与鲁迅就是这样开始交往的。这使孙用成为以鲁迅为旗帜的革命文艺阵营中的一员，并决定了他一生的道路。

（三）

1937年7月，抗日战争爆发。冬，日本侵略军强占杭州等地，给广大浙江人民，包括孙用在内，带来了巨大的苦难。

当时，孙用已是杭州外围富阳县的邮局局长。这是个小局，局长之下只有两个信差和一个邮差，局长同样要承担分拣邮件、捆扎包裹等劳动。同年12月，富阳沦陷，邮局撤至战时县政府所在地场口。后，孙用又被调任遂昌邮局局长；遂昌沦陷，邮局又迁到遂昌乡下。这期间，他颠沛流离，生活困苦，曾遭敌机轰炸，受惊吐血，只得呈请病假，求人代理。因他长期参加进步的文学译著活动，忠于国民党的上级很不高兴，国民党控制的邮局贡色工会也讨厌他。1942年10月，日寇退出后，邮政总局终以"办事不力"为借口，把孙用裁退了。

被裁退后，孙用领到一笔可观的"养老金"。可是不善于理财的他，不久就用完了，生活又陷于困境。于是，他靠了朋友之力，到衢州简易师范等校去教英文和国文。教书所得养活不了一家人，他只得时不时卖些藏书、投些散稿，以补生活费之不足。

1945年8月，抗日战争胜利结束。第二年5月1日，孙用又回到了别离8年的杭州。可是对他来说，只是"惨胜"而已——他仍然失业在家，住在杭州下城区一条陋巷里，埋头译作，投稿度日，但稿费极少又不经常有，生活困苦得很。他曾对友人感叹：抗战八年是"万难"的日子，现在"惨胜"了，难上加难，是"更难"的日子。在他的诗稿《向阳湖畔》中，曾对衢州和杭州的生活有过辛酸的描述：

书生生活费踌躇，不但教书又卖书。数口之家居不易，向阳湖畔忆三街。不难生活欲何词？惨胜三年事可知！一笔焉能糊数口，向阳湖畔忆当时。

抗战八年、"惨胜"三年，孙用是在贫穷困乏的"炼狱"中度过的。但 1929 年鲁迅在他心里点燃的那把火——介绍被侵略国家和被压迫民族的文学作品，从来没有熄灭过。他埋头苦干，译作不息，到新中国成立前夕，他已出版或译成的著作有：《塞巴斯托皮尔之围》《甲必丹女儿》《保加利亚短篇集》《美丽之歌》《塔杜施先生》《裴多菲诗四十首》等。他在《裴多菲诗四十首》的《前记》中，借裴多菲之口说出了他对"我们这一代的诗人"的愿望：

谁也不能再轻飘飘地，弹奏着他的和谐的歌。/谁要是弹起了诗琴，谁就给自己负上了极重大的工作。/假如，心头只能歌唱着自己的悲哀和自己的欢笑，世界并不需要你。/还不如把你的诗琴一起摔掉！

（四）

1949 年 5 月，杭州解放，孙用 47 岁，开始了前所未有的生活。

杭州解放不久，孙用受友人之邀，接受了浙江省立杭州高级中学聘请，先教世界语，后兼教语文。

1950 年下半年，鲁迅夫人许广平把鲁迅著作的出版权全部献给了国家。国家出版总署决定编印注释本《鲁迅全集》，11 月在上海筹建鲁迅著作编刊社，由鲁迅生前战友冯雪峰主持此事。经许广平推荐，孙用成为该社 5 个成员之一。孙用在接到冯雪峰的邀请后，欣然离杭赴沪参加这一新工作。

许广平推荐孙用参加鲁迅著作的编刊工作，是非常有见地的。早在 1938 年，由鲁迅先生纪念委员会编辑，在孤岛上海第一次出版了 20 卷本《鲁迅全集》。此后，孙用以惊人的毅力，自发地、无偿地对这厚厚的 20 卷 600 万字的全集进行了校勘。校勘的成果，出版了两本资料性小集：《鲁迅全集校读记》和《鲁迅全集正误表》（这《校读记》的资料后来越积越多，当重新出版时，已是厚厚的一大本）。可见孙用对《鲁迅全集》早就下过很大功夫。

孙用到上海后，由于编刊社并入人民文学出版社，就又转到北京，在冯雪峰的领导下，专心致志地从事新编 10 卷本《鲁迅全集》的编辑、注释、校勘。这新版 10 卷本对鲁迅的著作全面加以注释。孙用担任了《呐喊》《彷徨》《华盖集》《且介亭杂文》《且介亭杂文二集》《且介亭杂文末编》6 种书的注释，并整理、注释了鲁迅书信 1000 多封。此外，还编校了 10 卷《鲁迅译文集》。这两项工作，孙用花去了将近 10 年的心血和劳动。尤其是上千万字的、极为烦琐的校勘工作，常常由他来承担，但他总是谦逊地说："这工作没有多大学问，大家是不乐意干的。我适宜做，物尽其用吧。"

1973 年，由于毛泽东的关心，人民文学出版社决定重新排印 1938 年的 20 卷本《鲁迅全集》。这繁重的精校任务，又落到孙用的身上。当时他已 71 岁高龄，冒着酷暑，蜷伏在上海亲戚家的卧室中（书在上海排印），把 600 万字的全集精校了两遍。这要花费多大的精力，担负多大的辛劳！20 卷本的《鲁迅全集》校完了，出版了，可是他那双高度近视（1400 度）的眼睛却严重损坏了。他在给友人的信中诉说自己视力的衰退："我的眼睛更不行了，视力衰退，日甚一日，写的字自己看着就模糊，笔画则以意为之。"

1981 年鲁迅 100 周年诞辰纪念，人民文学出版社决定出版 16 卷的《鲁迅全集》新注释本（把《鲁迅日记》《鲁迅书信》都收在内）。这时孙用已退休在家，同志们仍希望他注释一部新编的、有 115 篇文章的《译文序跋集》并主持全部鲁迅著作的校勘工作。他不顾年迈体弱，欣然承担。这时他已近 80 岁了，眼力已降到需要叠用两个放大镜才能看书的地步，其工作的艰难可想而知。然而他对做这样的"苦工"，仍然心甘情愿。

为了使我国革命思想的巨大宝库——《鲁迅全集》得以传承，为了给广大读者阅读和研究鲁迅著作带来方便，同时也为了使以鲁迅为旗帜的我国革命文艺有所发展，孙用从来不吝惜自己的精力和时间，甚至健康和生命。

（五）

中国的新诗，是吸收古代诗词、民歌民谣和外国诗歌的营养不断地成长的。译诗对我国新诗创作的促进作用，为人们所共知。早在 1907 年，鲁迅为了祖国的复兴，"别求新声于异邦"，写过《摩罗诗力说》，介绍和论述了拜伦、雪莱、普希金、裴多菲、密茨凯维支等"摩罗"诗人。可是鲁迅也多感叹过："诗这东西，译起来很容易出力不讨好"（《致胡风信》），"现在的译诗，真是出力不讨好，尚无善法"（《致孟十还信》）。

孙用自 1931 年在鲁迅的帮助下出版了长篇译诗《勇敢的约翰》后，把翻译诗歌这一"出力不讨好"的工作一直坚持了下来，直至终老。他沿着鲁迅指出的介绍"东欧和北欧文学""尤其是巴尔干诸小国的作品"的路子，脚踏实地一步步走去。

新中国成立后，他译诗更多。1954 年，在匈牙利留学生的帮助下，他翻译和订正了 105 首长短诗，出版了厚厚一部《裴多菲诗选》。此外，他还翻译了裴多菲的好友奥洛夫的长诗《多尔第》，翻译了现代匈牙利的无产阶级诗人尤若夫的诗 34 首，出版了《尤若夫诗选》。1958 年，匈牙利政府为了表彰孙用翻译裴多菲诗的杰出成绩，邀请他作为国宾访问了裴多菲的祖国，并授予他一枚劳动勋章。1987 年，匈牙利政府又决定，把裴多菲诗的第一个中文译者鲁迅和翻译最多者孙用的铜像安放在诗人家乡的裴多菲博物馆。

孙用翻译了波兰最伟大诗人密茨凯维支的代表作《塔杜施先生》，又翻译了他的短诗，出版了《密茨凯维支诗选》。波兰政府赠予孙用一枚密茨凯维支纪念章，感谢他在这方面的功绩。

孙用还翻译了保加利亚伟大诗人伐佐夫的诗歌 4 首和小说 11 篇，先后出版了《过岭记》和《可爱的祖国》；翻译了有"保加利亚的马雅可夫斯基"（季米特洛夫语）之称的斯密尔宁斯基的诗 27 首、小品 5 篇，出版了《斯密尔宁斯基诗文集》。

1976 年唐山大地震波及北京。为了避震，孙用离开北京，先后在南京、上海的亲戚家里住过一段时间。他当年9月到杭州，住在友人家里。杭州是他的家乡，他对家乡感情很深："旧人熟脸心头在，好水佳山眼底留。人老思乡情更切，向阳湖畔忆杭州。"这是他最后一次回家乡，住了一个多月。其间，他忽得确讯，他被本单位"造反派"势力很大的政治处"同意"退休了。友人们闻讯"叹然若失"，孙用却很高兴，对他们说："拿酒来！"并说："少拿一些工资，更可以心安理得地干事。"

事实也确实如此，孙用虽退休了，但其实是"退而不休"。除了像过去一样关心和参与16卷本的新版《鲁迅全集》的工作外，他又拿起了他喜爱的翻译诗歌的工作。

先前，孙用翻译了印度远古时代的两大史诗，即世界名著《腊玛延即》和《玛哈帕腊达》。这两部史诗极长，前者有2.4万颂，后者有10万颂（一颂有两行，每行16个音）。虽然早在1907年鲁迅的《摩罗诗力说》中提到过这两部史诗，1913年苏曼殊在《燕子龛随笔》中也谈过这两部史诗"闳丽渊雅，为长篇叙事诗，欧洲治文学者视为鸿宝"，可是除一二片断外，我国从来没有人翻译过。孙用弥补了这一缺憾。尤其可贵的是，为了尽可能保持原诗的风格，他的译诗仍按原诗的颂体，即每颂两行，每行16个音，每两行押韵。8000多行诗要做到如此统一，得花多大的功力！

此后，孙用又从事另一部更宏伟的世界名著——芬兰的民族史诗《卡勒瓦拉》的翻译。这是一部在荷兰民族的文化发展和文学语言的形成上都起了重大作用的巨著，是世界五大民族史诗之一。这部长篇叙事诗一反一般史诗歌颂王侯将相的常规，歌颂了普通的劳动人民。这部史诗共50章，2.2万行。当这本厚厚的长篇译诗出版时，孙用已经整整80岁。

1982年，孙用80岁。这年春节，他打算把他一生翻译的诗歌做一个小结，开始酝酿编选《译诗百首》，计划收录6个国家60位诗人的100篇代表作。他对亲属说："要将译文都看一遍，从中选出佳作，决马虎不得；既要出书，就要保证质量。"1983年初，他已选出70首，可是这时病魔已找上了他，使他无法继续下去。到了7月29日，病情恶化；延至10月3日，他与世长辞。

他的遗著《译诗百篇》后来由他的女儿续成了。他的老友黄源看完全稿后，在《译诗百首序》（专刊稿）中写道：

> 我就十分明确地感到，孙用一生译诗的标准，贯彻一条红线，就是鲁迅先生青年时代在1907年所发表的《摩罗诗力说》的反抗精神与战斗力量，和展现在诗篇中激动人心的艺术感染力。鲁迅先生在《摩罗诗力说》中说："今则举一切诗人中，凡是意在反抗，指归在行动，而可世所不甚愉悦者悉入之……大都不为顺世和乐之音，动伉之呼，闻者兴起，争天拒俗，而精神复深感后世人心，绵延至于无已。"

（六）

孙用为人，正直诚笃，热心助人。与他共事多年的同事们一致认为，他在工作上勤勤恳恳，埋头就干，认真细致，一丝不苟；在待人上，谦虚谨慎，和蔼可亲，不图名利，质朴耿介。他平时不爱讲话，遇到生人，有点腼腆，很少发言；在大庭广众前，更是一言不发，只是静听。只有与老友相处时，他才无拘束地交谈，谈吐博学而又幽默。

孙用虽然讷于言辞，但在政治上是非分明、爱憎分明。抗日战争中，他痛恨日本侵略者的暴力、凶残，曾资助一些友人奔赴延安、参加新四军抗日。解放战争中，他憎恶国民党的倒行逆施，支持和掩护过共产党人的革命活动。新中国成立后，他同情一些遭受冤屈的同志。例如，冯雪峰遭诬陷被错划为"右派"后，降为出版社的一般编辑，住在一间用书橱隔成的陋室里。某些身居要职的战友，早已不把他放眼里。然而孙用一如既往，仍旧尊敬、热情地对待雪峰，不时地去看望他，与他讨论鲁迅著作，一起整理《鲁迅日记》；还把自己收藏的雪峰的著作全部送给他，相信终有一天会再版面世的。雪峰在逝世前不久曾宣称："孙用同志同我是至交。"(《致朱正信》)雪峰逝世后，孙用在给友人的信中也十分痛惜地说："他的去世，对鲁迅研究，实是巨大的损失！"

在"文革"中，他与同事们一起被下放到湖北咸宁向阳湖湖畔的"五七干校"，从事巡夜、种菜、挑粪、修房等劳动。在"学习班"上，正直的他既不应声虫似地攻击他人，也不小丑似地诋毁自己。他在风云变幻中怀念至亲好友，在逆境中坚定自己的信念。《向阳湖畔》诗稿中记录了他当时的心迹：

> 我值向阳湖畔夜，夜阑人静思如潮。至亲好友翩翩影，眼底心头破寂寥。千岁中秋江上去，今日交至日边回。向阳湖畔年余住，赢得身衰志不衰。

孙用曾当选为第三届全国人民代表大会代表、中国翻译家协会理事、中国世界语协会理事、中国匈牙利友好协会理事，并受聘为中国鲁迅研究学会顾问、北京鲁迅博物馆鲁迅研究室顾问。

1978 年深秋于西湖北山

【附：孙用复笔者信一封】

公盾兄：

6 月 8 日信收到了。

于明同志住到史家胡同来，上班可以方便些，我赞成这样。鲁迅先生给我的信，只有 14 封，并无遗失。我的通报，主要是投稿关系。后来鲁迅先生不主编月刊了，我也就不去信了。

《勇敢的约翰》，那时只有湖风版。大约在交湖风印之前，也同春潮书店接洽过。

《过岭记》是保加利亚伐佐夫的短篇小说，我有一个小集子，现在还保存着，12 日带上。

《异香集》是我从世界语翻译的世界诗选，曾有鲁迅先生介绍给北新书局，后来此书未出版，连原稿也不知下落。

《日记》人名索引，是王士著爱人杨立平校的，我有一本，12 日带上。

你血压偏高，又患白内障，我认为应该少看书为要。只能随便翻，不能用功，规定上午看书，下午少看或不看，晚上则一定不看。这样，比服药还灵。我的高血压似乎好了，白内障则搽眼药水（日本出品）和用三样中药（白菊花、焦决明子、枸杞子）泡茶喝，希望能将它控制住。

鲁迅的"想在案头把自己埋葬了"这句话，我记不起出于何文，会面时当请教。

我定于 12 日上午九时到史家胡同拜访，丽琴也许同来，顺便问候于明同志，即于十时半告别。

匆匆即问

双安！

弟用上

6. 10. 上午

十、记王任叔同志

我听说王任叔同志很久很久了，但真正见面是 20 世纪 60 年代初期，我开始担任《红旗》杂志社文艺组负责人以后的事情。在电话约定去找他之前，我已知道他是 60 年代 20 卷本《鲁迅全集》的编辑，知道他曾写过一些短篇小说，后来又从事文学评论，写过一部《文学论稿》。50 年代后期 60 年代初期，国内批判各式各种的修正主义思潮的时候，我也风闻任叔同志的《文学论稿》等作品遭到批判，故比较仔细地读了这部书，知道了其他一些情况，但我对照他的原书来看，却比不出什么。我到人民出版社去拜访他，他却十分客气地招待我。我问他当时有什么较好的著作，他热心地介绍李英儒同志写的《野火春风斗古城》这部长篇小说，大概那以后也曾到过他新居的平房专访过他。记得他没有专门给《红旗》杂志写过什么文章，但据我所知，他在文艺界里却发现了一些新人。比如浩然同志的第一部短篇小说《喜鹊登枝》就是他从新作者的来稿中选拔出来的。浩然对此十分感激，每次谈起王任叔同志，他总是心怀感激之情，每一次出了书，他总是忘不了送给王任叔同志，正正经经地写上"浩然敬赠"的字样。大约"文化大革命"开始之后，王任叔同志的日子就颇为难过了。有一回，景山学校小学部开家长会，他孙子在该校念书，我有一个孩子也在该校读书，我们在家长会上见面了。大约从我在人民文学出版社工作的家人那里知道"王任叔被挂牌斗争了"，我有意在开会中同他亲热些。我同他并排坐着，劝他不要怕什么，熬过些日子总会从容生活的。他似乎领会了我的意思，临别时我们紧紧地握手。谁知道这次见面就是永别！

1975 年 5 月，结束了将近 8 年的"监狱"生活之后，我到"五七"干校劳动。其间，听到一些人讲，人民文学出版社社长王任叔同志因历史问题被押送回原籍浙江奉化"劳动改造"。1976 年 1 月敬爱的周总理去世和"天安门事件"后，我也不能再住在北京，遂举家到上海、杭州一带去游玩。当时，由于北京地震，孙用同志及其爱人也来到杭州，时常相处的几位同志中还有史莽、黄原等人。他们谈到，王任叔同志在奉化期间发了疯，成天打草绳子，把自己全包起来，喃喃自语："捆起来了，你们把这个修正主义分子捆起来了！"甚至吃最脏的东西！他还说："这是对你的惩罚！"我听了，犹如被人割心肺一样的痛苦！当时在座的朋友有人感叹，他真像鲁迅写的"狂人"，但比"狂人"生活得更惨。不久，我回到北京以后，偶然听到人家说，王任叔同志已经于 1971 年 7 月 25 日含冤去世了，终年 71 岁。他是在疯疯癫癫中去世的。我觉得与其这般疯疯癫癫的生活，不如早日去世为好。

王任叔同志为人善良厚道，为新文化事业出了不少的力。不论在出版和传播鲁迅著作上，还是在东南亚期间传播新思想上，抑或是在人民文学出版社担任社长的时间里，他都做过不少的事儿，但晚年却因为"文革"而遭受了如此重大的灾难！"一死虽离批斗景，生人回颜奈愁何！"今日，党号召大家要否定"文化大革命"，赤胆忠心的革命战士王任叔同志一生所遭受的种种诬蔑和歪曲，便是一个见证。但是，战士毕竟是战士，战士怎么会变成"狂人"呢?! 还是要从社会的根源去发掘。

1979 年 6 月 20 日，我国著名文艺理论家、作家，卓越的无产阶级文化战士王任叔同志的追悼会在八宝山革命公墓礼堂举行。追悼会由中联部副部长张祥主持，国家出版局副局长王子野致悼词：王任叔同志 1901 年生于浙江奉化，1925 年参加革命，1938 年加入中国共产党，曾发起组织"左翼作家联盟"，主持过社会科学工作，是 1938 年《鲁迅全集》出版委员会的负责人之一；新中国成立后，曾任我国首任印度尼西亚大使，人民文学出版社社长、总编辑、党委书记等职。他长期在国民党统治区坚持斗争，为革命事业兢兢业业地工作；他坚持党的革命路线，在党的文化工作、统战工作和抗日救国工作方面做出了贡献。他在文学、出版方面也做出了成绩。他在文学方面有很深的造诣，是一位十分勤奋的作家和学者，留下许多创作和理论著作，为无产阶级革命事业贡献了自己的全部力量。

啊！不朽的王任叔同志，愿你永生！

十一、《科技写作》序

由顾建华同志任主编，任公伟、何艾生同志任副主编，王蔚百、杨宁同志参加，集体编著的《科技写作》一书，是我国目前科学技术不断向前迈进中迫切需要的一部著作。

大家知道，科技文献是科技信息存储的一个场所。特定的科技信息要成为科技文献资料，成为一定生产力的物质基础，就必须把它写出来。要写得及时，要能忠实地记录实际活动中的科技信息细节，还要尽可能做到深刻与生动。古往今来，虽有各种著作，但根据恩格斯的看法，那不过是手工业时代的科技文献记录，而大量科技著作的出现，还是近代科技昌明时代所特有的。

目前，中国人民正在为实现"四化"而奋斗，科技现代化是其中一个重要的环节。要紧紧抓住这个环节，便需要写出大量有关科技的文章和专著，还需要大力介绍国外有关科技发展的情况。现在全世界正处于新的技术革命时期，电子计算机、遗传工程、激光、光导纤维等新技术广泛运用，宇航事业、海洋开发等新产业越来越趋向于信息化。这个时代，将大量产生科技方面的新知识。这些新知识成为决定社会生产力、竞争力、经济成就的关键因素。我们正面临科技上的新挑战，必须迅速投入，决不能像过去那样"闭关自守"，否则就会坐失良机，造成永远落后的局面。

《科技写作》一书的特点是，言之有物，脉络分明，把有关科技写作的注意事项剖析得十分清晰。从内容编排上说，通论部分从思维、选题、材料收集、文章结构、语言及表达方式6个方面论述了科技写作的特点。看来，作者是试图建立起科技写作学科的理论体系，这种大胆求索的精神无疑是可贵的。前七章中对科技写作中的思维活动的论述，尽管不够成熟，但开辟了一个新课题；在科技信息的收集和整理一章中，着重阐明了科技信息是科学研究和科技写作的基础；在论语言的一章里，作者不仅论述了科技语言具有精确、简约、清晰、平实的特点，还强调了人工语言的特点及其在科技写作中的作用。该书后五章对科技写作的各种文体做了专门讨论，第七章对情报类文体的写作方法做了全面的介绍。关于工程设计说明的叙述，目前能见到的材料并不多，作者专列出一章进行讨论显然是很有益的。关于论文的写作方法，介绍的文章颇多，该书作者将论文划分为实践型和理论型两大类，分别予以讨论，这也是有别于其他人的做法。全书每章都举了若干实例，后五章还附有例文及分析。如在科技报告类中，举了科学家竺可桢的《杭州西湖生成的原因》，这也说明优秀科技作品的诞生必须基于作者深邃的科学观察力和素养，才能写成具有一定的科学说服力的东西。全书各章之后，分别提出若干思考与练习题，这对初学科技写作的人是有一定帮助的。但有些篇章还有不够简练等缺点存在。

"万事开头难。"总的说来，这本书是关于科技写作问题的集体智慧的结晶，也是很有创见的尝试。它是科技写作晨曦中的号角，尽管这号声还带有点颤音，但对于科技写作者黎明的到来还是有催晓的意义的。可以经过再版时的进一步修改，逐步臻于完善。

杰出的科学家爱因斯坦在《伽利略"关于托勒密和哥白尼的两大世界体系的对话"英译本序》一文中，高度评价了伽利略的这部科学著作，说它"对于每一个对西方文化史及其在经济和政治发展上的影响感兴趣的人来说，都是个知识的宝库"，而伽利略"以非凡的文学才能，用极其鲜明生动的语言，向他那个时代受过教育的人进行宣传，克服他同时代的人类中心论和神秘思想，并且引导我们恢复从客观的因果关系的角度来看宇宙，而这种态度，自希腊文化衰退以后，在人世间已经失传了"。伽利略的《对话》，其所以在当时甚至到现在仍然能够产生巨大的影响和作用，不仅因为这部科学论著具有极其严密的科学性，也因为它以文学的笔调写得十分形象，十分生动。当然，科学写作主要是科技上的精确，但如果能写得生动，写得形象，而不是干巴巴的，就不仅为少数科学工作者所能接受，还更容易既是科学作品，也是难得的科普佳作。我以为，我们今天特别需要像伽利略《对话》这样的科学作品，它一方面具有特定的科技思想威力，另一方面又具有科学的魅力，吸引人来学习。

党的十一届三中全会特别重视改革。科技上的改革，近来在报章上屡见不鲜，它越来越成为当前重要的课题。科技写作也需要来个大改革。怎样把一些行文拖沓的科技文章写得既精粹、鲜明又生动，是群众对科技写作者的迫切要求。

1984 年 10 月 26 日夜

十二、白求恩大夫与医学普及工作

——纪念白求恩逝世四十周年

　　1979 年 11 月，我们来到伟大的无产阶级国际主义战士、卓越的医务工作者、加拿大人民之子诺尔曼·白求恩的故乡——加拿大安大略省格雷文赫特城。这是位于多伦多以北 50 公里的一个木材业小城。1980 年是白求恩大夫逝世 40 周年。我们参观了白求恩故居。这是一座很雅静的三层小楼，大门前有几棵枫树，红色的枫叶落满院庭。白求恩的先世为苏格兰移民，祖父是多伦多三一医学院医学系的首创大夫之一。白求恩青年时代完成了他的医学学位课程，后来曾在加拿大皇家海军和蒙特利尔城医院工作，也曾为医学刊物撰写过很多介绍新的外科手术的文章。1935 年，加拿大陷入经济萧条，许多人的健康受到损害。白求恩为失业者开设了一个免费诊所。1936 年，他组织了蒙特利尔保障人民健康团体并参加了加拿大共产党。这年秋天，他去西班牙参加了反佛朗哥军事独裁的斗争，在西班牙组织了输血队。他创建的西班牙"流动血库"被誉为西班牙内战时军医最伟大的创举。1937 年夏，我国抗日战争爆发后，他在给友人的信中写道："西班牙和中国都是同一战斗的一部分。我要到中国去，因为那里迫切需要我。"

　　1938 年 1 月 8 日，白求恩带着价值 5000 美元的医疗器具来到汉口。又经过一个月的跋涉，终于到达中国革命的圣地延安。刚到解放区的第二天，他就要求上前线。一到晋察冀解放区的前线，他就不遗余力地为八路军伤病员治疗，把自己的血输送给生命垂危的士兵。因为当时解放区的医疗卫生条件差，他就想方设法开展医学普及工作。他在全力做好医务工作之余，还利用休息时间培训了一批又一批的医务工作者。他毫不保留地把自己高明、精湛的医学技术传授给周围的义务工作人员，使他们在工作实践中不断增长才干、提高医务水平，特别是临床手术经验。他手把手地教导他们怎样做手术，怎样从伤员身上取出弹片，以及如何缝合手术后的刀口。当他发现他训练的人员可以再训练其他人时，他就集中精力进行讲授。他创办了急救、卫生和外科手术基本训练班，编写了附有图解的教材，翻译后复写、散发。

　　为了更好地进行医学普及工作、为八路军及当地的劳苦人民服务，他到达山西五台县后短短两个月的时间，就创办了"特种外科医院"和"模范病室"，举办了医务人员实习周，并亲自讲授了有关课程。他还在工作之余，在煤油灯下熬夜，编写了《游击战中野战医生的组织和技术》《战地救护须知》等优秀的战时医学普及教材。这些讲义，使参加学习的人在课后还能进行复习、思考。八路军前线的医护人员也切切实实地学到了迫切需要的医学知识，特别是外科学和救护方面的最新知识。

白求恩同志对一般科学技术也有丰富的知识。在他的引领下，他所创建的医务组织，尽管处在极其困难、艰苦的环境下，也总是尽力采用那个时代最新的科学管理方法。比如，他提出的"医院组织法"就通过一系列民主管理的办法，把因陋就简组成的临时战地医院办得成绩斐然，井井有条，没有官僚主义或事务主义的坏习气。他珍惜时间，非常讲究工作效率。他把临时医疗机构中的党和行政领导人员、医生、护士代表以及驻村的人民群众代表组成了"医务委员会"，提倡认真对待每一位伤病员。他对一些工作不够认真、粗枝大叶，以致给病人用错药的人以严肃的批评。他说："亲爱的同志，要知道这种粗枝大叶的作风会置人于死地，今后绝不允许再有类似的事情发生。我们要对病人负责呀！"他就是这样致力于医务和医学普及工作，并尽一切可能把战地医院管理好。

当时，前线各方面的物质条件都非常艰苦，尤其是医疗器械工具十分缺乏。但是，困难从没有把多才多艺的白求恩同志压倒。他以渊博的知识和高超的技艺，亲手制造出多种医疗工具。比如，他看到河北的农民用小毛驴背"粪驮子"，就设计、制造出了"卢沟桥的药驮子"，用来负载药品，用牲口代替车送往前线。因为缺乏给伤病员做热敷的热水袋，他就用热水煮砖头，然后用毛巾包起来代替。他同木匠一起制造出多种简便的医疗器械。他还着手制定了多种消毒方法，以减少伤病员的伤口感染。所有这些，不但体现了白求恩大夫高超的医学技术和组织才能，也说明他善于运用各种方法迅速地进行医学普及。

白求恩同志不仅医术高明，还是个"又红又专"的科普战士。不论从事医务工作、科普工作还是其他任何工作，他都充分地表现了"毫无自私自利的精神"。他在任何时候，都是全神贯注地做革命工作，全力以赴，关心别人胜于自己。他常常对人说："我要永远和战士们在一起！""我唯一的希望就是能多做贡献。""一个医生，一个护士……的责任是什么呢？只有一个责任，那就是使你的病人快乐，帮助他恢复力量。你必须把每一个病人看作是你的父兄，实在说，他们比父兄还要亲切些，因为他们是你的同志。"他还说："对于抢救伤员来说，时间就是生命。能抢救一个伤员，减轻一分痛苦，就是我们医务工作者的最大快乐。"

不幸的是，在抢救一个头部受伤的战士的过程中，病毒钻进了他手指上的伤口，使他中了毒。但他不肯休息，反而安慰大家："我就是留下两个手指，还可以照样工作。"当他知道前线有一批伤病员时，怎么也不肯留下，他说："我可以工作，手指这点小病算得了什么。你们要把我当作一挺机枪来使用。"上前线后，病情恶化了，白求恩同志不幸以身殉职。在弥留之际，他竭尽全力对身边的护理人员喊道："同志们，努力吧！向着伟大的路，开辟前面的事业！"

是的，白求恩同志号召我们向着伟大的共产主义大道前进，开辟无比壮丽的全人类解放事业，同时，也开辟他生前所致力的医学事业，开辟解放生产力的科普事业！加拿大劳动人民的优秀儿子，白求恩大夫，是中加两国团结在一起的纽带。他永远活在中国广大的劳动人民心中，永垂不朽！

现在，白求恩故居已改为诺尔曼·白求恩纪念馆。这幢小楼建于 1880 年，里面均按 1890 年时的样子陈设，尽量使其同白求恩诞生时的情形相似。二楼有白求恩的生平展览，包括一些语录和照片，描述了他的一生，以及当代中国纪念他、尊敬他的情形。我在白求恩纪念馆徘徊良久，心情久久不能平静。纪念馆门前的枫叶尤似红花，我捡了几片，放在旅行袋里，准备回国分给一些青年伙伴。啊！敬爱的白求恩同志，你高尚的"毫不利己，专门利人"的精神将永远活在我们的心里。

1979 年 11 月于加拿大多伦多旅馆

十三、医德高尚 技术精湛
——怀念著名医学家黄家驷同志

中国著名医学家、医学教育家，中国科学技术协会副主席黄家驷同志，不幸于今年❶5 月 14 日下午 5 时零 8 分突然逝世，享年 78 岁。

黄家驷同志是国内外著名的胸外科专家。他不仅具有非常坚实的医学理论基础，也具有非常精湛的医疗技术。他是我国胸外科科学的奠基人之一。黄家驷同志是白求恩式的大夫。他的一生，在许多方面是值得我们学习的。他于 1955 年 3 月入党，从各方面看都不愧是个优秀的共产党员。

首先，黄家驷同志是个医生，他对医疗技术精益求精。在中国胸外科领域，他的医术是很高明的。他对病人不管是中央首长还是农村平民、城市工人，都一律看待，一样认真看病。半个世纪以来，他为数以千计的病人实施过手术，几乎没有什么失误。他为人民的健康做出了非常杰出的贡献。

第二，他非常热爱劳动人民，不论在哪里，总是全心全意为劳动人民看病。比如，他下放到江西时，血吸虫病十分流行。他竭力为农村患者解除痛苦，凡是经过他治疗特别是动过手术的病人，几乎没有再发病的。去年 9 月，著名文学翻译家、鲁迅研究专家孙用同志病重，住在首都医院。我冒昧地去请黄家驷同志到首都医院协助看病。这原来完全不是他职内之事，但他慨然允诺，特地到首都医院病房为孙用同志看病，并细致地告诉我孙用同志的病况相当危险。我同家驷同志原不是什么深交，我深为他这种乐于治病救人的精神所感动。

第三，作为医学教育家，他不仅为我国八年制医科大学的建设付出了辛勤劳动，还为培养"又红又专"的医学人才、发展我国的医学教育事业奋斗了一生。更可贵的是，他总是从多方面关心和热爱学生。所以，遍及全国的、他费尽心血培养的学生对他是非常尊敬的。他是一个真诚地把自己的一切本领奉献给青年学生的优秀医学教育家。

第四，他善于同国内外医学界广泛联系。他曾多次代表中国医学界到美国、苏联以及维也纳、斯德哥尔摩、华沙、布拉格、平壤、河内等地参加各种医学学术会议，向世界介绍新中国的医学科学、医学教育的重大成果，交流经验，赢得了国际同行对我国医学的尊敬，加深了了解。他对胸外科的医术特别是手术十分精通。他不仅是中国胸外科的创始人和奠基人，也是美国胸外科委员会的创始人之一，是苏联和印度医学科学院的

---

❶ 指 1984 年。——编者注

院士和委员。他为我国新医学赢得了国际医学界的称赞。1979年，他荣获美国医学会优秀医学教育奖。

第五，他不但是医学家，也是医学科普的优秀写作者。他不仅写过许多医学科普文章，还编写了《外科学》一书，经过一改再改，已成为医学大专教材中的普及读物。但他并不自满。他的儿女告诉我，他早已搜集了大批最新资料，打算就该书做根本性的修订。可惜这项工作尚未实现，他就不幸去世了，令人十分遗憾。

作为一名共产党员，他为人正直，作风朴素，廉洁奉公，平易近人，深受群众爱戴。他做到了全心全意为人民服务。他是在参加生物工程理事会的会议时，走在路上发觉自己心脏病复发，连忙折回首都医院就诊，不幸死在手术台上。他就是这样工作到最后一分钟，真算是鞠躬尽瘁、死而后已。

永别了！黄家驷同志。你的高尚品德和毫不利己的精神，将永远鼓励我们奋勇完成"四化"的各项事业。我们要像你那样，在任何时候、任何情况下，总是不懈地前进！

十四、花　圈

——悼念张知辛同志

从八宝山公墓礼堂参加完由全国政协秘书处主持的张知辛同志追悼会和骨灰安放仪式回来，知辛的音容笑貌始终萦绕在我的脑际……

1947 年，偶然在一家书店里买到上海出版社出版的一本《人物杂志》。大约由于自己对文史和自然科学方面比较有兴趣的缘故吧，这本杂志上刊载的有关鲁迅、郭沫若、郁达夫、托尔斯泰、高尔基、曹操、秦始皇、武则天、伽利略、牛顿、祖冲之、华罗庚等人的生平事迹，深深地吸引了我。我读过之后，便把当时写的两篇不满国民党反动派黑暗统治的"发思古之幽情"的短文投寄给这个刊物。但不久之后却收到了从重庆寄来的信，大意是说这两篇短文很有现实意义，不久可刊用，并要我继续给他们写稿，后面署名是"张知辛"，由此，我知道了这个名字。

直到 1949 年前后，我们通过不少信，可惜都散失了。记得他在信中告诉过我，之所以创办这个杂志，是因为他看到各种杂志，中国的、外国的、专门的、一般的，其中刊载的人物类文章，如自传、印象记、访问记、回忆录，往往很吸引读者，这就是创办《人物杂志》的起因。他想通过这个刊物，以科学的、客观的、批判的态度，对古今中外的历史人物和现代人物作比较正确的评价，使读者得到正确的认识和判断，从而表扬好人好事，批判坏人坏事。他认为，涵盖的范围要广，不仅有政治、军事人物，还要有科学家、诗人、演员，以及社会底层的、不知名的人物，因为他们的苦难和斗争是同人类命运息息相关的。同时，要歌颂为人民幸福而斗争的人物，介绍他们的思想、生活、奋斗经验，以及个人的品质、习惯，等等。他相信，这样的文章会鼓励那些正在为人民的幸福而斗争的人，为他们所借鉴。他还讲到，当时书店里的青年读物很多是枯燥无味的，所以，办这样的刊物，也许能引人入胜，有助于青年一代努力上进、倾向进步。此后，他几乎不间断地把每期新出的刊物都寄几本给我。其中，如郭沫若的《论郁达夫》、王芸生的《论曾国藩》、俞颂华的《梁启超论》、徐盈的《陈嘉庚》、宋云彬的《纪念章太炎》、邓初民的《忆老战友李达先生》等文章，都给了我相当深刻的印象。

知辛每次来信都写得很恳切、很有诚意，他对新文化事业的热心溢于字里行间，给我以较好的印象。他在信中告诉我，物价不断飞涨，印刷也越来越困难，杂志的处境很难，维持不易。果然，1949 年夏，刊物就被迫停刊了。

新中国成立后，我从四川的报纸上得知知辛是重庆市的人民代表，《人物杂志》也随着在重庆复刊。后来，他来北京做交易方面工作，还兼办这个刊物。

五十年代初，我调来北京工作，知辛闻讯就来看望我。我原来以为他是个书生或文人的样子，但见了面之后，倒觉得他像我的家乡——福建的那些到马来西亚一带当苦力归来的"南洋客"，一张方圆的脸，说是胖吧，毋宁说是因工作劳累的虚肿，有点秃头，满口湖南口音，一听就知道是湖南人。他就如同他写的信一样，很质朴、热诚，平易近人。

"《人物杂志》上署名'鲁锐'写的《人语》，大约就是你吗？"我问道，"文笔很犀利，有锋芒。看来你大约很喜欢鲁迅的杂文吧？"他点点头，又谦虚地说："那都是应景的短文。"他说话慢条斯理，从容不迫。他微笑着说："你可猜对了。我的确是鲁迅的爱好者，可惜没学好。"他停顿了一下，接着说："后来《人语》把'鲁锐'改为'鲁纯'了！""为什么呢？""因为"，他感慨地说："后来国民党报纸上也来了个写反动文章的'鲁锐'。我在杂志上登了一个启事，声明本刊'鲁锐'同其他报刊的'鲁锐'不是一个人。这你看到了吗？"他问道。我说："看到了！"

新中国成立后，《人物杂志》大约在北京还出版了一两年，刊登过无产阶级革命导师马克思、恩格斯、列宁、斯大林和毛主席的革命故事，刊登过《周恩来同志在重庆的时候》《朱总司令的故事》《人民教育家陶行知》《向细菌宣战的高士奇》《忆续范亭将军》等文章，以及思想战线上的人物故事、革命家传记、艺文人物志、科学技术人物、历史人物研究等文章。停刊以前，举行过几次约稿，每次都邀我奉陪末座。但是直到停刊，我一篇东西也没给写过，这是很对不起知辛的。

新中国成立后，知辛同志担任过中华职业教育社副总干事、北京函授师范学校校长、中华函授学校校长、全国政协学习委员会办公室副主任等职务。他很努力，工作做得很出色。他为发展我国的函授教育，倾注了很多心血。为了能编好讲义，使其成为符合我国实际需要的教材，他经常到外地调查并讲课。

有一次，在1959年或1960年夏天，函授学校举办全国性会议，开会的地点在西郊。当时我家住阜成门外，他顺便来看我。我约他和另外一位来京参加会议的浙江函授学校校长，我的友人蒋君，一道到我家来吃午饭。这回我劝他尽量挤时间写点东西，他答应了。果然，后来看到他在《文艺报》上发了几篇很有见解的短文。但没有想到的是，这次见面成了永别！

自"文化大革命"开始，到1975年夏天，我同知辛阔别已十余年了。一个阳光普照的下午，孩子们陪我上天安门。这里的一切情景是那么熟悉，又是那么陌生，真是"别时容易见时难"呀！我漫步在天安门广场上，心潮如海，走到敬爱的周总理亲笔题写的"人民英雄纪念碑"下，坐了下来。我沉静地回忆起我所认识的和十分要好的、为中国共产主义事业而献身的战友。想起这八九年来不少过去很亲密、如今已经不幸死去的同志和战友，心里有点难过。这时，我忽然想起张知辛原来工作过的中华函授学校的办公地就在六部口，离这儿很近。我让孩子们带我去，我很想看看这位同我颇有交谊的友人——张知辛。

太阳快要下山了，我们沐浴在金色的阳光里。由于长久没有走路，我步履艰难，好不容易才找到函授学校的旧址。我问传达室的一位老头："这是函授学校吗?""不是。"他回答道,又说:"原来是,早就搬走了!""搬到哪儿去了?"我紧接着问。"不知道",他回答。"你知道原来函授学校校长张知辛同志的家住在哪儿?""不知道,不知道!没听见过他这名字。"他答道,有点不耐烦了。我吃了闭门羹,不免感到惆怅。这时更加惦记知辛,很希望能立刻见到他。我忽然想起知辛曾在全国政协担任过职务,又想起孙超孟同志是他的老战友,是全国政协常委。我回到家,就立即拿起笔,写信给孙超孟同志,并附了封给知辛的短简。

两天后的一个晚上,一对青年男女由我的孩子带到我那小得进不来两口人的住处看我。面对这一对陌生人,我问道:"你们找谁呀?"女青年答道:"找您,大叔。我是张知辛的女儿,叫张厌非。"她说道。停了一下又说:"我们从孙超孟伯伯那里收到你给我爸爸的信……""那你爸爸怎么不来?"我喃喃地问道:"他……病了吗?"我这时倒希望他是因为病了……

大概她生怕我身体有病,也许是我家人预先同她交代不要让我难过,怕我经受不了刺激的缘故,她想回答我的问话,又把话题岔开,介绍站在她身旁的那个男青年,说:"还没有向你介绍,这是我爱人,叫谢立新……"我并不太热情地招呼她爱人,我这时想见的是她父亲。我又问道:"你爸爸怎样?"她似乎迫于无奈,只好轻声地答:"去世了!""去世了?"这使我很意外!因为知辛身体很结实,很少生病。"什么时候去世的?"我紧随着问。"1968年4月17日",她回答道。"患什么病死的……"我又问道。"不!"她回答道:"他挨了斗。开始时,他坦然无所畏惧,因为他认为自己对党忠诚,没做过什么对不起党的事情。"她停顿了一下继续说:"开始把他当作'走资派'批斗他时,他倒显得很平静。对我们说:'我在国民党统治时期,曾经度过白色恐怖的生活,家里也被抄过。现在是共产党领导了,我愿意接受一次新的考验。'他用一张白纸写下毛主席诗词中的一句话:'不管风吹浪打,胜似闲庭信步。'写完把它贴在墙上,说是用来激励自己的,安慰家人。但没有想到,过了不久,他就被隔离了。后来,把他弄走的那些人突然来告诉我们:'1968年4月17日,他死了。'"

"你们见到过他的尸体吗?"我问。"没有。看到了骨灰盒子。"她声音越说越轻,大约生怕引起我的悲痛或激动。我咽下泪水,顿时感到很悲痛。我又失去了一个很好的朋友和同志,我为我国文化教育事业惋惜。因为我知道,知辛是个很有才气的人,他总是很勤恳地工作,对别人很关心,很少考虑自己。他是个很高尚的人。在我参加革命的几十年中,我看到党内的确有这样的人:他们很有才能,甚至才华出众,写作能力很强,但他们从不过分强调个人志愿,而甘心情愿地奉献出了自己的一切,不论组织上分配他做什么工作,总是勤勤恳恳,一丝不苟,鞠躬尽瘁,死而后已。知辛同志就是这样的一个人。

我在参加知辛的追悼会和骨灰安放仪式的前后,才对知辛有个比较全面的了解。他生于1910年,是湖南沣县人,中农家庭出身,只在初中读过两年书,他的知识和写作能力都是从咨询中得来的。1926年至1927年夏,他还是个小青年的时候,就在他的共产党员舅舅影响下，参加了毛主席领导的湖南农民运动，担任过农民协会的秘书。"大革命"失败后，他被迫流亡海外，先后在马来西亚、新加坡、印尼工作。因参加反对荷兰殖民当局的斗争，1934 年，他被反对派驱逐回国。回国后，他在阎宝航同志的影响和安排下为党做了不少工作。抗战爆发后，他在党领导下的"战地服务队"从事抗日救亡工作。1938 年，由韬奋同志创办的生活书店内迁重庆，并在全国大小城市设立分支店 50 多处。为了适合全国需要，生活书店增设了服务部。知辛就在那担任服务部主任，负责为读者服务的工作。他经常给进步青年寄《生活》杂志，鼓励青年进步。郭沫若同志担任全国慰劳总负责人时，他担任总干事。在党的教育和关怀下，在充满白色恐怖的时候，他不怕冒风险，护送地下党员和青年到中原解放区去。抗日战争胜利后，在党的支持下，1946 年 3 月，创办了《人物杂志》。他站在民主、进步的立场，发表过进步文章，做过不少有益于革命的工作。抗战期间，党在重庆办的《新华日报》1946年 3 月 18 日的专栏文章上曾这样写道："在这么一个不合理的社会里，表扬好人，批判坏人，是一件值得做的事。《人物杂志》的出版正是适合需要的。"周恩来同志在《新华日报》上发表了《我要说的话》，对鲁迅和郭沫若在文化战线上的贡献作了崇高的评价。张知辛主编的《人物杂志》，改题为"论鲁迅与郭沫若"，在该刊第六期上转载。知辛很尊重和敬爱郭沫若同志，郭老曾特地为《人物杂志》撰写《论郁达夫》一文，以表示支持。这个刊物出版后，每期寄五份送延安我党。正是由于上述原因，国民党反动派于 1949 年 6 月把它查封了。在重庆解放后，重庆市军管会第一个给予复刊。

我在知辛骨灰安葬仪式的追悼会上看到邹韬奋夫人等送给知辛的花圈后，才想到自己也该送个来，但我终于没有送。让我以这篇笨拙的短文，来代替一个小小的花圈献给知辛的灵前吧！

知辛死时才 58 岁，这正是能为人民做出更多贡献的时候，而他却很不幸地被林彪、"四人帮"反革命路线严重迫害，夺去了宝贵生命。啊！知辛，这是同你最后交往的文字——一个小小的花圈。愿你永远安息吧！

1979 年 3 月 14 日夜

十五、把科学的考古学和历史学
紧密地结合起来
——悼念尹达同志

1983年7月1日，尹达同志不幸病逝。这是我国考古学界、历史学界的重大损失。

（一）历史研究的良好开端

我最早知道尹达同志的名字，是在范文澜同志主编的《中国通史简编》这部书上。尹达是该书第二编《民族统一的中央集权的封建国家成立后对外扩张到外族的内侵》的作者之一。这一编讲的是自秦汉至南北朝时期（前221～589年）凡八百余年的事。这部分文字由尹达同范文澜、佟冬一共同写作，范文澜作最后改定稿。范文澜、尹达等同志编写的《中国通史简编》成为在中国运用马克思主义指导历史学的范本之一，当时影响巨大，也给我青年时代的学习和教学以极大的影响。尹达同志晚年参加了《中国史稿》的编辑工作，该书第一、二、三册经他亲手修订，也有他的不容抹杀的劳绩。

（二）考古学上的杰出贡献

尹达同志在考古学上也有杰出的贡献。早在1934年，他就用刘耀这个名字发表过一篇考古学的报告《河南浚县大赉店史前遗址》。大赉店是京广铁路经过的地方，遗址长约400米，东西宽约300米。1932年，在发掘大赉店遗址时，有26个工人参加，全部发掘面积230平方米，体积约340立方米。他在东部黄灰土里找到带有灰色绳纹的陶片，其中有龙山式的黑陶；西部松灰土里也有龙山式的黑陶，红褐土里是仰韶式的陶片。他认为，黑陶文化层之所以比较深厚，面积比较大，是因为经历时间较长，或居住人口较多的缘故。他在彩陶文化层里发现了烧成淡红色的土块，认为可能是烧过的坚穴。他得出结论：彩陶文化推进到河南北部，蔓延至洹水和湛水两岸；彩陶文化消亡后，黑陶文化又来到这两岸。

1937年，尹达同志在《中国考古学报》上用刘耀的笔名发表《龙山文化与仰韶文化之分析》，大致肯定在后岗文化遗址中，上层是小屯文化，中层是龙山文化，下层是仰韶文化。总之，尹达同志认为龙山文化与仰韶文化是新石器时代末期的两种不同的文化遗存。他从河南北部确知，龙山文化晚于仰韶文化；安特生所谓"仰韶文化"，实含有龙山文化的遗物，应加以区别，不能混为一谈。这些见解是很有见地的。这些著作，对我（读人类学系研究生时）写《中国史前文化探源》一文很有帮助。

1954 年 3 月，尹达同志在《文物参考资料》第 3 期上发表的《关于开展考古工作的建议》中对当时的考古工作做了分析，指出我们祖先遗留下来的财产是"最真实的祖国历史，是应当万分珍重地保存下来，任何破坏都是不容许的"。他主张出版关于考古学基本知识的书籍，培养考古工作干部；要编好《考古学报》《考古专报》，开展宣传，推进群众性的文物保护工作。这些见解都切中要害，也很中肯。

1954 年 10 月，《文物参考资料》第 4 期上刊登了尹达同志的文章《四年来中国考古工作中的新收获》，介绍了周口店猿人洞的发掘工作，如发现了猿人牙齿和一些化石、石器，以及在山西襄汾县丁村发现的旧石器时代遗址。文章又讲到，几年来的综合研究，使人看出新石器时代大致有几个不同的系统：（1）长城以北，新石器时代遗存分布甚广。自东北到新疆一带，大部分以打制的细石器为主，而且大都有打制的三角形石箭头，某些遗址还有巨纹陶器。（2）仰韶文化系统的新石器时代遗存，分布在河南西部、北部以及山西、陕西、甘肃、青海一带，大体上以红色、表面磨光且着以彩绘的陶器为主，有石斧石刀，称为"彩陶文化"。（3）龙山文化系统的新石器时代遗存，大致分布在东部沿海地区、黄河下游、淮河流域、长江下游和辽东半岛一带，以黑色陶器为主，相继出土的有磨光的石器、蚌器，这是"黑陶文化"。此外，还有以打制几何纹的硬陶器为主的新石器时代文化，分布在长江以南、东南沿海一带。在西南地区，也发现了新石器时代文化遗存。全国各地不同的文化系统，代表古代不同地区的不同部落文化。

1956 年 1 月，尹达同志在《考古通讯》上发表关于"硬陶文化"的文章，指出东南沿海地区的几何纹硬陶值得深入研究。1959 年 3 月，尹达同志为《考古》第 3 期写了《组织起来，大家动手，编写〈十年考古〉》一文。他认为，十年考古工作有极大发展，大家应当协力同心写《十年考古》，对大量资料加以综合研究，在马克思主义思想指导下写成一部有相当水平的书；要密切结合全国经济建设来做考古工作，把马克思主义与考古工作密切结合起来。

尹达同志的《新石器时代》一书最早出版于 1955 年，原名叫《中国新石器时代》。1964 年，准备增订再版，后因"文革"而中辍，直到 1979 年才又修订再版。这是作者遗留下来的最重要的考古代表作。他认为，新中国成立以来的考古工作，再次确证仰韶文化和龙山文化在中原地区存在相当长的时期，而且分布极广；同时，也证明仰韶文化早于龙山文化，具有各自的特征。至于长江流域的青莲岗文化、屈家岭文化和良渚文化同处于长江的中下游，这是新中国成立后提出的新课题，必须把工作做得更细致、更科学才能更好地下结论。这部书是尹达同志苦心经营考古学并参加若干次考古实践结出的成果，其中的若干问题讲得很透彻，是以马克思主义来研究中国考古学的一个楷模。

（三）把科学的考古学和历史学紧密地结合起来

考古学是根据实物、史料研究人类社会历史的科学，是历史学不可缺少的一个部门。尹达同志一向认为，整理好我国遗存的实物、史料，是对于马克思主义史学的一项极其宝贵的贡献。他在 40 多年前就积极从事这方面的工作。

1940 年，在《中国文化》第 1 卷第 8 期上，尹达同志发表了《中华民族及其文化之起源》一文，从考古学上所见到的史料来探讨中华民族及其文化发展的过程。他在步达生的著作《中国猿人史要》的基础上提出："中国猿人很可能是蒙古人的前身。"他从牙齿看，认为北京猿人属于类蒙古人。他还认为，中国新石器时代末期的仰韶文化人类与现代人类毫无差别，而新石器时代末期的龙山文化很可能就是殷文化的前身。他根据一系列考古事实证明，在数十万年前，华北地带就有了人类的足迹，那就是今天华北居民的祖先，那里孕育着中国后来几千年的文化。尹达同志认为，考古学上的发现，说明"在中国广大的领域内不仅有五千多年的史绩，且有超过十倍甚至超过百倍悠久的文化遗存"。殷代遗存的铭文上有"高祖黄帝"，这证明传说中的黄帝确有其人；至于禹，在春秋时代的铜器铭文中已有记载。这种从文化人类学来证明传说中的历史人物确有其人的方法，是完全符合实事求是精神的。尹达同志在同一篇文章中批判了中华民族和民族文化是从"东来"或"西来"之说，都是很有见地、很切中要害的，有力地证明了中华民族及其文化是在中国这块广大的土地上发育起来，并不是由他处移植过来的。这些观点，我在 30 多年前的一篇论文中也曾做过类同的论证，可惜这篇旧稿在"文革"期间被人抄没了。最近读尹达同志这篇文章感到分外亲切。

1941 年，在《中国文化》第 2 卷第 1 期，尹达同志发表了《关于殷商社会性质争论中的几个重要问题》。当时，郭沫若在《中国古代社会研究》一书中提出，殷商时代是氏族社会的末期；而吕振羽提出，殷商已进入奴隶社会。尹达同志在这篇文章中参加了这个问题的讨论。他从殷商社会留下来的史料（甲骨文字，河南安阳小屯及其附近的考古发掘），论证了殷商社会的生产工具还是以新石器为主，但青铜器与新石器并存；殷代生产部门中还是以农业为主，畜牧业已降为次要的地位；从而认为，殷代还是以氏族制社会为主，但是是崩溃过程中的氏族社会。且不论这些结论正确与否，尹达同志能在彼时用这样的方法来探索历史问题，精神是很可嘉的。

尹达同志不仅是个勤奋的考古学家，也是个很优秀的历史学家。他在 1951 年为《学习》杂志写了《怎样学习祖国的历史》，正确阐明为什么要学习祖国的历史。他认为，学习祖国的历史是为了更有效地推动社会前进；在分析历史事实和历史人物时，应当从当时的社会实践去衡量，从其所起的实际作用中去衡量。同时，他指出，学习祖国历史应以现代史和近代史为重点。这些意见都是很中肯的。

1956 年 5 月 30 日，为纪念毛泽东同志《改造我们的学习》发表 15 周年，尹达同志写了《改进历史科学的研究工作》一文，特别提出必须扩大史料的范围，认真研究考古学上的发现和民族学调查中得到的资料，应当以实事求是的态度对待我们的历史科学研究工作，克服有害于历史科学发展的主观主义、教条主义态度，对历史上问题要充分讨论。在他看来，没有学术上的自由争论，历史科学就不可能得到正常的发展。

打倒"四人帮"后，他在《光明日报》上发表了《在史学工作中发扬党的优良学风》（1977 年 9 月 15 日），提出要有科学的态度，要彻底肃清"四人帮"及其"评法批儒"的反动史学文章的恶劣影响，在史学工作中恢复被"四人帮"破坏的学风，采取"双百方针"，坚持真理，修正错误，坚决反对"四人帮"搞一帮独霸、不许争鸣，彻底批判"古为帮用"的影射史学，为繁荣我国的马克思主义历史科学贡献力量。

尹达同志特别推崇郭沫若同志。1945 年 3 月 13 日，他为延安《解放日报》写了《郭沫若先生与中国古代研究》，高度评价了郭沫若的《中国古代社会研究》一书，说这本书的出版"把中国古代史料点活了"。他颂扬郭老在国外极其穷困的生活中，能写出该书和《卜辞通纂考释》等书。他颂赞郭老在著作中运用那些遗老遗少手中的金文、甲骨文等古代文化遗产，并在马克思主义的指导下，展现了中国古代社会的基本特征。尹达同志高度颂赞了郭老从事中国古代社会研究所取得的学术成就，要我们学习郭老善于掌握大量历史材料，并有犀利的、辨别材料的眼力。这些论断都是独具慧眼的。

（四）结束语

尹达同志的一生，是勤奋努力的一生。他不遗余力地把考古学与历史学紧密结合起来，并坚决主张用马克思主义指导考古学与历史学的研究，批判了那些认为马克思主义过时了、有了史料就有了一切以及"回到乾嘉去"之类的错误论调。尹达同志劝勉我们，不要因为新中国成立后在社会主义革命和建设中出现了某些失误就惶惶不安，以至于否定马克思主义。他要我们继续学习和运用马克思主义基本原理，研究发展过程中遇到的新问题，做出马克思主义的说明（《坚持用马克思主义指导社会科学研究》，载《中州学刊》1982 年第 3 期）。

尹达同志生于 1906 年 10 月，1938 年 4 月入党，历任陕北公学教员、马列主义学院研究室研究员，并先后在中央出版局、晋冀鲁豫北方大学图书馆、北京大学教务处等地工作，历任中国人民大学研究部副部长、中国科学院历史研究所副所长、中国社会科学院历史研究所副所长、顾问等职务。他的逝世，是我国考古学界、历史学界的重大损失！他的名字将在考古学界、历史学界永垂不朽！

十六、散忆陈翔鹤同志

　　大约在六十年代初，忽然接到陈翔鹤同志给我来电话，说他要来找我。是什么事情呢？我有点纳闷儿。后来，我们约好在一个秋天的晚上。当时，我已谈过他精心写出的两本历史小说《陶渊明写〈挽歌〉》和《广陵散》。虽然后来遭到了猛烈的批判，我却是相当欣赏这两个短篇，特别是前者，我的印象很深。见面时我便不自禁地谈起它们来，翔鹤同志似乎有意避免，摆摆手，意思说，别谈这件事吧。后来，他转约我为《文学遗产》写稿，因为他当时负责《光明日报》的这个专刊。后来，就谈到他的好友郁达夫。翔鹤同郁达夫是很要好的朋友，我当时家里还保存有郁达夫在福建时写的一副中堂和他送我的两张照片。翔鹤要我找出来给他瞧瞧，他一看便认为这都是真的，似乎我们之间一下子就缩短了许多距离，就谈起郁达夫的旧体诗和他们之间的感情友好来。我告诉翔鹤，我同郁先生认识时，年纪还很稚少，大约才十六七岁吧。我去找他，因为当时我也曾在报上写点短文，要求他指点。他对我们几个往访的小青年，却很认真的，真诚相待，几乎答应我们所有的要求，替我们写字，答应送我们相片等。我说："我至今还感谢他的盛情，现在的'文艺官'却很不容易相见。"大约翔鹤很同意我的看法，连连称是。我当时还是很爱些书画，我对翔鹤谈起，我曾经收集了不少字画，有元代倪云林的山水画，明末王翚的山水画等。翔鹤听了一定要我拿出来给他瞧瞧，我就翻箱倒柜拿出来让他观赏。据他品评，我所收藏的确是真品。另外，他还要参观我所有的条幅——字。其实我并没有什么著名书法家写的字，充其量不过是何绍基等人的东西。有一幅苏东坡的，据翔鹤的看法是伪品。另外，还有福建林之夏等人的字，翔鹤认为林之夏的字写得颇好。他记性很好，说杭州苏曼殊的墓碑是林之夏写的。这之后，话题转到鲁迅在旧北大周围的活动场所来。翔鹤在北大读书时，听过鲁迅的文史课。当时我家住在中宣部沙滩红前楼，开窗面对沙滩。他对我谈起，那个沙滩卖馄饨的铺子，原来就是未名社所在地。总之，那天晚上来我家，增加了我不少新知识，我们之间似乎就像老朋友重逢一样无话不谈。他特别告诉我，想把他所编的《光明日报·文学遗产》办好，希望我助一把力。我对他说，我也将尽力而为之，一定在不久就给他寄文章去。记得第一篇给他寄去的文章就是《从〈好逑传〉与〈玉娇梨〉在外国流传说起》。大约寄去没有几天，就收到排出来的校样，不久便在该刊发表。从那以后，我们开始有了来往和谈心的机会。有两回，他路过沙滩就到我家来串门。但那之后不久，似乎《光明日报》社把《文学遗产》收回自编了。他对这一措施颇有意见，曾写出一篇意见来，印出送给朋友们。我劝翔鹤不必为此事耿耿于怀，不编就不编了吧，不必为此计较什么……

　　一晃眼十年过去了，当我从林彪、"四人帮"所设置的黑暗监狱里待了将近八年出来后，似乎是换了人间。一次偶然的机会，听到翔鹤于 1969 年 4 月 22 日躺在东长安街路侧，戴着"反党分子"的帽子含冤致死。当时，林彪、"四人帮"以"畏罪自杀"的罪名加在他的头上，他其实是受尽折磨之后心脏病突发而死的。这个消息使我十分震惊。1969 年以后我一直被关在监狱里，算来翔鹤已经去世七八年了。我感到十分沉重、悲哀，很遗憾自己一直不知道他病故，连给他家写一篇吊唁信也没有。但是我坚信，像陈翔鹤这样的同志，是不会死的，他将永远地同他不朽的作品一起长存。

1976 年夏于上海

十七、喜读《贾祖璋科普创作选集》

著名科普作家贾祖璋从他早年写的《鸟与文学》《动物珍话》《生物素描》《碧海丹心》《生命的韧性》《生物学名著讲话》等科普作品中选出 32 篇，编成《贾祖璋科普创作选集》。这是一部很有价值的优秀科普著作。

就拿第一辑《鸟与文学》中的《燕》来说吧。可以看到，青年时代的贾祖璋知识广博。他从引用《诗经·邶风》的"燕燕于飞，差池其羽""燕燕于飞，颉之颃之"开始讲燕子，指出在两千年前，我国古典文学中已有相当细腻地描写燕子的诗了。但由于时代和地域的不同，许多鸟类又有不同的名称。据《尔雅》《广雅》这两部古籍记载，齐人、梁人把燕子称作"鸟乙"。《说文》中讲到，齐鲁把燕子叫"乙"。《庄子》《琅嬛记》等古籍中的意而、元鸟、玄鸟、乌衣、鸷鸟、朱鸟、游波、天女、神女等都是燕子。我国所产的燕子也不止一种，有社燕、土燕、越燕、胡燕、汉燕、紫燕、乌燕、沙燕等不同品种，最常见的是社燕、紫燕、土燕和沙燕。明代药物学家李时珍说："（燕）大如雀而身长，茧口，丰额，布翅，歧尾。"麻雀怕人，而燕子则"时亲于人，而不畏人"（《谭子白书》）。作者引用诗人顾况的《空梁落燕泥》、梅尧臣的《燕》、刘秉忠的《留燕》、张弘范的《新燕》、杜甫的《燕子来舟中作》、郑谷的《燕》和朱讷的《燕》等诗篇，对燕子的习性做了生动的描绘，说明燕子不仅鸣声悦耳，而且捕捉害虫，所以它是益鸟。

"为谁归去为谁来？"作者通过徐璧的《春燕》、刘子翚的《燕子》，说明燕子是候鸟，有回归旧处的习性，且有双飞的习性。正因为如此，大诗人李白诗中才有"双燕复双燕，双飞令人羡"之句。作者还引用李商隐的《越燕》、吴师道的《燕子行》、高启的《燕燕于飞》等诗篇，阐明燕子"趁风穿杨柳"即燕子与杨柳的密切关联。这也是我国古典诗歌中习见的字眼和国画的常用题材。

"黄鸟"也是《诗经》等古典诗歌中经常吟咏的鸟类。作者考证古籍，认为黄鸟还有黄莺儿、皇、黄莺、鹂鹠、黄栗留、黄流离、黄粟流、仓庚、商庚、长股、鹅黄、楚雀、搏黍、黄袍、离黄、鹦、黄鹂、黄伯莺、黄鹂莺、黄莺、金衣公子、红树歌童等二十几种称谓。在我国习见的是黑颈黄鸟、云南西部的缅甸黄鸟、海南岛的黑尾黄鸟、云南的棕色黄鸟、广东的梅氏黄鸟。李时珍《本草纲目》说它"体毛黄色，羽及尾有黑色相间，黑眉，尖嘴，青脚。"它们按季节栖居各地，飞行迅速，善于歌唱，发出"恰恰""呖呖""关关"等声音。由于叫声悦耳，它们受到历代诗人重视。作为饲养的鸣禽，在我国已有 1600 多年的历史了。

至于杜鹃，作者根据古籍《寰宇记》的记载，说它是一种颇有幻想色调的鸟，能发出"不如归去"的啼叫声。连方孝孺这样的铮铮汉子也写道："始信鹃声能白头。"古人说"杜鹃泣血"，但科学家李时珍指出，不是泣血，而是因为这种鸟是赤口。杜鹃又名杜宇、怨鸟、鹈鴂、田鹃、子鹃、子归、周燕、思归、催归。我国大致有四十多种杜鹃，其鸣声都有哀怨情调，赤口，状如雀鹞，飞行迅速。

作者从《诗经》《山海经》等古籍中还考证出，古书中记载的鸤鸠、鸣鸠、桑鸠、结诰、搏谷、击谷、郭公等二十几种称谓，都是布谷鸟的别名。它自己不筑巢，"生子百鸟巢，百鸟不敢嗔"。它善于捕捉害虫，约5分钟就能吞食一虫，因此对林业有益。

雁也是古典诗歌中常被吟咏的一种飞鸟。有作者写雁鸣的情景："不堪游子归，人北雁南翔""雁声悲切过匡庐"。雁也是候鸟，它在北方生子，春天北去，秋天南来，"洞庭春水绿，衡阳旅雁归"。雁阵排空或如"一"字或如"人"字形。雁奴，用现代语言来说，就是站岗的哨兵。雁也成双结对，孤雁就是失去伴侣的人。

第二辑是《动物珍话》。作者首先讲"动物的变色及冬眠"。各种动物都有保护色，如草丛里的蚱蜢、树叶上的螳螂，呈绿色；地下的褐蝼蛄、壁虎，则呈褐、灰等保护色。雷鸟也会变色，蜥蜴更能随时变色。鸟类不冬眠，蝙蝠和刺猬会冬眠。在《奇妙的动物尾》中，作者讲述了鳄鱼尾巴的强大威力，它可以把野猪抛在空中；大蛇的尾巴可以缠住强敌，蜥蜴和某种鼠类都有舍尾避敌的方法。高等动物举尾是得意，尾巴下垂是失意；猫乞食时把尾巴高举，鼠尾能帮助跳跃。褐色野兔的白尾高举，是从强敌威胁下逃遁的信号；蜘蛛猿的尾，可以准确地卷住树枝。负鼠的尾巴有极强的卷缠力，海马的尾也有卷缠力，牦牛的尾巴可以驱逐身上的虻蝇。在《鸟类面面观》里，作者详尽地介绍了鸟类的食物、鸟类的共栖、鸟类的情爱，尤其是鸳鸯、黄鸟、雁，都是雌雄搭配。不同的鸟类有不同的哺雏方法。鸟类有自己独特的教育法，老鸟引领幼雏飞翔、觅食。有的鸟能接受人类的教养，如传书的鸽，助猎的鹰，有演技的山雀。鸟类迁徙有如下原因：气候、食物、繁殖和内分泌的影响。鸟类迁徙多采取集体行动。

第三辑《生物素描》，主要记述了水仙、梅、鲫鱼、金鱼、蚕、荷花、蝉、萤火虫、蟹、菊、雉等植物与动物的生态。水仙是"凌波仙子"，但它是陆生而不是水生植物。水养水仙是由于其鳞片储藏了养分，可供抽叶开花之用。梅是"岁寒三友"之一。作者考证，自唐代以来，梅花逐渐为人们所注意、欣赏。其花开芳香浓烈，吸引了蜂蝶。梅有青梅、红梅、吉梅、绿萼梅、鸳鸯梅、紫梅、水仙梅等不同品种。苏杭一带产梅多，梅子味酸。鲫鱼是我国分布最广、出产最多的鳞鱼，能逆水上游；雌雄相伴，在水草丛生处跳跃产卵，每尾雌鱼能产卵10万~30万粒，但成鱼率不高。金鱼是鲫鱼的变异，早在苏东坡的诗中就有"我识南屏金鲫鱼"之句。在野生鲫鱼中即有水泡眼、狮头、鹅头、翻鳃、珍珠鱼等种类，皆与金鱼有关。

《蚕》中讲述了我国蚕种的起源和外传的故事，说明养蚕业在我国已有1200多年的历史了。北宋时代，蚕种传及西西里，后来遍及意大利。16世纪，法国从中国引进蚕种，开始有了养蚕业。一条蚕经过30天，体重要增加1万倍。作者还引用张俞"遍身罗绮者，不是养蚕人"的诗句，表达了对不劳而获的封建统治阶级的愤恨之情。

关于荷花，作者写道，它是从地下的茎节上生出，一切构造都适应水中生活。茎节横卧水底，藕花叶成双，莲蓬中有一颗颗莲子。其各部分的名称早在《尔雅》中就有记载。《蝉》中写到，蝉是发声最高的昆虫；雌蝉无发生器，但扩充了卵巢的容积。作者接受了昆虫学家对蝉的各种解释，同时还补充了自己的研究心得。他引用庄周关于蝉的寓言故事，说明"生命之网"的复杂关系。在《萤火虫》里，作者对罗广庭博士"腐草化萤"的反科学生物化生说做了批判，认为是痴人说梦。世界上发光与不发光的萤有 2000 多种。雌虫不能飞，只在草丛里发光，这引出了"腐草化萤"的误解。作者接受了法布尔的说法，认为萤靠吃蜗牛、钉螺为生。文章还谈到萤火虫的发光器构造。这篇文章的末尾写道："因了萤火虫，令我记忆起遭遇旱灾的故乡。祝福我那辛苦的邻舍们，应该有一条生路可走。"这是 1934 年写的，较之从前的科普文章来，在社会思想上有了很大的跃进！

第四辑《碧血丹心》里的《多难兴邦》《个体牺牲与种族保存》《生与死》《碧血丹心》，都是抗日战争时期写的。作者肯定了"多难兴邦论"的合理性，指出人类是在极其困难的战斗环境中成长起来的。他认为，日本法西斯对我国的侵略，给了中华民族一个复兴的机会。在《个体牺牲与种族保存》中，作者同样从生物学的角度阐明，抗日战争中许多人为国牺牲，战胜了日本帝国主义强盗，使中华民族得到了保存和发展。在《生和死》中，作者通过生物学中生和死的现象，赞扬了"若使断头成永诀，愿卿含笑贺孤魂"（王汉《为刺铁良别内诗》）和"大好头颅向天掷，血中溅出自由花"（黄仲杰《绝命诗》）的英雄精神；认为为民族而牺牲是"生的伟大，死的光荣""为国家民族而死，同样是重于泰山的死"，他们会受到人们"崇高的景仰，诚挚的敬意"。这说明，抗日战争的烽火使作者受到了一次大洗礼。他这时所写的科普文章，有着浓重的时代和社会色彩。《碧血丹心》中，作者同样用新的意义阐明了"血"与"心"的作用。他特别介绍了 17 世纪英国伟大的生理学家哈维的《心血运动论》，说明旧的必须推翻，并写道："人心不死，热血未冷，不论强敌如何凶暴，终有把它驱逐出境的一天"，充分表达了对民族解放事业的信心。

第五辑包括《生命的韧性》《昙花一现》《海绵与文化》《蛙声》《熊猫》等科学小品文，都是既有科学价值，也有文艺特色的。作者写的《熊猫》，不论在文章形式和科学内容方面都比《鸟与文学》有所进步。尤其是《生命的韧性》，作者引用了鲁迅的《生命的路》，并通过一系列生物学上的事例，说明人类和其他温血动物一样，"具备着极大的抵抗不利环境的力量"。

第六辑《生物学名著讲话》，介绍了专门从事比较解剖学和古生物学研究的赫胥黎的《天演论》，说这是第一本介绍到中国的关于进化论的书。作者认为，达尔文的学说之所以能在短时间内引起各方面的注意，同赫胥黎《天演论》及赫克尔《宇宙之谜》的广泛介绍是分不开的。作者把严复翻译的《天演论》的重要内容做了介绍，指出该书的重要意义在于拨正了生物演变是"物竞天择"的作用。作者根据进化论学说，猛烈抨击"上帝创造一切"的谬论，指出过度繁殖和天择与变异的关系，并以园林为例，说明人与自然的斗争将使世界进步。他认为，19世纪欧洲各国之所以能够富强起来，是敢与天争胜的缘故，因此，必须不断努力同大自然做斗争。作者相当肯定严复的译文。但由于时代的推移，严复译文中的一些语汇，如把显微镜译作"显镜"、化石译作"僵石"、自然淘汰译作"天择"、生物学译作"生学"、民族译作"国种"、器官译作"分官"、白血球译作"白轮"，等等，今天看来已经不恰当。但严复那"一名之立，旬月踟蹰"的严肃认真的翻译态度，还是可取的。

从《贾祖璋科普创作选集》可以看到，贾祖璋同志的科普创作态度是十分严谨的。他的作品科学性强，内容充实，文字优美，语言简练。从《选集》也可以看出，作者的科普创作水平在不断地进步。如果说《鸟与文学》的资料很丰富，但深入分析不够，那么越到后来，由于作者的不断探索，他的作品也越加成熟，并逐渐形成了自己文情并茂的独特风格。

"庾信文章老更成。"近年来，贾祖璋同志的科学小品文如《花儿为什么这样红》《春蚕到死丝方尽》《吴刚捧出桂花酒》等，无论在意境、在科学思想还是在艺术技巧方面，都比他20世纪30年代的作品更进一步。我衷心希望贾祖璋同志在科普创作上取得更大的成就。

十八、车韬及其科学文艺作品《龙宫探胜》

——为青年科学文艺写作者作"嫁衣裳"

科普报刊不仅传播科学技术知识，也是造就和培养青年科普人才的场所。"科普大门未曾开，不是名家莫进来。"的确，不少科普园地常常面向有名气的教授、研究员、工程师，而对于一般青年作者则表现得比较冷漠。1983 年《科普创作》第 3 期发表的车韬同志的《龙宫探胜》一文，是个很典型的例子。这篇出自 20 岁左右青年的短文，曾被一个刊物积压了近两年之久。是文章写得差吗？我看不是。感谢《科普创作》编辑部把它采用、刊登了出来，使读者可以品评。我以为，说穿了，无非文章作者不是名流，而是青岛某个旅舍的服务员。约请服务员为大刊物写稿未免令大编辑或"科普里手"扫兴。但是，且慢！为什么一个青年服务员除了扫地、抹桌子、接待来往客人之外，就不可以在业余从事科普写作，而一定要被摒弃在科普园地之外呢？

有人把科普编辑工作比作"为他人作嫁衣裳"。这个比喻很贴切。特别是"嫁"字，意味深长，值得咀嚼，或者是画龙点睛吧！因为编辑的神圣而光荣的职责，主要是为广大的青年作者、读者服务的。当然，裁缝师傅有时也要为他人做寿衣，但能为青年人"做嫁衣裳"毕竟是乐事。所以一位老编辑对青年人的来稿就应当义不容辞地另眼相看，帮助他们修改文章，斟酌文字，考虑主题思想对与不对，每年至少在年轻人中发现几个人才。不能口里说得好听，而要在行动上做得好看，否则，虽徒有"为他人作嫁衣裳"之名，而实际上却是拒年轻人于千里之外。这样，还够谈什么"做嫁衣裳"呢？

我愿科普编辑多为青年科普作者铺路，让他们在偌大的科普园地里也能开点小花儿，并且有朝一日能够茁壮成长起来，在百花齐放的科苑里，显露出芬芳的佳色。

十九、新编《中国科学文艺史》后记

1980 年 9 月，我在山东青岛参加中国出版工作者协会第二期读书会人员学习班时，北京师范学院中文系副主任陈士章同志特来访问，约我在该校开设"科学文艺"课程，我答应了这个邀请。从这年 10 月开始，我在北京师范学院专门讲授科学文艺课程。这年 11 月 28 日，我与高士其、李宗浩、高仰之等同志同往北京师范学院。高士其同志专门准备了讲稿，由高仰之同志朗读，大力勉励我在北师院开科学文艺课。之后，到 1985 年，我先后在北京师范学院、广西大学、江西师大、浙江师院、山东大学、广西师大等院校讲授科学文艺课程，涉及的面也越来越深广。开始时，我只是讲"鲁迅与科学文艺"，并直译了鲁迅用文言文写的《科学史教篇》《说镭》《人之历史》等篇章。1981 年，在广东从化疗养院休养期间，我利用业余时间写了鲁迅的自然科学技术史论丛，包括物理、化学、地质学、矿物学、生物学、人类学、人体生理学、科学幻想小说、科学家传记、科学小品文、如何对待外国科学文化、从鲁迅杂志想到的、从《狂人日记》看精神分裂症、鲁迅关于自然科学技术的言论摘要、鲁迅与自然科学简略年表等文章共 50 篇，总名为《鲁迅与自然科学论丛》，由广东科技出版社出版，以纪念鲁迅诞辰 100 周年。这本书约 25 万字，反映了鲁迅在自然科学方面的活动和业绩，其中有不少材料是很有价值的。为了方便青年读者阅读，这本书在收录鲁迅的重点科学著作《科学史教篇》《人之历史》等文章时，还附上了编者新近的译文。

我在北师院讲授科学文艺后，收到不少同学来信。例如，张其中同学在信中写道：

讲授科学文艺史，在我的心里确实引起了巨大的影响。这门课是一门刚刚迈进高等院校的新学科……科学文艺将在我国实现"四化"进程中起着不可估量的巨大推动……因此我决定进修这门课程，并有了个非学好不可的强烈信念。

蔡原江同志在信中写道：

学习了科学文艺，我认识到这是今天时代的需要，用最新的科学知识来武装自己的头脑，否则只能是井底之蛙。学了科学文艺之后，开阔了自己的眼界，增加了知识，看到了中外的知名作家、科学家的成才道路和治学精神，给自己很深刻的教育和启发。特别是了解了高士其先生的事迹，他能在后遗症如此严重的情况下，继续为科普工作做出自己的贡献。他又专程到我校来做报告，把全部心血都贡献出来。我认识到，要学好这门课必须花大力气，下大功夫。

丁淑芬同志的来信说：

先生每次讲课，真像是百科全书，使我发自内心地敬佩，从而激发我刻苦学习、老老实实读书的劲头。先生的实际行动，不知胜过了多少政治辅导员讲的"为革命而学习"的长篇内容，因而我喜欢听这个课，从思想上收获大，它能给我一种探索知识、永远向上的力量。

林乃夫的来信反映：

> 科学文艺把我从枯燥的学习气氛中吸引出来。科学文艺使我尝到了新鲜的知识，闻到世界上芬芳的科学风气。它对我说来宝贵极了，我像久旱逢甘露那样，喜爱它，渴望它。

总之，同学们信中的话，再次鞭策我去探索科学文艺的密林，我开始写《萤火集》中关于鲁迅的《科学史教篇》，写科学文艺史上永不凋谢的鲜花——谈儒勒·凡尔纳的两篇科幻小说，写《谈郭沫若诗创作和科学》《赞羊枣的科学小品文》《读高士其科普创作选集》《简介戴文赛科普创作选集》《介绍茅以升科普创作选集》《简介顾均正科普选集》《法布尔及其〈昆虫记〉》《法布尔传》，写关于法拉第的科普名著《蜡烛的故事》以及《伊林和他的科学文艺作品》《向伊林科学文艺遗产学习些什么？》，介绍居里夫人、爱因斯坦，介绍赵浩生的《鹦鹉螺号的故事》以及《格林征空记》。1982 年 4 月 27 日，新华社发表消息评论："高士其认为《萤火集》的出版能使许多科普工作者和广大读者从中汲取营养。" 文中引作者的话："科普是科学的重要组成部分。科普也如山峰，需要我们去努力攀登。"

1983 年 8 月，我写的《水浒传论文集》上下卷出版了，其中特地写了《水浒传》里的自然科学，颇引起国内外人士和评论界的关注。

1986 年，我在陕西科技出版社出版的《科普术林》中，着重写了鲁迅、郭沫若、竺可桢、戴文赛、顾均正、吴定良、茅以升、高士其、贾祖璋、徐光启、宋应星、徐霞客、伊林等人的科普作品，也引起了国内外人士的注意。写过多卷本《中国科学技术史》的李约瑟先生给我来信，衷心盛意称赞这本书写得很出色，并把它放在东方图书馆内珍藏。

在专家和同志们的关怀和鼓励下，我开始从事《科学文艺史》的资料收集与创作的工作。我陆续写了《诗经与中国古代农业科学》《山海经中的幻想与科学幻想》《中国古代神话中的科技和科技幻想》《关于徐霞客研究的几个问题》等共 70 篇科学史的文章。但很不幸，1985 年 11 月中旬，可能因用脑过度，我得了脑血栓，住院两个多月，其余的文章都是在以后身体疲惫的情况下勉强完成的。我很感谢友人叶永烈、黎先耀、莫克、松鹰等不断给我提供资料，潘俊相等同志特别地关心我的广大读者，不断地鼓舞我写作的勇气。我今年已 58 岁的老同学周华强以及 40 岁的陈德诚、20 多岁的小青年于新庆等同志帮助我，由我口述，写下初稿。特别是我女儿郑维的学生、北京第 25 中学的蔡祥等人热心地抄写我的十分潦草的草稿。没有他们的辛勤协助，是不可能写成这部著作的。在这里，我诚心诚意地向他们表示衷心的谢意。因为身体不好和收集的材料不足，我没有能够很好地完成写作任务。尤其是对于写科学文艺的温济泽、叶至善、秦牧、郑文光等同志的作品，因为在群众中流行较广，这里暂不涉及。还有我的青年好友、善写科幻小说的童恩正、刘兴诗、王晓达等人的科幻小说，来不及做认真的学习和分析。这只好留待以后找时间去完成。

科学文学史至今还是草创阶段，我对这门学科仍然是在摸索。科学文艺是我国向"四化"前进中的一支不可缺少的方面军，是普及我国科学技术的一种良好的工具。无数事实证明，古往今来第一流的文学家，往往对自然科学技术若干部门也是很有独到见解的。古代伟大的作家如屈原、司马迁、张衡等人，不仅是文学的巨匠，对待科学技术问题往往也是很有造诣的。但是讲文学史的人，无视他们在自然科学技术方面的突出成就。近代德国的伟大诗人歌德就是这样的一个人。其实在生物学的历史上，歌德的名声也是很显著的。远在哥白尼提倡地动学说的 1000 余年前，我国白居易在《长恨歌》中就写过"天旋地转回龙转"。这里所写的地能运转不就比哥白尼早了 1000 多年吗？我们要认真发掘我国古典文学中的科学遗产，使我们的自然科学技术迅速地向前迈进。科学技术就是社会生产力。我们要不断地提高生产力，以促进我们的"四化"不间断地向前发展。这也是写我国科技文艺史的一点愿望。

全书第二部分中的有关国外资料，是加拿大多伦多大学图书馆主任兼多伦多大学图书馆系主任魏金森（John Wilkinson）先生替我认真收集并写成的。还有一部分有关欧美科学幻想小说的材料是由他口述的，我参考了国内外有关材料而写成。他还热情帮助我收集《水浒传》在欧美各国流传的有关材料，其中多半是现代的，如美国的阿西莫夫、英国的约瑟·克拉克等。我十分感谢他们。

我又十分感谢中国舞蹈学院朱立人等同志及 25 中英语老师等认真的校订，从而使我比较了解欧美和日本的基础情况和发展现状。没有她们的帮助，我是写不成这部书的。

应当说明，由于去年全年写作任务过重，特别是在十一二月份因脑血栓住院后，我所写的科学文艺史，只写到第四章，暂时停顿。病后身体十分虚弱，承我的好友兰思聪等同志的再三劝告，勉强写成。原计划想写的温济泽、童思正等作者，只好暂时搁下。同时，由于我是初探这个新部门，无论对科学，还是对文艺，都感到力不从心。这一忽就之章，错误是难免的。我以十分恭敬的心情，等待广大读者批评指正。

我在北师院、北师大、江西大学、江西师范大学、浙江师范学院、福建师范大学、集美航海专门学校、山东大学等大专院校都讲过有关课程，希望得到同学们更多的指点。

1986 年 6 月 23 日于北京

一、培根和"知识就是力量"

英国著名哲学家弗兰西斯·培根（1561～1626年）曾被马克思、恩格斯誉为"英国唯物主义和现代实验科学的真正始祖"，予以崇高的评价。培根生活在欧洲文艺复兴后期，他提出的"知识就是力量"在当时历史条件下，以至于到今天都是有着重要意义的。

中世纪的欧洲，科学成了教会的恭顺婢女，神权成了真理的化身，《圣经》成了检验真理的标准。触犯神权，违反《圣经》教条，就犯了弥天大罪。其结果，摧毁了科学，也阻碍了社会发展。当时，许多科学家都成了亡命之徒。哥白尼、布鲁诺、伽利略等，都受尽了残酷的迫害。但是，为了科学、真理，科学们仍然顽强不屈地战斗，用科学、真理去征服世界。弗兰西斯·培根就是他们的后继者之一。他对中世纪经院哲学作了尖锐、激烈的批判，指出神学阻碍了科学的进步，而一切知识都具有实践的质，是建立在对自然现象进行分析的基础上，因而最具有力量。作为自然科学家和杰出的唯物主义哲学家，他不但极力倡导和引领人们去从事科学实验，还勇敢地提出"知识就是力量"的响亮口号。这个口号的出现，无疑是非常进步的。

第一，它打破了以神为最大力量的荒谬论点。

第二，"知识就是力量"实质上是反对"君权神授"论。在当时英国国会与王权的斗争中，培根是坚定地站在反对"君权神授"和"君权无限"的人民群众这一边的。培根坚决反对"绝对君主制"，反对像封建教皇一样的封建资产阶级皇帝——什么都是一个人说了算，要人民永远生活在愚昧的境地之中。

第三，"知识就是力量"反映了新兴资产阶级科学与民主的要求。在培根生活的时代，新兴资产阶级还没有得到充分的民主权利，因此不可能使科学得到充分而广泛的传播。培根通过《论科学的价值与增长》《新工具》等书，猛烈地抨击了暴君不讲民主、不讲科学的愚民政策，深刻揭露了他们这伙没有知识也就是最没有力量的人。

第四，这个口号充分表现了当时英国新兴资产阶级要求用最新的科学知识来征服自然、更快地发展生产力的要求。

"知识就是力量"这句话，今天仍有着十分重要的现实意义。我们的农业现代化、工业现代化、国防现代化、科学技术现代化等，无一不迫切需要各方面最新的尖端科学知识，否则，只能空谈现代化。无知蒙昧的人，思想就要僵化；而知识越丰富，就越有利于解放思想，运用科学知识为"四个现代化"的实现扫除种种障碍。有真才实学的人才称得上是又红又专的新人，才能同广大劳动人民在一起，同心同德地去建设我们伟大的现代化祖国。

"吾生也有涯，而知也无涯。"人类的社会实践和生产实践是无穷尽的，人类的知识也是无穷尽的。现代的科学文化日新月异，尤其是新兴的尖端科学中有许多崭新的知识需要我们努力去探索、去掌握。只有把它们弄清楚，揭示了大自然的奥秘，我们才会成为有力量的人，才能在"四化"建设中显身手。正因为如此，我们今天仍然热情地歌颂"知识就是力量"这个口号。

二、略论俄国杰出作家对剧作家
莎士比亚的评论

英国伟大作家莎士比亚（1564~1616年）写下了数十部剧本和一部十四行诗。谈到他的作品，令人感到只有在英国的天空下，只有在英国广阔的土地上，才能产生像《仲夏夜之梦》《罗密欧与朱丽叶》那样感情相当强烈、场面比较真实的作品。大家惊奇地感到，莎士比亚的作品同他所处的时代关系何等密切。像哈姆雷特、奥赛罗、麦克佩斯等精心塑造的人物，其典型性格是多么鲜明。如麦克佩斯以血腥的手段登上王位的宝座后，继续犯罪，决不回头。恩格斯曾经高度评价莎士比亚的戏剧作品，认为单是《温莎的风流娘儿们》第一幕里的生活和现实，就比全部德国文学里包含的还要多；单是朗思跟他的小狗克拉布，就比全部德国喜剧加在一起还有价值。马克思在写给拉萨尔的信中，强调学习莎士比亚创造形象的艺术。恩格斯鼓励德国戏剧界要按照莎士比亚而不要按照席勒的方式写作，因为后者充其量是把个人写成时代精神的传声筒。所以恩格斯告诫我们，应当更好地学习和认识莎士比亚作品在戏剧发展史上的伟大意义。

俄罗斯的伟大作家几乎一致赞赏莎士比亚的剧作。俄国文学之父普希金认为，莎士比亚的剧作"境遇逼真和对话真实""比起他来，拜纪显得多么渺小……"普希金非常赞赏莎士比亚剧作中的人物对话，认为"莎士比亚可以任凭人物毫无拘束地满意地讲话"，因为他确信在必要的时刻和必要的场合他准能给人物找到合乎性格的语言（《致尼拉叶夫斯基的信》）。普希金认为，莎士比亚的《奥赛罗》《哈姆雷特》《量罪记》写出了英国民族的性格特点（《论文学中的人民性》），那就是具有发明创造的勇气，这是但丁、密尔顿的作品和歌德的《浮士德》、莫里哀的《伪君子》共同的特色（《普希金的书信、凝想、札记拾零》）。普希金认为，俄国腐朽的创作形式必须加以变更，要根据莎士比亚的体系来写悲剧（《给莫斯科时报的信》）。在普希金看来，莎士比亚十分了解戏剧的地方色彩，他在悲剧《罗密欧与朱丽叶》中反映了意大利地区的时代精神，反映了它的气候、节日、安乐、情欲、十四行诗，写活了16世纪的法国人和意大利人的代表（《论罗密欧与朱丽叶》）。普希金赞扬莎士比亚是伟大的时代之子，他的悲剧写的是人和人民的命运（《论民间戏剧和剧本》）。在普希金看来，莎士比亚笔下的奥赛罗的性格并不是充满着嫉妒，相反地，他很轻信。普希金对法国的莫里哀与莎士比亚进行了深刻的对比。在他看来，莎士比亚创造的人物不像莫里哀的人物那样，只是某种恶习的典型，而是充满着许多情欲、许多恶习的生命，在观众面前展示他们多姿多彩的多方面性格。在莫里哀的作品里，吝啬就是吝啬——如此而已，而在莎士比亚的作品里，夏洛克虽然吝啬，却很灵敏，且报仇心重，很溺爱子女，头脑比较机械。在莫里哀的作品里，伪君子调戏他恩人的妻子时是出于伪善，连喝一杯水也是出于伪善。而在莎士比亚的作品里，伪君子用强有力的迷人的诡辩，而不是靠虔诚之中带有调情的可笑的应变来引诱纯洁的心灵。安哲鲁是一个伪君子，因为他公开的行动和背地的情欲是矛盾的！这个性格是多么深刻啊！在文学作品中反面人物也要写得好，这丝毫不容忽略。例如，莎士比亚在塑造福尔斯塔夫这个人时，写得那么多姿多彩。福尔斯塔夫的恶习众多，形成了可笑而又可悲可耻的性格。

俄国现实主义作家、《当代英雄》的作者莱蒙托夫也曾热情地颂扬莎士比亚的名作《哈姆雷特》，认为这出戏是洞察人心、洞察命运规律的无与伦比的天才之作，独具一格。他猛烈批评那些妄图篡改莎士比亚剧中情节、删除若干人物的做法，认为这是很不妥当的。他认为：

> 新教徒的世界产生了莎士比亚。莎士比亚是两个世界的人。他结束了艺术中的浪漫主义时代，开辟了一个新的写作时代的新纪元，天才地剖露了人的主观世界，剖露到无限深、无限充分、无限强烈和无限广阔的程度，大胆地探索人生，追究到它的最隐蔽的角落，并且把探索所得揭露出来——这不是浪漫主义，而是超越了浪漫主义。浪漫主义作品的主角，总是表现为一种奔向某个地方的衷心的渴望，这渴望必然是悲哀的，因为"那里永远不会到这里"。（《科学浅试》论文之二）

在莱蒙托夫看来，对人生进行诗意地观察，对人生深刻的理解，在莎士比亚的作品中确乎是无限的（《自然研究书简》书信之八）。他认为莎士比亚善于描写民族性格中的某些自然素质，而且表现得比民族历史本身更深刻、更清楚；甚至在脱离一切民族的事物的时候，也不会丧失主要的特征，使人可以从中看出他是哪一国的。

> 凡是自古以来存在于盎格鲁撒克逊民族灵魂里的东西，都被个人像铁环一样紧紧攫住。于是每一根纤维，每一个暗示，每一种世代相传的攫取的欲望，都在不知不觉之间得到了它的表现形式和语言。

这是莱蒙托夫对莎翁剧作的总评价，这种评价是有一定道理和见地的。

莱蒙托夫认为，在伊丽莎白时代的英国，绝大多数人清楚地了解莎士比亚，常去剧院的人能凭着才能、凭着自己的观感理解莎士比亚。他指出，像哈姆雷特那样的性格具有高度的人类普遍性，而在这样的时代——为着渺小的、卑鄙的目的而背叛伟大的目标，不了解哈姆雷特的性格似乎是很难想象的。然而，尽管做了种种努力和尝试，对法国人来说，哈姆雷特的性格似乎仍是很难想象的（《往事与沉思》）。

俄国杰出作家屠格涅夫认为，莎士比亚在世时甚至在诞生后的100年光景里，在他的周围特别是他的祖国——英国，却默默无闻，一直到他诞生200年后，才逐渐被人看出是一位相当杰出的诗人。莱辛曾把莎翁的作品向德国文艺界推荐，年轻的歌德开始阅读他的作品，但直到这时，莎士比亚的佳作还没有深入人心。在100多年中，莎士比亚的名字似乎消失了。在莎翁逝世200周年时，虽然曾上演他的剧作《奥赛罗》，但结尾的一段对话被篡改了。长期生活在法国的屠格涅夫、伏尔泰稍微了解莎士比亚创作新戏剧的重要意义，但伏尔泰还是把莎士比亚看作"狂人"或"野蛮人"。如屠格涅夫所形容，莎士比亚是在死去 200 年以后，才被天南地北的人们所普遍重视，他的名字才传遍了整个欧洲。而 300 年以后，无论男女老少、富人穷人、国内国外，都知道莎士比亚了，他的作品也传遍了全世界。屠格涅夫说得好，莎士比亚将像古希腊诗人荷马一样，一直到 3000 年后还会散发出不朽的青春和不竭的力量，因为他是全世界最伟大的诗人之一。"他必将永垂不朽！"这是屠格涅夫也是全世界做出的结论。

屠格涅夫赞扬莎士比亚："因为他决不是偶尔受人崇拜的响亮而光辉的名字，他已经成为我们的财富，已经渗透到我们的血肉里。"屠格涅夫号召德国和俄国的观众去剧院看看莎翁的剧作，因为他的作品将永远成为保留节目，"每个人都能了解和领会他那包罗万象的灵魂宝库所发出的智慧而真实的声音"。屠格涅夫热烈欢迎用俄语来表达莎翁作品的尝试，因为这位剧作家和伟大诗人用自己民族所固有的语言来传递本民族特有的思想感性；他能宽宏大量地宽恕别人的弱点，但决不姑息自己的弱点，不怕把弱点暴露在光天化日之下，不怕把灵魂中的阴暗面暴露在真实的光线之下——这光线照亮了它们，同时也洗净了它们。这是屠格涅夫 1864 年莎士比亚纪念会演说词的片段，代表了他对莎翁剧作的准确和崇高评价！

屠格涅夫认为，《哈姆雷特》是一出悲剧，它成为世世代代的研究对象，是英国北方人的灵魂，是善于反省和分析的灵魂。

> 这灵魂多么沉重、郁闷，缺乏和谐和欢快的色彩……然而他是深刻有力的、丰富多彩的，独立不羁、能够自主的。莎士比亚从自己的灵魂深处提炼出哈姆雷特的典型，同时又显示出，在诗的领域里，一如在人民生活的其他领域里一样，他比他的产儿站得更高，因为他对他有透彻的了解。(《哈姆雷特与堂吉诃德》)

俄国杰出的评论家杜勃留波夫认为：

> (莎士比亚是) 某一特定时代的人类最高自觉的最充分的代表者，他从这个高度观察着人世间和大自然的生活，把它描绘在我们面前，同时也超越了文学的从属作用，而进入促进人类最清楚认识自己有生力量和自然倾向的历史人物行列里。莎士比亚就是这样的。他的许多剧本可以称为人的心灵领域的发现；他的文学活动把人们普遍的自觉推进了几个梯级，这几级是他从前的人从来不曾达到过而只有若干哲学家曾经遥遥地指出过的。因此莎士比亚才有这样遍及寰宇的重要意义，他标志着人类发展长途中若干新的进展。但也唯其如此，莎士比亚是站在一般作家的行列之外的，人们往往把但丁、歌德、拜伦的名字同他的名字连在一起，然而很难说他们当中的每个人都这样充分地标志着全人类发展长途中整整一个新的阶段，像莎士比亚那样。(《哲学作品选集·第二卷》)

另一位俄国杰出的评论家车尔尼雪夫斯基对莎士比亚所做的评价也非常高。他把莎士比亚看作是英国最伟大的诗人，因为和别的作家相比，在他的作品里有更多的生活真实，更少的空中楼阁。(《怎么办》)

车尔尼雪夫斯基认为，莎士比亚作品中的代表人物表现出的是幽默、可笑、俏皮、打诨、胡闹、装傻。作者通过诙谐的口吻，对自己和别人的缺点和弱点是嘲笑多于憎恶，而这些缺点和弱点在品质恶劣的人身上可能发展到不知廉耻。莎士比亚笔下的福尔斯塔夫就是这样的人，他很清楚自己是多么卑鄙、恶劣、龌龊，可是因习染过深，他只能通过嘲笑自己和别人的恶习来妥协。在车尔尼雪夫斯基看来，四周过于黑暗，所以这种嘲笑压倒了幽默中可能具有的愉快的一面。他们的幽默是悲哀的，往往陷入绝望的境地，陷入忧郁和苦闷之中。莎士比亚到了晚年，似乎在幽默之中变得郁郁寡欢了。（《崇高与滑稽》未完稿）

从以上的简单叙述可以看到，俄罗斯杰出作家、评论家对英国戏剧家、诗人莎士比亚作了多么深刻的评论。莎士比亚的剧作在百余年来成为文艺作品的典范。优秀的文艺作品是特定时代的，给传统文艺宝库中增加了宝藏，莎士比亚的作品就属于宝藏之一。他是真正的诗人，也是真正的戏剧家。

三、果戈理《死魂灵》中的乞乞科夫形象

乞乞科夫是俄国著名作家果戈理《死灵魂》中的中心人物形象。《死灵魂》是描写乞乞科夫经历的作品。乞乞科夫与地主及显贵的后裔不同，他用自己的能力开辟生活之路。他从小相信金钱万能，相信世界上什么东西都可以不要，只有金钱是需要的。从学生时代开始，他就这样坚信。他在年轻时，就愿意做个资本的占有者，坚信只有占有资本才能满足自己的生活。什么困难都不会使他的这个信念受到挫折。他克服一切困难，向这个目标前进。他以愉快的态度、优美的举动、大胆果断的精神，无论是在教堂的建设中，还是在各种阻碍中，都贪婪地追求与攫取。他拿死灵魂去投机，充分说明了他钻营谋利的性格。他在得到官衔时，用它去攫取资本。他十分灵活地利用他的官职、地位，从事资产阶级的商业活动，积累资本。这是作为《死灵魂》一书的中心人物与一般地主阶级的人物形象之间的根本差异。

如果说《死灵魂》中的地主人物一般是静态描写，那么乞乞科夫这个人物则是在行动中描写的。作者勾勒出乞乞科夫的特性，揭示出人物性格的多面性。他有广泛的交际，本身十分保守，却能肆无忌惮地进行掠夺。他善于适应环境，处处显出与朋友接近，外表十分老练、圆滑、精通世故；无论讲养马、讲好狗，都能头头是道，显出自己精通各方面事物，博得人们的赞赏，以至于使玛尼罗夫感动得流下眼泪，罗士特来夫把他看作是多年的挚友，梭尼开维友把他看作是知己。他外表的美德和善的腔调，把所有人都吸引住了。果戈理说明乞乞科夫式的人物，在新社会中将起着越来越重要的作用，说明他是自己国土上的新公民。所有这一切表明，果戈理实质上是通过乞乞科夫的形象，揭露了新兴资产阶级的生活方式和对金钱的崇拜。他实际上就是资产阶级的新骑士，是获得新利润的资产阶级的活动家。他们同贵族资产阶级打成一片，反对人民的解放运动。

四、马克思、恩格斯怎样对待古典文学遗产

马克思、恩格斯十分喜爱优秀的古典文学。在他们卷帙浩繁的著作中，特别是在他们的通信中，对古典作家、作品，不但发表了一系列精辟见解，而且常常运用这些作品中的材料深入浅出地阐发理论问题。这对我们今天正确对待古典文学遗产，把握优秀文化遗产，做到"古为今用""洋为中用"，向优秀文学遗产借鉴，都有着重要的意义。

（一）批判继承优秀的文学遗产有着十分重要的作用

在马克思、恩格斯看来，优秀的古典文学遗产是历史上一定经济基础的产物。它们是人类思想意识之花，在当时人的生活中起过一定作用，如今也并不因时代的推移就成为废料。我们不能割断历史，要尊重历史的辩证发展。对于文学艺术遗产来说，这也是适用的。马克思认为，古希腊诗人荷马的史诗《伊利亚特》《奥德赛》固然不能同后来出现的印刷厂和印刷机联系在一起，但也不会随着印刷机的出现而消失。在他看来，希腊神话是希腊艺术的土壤，是"希腊艺术宝库"，是"人类社会的童年"；而且，作为人类文化发展史上一个永不复返的阶段，这些艺术品将永远显示出不朽的魅力。我们从这些作品中可以看到上古时代活生生的人物形象。它们同古希腊悲剧一样，极其生动、深刻地反映了原始氏族制度的上升时期和瓦解过程。恩格斯在他的光辉著作《家庭、私有制和国家的起源》中，也通过荷马的《伊利亚特》阐明了古希腊野蛮时期的高级阶段已有"完善的铁器、风箱、手捣臼、陶土、辘轳、油和酒的制作……"他还通过埃斯库罗斯的《乞援人》《俄罗斯忒斯三部曲》等作品深刻地阐明了古希腊妇女的地位、奴隶制的状况、古希腊文化的理想和现实、古希腊的父权制怎样逐步地代替了母权制，等等。

优秀的文艺作品就像活的历史教材，可以通过它们认识特定的时代。马克思、恩格斯把塞万提斯的《堂吉诃德》看作是一部描写欧洲中世纪骑士制度衰落的史诗。恩格斯在《共产党宣言》意大利文版的《序言》中，称意大利著名诗人但丁是"中世纪的最后一个诗人，同时又是近代最初的一个诗人"；因为他的小说深刻地反映了欧洲封建制度的灭亡，烙下了资本主义制度诞生的历史印记。恩格斯通过英国历史小说家司各脱的作品阐明，"克兰"是美国社会历史学家摩尔根所说的氏族社会的一个极好的标本。马克思、恩格斯把英国作家丹尼尔·笛福的代表作《鲁宾逊漂流记》看作是资产阶级社会到来的"前奏曲"，说主人公鲁宾逊是"一个真正的资产者"；"他当时贩运过奴

隶""后来有了自己的'星期五'",从中可以看到,新兴资产阶级是怎样靠奴役、剥削来发财致富的血迹斑斑的历史。

马克思、恩格斯对法国杰出作家奥诺尔·巴尔扎克所写的《人间喜剧》等一系列作品,给予了很高的评价,说它汇集了法国社会的全部历史,"我从这里,甚至在经济细节方面(例如革命以后动产和不动产的重新分配)所学到的东西,也要比从当时所有职业的历史学家、经济学家和统计学家那里学到的全部东西还要多"。又说:巴尔扎克在他的"《人间喜剧》里给我们提供了一部法国'社会'特别是巴黎'上流社会'的卓越的现实历史"。

马克思、恩格斯非常赞赏与他们同时代的德国民主主义诗人亨利希·海涅,对他的《德国,一个冬天的童话》给予了高度评价,说这首诗对当时封建色彩浓厚的德国资本主义黑暗社会进行了极其猛烈、尖刻的讽刺。在海涅的其他作品中,对小资产阶级革命家乌托邦式的幻想和德国市侩进行了极其强烈的讽刺,表示了最轻蔑的态度,严厉驳斥了那些替压在人民头上的皇帝作辩护的种种歪理。马克思、恩格斯指出,海涅的那些富有现实意义的诗作教育了广大德国人民,让他们不迷信革命已经成功的呓语。马克思、恩格斯还把英国浪漫主义诗人雪莱看作是"怀有满腔热情而对当前社会进行辛辣讽刺"的诗人,说他的作品中反映出历史不断向前的进步精神。

由此可见,马克思、恩格斯极其重视优秀的古典文学遗产,充分肯定它们的历史认识作用。他们总是把优秀的文学遗产同那个时代的人民生活、阶级更替联系在一起,从中认真地发掘有用的东西,借用其中的例子来论证资产阶级社会的结构、规律;特别是通过文学遗产来了解历史上的社会生活状况,将它们作为历史的补充读物,帮助人们了解过去,认识现在,展望将来。

(二) 批判地继承优秀文学遗产要采取科学的分析态度

用批判的态度来学习和继承一切优秀的历史文化遗产是贯穿在马克思、恩格斯著作中的一根红线。

为什么文学遗产不批判地继承不行呢?首先,马克思、恩格斯认为,历史是不断前进、不断发展的;历史条件改变了,所以只能是批判地继承。批判就是科学的分析,是对事物的辩证唯物主义态度,既不是粗暴的否定、一棍子打死,也不是兼收并蓄、一概地肯定。恩格斯说得好:"宣布这个哲学是错误的,还不等于制服了这一哲学。"马克思主义的三个组成部分,都是在批判地继承优秀古典文化遗产的基础上缔造出来的。

同样,对古典文学遗产进行革命的批判,才能更好地加以承传,才能在优秀文学遗产的基础上创造无产阶级文学艺术。资产阶级文学遗产,正如高尔基所形容的,往往是蜜糖和毒药化合在一起的。用马克思主义的观点认真地加以批判,不但不会削弱或扼杀其原有的价值,反而会使其价值得到更好的认识。正因如此,马克思、恩格斯一方面指出大仲马的作品"缺乏思想力",是"没有力量的",又认为其中有"一种新鲜气息"。对于英国作家托马斯·卡莱尔,他们一方面指出,"卡莱尔对资产阶级关系和思想的一切攻击中都隐藏着对资产者个人的歌颂”，对“高喊解放的声音深恶痛绝”，而“二月革命使卡莱尔成了彻头彻尾的反动头子，他不再向庸人们发出正义的愤怒，却对那把其抛到岸上的历史巨浪发出狠毒的庸俗的怨言”；另一方面，又对卡莱尔做了很高的评价，认为“卡莱尔的功绩在于：当资产阶级的观念、趣味和思想在整个英国正统文学中居于绝对统治地位的时候，他在文学方面反对了资产阶级，而且他的言论有时甚至具有革命性”。恩格斯指出，德国著名作家歌德有庸俗的一面——向鄙俗气妥协、迁就、谨小慎微、胸襟狭隘，但同时，他又“厌恶周围环境的鄙俗气”“鄙视世界的天才”，其作品是“人类的真正法典”“完美的人性”“人类社会的理想”。马克思认为，英国作家威廉·考拜特“在理性上很少超过小资产阶级改良的水平”，是“拥护工业资产阶级利益”的，但同时，他又是“英国激进主义最有才能的代表”。以上充分说明，马克思、恩格斯对历史上的优秀作家及其作品，既有否定，也有肯定。他们的否定，是经过科学分析做出的符合实际的批评，而不是蛮横的斥责；他们的肯定，是经过认真思考做出的恰如其分的评价，而决不是瞎吹瞎捧！

其次，历史的辩证发展本身就是既有否定，又有肯定。应当看到，今天的社会还带有许多历史的遗迹，因而优秀文学遗产对于我们今天的事业还有推动作用，所以必须批判继承。马克思、恩格斯坚决反对任意贬低和抹杀优秀遗产。他们指出，决不能“把荷马降低到了粗俗文学的水平”。他们反对像德国的格律恩那样，把歌德的杰作《少年维特的烦恼》看作是一部平凡的、感伤的爱情小说，看不到这部小说的“批判功绩”和“用艺术手法揭露社会腐败现象的范例”。他们还反对任意贬低挪威著名剧作家易卜生作品的意义，认为：“无论易卜生的戏剧有什么样的特点，这些戏剧之中所反映的世界——虽然中产阶级的小小世界——可是比德国的要高得多，简直不能比较。”以上事实说明，马克思、恩格斯对优秀文学遗产的批判，不是折中主义，而是充分肯定它们的可取之处。其倾向性是十分鲜明的。

马克思、恩格斯坚决反对对文学遗产无批判地盲目颂扬和继承。恩格斯写道：“青年德意志派”亚历山大·容格在其所著的文学史中“不分青红皂白地大吹大擂、阿谀奉承起来。简直是没有一个人没有写过好作品，没有一个人没有杰出的创作，没有一个人没有某种文学成就”。恩格斯指出，这种“永无止境的恭维奉承”是“调和主义的妄图”“是扮演文学上的淫媒和掮客”“是令人无法容忍的”，因为“某个作家有一点天才，有时写点微末的东西，但如果毫无用处，他的整个倾向，他的文学相貌，他的全部创作，都一文不值，那么这和文学又有什么相干呢”。所以，继承决不是把什么都拿过来。

诚然，马克思主义经典作家的著作，内容极其丰富，但是不能穷尽一切。正因如此，我们必须认真地批判继承一切优秀的文学遗产，学习各方面的知识，来建设名实相副的社会主义。恩格斯晚年劝导人们学习一种学问时必须“从真正古典的书籍学起”，认为雨果的遗产是属于全人类所共有的。当然，这不只是指雨果一人，世界上一切优秀的古典作家也都如此。恩格斯说：“在伟大的法国老人（按，指雨果）出殡那天，实际上不在巴黎，而是在全世界举行。"恩格斯鼓励人们认真学习欧美优秀古典文学，以开阔自己的知识面。马克思在《自白》中说，他最喜爱的诗人是埃斯库罗斯、莎士比亚和歌德，最喜爱的散文家是狄德罗，最喜爱的女英雄是歌德悲剧《浮士德》中的甘泪卿。恩格斯在《自白》中说，他最喜爱的诗人是歌德和莎士比亚，最喜爱的散文家是歌德和莱辛。

看！马克思、恩格斯多么爱好优秀的古典文学遗产。在他们看来，法国资产阶级启蒙主义学者的可贵之处，就是"他们在最旧的东西中，惊奇地发现了最新的东西，甚至发现了连蒲鲁东看到都害怕的平等派"。恩格斯热烈赞扬法国著名作家莫泊桑的名作《漂亮的朋友》，因为他在生活中看到了作品所揭示的东西。他说："现在我应当向吉·德·莫泊桑脱帽致敬！"由上可见，马克思、恩格斯对优秀古典文学遗产的肯定是非常充分和毫不含糊的。

（三）向古典文学遗产学习和继承些什么

批判地继承如此重要，那么，我们向优秀古典文学遗产继承什么呢？

首先，要批判地继承古典文学遗产中可贵的思想内容。有人认为，我们只能批判地学习遗产中的技巧方面，思想内容方面没有什么可学习之处。这种看法是片面的和错误的。马克思认为古希腊著名悲剧家埃斯库罗斯就有进步思想，他赞扬埃斯库罗斯说的"必须尽力使自己得到现世的幸福，以便帮助穷苦的朋友"。这句话，包含了多么深刻的智慧。马克思还认为古罗马诗人卡尔·卢克莱修"是真正的罗马史诗诗人，因为他歌颂罗马精神的实体"，是"身披甲胄的英雄""是朝气蓬勃、叱咤世界的大诗人"。恩格斯认为俄国著名作家、评论家车尔尼雪夫斯基和杜勃罗留波夫的作品所表现出来的思想，"比德国和法国的官方历史科学界所创造的一切要高得不知道多少"，车尔尼雪夫斯基是"伟大的思想家"。他们的民主主义思想，为人民的幸福生活而斗争的思想，都是值得我们认真学习和继承的。

大家知道，马克思、恩格斯非常重视莎士比亚及其剧作，这决不限于艺术形式，更重要的是其中闪耀着人民民主的思想内容。马克思劝导从事戏剧创作的拉萨尔研究莎士比亚、向莎士比亚学习，坚决反对那些对莎士比亚戏剧进行诋毁和歪曲的评论家。马克思指出，莎士比亚的作品表现了特定历史时期的暴风雨和人民对光明未来的向往和追求。马克思、恩格斯相当重视戏剧文学，因为优秀的戏剧文学总是诞生在社会斗争的激流里，深刻地再现了社会生活中的矛盾冲突，体现了文学艺术中的民主要求，对广大群众产生了极大的影响。所有这些，都是从文学艺术作品的思想内容着眼的。

马克思、恩格斯也十分重视19世纪的现实主义小说。如同对莎士比亚一样，他们对巴尔扎克的作品也十分重视。恩格斯在写给马克思的信中说，他读了巴尔扎克的《古董店》等作品后，对巴尔扎克非常推崇。马克思向恩格斯推荐巴尔扎克的《无名的杰作》等作品，认为它们是讽刺资产阶级的优秀作品。马克思在《资本论》中指出，巴尔扎克的《农民》等作品表现了他对资本主义现实关系的深刻认识，实际上已经接近对剩余价值意义的认识了。马克思、恩格斯称赞巴尔扎克对资本主义社会的认识，说他研究了资产阶级的各种吝啬行为；因为他是个现实主义者，所以能够清醒地看到社会生活中的矛盾，这是他能够写出世界一流作品的根本原因。马克思、恩格斯就是这样地重视现实主义倾向的艺术家，没有特别欣赏浪漫主义作家。例如，他们对德国浪漫主义代表作家席勒采取了完全两样的态度。他们始终认为，现实主义文学是资产阶级时代最可宝贵的文学遗产。以上这些情况，充分表明马克思、恩格斯多么重视古典文学遗产的思想内容，并且要我们去学习其中有用的东西。

其次，要批判地继承古典文学遗产的艺术技巧。文学作品要写人，写特定时代和环境中的典型人物。马克思、恩格斯再三告诫人们，必须认真学习古典作品中的典型人物描写，"必须更加莎士比亚化"，不要把作品中的人物变成时代精神的单纯传号筒。也就是说，塑造出的人物要多种多样、活生生的、富有鲜明的时代色彩，而不是政治概念的图解。就拿莎士比亚来说，马克思、恩格斯不仅赞扬了他塑造的哈姆雷特、罗密欧和朱丽叶等正面人物形象，也赞扬了他塑造的福斯泰夫等反面人物形象——像福斯泰夫这样自私自利、损人利己、沽名钓誉、胆小如鼠却要冒充英雄的形象在现实生活中多的是，因而富有典型意义。马克思、恩格斯还特别称赞其《温莎风流的娘儿们》中的那些中间人物和小人物，因为他们都被写活了。恩格斯认为，单是这部喜剧的第一幕"比起全部德国文学来，就有更多的生活和情节"。这也说明，不但要写好英雄人物，也要写好反面人物、中间人物和小人物。语言是文学的主要表现手段，所以马克思、恩格斯还要我们善于批判地学习古典优秀作品中的语言。

从以上可见，马克思、恩格斯对优秀的古典文学遗产是十分重视的。他们鼓励人们批判地学习和借鉴，让现代文学艺术得到营养，取得更辉煌的成就。当然，学习和借鉴不是照搬，时代发展了，文学艺术创作也要有长足的发展。马克思、恩格斯正是以此为出发点，认为古代作家不论是在人物性格的描绘上还是语言的刻画上，都跟不上我们的时代。正因为如此，我们还要发挥自己的创造性，使今天的创作水平超过前人。

（四）批判地继承优秀文学遗产是为了创造新文学

马克思、恩格斯始终认为，批判地继承古典文学是为了创造新文学。他们谈到古希腊诗人费奥克里特和莫斯克斯的作品时以满腔的热情写道："一个美好的、新的、没有人剥削人的现象的社会的曙光，已经给全世界的被压迫阶级展现出来。被压迫的人们到处都在集合自己的队伍，他们到处都在不分国界、不管语言的差别一致行动起来。全世界无产阶级队伍正在形成，即将到来的新世纪一定会引导这个队伍走向胜利。"马克思、恩格斯在分析了歌德的思想矛盾之后，号召人们同造成这个伟大德国诗人悲剧生活的社会制度进行始终不渝的革命斗争。

马克思、恩格斯始终认为，对文学遗产的研究必须服务于新时代的社会革命和生产斗争，不能为研究而研究。马克思说："使死人复活起来，是为了赞扬新的斗争，而不是为了拙劣地模仿旧的斗争；是为了赞扬想象中的既定任务，而不是为了避免这个任务在现实中的解决；是为了重新找到革命的精神，而不是为了使它的幻影重新游荡起来。"马克思举例说："路德换上了圣保罗的服装，1789 年至 1814 年的革命依次地穿上了罗马共和国的衣裳和罗马帝国的衣裳……""并不是复古，而是为了实现现代的任务""摆脱封建的束缚""粉碎封建制度基础，割掉站在封建制度基地上的封建脑袋"。马克思、恩格斯再三阐明，对古代文学和资产阶级文学的研究主要是为了创造新文化、创造社会主义新文学。恩格斯在谈到意大利伟大诗人但丁时曾经以充满热情的笔调写道："意大利会不会给我们一个新的但丁，把这无产阶级新的时代诞生描绘出来呢？"在马克思、恩格斯看来，法国著名资产阶级作家伏尔泰的长诗《亨利亚特》超过了古希腊的《伊利亚特》是事物向前发展的必然现象，理当如此。马克思满怀信心地写道："既然我们在力学等等上面已经远远地超过了古代人，那么我们为什么不能创造出自己的史诗来？""文革"之后，文学艺术事业也像其他建设事业一样欣欣向荣！让我们在认真学习古典优秀文学遗产的基础上，创造出无愧于时代的新文艺吧！

五、正确看待民主主义作家及其作品的光辉典范
——从马克思、恩格斯怎样对待海涅说起

新中国成立以前，中国经历了旧民主主义革命和新民主主义革命。在民主主义革命时期，作为上层建筑的文艺领域中也曾出现倾向于革命的作家和作品。无产阶级是怎样对待这些作家和作品的？下面以马克思、恩格斯如何看待亨利希·海涅及其作品为例，作些粗浅的阐述。

（一）马克思、恩格斯很爱护革命民主主义作家海涅

德国民主主义作家亨利希·海涅比马克思、恩格斯大 20 多岁。马克思、恩格斯青年时代，海涅已是德国和欧洲的著名诗人了，他们早就对海涅的作品做过认真阅读和探索。1843 年 12 月，已经具有科学社会主义思想的马克思在巴黎见到了海涅，当时海涅还是激进的民主主义者。他虽然信仰过所谓的"真正的社会主义"，但充其量是圣西门那样的空想社会主义者，并没有突破资产阶级民主主义思想的藩篱。马克思并没有因此瞧不起他，反而同他结下了终生的友谊。在巴黎期间，海涅经常是马克思家的座上客。他给马克思朗诵所写的诗篇，细心倾听马克思的意见。他们互相切磋，字斟句酌地修改。马克思要离开巴黎时，在给海涅的信中深情地写道："在我要离别的人们中间，同海涅离别对我说来是最难受的。我很想把您一起带走。"可以说，海涅晚年写了许多不朽的、带有浓厚革命倾向的诗，都是在马克思光辉思想的照耀下完成的。

海涅对马克思的关怀和尊重从如下事实也得到充分体现。1843 年，海涅特地将他的长诗《德国，一个冬天的童话》从汉堡寄给当时住在布鲁塞尔的马克思，请他写篇序言，并选择其中较好的刊登到《前进报》上。他在信的结尾这样写道："我不能把我所写下的东西再读一遍，可是仅仅一个符号就足够使我们两人彼此了解了。"1852 年，马克思在伦敦连续收到病榻上的海涅寄来的信件、材料，里面详述了法国 12 月 2 日政变前后的局势。马克思根据这些材料写出了光辉论著《路易·波拿巴的雾月十八日》，讨论了打碎资产阶级国家机器的原理。

马克思十分关心海涅的创作和生活，要海涅为他主编的《法德年鉴》《莱茵年鉴》《新莱茵报》等进步报刊写稿。海涅最后的 8 年疾病缠身，长期卧床——先是眼睑麻痹，后来全身瘫痪——他自称生活在"床褥的坟洞里"。恩格斯寓居巴黎时经常去看望海涅。他在给布鲁塞尔共产主义联络委员会的信中说，海涅当时"憔悴已极""瘦得只剩

下一把骨头""脑软化在继续发展，颜面麻痹也在发展……但在精神上还保持着充分的活力。可是他的容貌由于留起了花白的胡须……而更加奇特，使每一个看见他的人都感到无比的悲哀。眼看着这样一个杰出人物一步步走向死亡，真使人十分难受"。两年后，恩格斯在给马克思的信中又说起，海涅一直卧床，"只能扶着墙勉强走几步。由于家居条件不好，听到的是木匠敲击的杂声""闹得使他发狂""智力也有些衰退"。1856年，海涅逝世了！马克思、恩格斯无比哀悼这位民主主义革命诗人。他们颂扬海涅在德国和欧洲都不愧是个伟大的诗人。同年9月，马克思答应美国普特南出版公司撰写悼念海涅的文章，可惜这篇文章未曾见到。

从以上可见，马克思、恩格斯始终十分关怀和爱护海涅，没有因为他是民主主义者而轻视或低估其作品的价值。

（二）无产阶级革命导师马克思、恩格斯为什么重视海涅的作品

马克思、恩格斯之所以相当重视海涅的作品，是因为它们在一定程度上反映了当时德国黑暗落后的社会面貌和人民的思想情绪。众所周知，19世纪初期，德国还是个农业国，全国80%以上的人口从事农业生产；全国分裂为36个独立邦国，封建割据和地主贵族的统治严重阻碍了国家的统一和资本主义发展。正如列宁所说："新的资本主义关系在德国取得的胜利，不是革命推翻封建制度的成果，而是由农奴制转为盘剥、转变为封建主——容克地主资本家的剥削。"海涅很同情当时的贫苦人民，认为"懒惰的肚子不应该享用勤快的手劳作而得的东西"。他希望德意志能统一，激烈地诅咒普鲁士专制政府，预言有一天有"三打之多"的君主被赶到刑场"最卑屈地上了断头台"。海涅在作品中深刻地反映出德国混杂的、不安的世态，说当时的"空气"是"令人窒息的"，"一路上的粪土，也就是我祖国的污泥"。马克思、恩格斯赞扬了海涅的革命精神，因为他强烈憎恨并揭露了那些镇压和奴役人民的反动统治者——"苍白的恶汉"。

马克思、恩格斯认为，海涅是一位有胆识、敢于冲破旧思想的革命民主主义者。1830年法国"七月革命"时，海涅简直成为法兰西革命的鼓手。他呐喊道："击着大鼓吧！不用怕，一面击鼓，一面前进哟！"海涅在满腔热情歌颂法国革命的同时，毫不犹豫地投身到德国的反对封建割据、反封建专制、反对国王贵族的行列中去。他要德意志歌手们为德国的自由纵情歌唱，要写出像《马赛曲》那样的诗歌以激起人们行动的热情。当社会主义运动在德国和欧洲蓬勃开展时，他英勇地参加了。尽管他不是科学社会主义者，却是社会主义运动中的出色歌手。直到晚年，海涅还猛烈地斥责旧社会说："这样陈旧的社会，是早被裁判、早被判决了的……这陈旧的世界，应当被打得粉碎！"临终之际，他还自豪地写道："在解放战争的最前哨，我30年来忠实地守卫了""我纵死也不屈"。

马克思、恩格斯很赞赏海涅的胆识和革命勇气。马克思在讲到罗马诗人贺拉斯"大胆支持正义事业"的作品时说："老贺拉斯有些地方使我想起海涅"；在批判英国唯心主义哲学家耶利米·边沁时说："如果我有我的朋友亨利希·海涅那样的勇气，我就要

把耶利米称为资产阶级蠢才中的一个天才。"他还说:"世界历史确实是最伟大的诗人,它甚至能够模仿海涅。"

马克思、恩格斯还赞赏海涅对德国黑暗现实毫不留情的讽刺。是的,海涅的笔锋对于虚伪的爱国者、拜金主义者和小市民是那样的毫不留情!的确,作为讽刺作家,海涅比起塞万提斯、莫里哀、伏尔泰、果戈理等人毫不逊色。他在《亚当一世》等作品中,把讽刺的锋芒直接指向基督教会。在《中国皇帝》《安心》《新亚历山大》等诗篇中,他对德国皇帝威廉四世和普鲁士内政冷嘲热讽。他对德国王公贵族、名流学者、大学教授们尖刻的讽刺,剥下了这帮伪君子的假面具。他把德国看作是"兽国",是"驴子王国"。他把法兰克共和国议会比作"兽类共和国"的"驴子委员会",因为它"要选驴子做国君"。他无情地讽刺了那些"用蹄子在地上乱踩"的国粹主义者,说他们充其量是"无聊的奴隶的标本"。他强烈地讽刺了所谓的自由主义者,指出正是他们给人"穿上长筒袜子"、戴上"温暖的皮帽子",他们"遇到市长大人就敬礼",廉价地出卖了人民的自由意志!他在长诗《阿塔·特洛尔》中写道,下雨时,有人喊:"愿以 36 个国王换 1 把雨伞!"当寻到了避雨的地方时,又有人喊:"愿以德国的 36 个国王换 1 条温暖的长被。"他在《黑奴船》等诗中以含泪的笑刻画了新兴资产阶级草菅人命、把黑奴当作大鳖鱼的食料。马克思、恩格斯对海涅的这些作品给予了很高的评价。

也正因为如此,德国检查官经常"删去海涅的诗"!他的书甚至被联盟议会"查禁"了!就像对马克思、恩格斯的残酷迫害一样,普鲁士反动政府授意各省警察机关,不准海涅回国,否则立即逮捕并没收其入境证件。

特别是在 1844 年,在马克思革命思想的影响下,海涅写出了《路易王赞》《西里西亚织工》等用积极浪漫主义色调反映时代精神的诗篇,极其尖锐地把矛头指向当时的普鲁士王国。当时,恩格斯以喜悦的心情写道:"德国当代最杰出的诗人亨利希·海涅也参加了我们的队伍,他出版了一本政治诗集,其中收集了几篇宣传社会主义的诗作。他是著名的《西里西亚织工》之歌的作者,但是我担心在英国会被认为是侮辱宗教的。不管怎样我还是要引证它,我只指出一点,那就是这首歌暗中针对着 1813 年普鲁士人的战斗叫嚣:'国王和祖国与上帝同在!'这种叫嚣从那时起就是保皇党人心爱的口号。"恩格斯在批判《"真正的"社会主义文学》一文中也明确指出,在当时所谓的社会主义文学作品中,"只有海涅的 7 首诗,像一颗颗永远闪烁的明星,透过这片浓烟射出光芒"。可以看出,诗人从当时的社会主义运动中汲取了精神生活的新源泉!

马克思、恩格斯坚决反对当时德国官方和别有用心的人放出的流言蜚语,胡说什么海涅背叛了自己的祖国!在海涅同小资产阶级民主派路德希·白尔尼进行激烈论战时,马克思坚定地站在海涅一边,认为德意志的蠢驴们对海涅的卑劣歪曲在德国文学史上是史无前例的。他在给海涅的信中说:"我将在一家德国杂志上写一篇详细的评论介绍您评白尔尼的那本书。"当德国报刊利用法国"二月革命"对海涅进行攻击时,特别是《总汇报》指控海涅"卖身投靠"时,马克思也坚定地站在海涅一边。一直到海涅死后,马克思仍然不遗余力地维护他。

应当指出，马克思、恩格斯并不是对所有的民主主义作家都加以肯定。例如，他们对同时代的"流亡中的大人物"、善于装腔作势的德国诗人金克尔、哥特弗利德等人基本上是采取否定态度的。

马克思、恩格斯在充分肯定海涅及其作品的同时，也相当深刻地批判了他的作品中还存在的不健康不真实。尤其是海涅晚年，由于疾病缠身、与世隔绝，他的部分作品带有虚无主义和无政府主义的错误倾向。马克思、恩格斯指出，海涅身上表现了一种"法国狂"，他所崇尚的波拿巴主义，实质上是莱茵河左岸人民普遍情绪的反映和广大。当海涅晚年口授"遗嘱"，要回到"上帝"身边、在"上帝和世人面前忏悔"时，马克思激愤地写道："难道他写过什么不道德的东西吗？"恩格斯说："海涅的诗篇同我们泼辣而乐观的散文相比，不过是儿戏而已。这是实事求是的评价。因为激进的民主主义者即使在自己的创作中写出闪烁着社会主义思想的东西，但它们决不是科学社会主义思想的产物，所以他们不可能以革命乐观主义思想十分清醒地、科学地看到社会主义的远景。"

总的看来，海涅并没有超出激进民主主义作家的范畴。他的作品虽然一方面深刻地表现了对当时德国黑暗现实及政治不满，但另一方面又大量抒写爱情、夜幕和玫瑰花。他一方面以勇敢的战士形象出现，写出《决死的哨兵》和歌颂西里西亚纺织工人的光辉篇章，另一方面却写出带有感伤、消沉情调的哀歌和《忏悔录》。他一方面对马克思、恩格斯怀着极大的敬意，同他们结下了深厚的友谊，另一方面却同拉萨尔、普鲁东等人也很友好。他一方面看出"圣西门的残部和傅立叶的整个总部，都将并入日益壮大的共产主义大军"，另一方面又赞同圣西门主义，同马克思主义不完全一致。他一方面是革命的积极支持者，是要求人民得到自由解放的民主主义者，另一方面却同劳动人民有着很大的距离，灵魂深处还印着资产阶级烙印！的确，海涅作为思想家和活动家，其思想和感情都存在很复杂的矛盾，这些矛盾带有时代色彩。从某一方面说，它们是1848年德国乃至欧洲处于革命时期的各种矛盾的产儿。但这决不是说，海涅是优劣参半的人物。就像马克思、恩格斯充分肯定塞万提斯、莎士比亚、巴尔扎克等著名现实主义作家一样，他们也充分肯定了海涅具有革命倾向的一面，把他看作革命斗争中不可缺少的友人。

（三）马克思、恩格斯批判地引用了海涅的作品

马克思、恩格斯善于利用历史文化遗产中优秀的东西。人们不难看到，在马克思、恩格斯卷帙浩繁的著作中曾经常运用海涅诗歌、散文中富有艺术魅力的材料来阐明一些重要理论问题。1848年，当德国处于资产阶级革命的时候，马克思、恩格斯回到科伦，创办了作为工人阶级喉舌的《新莱茵报》。他们在该报写的一系列把笔锋指向德意志反动政府的战斗性文章，如《良心的忏悔》《德意志中央政权和瑞士》《"柏林国民报"致初选人》《民主的泛斯拉夫主义》《新军法宪章》中，都曾引用海涅的作品。

马克思、恩格斯还常常运用海涅作品中精辟的话来斥责德国反动统治阶级，指出法兰克福议会给德国人准备的是"一所大监狱和一条公共的鞭子"（《汤豪塞》），指出法

国反动统治阶级妄图用"肮脏的河水来冲洗灵魂，来冲淡茶水"（《北海集》《和平》），指出德国人民"只要我们能深思熟虑，我们就根本用不着皇帝"（《德国，一个冬天的童话》），并警告"在王宫中欢宴，娶艳丽的公主为妻"的德国封建资产阶级和贵族王公们"刽子手就站在门前"（《骑士奥拉夫》）。马克思、恩格斯运用海涅诗歌正确阐明了无产阶级必定要推翻反动的封建资产阶级。

马克思、恩格斯还运用海涅著作中的形象性语言斥责德国反动政府以及反动政党的骗人鬼话。恩格斯在批判《公社的布朗基派流亡者的纲领》以及后来列宁在批判马尔托夫分子发表的政见时，都引用了海涅《宗教辩论》中的名言："每一字都是一把夜壶，而且都是盛得满满的夜壶。"这既恰如其分，又多么富于艺术形象性！

马克思、恩格斯还经常在他们的伟大著作中运用海涅塑造的有艺术性的典型形象作为反动统治阶级王公贵族和那些钻到革命队伍中的"大人物"的诨名，无情地揭露他们的丑恶嘴脸。他们多次引用海涅《两个骑士》中的主角——一个贪婪酗酒的懒汉、破落贵族克拉普林斯基，称呼法兰西第二共和国总统、法国皇帝路易·拿破仑·波拿巴为拿破仑三世。他们用海涅《妖魔》中塑造的那个"南瓜脑袋，满嘴胡子，花白头发，两只又长又壮的手，大大的肚肠""奇形怪状"的妖魔形象，形容德国的霍亨索伦登上历史舞台。他们用海涅的讽刺诗《阿塔·特洛尔》中的同名主人公作为"流亡中的大人物"、市侩冒牌文人学者阿以诺德·卢格之流的诨名，指出这伙人虽毫无真才实学，却是颇"有性格的人"。马克思、恩格斯借用海涅作品中塑造的人物形象，使论敌可憎的嘴脸暴露无遗，跃然纸上，给人以格外深刻的印象。

马克思、恩格斯还引用海涅的一些话来阐明他们缔造的科学社会主义理论。在《资本论》这部光辉著作中，当讲到工人阶级必须团结起来同资本家进行斗争时，马克思引用了海涅在《时代的诗》中的一句话，认为只有这样才能"抵御折磨他们的毒蛇"。恩格斯在讲到马克思对于那些打着他的旗号、摘取马克思主义的词句、歪曲和篡改马克思主义思想体系、修正他的学说的骗子时，曾愤怒地引用海涅的诗："我播下的是龙种，而收获的是跳蚤。"对那些妄自冒充为马克思主义"信徒"的修正主义者进行了无情的讨伐和辛辣的讽刺。

由此可见，马克思、恩格斯没有鄙弃民主主义革命作家的文学遗产，而是推陈出新运用它们来唤醒人民、教育人民、打击敌人、消灭敌人。

（四）马克思、恩格斯是正确看待民主主义杰出作家与作品的典范

马克思主义教导我们，要对历史人物进行具体分析，给特定历史人物以应有的地位，既不能随意夸大，也不能任意贬斥。他们正是这样来对待海涅及其文学遗产的。恩格斯晚年在回顾19世纪德国文化学术界的杰出成就时写道："不论政府或自由派都没有看到的东西，至少有一个人在1832年已经看到了，这个人就是亨利希·海涅。"他甚至将海涅的著作看作是"德国即将到来的民主革命的序幕"。

马克思、恩格斯对民主主义者海涅的文学遗产做了崇高的评价。他们甚至认为海涅文学遗产的一部分是社会主义文化的先驱。他们正确阐明了海涅在文化传统中的影响和作用，指出"德国无产阶级第一个和最重要的诗人"维尔特的若干诗歌作品在内容和形式方面都曾受海涅的影响。例如，维尔特的《著名的骑士苏纳普汉斯基的生平事迹》就描写了海涅的长诗《阿塔·特洛尔》中李希诺根斯基公爵的冒险事迹。这给那些胡说海涅只不过是尼采、易卜生的先驱、给资产阶级文坛以某些影响的论客当头一棒！无产阶级文化、文学决不会从天而降，它们总这样那样批判地继承传统中优秀的东西。马克思、恩格斯对海涅的论述，为我们指出了批判继承历史上优秀文化遗产的辩证法。

对于历史上的优秀文化遗产必须批判地继承，不能把糟粕当作精华或在糟粕中找精华。而资产阶级总是从阶级偏见出发，任意颠倒是非、混淆黑白。一些德国评论家说海涅是"轻薄无聊和法兰西化了的作家"，欧洲和我国的某些文人学者曾经把海涅看作是"天生情种""恋爱诗人""情伤诗人"，等等；他们片面强调海涅的抒情诗，极力贬低他的政治诗。正如恩格斯所说，德国法兰克吹牛家追求的是海涅《德国，一个冬天的童话》中"梦想空中王国"里遨游的快乐！不少欧洲封建资产阶级的公子哥儿津津有味地读海涅的《旅行札记》，妄图从中找到寻欢作乐的东西，而对于书中的诗歌和《告密者》等作品则感到索然无味。这是因为"他们只是从牧师或官吏的口中得到了一些模糊的概念"。由于海涅的诗篇中既有精华也有糟粕，封建阶级和资产阶级从阶级偏见和思想倾向出发，所能欣赏的只是其中适合他们口味的东西。被鲁迅目为"第三种人"的杜衡，在20世纪20年代末从英文转译海涅的诗时，专门翻译"抒情诗"，根本不提政治诗，就是一个很典型的例子。

海涅曾严正地说过："我的敌人绝不会认错了我。"他生前遭到放逐，终生流浪外国，死于异域！他死后，反动派还是对他抱着不共戴天的憎恶。如果说海涅曾对德国反动统治者作过"三重诅咒"，同样的，德国反动派对他也曾作过"三重诅咒：革命者、犹太人和永久之敌"。在希特勒专政时期，海涅的作品曾遭到焚毁，甚至连德国人民给海涅树立起来的纪念碑也被破坏。只有无产阶级才能正确对待历史上杰出的作家及其作品。尽管海涅生前结识了像巴尔扎克、乔治桑、大仲马、肖邦等著名文艺界人物，海涅死后，也有不少人为他写纪念文章和传记，但只有马克思、恩格斯才能对海涅做出恰如其分的评价！马克思、恩格斯对海涅的论述，给我们正确对待民主革命时期优秀作家与作品做出了光辉的典范，我们也应当这样对待我国民主主义作家和作品，正确地对待他们遗留下来的文学艺术遗产。

六、不要以"中庸"观点对待文化遗产
——读恩格斯的《评亚历山大·荣克的 〈德国现代文学讲义〉》

恩格斯 22 岁时写的《评亚历山大·荣克的〈德国现代文学讲义〉》一文，❶ 发表于 1842 年 7 月的《德国科学和艺术年鉴》。这是青年恩格斯的一篇著名文学评论。亚历山大·荣克（1799~1884 年）是德国作家、政论家、文学史家，他以青年德意志学派的面孔出现在当时的文坛上。此前，荣克于 1837 年在汉堡出版《关于现代文学的书仪》一书，他站在极左派的立场上，对"青年德意志"文学团体的代表人物、德国作家、《德意志电讯》杂志编辑卡尔·谷兹科夫等人写的东西，极尽吹捧之能事。他一方面反对评论中极端化的片面性，另一方面却如恩格斯所形容，认为"只有心爱的折中手段和中庸之道才有价值"。他正是用这样的观点来写《德国现代文学讲义》的。因此，当他谈到文学史和当代文学创作时，"马上就不分青红皂白地大吹大擂阿谀奉承起来。简直是没有一个人没写过好作品，没有一个人没有杰出的创作，没有一个人没有某种文学的成就"。恩格斯严正指出，这是以"中庸之道"来对待古典文学或现代文学，是一种"调和主义的妄图"，"扮演文学的淫媒和掮客的热情，是令人无法容忍的"。恩格斯分析说。

> 某个作家有一点点天才，有时写点微末的东西，但如果他毫无用处，他的整个倾向、他的文学面貌、他的全部创作都一文不值，那么这和文学又有什么相干呢？

恩格斯要我们在评论文学史上的作家和作品时，必须将作品拿来互相比较，因为只有从比较中才能看出作品的倾向、长处及薄弱之处，因为"任何一个人在文学上的价值，都不是由他自己决定的，而只是在整体的比较当中决定的"。既不能抽出其中的片言只语，也不能因为有几页写得好就轻率地加以全盘肯定。只看现象，不看本质，就会瞎吹瞎捧，从而歪曲或扼杀特定的作家和作品。例如，亚历山大·荣克对德国政论家和批评家、激进的小资产阶级反对派的卓越代表人物路德维希·白尼尔的评价，就是这种批评方法的产物。因为根据荣克的观点，是不可能将白尼尔看作是"德国当代的伟人"，是"新时代的施洗者约翰"。荣克的"中庸"观点充其量只能对德国杰出的、伟大的作家、思想家做"中庸式"的夸奖，不敢充分地肯定；对于无成就的作家，也不敢彻底否定。"赞许很多，责备十分温和"，结果只能把三四流作家看作第一流人物，

---

❶ 《马克思恩格斯全集·第 1 卷》，人民出版社 1965 年版。本文未加注的引文，均见此文。

从而颠倒是非。

由于从"中庸"思想出发，荣克甚至"把进步说成否定"，用"神明的利剑刺死施特劳斯、费尔巴哈及其同道者"这样杰出的思想家。恩格斯严正地批判了荣克这样的"中庸"观点实质上是"在精神上毫无个性，总是依附于某人，他只有盲目地崇拜别人，拜倒于别人的权威下才感到舒服。他连一点独立性都没有"，因为"中庸主义者"总是模棱两可，往往要攀附、附和一些"权威"，拿他们的观点作为自己的观点，并对他们"极尽卑躬屈节"之能事。容克正是这样依附那些唯心主义哲学的代表人物的，如后来成为科学的"凶恶敌人"、宗教的"竭力拥护者"弗里德里希·威廉·谢林。因为谢林及其著作曾经风靡一时，荣克就把他作为崇拜者，"怀着敬仰的心情匍匐在谢林面前，用无限兴奋和虔诚的声调极力称赞谢林"，胡说什么谢林的文章"向我们发射出了夺目的光辉"，简直把这位唯心主义者捧上了天。另外，他又将马克思之前德国最杰出的唯物主义哲学家路德维希·费尔巴哈大大贬低。

由上可见，从"中庸主义"出发，只能将亚历山大·荣克的文学评论引入迷宫——对优秀的作家、思想家费尔巴哈和施特劳斯等人妄加抨击，使自己堕落为"两栖动物和两重人格的人"。也正是这样，恩格斯把荣克之流的文艺评论家看作是"德国最无气节、最软弱、最糊涂的作家"。

恩格斯关于荣克的意见，是值得我们参考的，因为用"中庸主义"的观点，不对文学史上特定作家的根本倾向进行认真研究，只是好坏参半、不痛不痒地说一番，是不可能恰如其分地评价文学史上的特定作家及其作品的，也是不可能正确了解文学遗产的状况的。

七、认真学习莎士比亚的优秀戏剧遗产
——读马克思、恩格斯关于莎士比亚札记

威廉·莎士比亚（1564～1616 年）出生于英国爱文河畔斯特拉福镇，是欧洲文艺复兴时期英国最杰出的戏剧家和诗人。他在学校只读过几年书，自学了拉丁文和希腊文，懂得古典文学和历史。他 13 岁辍学，18 岁给当地一位律师当书记员，23 岁离家流浪到伦敦，曾替戏院饲马。1590 年，他进入伦敦拍拍芝剧团。他的演技受人赞赏，后以剧坛名角和剧作家出现在当时的英国社会。

莎士比亚留下了极其丰富的文学遗产，流传至今的有 38 部剧本、两首长诗和 150 多首十四行诗。他的喜剧《威尼斯商人》《第十二夜》《温莎的风流娘儿们》、悲剧《哈姆雷特》《奥赛罗》《李尔王》《罗密欧与朱丽叶》《雅典的泰门》、悲喜剧《量罪记》、历史剧《亨利六世》《亨利四世》等，至今还吸引着广大读者和观众。莎士比亚的作品，是欧洲文艺复兴时期的一座高峰。

马克思、恩格斯从青年时代起就非常喜爱莎士比亚的作品，并做过深刻的研究。马克思、恩格斯在"自白"中答复谁是他们最喜爱的诗人时，都写上了莎士比亚的名字。马克思全家都是莎士比亚作品的爱好者。马克思的岳父路德维希·冯·威斯特华伦，马克思夫人燕妮和他们的三个女儿，都酷爱莎士比亚的作品。马克思在给恩格斯的信中讲道："孩子们经常温习莎士比亚。"马克思的女儿还很小时就在社交聚会上"朗诵了莎士比亚，非常成功"。马克思夫人在给友人的信中形容自己家"成了莎士比亚喜剧《无事烦恼》中勃雷俱乐部"。马克思的小女儿爱琳娜翻译了德国波恩大学教授、莎士比亚研究者德里乌斯的论文《莎士比亚剧作中的史诗因素》。马克思还为她写信给在德国的友人罗恩德医生，询问有关土瓦本教授的《古·吕梅林〈莎士比亚研究〉》的写作情况。马克思晚年曾代表女儿杜西给俄国民粹派思想家、巴黎公社参加者拉甫罗夫送去在伦敦话剧院上演的莎士比亚剧作《理查三世》的戏票。杜西婚后就同丈夫艾威林选择到莎士比亚故居参观、游览、度蜜月，并对莎氏遗物进行考察。马克思、恩格斯把莎士比亚看作是"人类仅有的最伟大的戏剧天才"，他们在通信中常谈起莎士比亚，研究其作品的遣词用字，并对他的《仲夏夜之梦》《威尼斯商人》《驯悍记》等 20 多个剧本进行了深刻阐述。《马克思恩格斯全集》中讲到和引用莎士比亚之处有很多，单是《福格特先生》中就引用了 31 次之多。

（一）学习莎士比亚怎样塑造戏剧典型人物

戏剧艺术主要是写人，即通过塑造各种人物形象反映现实社会生活。剧作家莎士比亚正是这样做的。马克思、恩格斯热烈赞扬了莎士比亚戏剧作品塑造的五光十色的典型人物形象。他们指出，莎士比亚"塑造的典型在 19 世纪下半叶开出了灿烂的花朵"。

打开莎士比亚浩繁的戏剧作品，的确是"五光十色"，各阶级、各阶层、三教九流的人物应有尽有。虽不能说个个都写得出色，但有相当一部分是写得很出色的，并且是富有典型意义的，是世界剧坛和戏剧史上的不朽丰碑。马克思、恩格斯在著作中曾提到哈姆雷特、罗密欧、朱丽叶、麦克白，等等，都是写得栩栩如生的典型人物，至今仍活在人们心中。

典型人物形象决不是对现实生活作简单的描摹或抽象的图解，而是经过长期酝酿，从作家丰富的生活经验中概括出来的。正如毛泽东同志指出的："文艺作品中反映出来的生活，却可以而且应该比普通的实际生活更高、更强烈、更有集中性、更典型、更理想，因此就更带普遍性。"莎士比亚塑造的戏剧人物形象正是这样。

拿马克思、恩格斯著作中多次提到的哈姆雷特来说，这个人物对充满阴谋诡计、代表封建资产阶级专制势力的克劳迪斯反动政权是那么厌恶，对新世界和人类怀着那么热烈、美好的希望！他否定神权，认为人并不比"天神"低贱，甚至认为帝王不过是"乞丐的影子"！他不愧是欧洲文艺复兴时期的新人，是具有那个时代伟大思想的人物。但是，在无比强大的封建、资产阶级的恶势力面前，在这个"一万个中间只看到一个老实人"（哈姆雷特语）的世界上，他心烦意乱，无能为力，只能过着极其忧郁苦闷、非一般语言所能形容的痛苦生活。马克思说得好："没有丹麦王子的忧郁……也没有王子本身。"的确，哈姆雷特的忧郁决不仅仅因为他父亲被人杀了，更因为在他生活的时代，像克劳迪斯这样的暴行是很平常的现象。在这里，"真理和正义既然不能伸张，善良也公然遭受到邪恶的侮辱"，"活下去还是不活下去？"所以，贯穿在哈姆雷特生活中的犹豫不决、前怕狼后怕虎的典型性格，是带有时代和阶级的特点的。这个时代的先进分子，都注定过着如此孤单的生活，陷入忧郁苦闷的窘境。剧本中的地点虽在丹麦，背景却在英国。尤其是在斯图亚特王朝时代，不但封建反动势力占压倒性优势，资本主义势力也格外疯狂。正如列宁所说的，哈姆雷特手中挥舞的只能是一柄"纸剑"！在这里，莎士比亚给自己时代的先进知识分子典型形象作了无比生动的悲剧性描绘。哈姆雷特是当时英国进步思想人物的写照，是时代牺牲者的典型。他虽然有"重振乾坤"的宏愿，渴望光明生活，却无法战胜旧势力。他斗争的结局，只能是与仇人同归于尽。

再看马克思、恩格斯著作中多次提到的约翰·福斯泰夫爵士这个反面典型形象。这是封建残余和资本主义积累时期的一个典型人物形象。他是个旧官僚，又是个新骗子；他既爱吹牛，又是胆小鬼、酒鬼和色中饿鬼；他既是懦夫，又是强盗；他既没有中世纪骑士的侠气，又善于诈骗，对上阿谀逢迎，对下装腔作势；他到处弄钱，赖账偷盗；他身为将领，在战场闻炮声就发抖，躺下装死，却夺人战功，要求晋爵，恬不知耻地自号为"武士约翰·福斯泰夫爵士"；他自吹是可爱的、善良的、忠实的、勇敢的人，却经常撒谎，善于强词夺理，等等。总之，福斯泰夫是封建社会没落、资本主义原始积累时期的代表人物！

如果说福斯泰夫是莎士比亚时代上层官僚人物的典型，马克思、恩格斯著作中提到的他的仆从和军曹毕斯托，则是中下层反面人物的典型。他是福斯泰夫的"好"搭档。他油腔滑调，刁钻狡猾，当面吹捧主子是"好武士"，口口声声叫"约翰爵士"，说"我是你的毕斯托，你的朋友"，背后却对他百般辱骂；他经常偷窃别人财物，却不准别人把他当作"贼"，说这不过是"不告而取"；他上捧下压，是酒鬼、骗子、光棍、扒手式的帮凶角色。

马克思、恩格斯著作中还多次提到莎士比亚名作《威尼斯商人》中塑造的无比贪婪的高利贷者夏洛克。这是塑造得很出色的反面典型人物。他拥有大量财富，却一毛不拔，极端自私自利；他贪婪狠毒，仆人不堪虐待；甚至连他的女儿都不愿意待在家里，带着金银珠宝同相好的私奔了。失掉女儿虽然使他伤心，但更伤心的是失掉珠宝。他对借债者是那么苛刻，按照"契约"，到期还不清债要割借债者的肉，凶残狠毒到了无以复加的地步。莎士比亚通过艺术夸张的手法、生动的故事情节，成功地塑造了资本主义原始积累时期高利贷商人的典型形象。

马克思热烈赞扬莎士比亚"创造了不朽的夏禄的形象"。夏禄是个地方法官，是封建资产阶级乡村绅士。他签起名来要加上"大人"两字，他能写公文、笔记、账单、契约，但贪财好货，为了捞到一笔嫁妆，千方百计地为自己侄儿向富家女儿攀亲；他捧上压下，逼村民去当兵、送死，却对福斯泰夫这样的人物卑躬屈膝，结果被福斯泰夫骗了财物，他气急败坏，要到御前法院去"告状"，等等。像这样目光短浅、自私自利的人物，在莎士比亚时代的中下层社会中并不少见。

莎士比亚还塑造了亨利三世、约翰王、麦克白、克劳迪斯等两面派、阴谋家、野心家的反面典型形象。他们为了篡夺权位，耍尽阴谋诡计。此外，像《泰脱斯·安特洛尼洛斯》中的哥斯人女王等人物，都是写得生动的、令人铭记于心的。

即使对于一些陪衬性的、出场不多的小人物或中间人物，莎士比亚也是用心地去刻画和描绘的。如《仲夏夜之梦》里的细木工史纳格、《威尼斯商人》中的侍女聂利莎、《无事烦恼》中的警吏道勃雷，等等，都是这一类人物，都写得有声有色！

莎士比亚塑造的一系列典型人物，都有着自己的喜怒哀乐和独特性格。就拿那一系列被恩格斯称赞为"可爱的……奇特的女人"来说，《维洛那二绅士》中的两个少女，裴丽亚是那么纯洁而热诚，富有自我牺牲精神；雪尔薇亚沉静自持，敢于叛逆父亲意志去寻找自己的恋人。再如《威尼斯商人》中的鲍细霞，是那么聪明、机智而富有谋略；《第十二夜》中的薇·拉，执着地爱自己心爱的人，等等。她们既是典型形象，又富有自己的特殊性格。正因为这样，这些人物都显得极其生动、栩栩如生，具有不朽的生命力。

马克思、恩格斯经常拿莎士比亚剧作中的典型人物同现实生活中的人物作比照，这样的例子不胜枚举。如把法国革命家、空想共产主义者路易·布朗基比作哈姆雷特，把拿破仑三世豢养的特务、德国"科学家"福格特比作反面典型福斯泰夫，把德国无政府主义理论家尤里乌斯·孚赫比作毕斯托，等等。

马克思、恩格斯在经典著作中对莎士比亚剧作中典型人物的运用，是"古为今用"的光辉范例，也高度肯定了莎士比亚作品塑造典型人物的重要历史意义。

（二）学习莎士比亚剧作中的语言艺术

莎士比亚剧作中的词汇极其丰富，据欧洲莎士比亚专家的不完全统计，达17000多个。莎士比亚的语言（包括作者语言和剧中人物语言）是经过千锤百炼的、带有丰富艺术形象的语言。它们是明朗、朴实、生动、富有生活气息的人民的语言，又是经过剧作家和诗人加工的艺术语言。莎士比亚由于与各阶级各阶层的人都有过相当广泛的接触，因而他描写各种人物时，总是能够恰如其分地表现他们的生活和思想感情。例如，福斯泰夫对人说："即使理由多得像乌莓子一样，我也不愿在人家的强迫之下给他一个理由。"（按，英语中"理由"同"乌莓子"同音）这勾勒出了他的强词夺理。福斯泰夫对哈尔太子说："狮子无论怎样凶狠，也不敢碰伤一个堂堂的王子。"这生动地展示出他多会阿谀逢迎。在莎士比亚剧作中，像这样的性格化的精练语言真是不胜枚举。麦克白、克劳迪斯、约翰王之流由于靠阴谋诡计篡位，所以语言是神经质、疑神疑鬼的；阴谋家埃古的语言是阴阳怪气的，充满着欺骗、诽谤和油嘴滑舌，等等。

莎士比亚还经常运用通俗易懂的、别有韵味的民间语言，使作品显得格外有光彩。这样的例子很多，如《泰尔亲王配力克尔斯》中一个渔夫问："鱼在河里是怎么过活的?"另一个渔夫回答道："它们也像人们在陆地上一样，大的拣着小的吃；我们那些有钱的吝啬鬼活像一条鲸鱼，游来游去，翻几个筋斗，把那些可怜的小鱼赶得走投无路，到后来就把它们一口吞下。"这些话不但明白晓畅，也是对新兴资本主义世界的形象描画。

莎士比亚通过色彩鲜明的、诗歌般的艺术语言，对剧中人物进行了深刻的心理描写。如朱丽叶在阳台上的独白、奥赛罗在扼死苔丝德梦娜前的独白、玛格斯·勃鲁脱斯的独白，都极其深刻地揭示了人物的内心世界。马克思、恩格斯非常赞赏莎士比亚剧作中充满形象性的语言艺术，他们曾在通信中对其遣词用句作了认真研究。

此外，他们用《罗密欧与朱丽叶》中的"你们这两家倒霉的人家"来形容拿破仑·波拿巴的侵略政策引起的后果，用《终成眷属》中的"诚实，不是清教徒"对青年黑格尔派的主观唯心主义哲学进行尖锐的批判和讽刺，用《雅典的泰门》中的"金子只要一点儿，就可以使黑变成白，丑变成美，错变成对"来阐明资本主义制度下金钱与个性的对立，等等。可以看到，无产阶级导师十分重视莎士比亚的语言，这说明诗人莎士比亚语言艺术的重大成就是值得我们认真地去探索和学习的。

（三）结束语

通过以上简单分析，可以看到，莎士比亚的戏剧艺术遗产是值得我们认真地学习和继承的，而决不应对它们采取虚无主义和鄙弃的态度，更不应该任意加以歪曲。

马克思、恩格斯坚决反对资产阶级文人学者任意歪曲或贬低莎士比亚。他们认为，资产阶级文人学者由于阶级偏见和形而上学观点，不可能正确评价莎士比亚，他们总是这样那样地曲解莎士比亚。例如，英国剧作家、爱北裴特剧院院长罗德里希·贝奈狄克斯于 1873 年写了一本歪曲莎士比亚的书——《莎士比亚狂热病》。马克思指出，像贝奈狄克斯之流不可能理解莎士比亚："假如他和他这类人懂得莎士比亚的话，他们怎么能鼓起勇气把他们自己的作品公之于众呢?"马克思坚决反对法国启蒙主义评论家伏尔泰把《哈姆雷特》看作是"喝醉的野心的幻想的产物"，认为莎士比亚的头脑是十分清醒的，他在作品中描写了自己时代的英雄人物，也写了一系列反面人物，"但是莎士比亚在任何地方都没有让丑角在英雄剧中担当念开场白的任务"。马克思坚决驳斥善于装腔作势的德国文人学者卢格之流在文章中全盘否定莎士比亚的谬论，他怀着激愤的心情在给恩格斯的信中写道："卢格这畜生在普鲁茨那儿证明说：'莎士比亚写的不是戏剧诗'，因为'他没有任何哲学体系'。"这些事实说明，马克思、恩格斯与当时出现的资产阶级文人学者妄图抹杀莎士比亚的谬论和行为进行了不懈的斗争。

但是，马克思、恩格斯没有无批判地全盘肯定莎士比亚，他们也曾恰如其分地指出莎士比亚的局限性和不足之处。恩格斯在热烈赞扬歌德在作品中很不喜欢同"神"打交道时，指出在这一方面莎士比亚不能同歌德相比。莎士比亚的剧作如《哈姆雷特》《麦克白》《暴风雨》等，都有神鬼妖魔之类出现，这是由于莎士比亚时代的英国还普遍相信鬼神，他也不例外。莎士比亚生活在文艺复兴时代，他的作品中也存在比较浓厚的资产阶级人文主义和人性论的东西，这些都是要加以批判的。

马克思、恩格斯指出，要"多注意莎士比亚在戏剧发展历史上的意义"。恩格斯再三强调要"更莎士比亚化，不要席勒式地把个人变成时代精神的传声筒"，这是因为莎士比亚是个伟大的现实主义者。"他的作品的伟大基础是真实和生活本身；因此他所写的一切看来都是如此逼真，如此有力。"（歌德语）别林斯基也曾说，在莎士比亚戏剧中的"每一出戏都是对事件的最真实、最精确的描写"。这些，都是值得我们认真学习的。

莎士比亚能在戏剧、诗歌艺术领域取得重大的成就，首先由于他的生活极其丰富。他同各阶级各阶层的人物有过广泛的接触，深刻地了解他们的生活和思想，同时，又参加过演出，有写作剧本、诗歌的具体实践。我们从莎士比亚的戏剧和诗歌中可以看到，他不但对戏剧、诗歌造诣极深，对绘画、音乐也极其爱好；他对史诗、传奇、民间故事做过认真探索，是个勤勉好学的人。同时，由于他对现实生活有十分清醒的认识，所以能够在戏剧作品中对封建社会瓦解、资本主义积累时期的社会进行深刻的艺术解剖。

莎士比亚留下的丰富遗产，是文学艺术尤其是戏剧史上的一座宝藏，需要很好地去发掘。我们批判地学习和继承莎士比亚以及前人的优秀文学遗产，力求做到超越前人，写出符合无产阶级和人民需要的东西。恩格斯在回答拉萨尔的信中讲到无产阶级作家所创造的历史剧时指出："它必然会比莎士比亚那里有更大的成果。"我们一定要争取比莎士比亚有更大的成果。

1978 年 3 月初写毕

八、漫谈屠格涅夫的《父与子》

伊凡·谢尔盖耶维奇·屠格涅夫（1818～1883 年）是 19 世纪俄国最著名的作家之一。他的许多名著如《猎人日记》《初恋》《木木》《罗亭》《贵族之家》《前夜》《烟》等，都已译成中文。这里试就他的名著《父与子》做些简单的分析。❶

《父与子》是问世于 1862 年的一部长篇小说。它反映了封建贵族自由主义者同资产阶级革命中出现的平民知识分子之间的思想冲突和矛盾。小说通过老一代亲英派自由主义贵族基尔沙诺夫和平民知识分子巴扎罗夫的鲜明形象之间的冲突、矛盾和斗争展开了故事情节。小说的主要人物巴扎罗夫身上集中了资产阶级革命主义者的种种特点，具有新兴资产阶级的进步思想，有毅力，有坚定的性格，但是他又是相当矛盾的。他一方面反对旧制度、旧观念、旧传统，是一个叛逆者，但是他又是个虚无主义者。他否定一切旧事物，批判地对待"公认的东西"，酷爱自然科学，鄙视贵族的怠惰。书中表现了父与子在思想和生活上都格格不入，以至于水火不相容，从而深刻地表现出了时代在前进，人们的思想意识形态也大不一样。

这部长篇小说出版后，各式各样的反动派和资产阶级自由派把许多倾向于革命民主派都称为虚无主义者。陀思妥耶夫斯基所宣扬的"基督教社会主义"也是这一方面的代表。而实质上，革命民主主义者所否定的是农奴制度和剥削阶级的思想，他们是被压迫农民的热情捍卫者，是劳动人民争取自由新生活的革命战士。他们有着积极的革命理想，坚决反对沙皇专制主义制度，反对资产阶级自由派，但是各式各样的反动派却把他们称作"虚无主义者"。这是作者对 19 世纪 50～60 年代出现的英勇、正直的年青一代不正确的称谓，当时俄国的《同时代人》杂志也曾反对对当代革命青年这样称谓。这是作家屠格涅夫思想上局限性的表现。作为资产阶级先进分子、民主主义者的屠格涅夫，尽管在现实生活中看到了像巴扎罗夫这样进步的青年人，却不能对这些人物进行准确的评价。后来车尔尼雪夫斯基在《怎么办》里颂扬的正是这样的革命青年，他并没有冠以"虚无主义者"这个头衔。由于屠格涅夫一方面十分关心时代的变化，注意和重视在旧社会里出现的新兴青年人物，如巴扎罗夫等，这是他眼光敏锐的部分，而另一方面，由于他的阶级局限，不能十分准确地描写出这些人物的思想行为上最本质的东西，而把他们看作是"虚无主义者"——只是反对一切，而没有正面肯定什么人物。

---

❶ 文中未加注的引文均见屠格涅夫著、蒋路译《屠格涅夫回忆录·关于〈父与子〉》，文化生活出版社 1949 年版。

看来，这并不完全符合当时俄国典型环境中的典型人物的特色。

屠格涅夫的《父与子》出版以后，受到了一些人的热烈赞扬，也受到了某些人的严厉责难。赞扬的说他概括地写出了那个时代先进的理想人物，责难的认为这样的"虚无主义者"不能代表那个时代的先进典型。总之，在《父与子》中，不论是对父或子，都有人不满意。有人认为作者是站在父的一边，为父的一代说话；有人认为他过于偏袒子，"匍匐在巴扎罗夫的脚下"；还有人认为他把青年的一代写得太落后了，等等，聚讼纷纭，莫衷一是。

屠格涅夫自称，巴扎罗夫这个人物形象并不是理想，而是一个外省青年医生的写照，这个"非凡人物便是那刚刚萌芽，还在酝酿之中，日后被称为'虚无主义'原初的化身"。他说："这人给予我的印象异常强烈，同时却不太明晰，起初连我自己也无法清楚地理解他，于是我就聚精会神地倾听和观察我周围的一切，仿佛要考验自己的感官是否准确似的。"他极力避免将这个人物同罗亭重复。这样，经过1861年的反复构思，1862年3月，《父与子》这部小说才由《俄罗斯导报》连载问世。不久，屠格涅夫就看到，有不少人把放火烧彼得堡之类的事件都推到"虚无主义者"的身上，这使他感到痛苦，因为他的典型人物得到了反对派的赞扬，而他是十分同情自己塑造的人物的。他指出，"我不能昧着良心行事"，是按照现实生活里出现的人物来描写典型。他承认，除了巴扎罗夫对艺术的见解之外，他差不多同意他的全部主张。他不同意人们所说的他在《父与子》中是站在父亲那一边的，他其实是把父辈人物写成可笑的。他认为自己写的正面典型没有充分展开，而是太快地就用批判的态度去对待他，这是错误的和不公平的；因为在创作过程中没有说美化的话，他自认为对巴扎罗夫的态度有"暧昧"之处。我以为这种自我批评是很正确的。

屠格涅夫感慨着："新的时代到来了，需要新的人物了；文坛上的老兵也像部队里的老兵一样，总是些残废者，那些善于及时地自动退休的人是幸福的。"他十分希望早日出现更能理解新一代青年的作家，相信只有他们才能更为精准地表现青年的一代。这种意见在今天看来还是正确的。最后，屠格涅夫要人们"抓住"生活，同时还"需要教养，需要知识"，才能写出震撼人心的新人物。

九、别林斯基与屠格涅夫

别林斯基（1811～1848年）与屠格涅夫（1818～1883年）同是俄国19世纪的大文豪。别林斯基生于一个医生家庭，是俄国著名的革命民主主义者、文学批评家，比屠格涅夫大六七岁。屠格涅夫出身于大地主之家，拥有6000名农奴。他们俩是一对感情非常深的好友，都生长在衣食无忧的家庭环境中，但却用毕生的力量反对当时黑暗而暴虐的沙俄政府，用毕生之力为反对农奴制度而奋斗。别林斯基是当时权威的文艺批评家，屠格涅夫则是优秀的文学家，写过一系列闻名于世的长篇小说如《猎人日记》《罗亭》《贵族之家》《前夜》《父与子》《烟》，中篇小说《木木》和若干散文诗，是用艺术来抨击不合时代潮流的农奴制度的作家。

别林斯基23岁在莫斯科大学时，写了一部反对沙皇政权的剧本，其中对农奴制度表示了不满，于是被学校开除了。这样，他就热烈地开始了文学生活。1834年，他发表了《文学的幻想》一文，论述了从罗蒙诺索夫到普希金的俄国文学发展状况，引起了文艺界的注意。在这篇文章中，他正确评价了俄国现实主义文学的特色，并号召文化界与农奴制度进行抗争。1833年起，他为《望远镜》等杂志写文章，过着非常贫苦的生活。1838年，他担任《莫斯科观察家》编辑，次年加入《祖国纪事》，主持文艺批评专栏。1846年，加入《现代人》杂志，以文艺批评来反对沙皇制度。1847年，他发表《给果戈理的信》，集中表现了他的革命民主主义思想。接着，又写了《论普希金的作品》《1846年俄国文学一瞥》《1847年俄国文学一瞥》等著名文章。作为编辑，他在每天删改别人文章的同时，还能写出一些评论文字，由此可以看出他的勤恳和超人的才能。他可以从成筐的旧书堆中发现有不朽艺术价值的作品。普希金、莱蒙托夫、果戈理这些作家虽然在那时相当有名望，但他们作品的崇高价值主要是由别林斯基分析、阐明的。别林斯基非常严肃、谨慎、精辟地分析了他们的作品与当时社会的联系，分析了他们作品的艺术性、写作的技巧。他认为文学家应当具有"爱美的火"，需要热情，更需要通过艺术锻炼的热情。他的文艺批评文章不是说教式的、呆板无神的，他的许多批评的文字，写得非常精美，如同诗一样流畅。他的批评眼光非常锐利，但不是盛气凌人的。他对被批评的作家及其作品没有什么成见，即使对当时的著名作家也抱着同样的态度。他的文艺批评独树一帜、爱憎分明，可以让读者一目了然。他肯定作品中应当肯定的，批评作品中的不足或错误，使绝大多数作者读了他的评论之后也感到心悦诚服。因此，有人认为别林斯基的文学评论是当时俄国现实的一面镜子，这是不为过誉的。

屠格涅夫就是信服别林斯基的一个作家。1843年，当他首次发表诗作《帕拉莎》

时，殷切渴望能引起别林斯基的注意和批评。终于，在杂志上见到别林斯基对这篇作品的评论时，屠格涅夫非常喜悦！他觉得这真是"知己"的声音，他说："这在我，是受到了火的洗礼！"

在这篇论文中，别林斯基用深刻的眼力窥测出了青年作家屠格涅夫非凡的文学创作才能。他说：

> 据这诗的文体看来，作者是个具有非凡的诗才者。那对现实观察的深邃的眼光，即从俄国黑暗社会生活深处形成的深刻的思想观点，以及充满了情趣的微妙的反语，这些创作特征都说明作者的文学创造力是非常丰富的，是个在胸中蕴藏着当代社会的悲哀与问题的时代之子。恐怕有许多人在诗中发现有模仿普希金、莱蒙托夫的印迹，成为普希金的继承者吧，然而这并不是什么怪事，为什么呢？因为文艺活动是与历史相呼应的。所以有思想的人，都会这样那样地受到文学界伟人的必然的影响，而将先辈已经在社会上、文学上确立了的东西，表现在自己的作品中，这与单纯是奴隶式的模仿者，是全然不同。前者是为生气勃勃、富有才能的影响，而后者却是一种无能的表现。

别林斯基的这些评论无疑是十分正确的。当时，别林斯基高度评价屠格涅夫的作品时，他们之间尚不认识。这个批评给青年屠格涅夫以无限的欣慰和鼓舞，他说道："别林斯基的批评，增加了我的勇气十倍。我觉得好像是被全世界的人们所爱戴了似的。我将要做别林斯基的友人，还要做他的学生。"接着，屠格涅夫于1843年亲自到彼得堡去访问别林斯基了。从那时起，他们结为了好友。屠格涅夫在回忆录中说，当时"我由衷地爱戴他，他爱我"。别林斯基也特别爱护屠格涅夫，特别是因为屠格涅夫曾在柏林留学两年半，而且专攻黑格尔哲学。别林斯基从屠格涅夫那里学习哲学，丰富自己的批判、思考能力；屠格涅夫从别林斯基那里获得了更深的文学造诣，学习到做人的方法，接受了他对于时代的热烈感情。他们常谈到中夜不寐，全心全意地探究学问，彼此相得而进步着。别林斯基成为屠格涅夫的大哥哥，如同他的父亲或是最亲密的导师。他时常诚恳地批评屠格涅夫的贵族思想和虚荣心。他责备屠格涅夫向俄国伟大诗人、《谁是俄罗斯最快乐的人》的作者涅克拉索夫借钱去聚餐；他责备屠格涅夫对于任何杂志的约稿都随便答应，而没有认真履行；他责备屠格涅夫向人声明自己著作不是为稿费。他说："屠格涅夫君，你为什么说这样的笨话呢？由劳动而得到的报酬，难道是耻辱的吗？但是你的心意，以为这种事便是绅士的本领吗？"屠格涅夫只得俯首自认失言。

屠格涅夫并没有半点怨恨他，反而是非常感激别林斯基的坦诚不讳，改变了自己的思想。无论是在做人还是在文学方面，别林斯基都成了屠格涅夫生活中的明星，指出了黑暗中的道路。他们之间结成的友谊是多么崇高可贵、相得益彰和令人敬佩啊！

别林斯基的一生是忠于自己的时代和人民的。他度过了37年为人类而忧愁的生活，于1848年因肺炎而离世。他叙述自己的写作生活道："我把我的生命和热血贡献给文学。"生前在他的周围还有许多新晋的作家，如涅克拉索夫等人，都曾受到他的热情指点。他死后20余年，屠格涅夫在回忆录中仍那么恳切地思念这位早逝的朋友，写道：

"回顾一下，别林斯基死后已有 20 余年了。可是他的形影还能浮现在我的眼前。我向读者介绍他富有特色的容貌，已不知有多少回了，他永远留在我的心坎中……他是个诚实人啊……"

　　屠格涅夫比别林斯基多活了 35 年。这 35 年中，他不负好友别林斯基的循循善诱和希望，终生为解放农奴、为新文学事业而奋斗，放弃了贵族的生活，终生独身，受着迫害，坐监牢，亡命异国，但他坚持用他的笔为新时代的到来而呼吁。他在 1883 年死于法国的一个林庄里。当他的遗骸从法国运回本国时，全欧洲的人民都哀悼他。临死之前，他交代把他葬于彼得堡，葬于他的挚友、批评家别林斯基的旁边，可见他与别林斯基交谊的深厚了。

十、高尔基怎么对待资产阶级文学遗产

自欧洲文艺复兴起，一直到 19 世纪巴黎公社走上历史舞台，五六百年间，涌现出不少优秀的资产阶级文艺作品。19 世纪末 20 世纪初，我国开始翻译资产阶级文学作品（尤其是 19 世纪俄国的文学作品）。新中国成立以来，有不少欧洲资产阶级著名文学作品已翻译出版。资产阶级文学是资本主义社会的上层建筑，它们所赞扬的道德观念与社会理想属于资产阶级思想范围。因此，如何正确对待资产阶级文学遗产，是文学研究中的一个问题。

伟大的无产阶级作家、评论家高尔基（1868～1936 年）对欧洲资产阶级文学做过深谌的研究。高尔基对资产阶级文学遗产的阐述，对于我们今天阅读和研究欧洲资产阶级文学是有很大的帮助的。

高尔基认为，在欧洲资产阶级上升时期有两派作家：一派是"赞扬和娱乐自己阶级的"，这些人多半没有什么才能，也没有留下什么作品；另一派是批判现实主义作家。高尔基很重视批判现实主义的优秀作品，认为它们有着"无可争辩的价值"，是"模范的文学作品"，是"说明资产阶级的发展和瓦解过程的文献"。❶ 在高尔基看来，批判现实主义是"19 世纪一个最主要的而且最壮阔、最有益的文学派，这个文学派的特征是它那唯理主义的批判精神"（《和青年作家谈话》）。高尔基把巴尔扎克、司汤达、托尔斯泰等都看作是批判现实主义作家，认为他们都是站在资产阶级民主派立场上对当时的现实做了严厉批判。

但是，高尔基并没有盲目颂扬资产阶级批判现实主义文学，相反地，他严厉地批评了他们的局限性，认为这些作家往往是出于"自己在资本主义的狭窄铁笼里的生活感到绝望的心情"，或者是"为了自己的生活的失败以及它的耻辱而图谋复仇的愿望而从事文学创作的"。❷

在高尔基看来，俄国资产阶级文学同样是沿着两条路线发展的：一条是纯粹的小市民文学的路线，布尔加林、马沙基斯基、左托夫等是代表；另一条是批判现实主义的路线，果戈理、契诃夫等是代表。❸ 高尔基十分重视 19 世纪俄国批判现实主义作家和作品，详细地阐明了资产阶级批判现实主义文学的成就、局限性及其消极影响。这里试举几个例子来说明。比如，高尔基对普希金评价很高，认为"普希金之于俄国文学，正如

---

❶❷　《苏联的文学》，上海新文艺出版社 1953 年版，第 24 页，第 45 页。

❸　《高尔基文学论文选》，人民文学出版社 1958 年版，第 335 页。

达·芬奇之于欧洲艺术，同样是巨人"，说普希金是"一代的诗集"，在技巧上超过前人。他十分重视普希金对民间文学的注意及其"直接与人民接触，访问农民生活"，但又指出普希金终究"是一个贵族，有着以世族自豪的资产阶级偏见"。❶

高尔基认为果戈理"留给我们两部在俄国文学上无与伦比的作品"，但又指出他"估计现实是拙劣的，观察人生是不够客观的"。在高尔基看来，果戈理虽然也描写人民，但写的"是奇怪的人民"，他们"食汤圆，饮白酒，求爱，热情"。在果戈理那里，"上自地主，下至农民都是可爱的"。❷高尔基认为，即使是果戈理写得最成功的作品——《死魂灵》里，也没有充分揭示"地主和封建的俄国的特征"，特别是地主"作为农民的吸血者，他们并不是很典型的人物"。❸ 高尔基把果戈理看作"个人主义浪漫主义者"，说他是"一个脆弱的人，窒息在神秘主义里面"的人。❹

高尔基把屠格涅夫看作优秀的现实主义者，认为罗亭这个人物"是那个时代的生动人物"，说《猎人日记》"给农奴制度以沉重的打击"。但是高尔基又认为屠格涅夫并没有正确地描写出俄国人民，说他写的只是家奴，不是赋役农奴，"他们差不多一点也不反抗奴隶制度（农奴制度），也甚少谈及它；而当他们谈及它的时候，甚至不埋怨，而视若一种不能避免的生活方式"。之所以这样，是因为屠格涅夫"有一颗模棱两可的心……他仍然是深入骨髓的一个贵族"。正是由于贵族资产阶级偏见，使屠格涅夫不能正确地描写 19 世纪的俄国革命农民。❺

高尔基一方面指出："杜思安也夫斯基的天才是无可辩驳的……他的才能只有莎士比亚可以与之并列"；另一方面又指出了杜思安也夫斯基的反动思想，说他错误地认为"农奴制度可以促进地主和农民的理想的关系"。在高尔基看来，杜思安也夫斯基只是在人的动物的本能里找到了真理。高尔基说："对于他，人生中最主要的是'个人'，个人的自由，个人的权利，个人的生活与欲望。"❻

高尔基十分推重列夫·托尔斯泰及其作品，说："不认识托尔斯泰，就不能认识自己、认识祖国，也不能认为自己是个文化人。""托尔斯泰的思想始终是朝着农民大众的利益这条路线的。"但高尔基又指出托尔斯泰的作品里没有很正确地描写俄国农民，其前期作品中写的是"狡猾的、撒谎的、因循的农民"。在高尔基看来，"托尔斯泰是俄罗斯思想界中反动思潮底最生动的表现""哲学家托尔斯泰的思想，对于我们国家是显然有害的；我们国家所需要的，恰好就是他所高声疾呼予以否定的东西"。❼

高尔基通过马克思列宁主义阶级分析的方法，相当深刻地分析了这些俄罗斯优秀作家。他们虽然比较热情地描写了被压迫被奴役的俄国劳动人民，表现了对俄国人民命运的关怀，但由于阶级出身的局限，没能很正确地描述俄国人民，"都一致地、清楚地强

---

❶❷❹❺❼　《俄国文学史》，上海新文艺出版社 1956 年版，第 176、118、170、144 页，第 231、214、223、219 页，第 231 页，第 296、310、323～324、307 页，第 565、486、485 页。

❸❻　《苏联的文学》，第 39 页，第 33、45 页。

调农民的温和及忍耐能力，他们对于农民的起义倾向都决不提及"。❶

高尔基认为，资产阶级批判现实主义作家不能正确描写人民的阶级本质，因为"他们在迫害者和受害者之间调解……他们教导受难者勿抵抗"。❷ 高尔基认为他们致命的弱点之一是不敢号召人民起来斗争。普希金纪念碑揭幕，杜思安也夫斯基在致辞时说："忍耐吧！"托尔斯泰说："自己改善自己吧……勿以暴力抗恶！"高尔基严厉地指出，所有这些，正是资产阶级批判现实主义作家思想上根本弱点的表现。

高尔基严厉地批判了贯穿在批判现实主义优秀作品中的资产阶级人道主义思想。高尔基说："从久远的年代以来，在资产阶级制度的发展过程中，饥寒交迫的穷人当中产生了海盗和绿林好汉，也产生了人道主义者。"在高尔基看来："人道主义的宣传早就暴露了自己的完完全全的无力。"因为在人道主义的掩盖下，那些投机家——暴发户、钜人、鲨鱼——从工农的血汗里吸收了巨大的财富，很安心地继续管理着工人群众的力量和意志。❸

如同其他阶级的文学作品一样，资产阶级的文学作品歌颂的是自己阶级的理想人物、英雄人物。高尔基精辟地指出 19 世纪资产阶级文学反映了资产阶级利益、趣味、道德标准，精心地刻画出资产阶级的典型形象。他说，在俄国有各种各样的奥涅金、毕乔林、罗亭；在法国，从司汤达开始到任何一个作家，写的都是这样的人。高尔基认为，俄国 19 世纪批判现实主义文学作品中塑造的并不是劳动人民的英雄形象，而是资产阶级中"多余的人"的形象。他指出："19 世纪欧洲文学中最优秀的、描绘得最巧妙和最有说服力的英雄乃是'多余的人'的典型。"为什么叫"多余的人"呢？是因为在资本主义社会中，已经没有这些人的位子了。他们"既非孔雀，又非乌鸦。"他们"从自己阶级的窒人的氛围中突破出来"，却找不到舒适的地方，"于是受苦，死亡……或者是堕落到酗酒、自杀"。因此高尔基认为，个人主义一旦变成自我中心主义，就会制造出"多余的人"。❹

接着，高尔基又深刻地指出，处在没落时期的资产阶级文学创作中，充斥着厌世主义者、高利贷者、工人阶级的叛徒、冒险家、投机家、大骗子、寡头金融资本家，等等。"他们连'多余的人'这样的人物也写不成了。"高尔基指出，没落期资产阶级文学的英雄就是骗子、窃贼、凶手和警察局的暗探。这也是为什么欧洲资产阶级喜爱描写犯罪的小说。❺

高尔基要我们以谨慎的态度来阅读资产阶级文学作品，就是对最优秀的作品也不要无批判地盲目颂扬。高尔基指出，我们"生活在两个世界的边缘"。在我们日常生活中，新与旧的斗争是相当激烈的。高尔基认为，在这样的情况下，作家的任务就是除旧布新，"要把人们从过去的余毒中，从万恶的思想和感情加以歪曲的阶级历史的影响下

---

❶ 《俄国文学史》，第 324 页。

❷❸ 《高尔基文学论文选》，第 4 页，第 264、72 ~ 73 页。

❹❺ 《苏联的文学》，第 23、57、46 页，第 17、21 页。

解放出来"。高尔基要我们"从实际中，从过去的衰亡了的事物与现在的、新生的事物之间的悲剧性斗争中去发现新事物"，要我们在学习资产阶级批判现实主义作品的时候，认识过去，和这些残余做斗争，在思想领域克服和根除资本主义的东西。❶

　　高尔基正确地阐明了社会主义文学与资产阶级批判现实主义文学的不同。他说后者的批判只限于阶级的"战略"范围内，而社会主义文学则"要和旧世界的残余做斗争，和它的腐朽的影响做斗争，要根除这些影响。但是它的任务乃在于激发起社会主义的、革命的世界观"。❷ 对于资产阶级文学遗产，我们既不能全盘肯定，也不能全盘否定，应当批判地继承。高尔基指出："科学的社会主义为我们创造了最高的精神高峰，从那里可以清楚地看到过去，指出一条走向未来的唯一捷径，从'必然王国到自由王国'的大道"❸显然，我们要站在无产阶级的高度，用无产阶级批判的眼光来观察历史文化遗产，这对我们今天来说是十分要紧的事情。

---

❶❸　《高尔基文学论文选》，第 180、64～65 页，第 299 页。
❷　《给阿谢谢尔巴科夫的信》，见《高尔基文学书信集》，俄文版，第 484 页。

一、河流的故事

[英] 爱格理斯·格伯奈克

"河、河流哟！我奇怪，你究竟是从哪儿流过来的呀？"伊拉克喃喃地低语道。

在一个春天阳光普照的日子里，他独自躺在河边一块长满苔藓的河床上。一泓广阔澄清的流水，映照着苍穹，缓慢地、不停地流过去。他手上摊开了一本书，但在这样的景色里，似乎也无心去读了。

他在河边，逛荡了许多时光。这条小河对他说来，已不只是一泓清水了，而是一位有理智、有感情、有生命的活泼的侣友了。"我不知道你这样不断地流着、流着，已经多少时候了？"小孩子问道，"我不知道是由于什么缘故，最先促使你开始奔流？我不知道在你的两岸，你都看到过有什么变化？""假如有个河神出来了，对我说清楚，那将是多么快乐的事呀！因为我要问他一连串关于河流的历史！"

百鸟争鸣。它们用轻细的乐音，谈论着关于鸟国里的事情。河里不断发出潺潺的淙淙声。蜜蜂也用它们无休止的单调的声音，嗡嗡地叫着。这些声音，合唱在一起，和谐而愉快。

伊拉克一点也不想睡。可是现在，手上的书已从他的手指间滑了下来，掉在草堆里不见了。河水潺潺的声音，似乎变得响亮，更响亮了。最后，全是水声，像教堂中的风琴般的。有一串话音掺杂到潺潺的水声中，似乎河流也要说话了。

伊拉克很快就看到，有些东西朦胧、隐约地从河面上升起来，那是比一片山雾更实在的东西。开始时，像河雾的旋圈般地、疏密地混合在一起，但是旋圈逐渐缩紧了，模糊的轮廓终于变成了人形。

水边站着一个老人，披着深沉的、天蓝色的飘逸的衣服。他有着高高的前额，皱得像微风正吹过的河面一样。他有着一束长到他的臂弯、白的像泡沫一般的可尊敬的长胡子。时而，浪花冲向他。一滴浪花飞溅在他的衣服上，闪烁地挂在那里。

"您是河神吗？"伊拉克问道。对于这个问题，他没有立刻答复。一会儿，老人家开始用低沉而庄严的声调说话，一串柔和的、音乐般的涟波声，从他们之间奔流过去。

我的故事开始了。在许久许久以前，我说不出那到底已经有多久了，河流可没有计时器呢！我们的记录，刻在许多岩石和大地的泥沙上。我们忙碌的流水，永远在工作，它冲洗着、刻上了那些行程的记录。

太阳升落，季节变换，许多世纪过来了。可是对于河流，许多世纪只不过是许多日子而已，一个人的生命只是一只昆虫的呼吸。

多年以前，陆地上还没有河流，整个大陆沉没在海洋下。

接着，变化开始了，从海面升出大陆来。曾经是海底的地方，变成了干燥的陆地了。首先是山峰显出来，接着是小山顶；高山也崛起了，最后才是低洼的陆地。

巨大的变动来临，海水退去，可以看到大陆了，于是便有了许多河流出现。世界上没有不流进海洋的河流。

河流的生命发源于涓涓的山泉，或者是一支细流。上面有云儿，下面有泉水、涧泉、小溪，各个方面的抚哺，点点滴滴地积聚了力量，它变得更广阔、深沉。

各个河流最后的目的都在于流进大海，也好像每一个人最后目的是伟大和永恒的不朽一样。

"请，请继续说下去吧！"当老人家歇下来时，伊拉克恳求道。"那一个时期，还没有人类在我们的两岸玩儿呢。"老人沉静地说道，"当时，在这广漠的世界上，没有一个人呢。"

那时，河床位于一个较高的水平面上。许多河流都为自己开拓了一条道路——穿过那松软的土地，穿过那坚韧的石头。

你瞧那边的岩礁吧，你会想到它的美丽。你能想象到那还没有礁石存在的年代吗？

涓涓之水做它们的工作，像用一把刀子开辟了道路。这种工作还在继续下去。每一年，峡谷都逐渐变深了。

好久好久以前，河流四周长出了浓密的森林，把河水同阳光隔开了。大野兽——那些人们后来从没见过的兽类，在严酷的阴影下漫游着。鳄鱼在河床底下来回地爬行。那时，还没有男人、女人或孩子到来，用无休止的脚步和不耐烦的声音骚扰我们辽漠的幽寂。

老人沉重地叹息了一下，痛苦地掉下一些钻石般的水珠来。水珠失去了光芒。

我们也有过冰河期。那时，河水像铁链般地凝结着冰河、盖着大地。那是一个奇怪的时期，然而，也是多么伟大啊！

自从在河边出现了人类之后，世界就没有什么变动了。

当我第一次在河边见到一个细长的、半身披着兽皮衣的人时，以为他不过是大森林中的另一种掠夺者而已。我没料到，原来他是人类游牧部落的酋长，他要征服四周的土地呢。

就这样，迅速地在我的河床两边有了盖着茅屋的乡村。同时，还有许多船舶飘游在我们的水面上。森林中的野兽匿迹，恬静幽寂的日子过去了。

"告诉我关于河流更多的事情吧！"当深沉的声音小下去时，伊拉克恳求道。"我愿意听关于河流的故事，比起听关于人的故事更爱听。河上所有的水都是从哪儿来的呀？"

老人挥动着他的手，显出不耐烦的样子。"这是水的世界呀！"他说道，"上面是水，下面也是水，在大气中，在地下，在江海中，在湖泊川流中，在云雾中。水变成了蒸汽，水变成了雨点，水变成了冰和雪。是的，这是一个水的、水的世界呀！"

他又变得模糊、形影不清了。天蓝色的衣服变成了灰白色，长长的白胡子也不见了，一束泡沫漂浮在水面上。一抹烟雾，飘在老人家站立过的河边，逐渐变成了一片雨点，飘了下来。

微风带着一颗雨珠，像河神跟他接了一个亲密的吻似地，飘到伊拉克的眉尖。他醒了。

二、泥土的故事

[英] H. V. 达奇

　　河边的堤岸上有一撮泥土。这不过是十分平凡的泥土，粗糙而迟缓，但它却有着崇高的理想，梦想着有那么一天，它会被安放在世界上一个伟大的地方。

　　在春天太阳的金光下，它抬起头来，美丽的花朵开得鲜红娇艳；树木在矜夸地耳语，森林像涂上了上百块斑点的岩石，在温暖的云光罩着的大地上，长出了美丽的姿容。

　　花朵们怀着美丽的快乐。当微风掠过时，弯下了它们的头，对另一些花儿说："姊妹们，你们变得怎样的可爱啊，你们把日子点缀得光明！"

　　拥有永生之力的河流也在欢欣着，像在与流水频击、庆祝河水和谐的河岸奏乐，倾诉着从冰里解放出来的愉快。它迅速地从雪山上奔流而下，奔腾下来的急流是一股极其强大的力——风转动了，大船驶向了海中。

　　在河床上朦胧地期待着的泥土，轻声地哼着："我的，就要到了吧。"它说："我不能再在这个偏僻的地方生活下去，光荣的、美丽的和那高贵的将要在这一季节来临。通向胜利和光荣的路，往往是那样崎岖、艰苦。现在，我踏上了到伟大地方的道路了。"

　　可是，跟着来的是无比艰苦、繁难的路。泥土被安放在一个木槽上，被混黏、撞击、摇动、踩踏。它几乎忍受不住了，然而依然怀着美丽的理想。它认为某种高贵的事业，是要从繁难与艰苦之中锻炼出来的。它还深信，假如再持久期待，必定可以得到优越的报酬、丰富的收获。

　　紧接着，泥土又被放在一个迅速转动的轮下。它被急促地旋转，被碾成了千百块小片。旋转过后，它被一股强力压了下去，被塑成了一个模型。经过了无尽的眩晕与痛苦后，它变成了一个新的模型。

　　它被一只不熟悉的手轻轻地放在一个炉子上。火从它的身边烧起，火的热度比它在河堤上晒过的夏天的太阳更热。这之后，泥土结成了一块。在痛苦的磨炼中，它深信着未来。"当然的"，它想，"在受过这样多的艰难和痛苦后，我一定会变成宫殿里的装饰物，也许，我要变成国王桌上的珍贵花瓶。"

　　烧过之后，泥土从炉中被取了出来，安放在一块板子上；在蓝色的天空下，用冷风来吹它。一切艰苦已成回忆，回报就在眼前了吧。

　　在板子的旁边，是一片不深也不大干净的池水。它粼粼的波光，可以映照出人容颜。这是它第一次从板子上被提起，泥土从水光里看到了自己——受尽了痛苦的回报，是希望的绝灭啊——一个平凡的花盆，笔直、僵硬。难看的红色一定使它感到很无奈，一切梦想在此时都成了泡影……

三、泥炸排骨

[土耳其] 奥林丁文

在一间憋气的房间里，那狭小的窗帘外，是苍灰色的早晨了。一条破旧的毯子，没有遮住在板上蜷在被褥里的一个睡着的孩子的轮廓：那靠在枕头上的小小的头，束着阿拉伯式的白色头巾。忽然，一个声音冲破了沉寂："哎，马基孟特，起来呀！要不上学迟到了！"

被褥里轻轻地蠕动了一下，两粒苍白色的眼球有晨光在闪动，看了看毯子上头，立刻又闭了起来，身子一蜷，像皮球似地缩着。"起来呀！快起来吧！"孩子的祖母固执地说。她把煤球放进一只马口铁制的火盆里。

小孩子翻动了一下，又睡了。他继续着自家那甜蜜的好梦，眼睛紧紧地闭着，似乎还依恋着那黑甜之乡。老奶奶再也不能忍下去了，"在一分钟内不起来，我就要用火钳烫你了！你这个懒惰的家伙"，她喊着。

"扶我起来吧，奶奶！"小孩子假装哭泣的样子。"我就在一分钟内起床呢……怎么，现在太阳还没出……我的肚子真饿，我起来要更饿了。"

老奶奶脸上严肃、愤怒的神情渐渐消失了。现在谁都可以看出，她是多么慈祥，多么恳切。"好，现在要起来洗脸了吧"，她温柔地说，"我烘点面包给你吃。""呵"，小孩子叫了起来，撮着他的嘴唇。"烘热的面包，用牛油涂一下，那要比牛奶饼的味道更好呢！"他立刻从床上跳了下来。

洗过脸后，他来到大盆前，看到奶奶正在盆里烘着些剩下的面包皮。他小心地拿出一片来，很响地嚼着吃。"奶奶，面包干没什么味道了"，孩子说道，"有一片奶饼就好得多了！""我又不是杂货店老板"，老奶奶反驳道，"好孩子，等你长大了，能够供给你自己生活的时候，就可以吃你喜欢的东西了。"

"奶奶，奶奶！"忽然，小孩子叫起来，"有一片面包皮卡住我的喉咙了！""喝点儿水。""我喝过了，可没用。"老奶奶跳起来，跑到厨房去。"你看，现在我给你什么东西"，她叫了起来。当她回来时，刀尖上带着一片像是泥土的东西。"把这个放到面包皮上。这是炸排骨时的肥肉，掺着最好的椰子酱。"

小孩子立刻把这珍贵的佳肴放在面包皮上。"你现在可以洗手，到学校去了"，老奶奶说，"我还做了一点儿炸排骨做你的午餐。"她取出两块炸排骨，放在两片面包中，用一张干净纸包好。

小孩子脸上狂喜。他打开纸包，拿出了一点点排骨来品尝。"啊！奶奶"，他兴奋地喊道，"假如你天天做炸排骨，那我多高兴啊！""慢慢地吃吧。三个月以后，等我拿到养老金，再给你做……唉！我……"她叹了口气，"这真是你的命……假如你爸爸还活着的话……现在，一个月两里拉，叫我怎么生活呀！"小孩子从屋里溜了出去。

吃午饭的时候，马基孟特可以跟其他带点心来的孩子们一同到食堂吃他的炸排骨了。在他看来，似乎没有哪个厨子能像他奶奶一样，做出那样有味道的炸排骨呢。瞧着炸排骨，他觉得，这是多么珍贵的宝贝啊。

第二堂课下课后，马基孟特来到运动场，他随身带着纸包，似乎这样才能保证它的安全。想想还没到午饭的时间，他觉得急不可耐。距离午饭时间还很久哩！他悄悄地跑到一个角落，把炸排骨捡出一块，放在嘴里，不是咀嚼，而是吸吮，更久地吸吮。他瞧着剩下的排骨，满口流涎。

第三堂课下课后，他跑到运动场。他的朋友们对他说："马基孟特，我们今天在井边找了些好泥土，我们做炸排骨去，别忘记来呀。""我今天带了午饭呢！"小孩子骄傲地说，"我要到食堂去。"

这样的对话听起来很奇突，让我来解释一下吧。原来，在爱斯丹堡学校，有几十个小孩子都没有午饭吃，所以他们不能不羡妒那些幸运的孩子。教师们会领他们到学校花园的一个偏僻角落，用各种游戏分散他们的注意力。他们玩儿打仗的游戏、开店铺的游戏、建造小房子、演节目、做体操、唱歌跳舞。可是，尽管孩子们对这些游戏饶有兴趣，也不能完全吸引他对饥饿的注意力。饿了的时候，他们不再游戏，不再跳舞，也不再唱歌了。即使是玩球的游戏，他们也不感兴趣。

马基孟特讨厌用这些游戏来转移饥饿感。教师们仍然固执地要他们建造炮台、演戏、画蝴蝶与花朵，可是，马基孟特和同学们最喜欢的是围在一起，当中放着泥土，用来做炉子、房子，或是店铺。同时，他们每天都用泥土来做小小的炸排骨。他们假装认真地把排骨放在油锅里，以免被溅出来。

教师们已不止一次抓住他们玩这种"下流"的游戏。"懒家伙们，去学习工程师建房子呀"，教师说，"去学习描画和建设更美的东西呀。"可是，小孩子们毫不理睬。教师命令关上水井，仍然没用。到吃饭的时间，仍然有许多小孩子围在井边。他们愉悦地压着泥土，轻拍，做成小块的排骨。他们看着自己的手工，满口唾液。

马基孟特带了真炸排骨的消息在同学中传遍了。"你听到马基孟特带炸排骨的消息了吗？"他们在休息的时候相互打听。"真的，有一次我看到，亲眼见到的。""你别相信呢，那一定是泥做的，分明是泥土做的……"

没有一个人相信马基孟特会带真的炸排骨来。马基孟特让他们一个一个地看放在抽屉里的珍贵纸包。排骨的油从纸上渗了出来，干的肉极像泥土做成的样子。有一个富家的小孩子想用半个鸡蛋换一块排骨，可是马基孟特不答应。最后，马基孟特抬高了价格，想换一个鸡蛋。就在他打开纸包准备猛咬一口时，却被老师瞅见了。他又想了想，决定不换了。距午饭时间只有十分钟了，马基孟特的肚子饿极了。

"我现在告诉你们，中午谁再玩儿泥土，就要受到处罚。"教师威胁地说。可是马基孟特的忍耐已经到极限了。他兴奋地颤抖，教师的声音似乎是很远的苍蝇的嘤嘤声一样。如果饥饿的痛苦能忍受的话，他的手也不会伸进纸包里去了。他的头低到桌子下，翻开包着排骨的纸包，眼睛渴望地盯在排骨上。他撅了一块投到嘴里，发现教师正在高高的地方看着他，显出大怒的样子。"我跟你说过，不要再玩泥做的东西。"他咆哮起来，夺走了这珍贵的、极像泥土做的炸排骨，一下子就扔到了窗户外。

学校位于海边，这小包排骨飘到了汪洋中。

教师也许不曾想到，每回都用泥土做成的炸排骨镇住饥饿的这个小孩子，今天，也许是个特殊的日子，他带来了真的炸排骨。

午饭的时间到了，马基孟特不再去井边了。他站在海边，注视着苍茫无际的汪洋，期待着，不住地流淌着痛苦的眼泪。

四、孩子的故事

[英] 狄更斯

多年以前，一位旅行家开始了一段旅程。那是个带有魔力的旅程，刚走时，似乎路是十分遥远的，但走到半路，又显得很短。

有一天，他走上一条黑黢黢的小路，开始没遇见什么，后来见到了一个俊秀的孩子。他问这孩子："你在这儿干什么呀？"孩子回答道："我常在这儿玩，来跟我一道玩吧！"于是，他整日跟那个孩子玩耍，他们十分快活。

天是这么蓝，太阳是这么亮，河水是这么清澈，叶子是这么青翠，花儿是这么可爱。他们聆听着鸟儿歌唱，看着彩蝶飞舞，一切都是美丽的啊！这是在风和日丽的日子呢！下雨时，他们爱在雨点下洗手，闻那鲜美的熏香。刮风时，他们兴奋地聆听，想着风儿在说些什么。风吹来了，它的老家在什么地方呢？他们奇怪地听，风呼啸着、怒吼着，追逐着云儿，把树木吹弯。风吹过烟囱，震动了房子，也使海浪涌起。下雪时，那才好玩呢！看到厚厚的积雪，他们想，再没有什么东西比这个景色更像从千百只白鸟胸前迅疾脱落的羽毛了。他们注视着那积雪，多么晶洁，多么深沉。他们倾听着被风雪封锁起来的、沉寂的大小道路的声音。

他们有许多世界上最有趣的玩具、最奇怪的画报。像刀子、拖鞋、头巾、矮人、巨人、魔鬼、神仙、假胡子、财产、洞穴、森林等东西，应有尽有，一切都是新的、真的。

可是有一天，旅行家忽然找不到这孩子了。他一再呼唤，但是没有回音。于是，他又走上了旅途，开始没遇见什么，后来遇见了一位漂亮的少年。他问道："你在这干什么呀？少年。"少年回答说："我在念书呢，来跟我一道学习吧。"

他给少年讲罗马皇帝和皇后的故事，讲希腊神话。少年学习了一般少年不懂的知识，或者是其他知识，已经记不清了。他们并不总是在学习，也玩过快乐的游戏。夏天，他们在河里划船；冬天，在冰上溜冰。他们愉快地散步、骑马，他们打棒球，做各种打球游戏。他们做站鬼岗、野兔、猪、狗，做跟随我的头目，和其他我们能想得出的好游戏。没有人敢打扰他们呢。他们还有放假的日子，有十二月饼，和那让他们跳舞到半夜的宴会。他们在戏院里看到了金银的宫殿，看到了世界上所有奇怪的东西。至于朋友，他们有那么多相处得很好的朋友呢。他们都很年轻，像俊秀的少年一样。他们在一起没有隔膜。

有一天，在快乐的气氛中，旅行家像失去了那个孩子一样，失去了这位少年。在徒然的呼喊后，他继续他的旅程，开始没遇见什么，后来看到了一个青年人。"你是谁呀？"他问道。"我是风华正茂的年轻人呢！我常在爱中呢，来跟我相亲相爱吧？"于是，他和年轻人走在了一起。

如今，他又遇到一位最美丽的姑娘——正像躲在角落里的芬妮一样，她有着芬妮一样的眼睛，芬妮一样的头发，芬妮一样的酒窝儿。当她说话时，脸上泛起的红色也像芬妮一样。于是，年轻人立刻坠入了情网。正如我要讲的一些人第一次到这儿一样，他有时也烦恼——如某些人一样，他们有时也争论——如某些人一样。他们可好了，坐在黑暗的地方，相亲相爱。他们常常互相偷看，又假装没看。他们在圣诞节订婚了，他们在火炉边紧挨着坐着，他们很快就结婚了——所有都如我不必讲的某些人一样。

可是有一天，旅行家又失去了她，正如曾经失去其他人一样。在呼唤无果后，他又走上旅程，开始没遇见什么，后来遇见了一位中年人。他问道："你在这干什么呀？"他说："我正忙着呢，到我这儿来吧！"

他跟随着这位中年人，也变得异常忙碌了。他们走过一片丛林，整个旅程都走在森林中。森林在生长，开始时浓绿得像春天的林木，后来变成浓密、阴郁的了，犹如夏天的森林。一些小树长大了，变成褐色的。中年人并不孤单，有一位与他年龄相仿的女人与他生活在一起，那是他的妻子，还有几个孩子。他们一起穿过丛林，砍伐树木，在树枝和叶子中踏出一条路来，带着包裹，艰辛地工作。

他们时而走上一条蜿蜒的道路，道路向更深远的丛林伸去。他们听见不远处有声音在喊："爸爸，爸爸，我是你的孩子呀！停下来等我一会儿。"很快，他们看到一个细小的影子。当他走来时，影子变大了，和他们融在一起。他来到跟前，他们摇着他、吻他、欢迎他，然后一道向前走去。

走着走着，走到了一个路口，于是他们都停下来。孩子中的一个说道："我要向海上走。"另一个说："我要去印度。"又一个说："我要到那可以得到幸福的地方去。"离别时刻，他们流了许多泪，走上了各自的征途。

在离别的时刻，旅行家看着中年人——他凝视着树顶上的天空，太阳就要下山了。旅行家看到，中年人的鬓发已经斑白。可是，不能休息啊，因为他们要走完各自的旅程，这旅程使他们越来越忙碌。后来，还有几次别离。孩子们都离开了，只有旅行家、中年人和那女人在一起走。

如今，树木枯黄，有的变成了棕褐色，叶子也开始凋零。他们走到一条更黑暗的道路上，顾不上看脚下的路，急匆匆地赶路。突然，那女人停下脚步，"我的丈夫"，她说，"我被召唤了！"

他们倾听着，听见在遥远的泉水下，一串串声音喊道："妈妈，妈妈呀！"这是一个早逝孩子的呼唤。父亲说道："我求你现在不要去，太阳快下山了，我求你现在不要去！"可是声音仍不断传来："妈妈，妈妈呀！"他的头发已经全白了，眼泪涌到脸上，他没有管它。

于是，女人准备走上浓黑的道路了。她拿开了搂在她脖子上的手，吻着他，说道：

"我最亲爱的，我收到了召唤，我去了!"她走了，撇下了旅行家和他孤寂地在一起。

他们一起向前走。快到森林的终点时，夕阳反射的红光穿过林莽，射向他们面前。当他在树丛中又打开一条路时，再一次失去了他的朋友。他呼唤着，呼唤着，可是没有回音。

他走出林间，看到平静的太阳照出了一圈紫色。在这紫色中，他看到一个老人坐在一棵落尽叶子的树下。于是，他问老人家："你在这干吗呀?"老人带着笑意回答道："我常在这儿回忆，来跟我一道回忆吧。"

于是，旅行家便在老人家的身边坐了下来，朝着微温的落日坐着。他的朋友们慢慢地围在了他的身边，那俊秀的孩子、美貌的少年、沉浸在爱情里的青年人，那做父亲的、做母亲的，以及孩子们。他们中的每一个都在身边，他没有失去什么呢! 他爱所有的孩子，对他们同样仁慈、宽厚，乐于见到他们。他们也都尊敬他、爱他。

我想，这旅行家就是你自己吧。

亲爱的祖父啊，因为这就是你对我们做的，也是我们为你做的呀!

五、查　莉

［英］狄更斯

经过友人的指引，我们找到了那间房子。我轻轻地敲敲门，房子里发出了尖锐的叫声："我们被锁在里头了，白兰德太太把钥匙拿走了。"我们已经在楼下的鞋匠太太白兰德那里拿到了钥匙，听见这话，便打开了房门。

这是一间简陋的屋子，天花板已经歪斜，只有几件家具。一个五六岁的小孩抱着一个18个月大的胖婴儿。天气很寒冷，但屋里没生火。那个婴儿被裹在破烂的围巾里，因为衣服不够暖和。他们的鼻子冻得通红，细小的手指在哆嗦。小孩子来回地走着，轻拍着婴儿。他的头靠在婴儿的肩膀上。

"谁把你们锁在这儿的？"我们不禁问道。"我的姐姐查莉"，小孩子说。他站在那，眼睛盯着我们。

"查莉现在在什么地方？""在外头替人家洗衣服"，小孩子说道，又来回地走着。

我们彼此对视了一下，目光又回到了孩子身上。这时，一个年纪很小的女孩跑了进来。她戴着一顶大帽子，俊秀的脸上透露出的却是乖巧、伶俐和老成。她是从邻居那儿跑回来的。她大口地喘着气，肩膀露在外面。她沉静地站在那，看着我们。

"她就是我们的查莉姐姐呀！"小孩子说道，轻拍着婴儿的头。婴儿伸出双臂，站了起来，让查莉抱。小姑娘用成熟女人的姿势接过了婴儿，她的头亲热地贴在婴儿的头上，看着我们。

"这简直不可能！"我的向导细声说道，"这么小的孩子能养活其他两个！看呀，看呀，这真是怪事！"这真是值得一看的事啊！两个孩子相依为命，只能靠另一个孩子养活，而另一个又是那么小——却有着老成持重的神气，像个小大人。

"查莉，查莉"，我的向导问，"你多大了？""13了，先生"，孩子回答道。"这么小呀，查莉！"我的向导说。我没法描述出她半开着玩笑说话时，我们的心里有多怜悯、多悲伤。

"你一个人和这两个孩子住在这儿吗，查莉？"我的向导问。"是的，先生。自从爸爸死了以后，我就跟他们住在这儿。"孩子回答道。

"你是怎么过日子的，查莉？"我的向导问。他的脸转向左侧，"你是怎么过日子的？""先生，自从爸爸过世后，我便出去工作了。我今天就是到外边替人家洗衣服去了。"

"你妈妈什么时候过世的？可怜的妈妈！""爱玛刚生下来，妈妈就过世了"，孩子说道。她瞥了一眼怀里的婴儿，"爸爸妈妈说，要我尽可能地当一个好母亲，我就开始试着做母亲的工作了。我在家里洗衣服，做卫生，抚养弟弟妹妹。在出去替人家洗衣服之前，我很早就会干这活了。先生，你不是见到了吗？"

"你常出去吗？""尽可能地出去挣点钱"，查莉说，睁大了双眼微笑着，"为了那几便士、几先令，我得出去呀。"

"你出去时，都会把这些孩子锁在屋里吗？""为了他们的安全呀！你不是见到了吗，先生。"查莉说道，"白太太不时地会跑上来看看他们。他们会玩儿，托蒙会照顾妹妹的。托蒙，你说是不是呀？""是，我不怕，我能照顾好妹妹"，托蒙坚决地说。

"晚上，下面院子里的灯火点亮时，会照到屋子里的。我们这儿亮着呢！够亮！托蒙你说呢？""是的，姐姐"，托蒙说，"够亮了。""他也很听话"，小姑娘说道。啊！她多有母亲和帮忙的样儿啊。

"爱玛睡着了，他就把她放到床上。他自己累了，也会到床上去睡会儿。等我回到家，点上蜡烛，他就起来和我一起吃饭。是不是，托蒙？""啊，是的，姐姐"，托蒙说道，"是的！"他敬爱查莉，她是他最亲爱的人了。他把脸埋在姐姐粗布外衣的细小褶皱处，突然又改笑为哭了。

这是我们来这儿第一次看见孩子流泪呢。小女孩给我们讲述了她的父亲母亲，所有的忧伤都变成了勇气，变成了她努力工作的动力。她虽然很忙，却能控制好情绪。托蒙安静地、目不转睛地看着我们。一会儿，他又看看查莉，看看外面干枯的树，以及邻居家笼子里的鸟。

这时，我看到白兰德太太从楼下跑上来。她跟我的向导聊上了。"先生，不收他们房租，不是什么大恩惠"，她说，"查莉一天挣不了多少钱，我怎么忍心再让他们交房租呢。"

"这些孩子能这样继续生活下去吗？"我问。"我想可以的！"白兰德太太说道，"她竭力谋生！母亲死后她供养两个孩子的事，已经成为这一带的佳话了。她的父亲生病后，他们的生活简直就是个奇迹！她父亲对我说，'白兰德太太'，这是他最后一次说话了，'一天晚上，我在卧室，听见了轻轻的敲门声。我说，进来。一个美丽的小姑娘进来了，披着孝服，打扮得干干净净，行了个屈膝礼。昨晚，我看到一个天使和我的孩子在这房子里。我把她们托付给上帝了……'"

我们都看着查莉，抱住了她，想带她一起下楼。她挣脱开我们，跑了出去。我看着她的背影，不知道她要去哪儿。她跑到了街道上……这么一个小小的、小小的人啊，戴着一顶妇人家的帽子，围着围裙，穿过院子，在都市生活的竞争中不见了，就像海洋中的一颗水珠啊。

六、范　卡

[俄] 契诃夫[*]

　　9 岁的范卡·石柯夫当阿里享鞋匠的学徒已经三个月了。在圣诞节的前夜，他没有睡觉。他的主人、主妇和店伙计出去参加晨祷会了，范卡从碗橱里找到了一小瓶墨水和一支笔尖生锈的蘸水笔。于是，他在面前摊开了一张皱纸头，开始写信。"亲爱的君坦丁·马卡耶茨爷爷"，他写道：

　　　　我给你写一封信，希望你过一个快乐的圣诞节，并得到上帝赐予的至高的幸福。我没有妈妈，也没有爸爸，你是我唯一的亲人啊！

　　范卡望望前面的门窗，里面的烛火反射出光来，他脑子里也生动地回忆起祖父的身影。

　　他的祖父，在史瓦莱夫老爷家当夜间守门人。他是一个细小、瘦削、活泼而又忙碌的 65 岁老人，醉醺醺的眼睛，脸上常带着笑容。他整天睡在仆人的厨房里，经常跟厨子们一起玩。晚上，他披着羊皮大衣，用小槌打更，绕着圈子走，老母狗卡西登加和公狗维尔垂下头跟着他走。维尔的得名，是由于它一身黑毛，像只黄鼠狼。它是一只有礼貌的、待客人如主人一样的狗，但也不能完全信任——它表面温和，内心却非常狠毒。它有这样的本领，知道如何趁人不备咬人家的腿，或是溜到厨房或是跑到农夫家叼只鸡。他的后腿已不止一次几乎被打断，有两次被吊起来打，打得半死，但它总会苏醒过来。

　　这时，他的祖父，该是站在门边闪着眼睛看礼拜堂红亮的窗子吧。他的脚上穿着长筒靴，在广场上跟人们开着玩笑。他的槌子挂在皮带上，他在寒冷中紧抱着自己，咳了一声老年人的干咳，有时捏着烟草给女仆或是厨子抽。

　　他把鼻烟盒递给女人们，问道："你们不抽会儿鼻烟吗？"女人们就抽了一口，还打着喷嚏。祖父快乐得很，开朗得笑起来，喊道："快些把鼻涕擦掉，不然要把你的鼻子冻坏了！"

　　他们也给狗嗅鼻烟。卡西登加打着喷嚏，摇摇头，生气地走开了；维尔谦和地拒绝

---

　　[*] 安东·契诃夫，俄国作家，出生于小商人家庭，做过医生。1890 年开始写作，所写的作品多种多样，寓意深刻。著名的《变色龙》，写出封建统治阶级的愚昧、专横。中篇小说有《草原》《套中人》。1890 年，他游历了萨哈森岛，归来后写出中篇小说《第六病室》。后来，他从事戏剧创作，写出《万尼亚舅舅》《三姐妹》。他最后的剧本是《樱桃园》。

抽烟，摇摇尾巴。天气好得很，没有风，空气澄清而又明静。晚上，整个村庄的白屋顶和从烟囱里冒出来的烟仍可望见，树木像白银般浸染着严霜和雪片；天河是如此分明，好像是为了假日扫去了路上的残雪似的。

范卡叹了一口气，继续写道：

昨天晚上我挨了一顿打啊。主人抓住我的头发，把我拖到作坊里，用一块撑鞋的铁打我，因为我在摇摇篮里小孩子时睡着了。这礼拜，老板娘叫我洗鲑鱼，我从尾巴洗起，于是她拿过鲑鱼，用鱼头打到了我的脸。师傅们捉弄我，叫我到酒店买酒，要我偷主人的黄瓜，店主人就用他手边的不论什么东西打我。

在这儿，没有东西吃。早餐吃的是面包，中午是稀饭，晚上又是面包。至于茶和酸的野菜汤，老板和老板娘自己可有呢。他们要我睡在门廊，当孩子哭时，我就不能睡觉，只能摇摇篮。

亲爱的爷爷呀，看在老天的面上，把我从这儿带回去吧，回到我们的乡村，我再也不能忍受了……我跪在地上向你磕头，并不断地向上帝祈求，把我从这儿带回去吧，不然我就要死啊……

范卡的嘴角弯下去，他用污浊的小手指着他的眼睛，啜泣着。"我要替你捏碎烟叶"，他继续写道：

我要为你向上帝祷告。假如有什么过错，就像宰羊似地打我吧。如果你真的以为我不容易找到工作，那么，我便请求主人，看在基督的面上，让我替他擦靴吧，或是代替费底亚做一个牧童。

亲爱的爷爷，我不能再忍受了，他要加害我呀……我要跑回到乡村去。我怕冰霜，因为我又没有长筒靴呀。等我长大成人，会孝顺你的，没有人敢伤害你。等你死了，我要为你的灵魂安息而默祷，就像为妈妈做的一样。

莫斯科是一座大城哩，都是有钱人的房子，还有许多马，但是没有羊，狗并不凶恶。这儿，在圣诞节，孩子们不戴金星，也不许唱赞美诗。有一次我在一家店铺的窗子里看见那儿卖鱼钩、线和各种渔具，应有尽有，真好呀！有一个鱼钩，甚至可以钩起40磅的大鱼哩。我还看到卖枪的店铺，有各种枪在卖，有的同主人的枪一模一样。我想，每支要卖到100卢布。肉铺里有松鸭、鱼、兔子在卖，鸽子铺里的人告诉我这些东西是谁打来的、从哪来的。

亲爱的爷爷，当主人给你一棵圣诞树时，请替我拿一只金胡桃，放在我的漆盒子里吧。可以跟小姑娘阿迦·费那提娜说，这是给范卡的。

范卡叹了一口气，望着窗子，想起爷爷常常带他去森林里替他的主人砍圣诞树，多么快乐的时光啊！冰块裂响着，爷爷咔咔地咳着，范卡也像他们一样笑出了声。在砍圣诞树之前，爷爷要嗅烟。他拿起一堆草，向着范卡笑了笑……松树盖满了霜，挺立不动地等着。忽然，一只兔子像箭一样地跳过雪堆……爷爷不禁喊道："抓住它，抓住它……抓住它啊！这短尾兔子！"

爷爷砍下圣诞树后，便拖到主人的屋子里动手点缀。……小姑娘阿迦·费那提娜——范卡的朋友——最忙碌。范卡的妈妈皮拉奇并在世的时候，是在主人家里当女仆的。阿迦·费那提娜常给范卡糖吃，没有事时，就教他读书写字——他一共学了100多个字，甚至教他跳舞。母亲去世后，他们就把范卡送到仆人的厨房里，交给爷爷看管。后来，他又到莫斯科阿里享鞋匠手下做了学徒。

"快点起来吧，亲爱的爷爷"，范卡继续写道：

> 我求你带我回去啊，可怜一个愁苦的孤儿吧！在这儿，他们打我，我十分饥饿，是这么苦楚，我一言难进啊，整天啜泣。另外，有一天，老板用一只鞋楦打我的头，我摔在地上，死里逃生。我的生活是不幸的，连你的狗都不如啊！替我向艾伦娜和独眼的戴格和马车夫问安，不要让任何人拿走我的口琴呀。你的孙儿范卡·石柯夫，等着亲爱的爷爷到来呀！

范卡把那张纸折成四叠，放在一个信封里。他想了一会儿，在黑墨水里蘸一下笔，写下了地址：

> 乡下，给我的爷爷收。

他又搔了搔头皮，想了想，再写上"君士坦丁·马卡耶茨"。他很高兴写信时不曾受到阻碍。他连忙戴上帽子，顾不上穿上羊皮大衣，便披着短衣跑到街里。

一点钟以后，他被希望抚慰着，他熟睡了。在梦中，他见到了炉子；在炉边，他的爷爷摇晃着——老人家赤着脚，正对着厨子读他的信；维尔在炉边溜达，摇着尾巴。

七、贪睡的家伙

[俄] 契诃夫

夜。13 岁的小保姆樊尔加摇着睡在摇篮里的婴儿，用含混不清的声音喃喃道："睡，宝宝睡啊！阿姐唱歌给你听……"

在神像面前，点着一盏绿色的灯。穿过屋子中间，从这边到那边，拖着一条长绳子，上面挂着孩子的衣服和几条裤子。灯光照在天棚上，映出绿色的光圈。孩子的衣裤在炉子上、在摇篮里、在樊尔加的身上投射出长长的影子来……当灯光晃动时，光圈和影子都摇晃着。像是被微风吹荡似地，沉闷得很。有一种酸菜汤和鞋臭的气味。

孩子哭了起来。早就哭得声音沙哑、疲倦了，但仍然在哭。谁知道他要哭到什么时候呢？樊尔加想睡，她的眼皮耷拉了下来。她垂着头，脖子也酸痛极了。她……不能再转动眼皮和嘴唇了。她的脸孔毫无生气，像化石般的，头缩得像针头一样大小。

"睡，宝宝睡啊！"她喃喃地唱道："阿姐给你做面糊……"

炉子中，一只灶虫唧唧地叫着。樊尔加的主人和一个工人安盛那斯从门后第二间房子里发出熟睡的鼾声，摇篮悲切地发出辗轧的声音——两种声音和谐地掺合成一支倾耳爽心的催眠曲。可是现在，这声音里只有激愤和压迫，因为它包含着要人安睡和不可能安睡啊。如果樊尔加睡了，她的主人和主母是要打她的。

灯火摇晃不定，光圈和影子也在晃动。它们映在樊尔加半睁不睁的眼窝里，她那半睡的脑子混合出模糊的想象。她看到天上浓云密布，像孩子般地在哭泣。忽然，寒风吹起，乌云消逝了。樊尔加看到一条泥泞的大道，道旁有许多摊主。人们背着包袱，蹒跚地驮着些东西，影子向前、向后地伸长。透过严寒的浓雾，看得见两边的山峦。忽然，人和包袱、影子都坠进泥浆。"这是为什么呀？"樊尔加问道。"去睡，去睡呀！"有人回答。他们熟睡着，甜蜜地睡着。可是，电线杆上的几只乌鸦倒像孩子哭泣似的要去扰醒他们。

"睡，宝宝睡啊！""阿姐唱歌给你听。"樊尔加喃喃道。现在，她看到自己是在一间阴暗而沉闷的茅屋中。她死去的父亲——耶菲姆·斯登板诺夫躺在地板上，她并没有看见，却听得见他翻来覆去的声音。他呻吟着，说自己"心都要炸裂了"！这是多么强烈的痛苦啊，使得他再也说不出一句话！他只是吸了口气，用嘴唇吐出播鼓般的声音："噗！噗！噗！噗！"

母亲彼拉几亚跑到地主的屋里去告诉主人，耶菲姆要死了。她去了很久……她要回来了吗？樊尔加躺在炉火边，听着她父亲的噗噗声。这是谁来到茅屋门口了？是一个被当作客人看待、留在地主庄园的，那边派来的医生。医生走进茅屋，在黑暗中看不见他，可是樊尔加却能听见他的咳嗽声和敲门声。"点一盏灯！"他说道。"噗！噗！噗……"耶菲姆回应着。

彼拉几亚跑到火炉边，找到了一盒火柴。在沉默中，一分钟过去了。医生伸手到他的口袋里，自己划亮了一根火柴。"我立刻就来，先生，我立刻就来。"彼拉几亚喊道。她忙着走出茅屋去。一分钟以后，她拿着一支蜡烛头回来了。

耶菲姆双颊粉红，双眼闪亮，目光刺人，好像看透了医生和茅墙。"喂，你到底是怎么一回事呀？"医生弯下身子问道："唉！你这样子很久了吗？""怎么一回事？大人……死的时候到了……我不能再活下去了……"

"胡说……我们立刻会医好你的病！""这是你的希望……大人。真感谢你……但我知道得很清楚……假如我是要死，我就要死了……"

医生在耶菲姆身上花了半个多钟头后，站了起来，说道："我也没有办法了……你必须进医院，他们可以给你做手术。你要即刻就去……一定要去！再迟了医生就都睡了……但也不要紧，我给你写个字条……你听见了吗？"

"好，先生，他怎么能去医院呢？"彼拉几亚问道，"我们没有马呀。""没有关系，我可以跟地主说一下，借一匹马给你。"

医生走后，蜡烛灭了，樊尔加又听见"噗！噗！噗！"的声音。半小时后，有人来到茅舍前，是地主派来送耶菲姆上医院的马车……耶菲姆预备好了，坐车走了……

清新而美丽的早晨来了。彼拉几亚不在家，她到医院去看耶菲姆了……一个孩子在哭着，樊尔加听到有人用她的嗓音在唱："睡，宝宝睡啊！阿姐唱歌给你听。"

彼拉几亚回来了，她画着十字轻声地说道："昨晚他好了些，到天亮他把灵魂交给上帝了……升入天堂，永远休息了……他们说我们把他弄迟了……我们应该早些……"

樊尔加跑进林间去哭泣。忽然间，有人用很大的力气，就像她的头碰到树干一样，打她的后背。她抬起头来，看到主人——那鞋匠，就站在她面前。"畜生，你干什么呢？"他问道，"孩子在哭，你睡了？！"他捆了她一个耳光，她缩了一下头，摇着摇篮，喃喃地唱着催眠歌。

绿色的光圈和影子仍晃动着，对她眨眼，又迅速地控制了她的脑子。她又看到一条泥泞的道路，背上驮着包袱的人们，和许多影子，躺在地下熟睡。这时，樊尔加也急切地想睡了，她要快乐地躺下去睡了。可是，彼拉几亚——妈妈来了，催她快快地走。她们要进城去找工作。"看在基督面上，施点东西吧！"她的母亲向遇见的每一个人祈求，"好心的老爷，施点上帝的恩惠啊！"

"孩子抱给我！"一个熟稔的声音喊道。"孩子抱给我！"这声音又喊道，但这回是带着狂怒而尖锐的声调在喊了。"你睡了，畜生！"

樊尔加跳了起来，向周围看了一下，想起了她在哪儿。那儿没有道路，没有彼拉几亚，也没有人群，只是她的主母站在房子中间，她来喂她的孩子了。当那肥胖、阔肩膀的女人抚喂着婴儿时，樊尔加仍然站着，看着她，等她喂完孩子。

窗外的天已微明，影子没了，天花板上的绿色光环也变得苍白了，快是早晨了。"抱去！"主母扣着睡衣说道。"还在哭？见鬼！"樊尔加把孩子抱去，把他放在摇篮里摇着。

影子消逝了，没有什么可以控制她的脑子了，但她仍然像之前一样想睡，热切地想睡。樊尔加把头埋在摇篮边，用整个身体去摇，这样可以赶走睡意。可是她的眼皮又耷拉下来，头也垂了下来。

"樊尔加，生炉子！"她的主人在后门喊了起来。

这就是说，这是起床、开始日常工作的时候了。樊尔加离开了摇篮，跑到边厢去拿柴火。她高兴了起来，因为跑动时就不像坐着时那样想睡了。她拿了柴火进来，生起炉子，感到她那像化石般的脸庞醒了过来，思路也开始清晰。

"樊尔加，拿水壶来！"女主人喊道。樊尔加劈完柴，刚把柴火放到炉灶中，命令又来了！

"樊尔加，把大爷的皮靴刷干净……"樊尔加坐在地板上，她想，如果她的头能钻进这又大又深的靴子里去熟睡片刻，该是多么快活啊……忽然间，靴子涨满了整个房间，鞋刷子从她的手中落下。但她立刻又摇摇头，睁大眼睛，疲惫地看着。她想让眼前的东西不变大，不在她的眼前晃动。

"樊尔加，把外面的台阶洗一下……顾客们看到了会不高兴的！"樊尔加洗完台阶，把房子整顿好，又生了一个炉子，然后跑进店铺中。那里，还有许多要做的事，没有一息空闲的时候。

但再没有比站在厨架边削蕃芋皮更令她疲倦的事了。樊尔加的头倚在桌子上，蕃芋皮在她的眼前晃动，直到从她的手中掉落下去。在不安与忙乱中，她那卷起袖子、肥胖而含嗔的主母却在高朗地谈笑，声音传进了樊尔加的耳朵。在桌边伺候吃午饭、拭洗和缝补也是一种苦刑。有几回，当她正洗东西时，就不管一切地扑在地板上睡着了。

白日西垂，她盼望着窗外快点黑下来。她莫名其妙地缩了一下她那化石般的太阳穴，笑了。黑暗抚弄着她那紧垂的眼帘，迅速地让她熟睡了。可是，直到黄昏，鞋匠的房间里还是有客人。

"樊尔加，拿锅来！"女主人喊道。那是一只小水壶，在客人们喝厌了茶之前，已经冲过五次了。茶后，樊尔加整整一小时待在一个地方，等着命令。

"樊尔加，快去买三瓶啤酒来。"樊尔加从那地方跳了起来，想尽可能迅速地跑，这样就可以赶走睡意。

"樊尔加，买酒去！""樊尔加，拔瓶塞子的螺旋钉在哪儿？""樊尔加，洗鱼！"

最后，客人都走了，火也灭了，主人和主母都上床睡觉去了。

"樊尔加，摇摇篮！"最后的命令发了出来。

炉子里，有一只灶虫在唧唧地叫着。天花板上绿色的光圈，那影子，又在樊尔加半睁的眼中闪动；它们在摇晃，控制了她的脑子。"睡，宝宝睡呀！"她喃喃道，"阿姐唱歌给你听……"可是，那孩子哭着，哭得累了。

樊尔加又见到了那泥泞的道路，看到了那些背着包袱的人、彼拉几亚，和她的父亲耶菲姆。她回忆着，他认识所有这些人。可是，在那半睡眠的状态中，她不了解是什么力量束缚了她的手足，折磨她，损害了她的生活。她向周围看了看，寻求可以解脱的力量，但没有找到。她用尽了所有的能力与目光，她仰望着晃动的光圈。当再次听到孩子的哭声时，她找到了粉碎她心灵的敌人了。

敌人！便是这个孩子啊！樊尔加笑了。她惊愕了起来，怎么这么简单的事情以前没有想到呢？那绿色的光圈，那影子，那灶虫，似乎所有的一切都在微笑并表示出惊愕。

樊尔加有了一种想法。她从凳子上站了起来，开始大笑，眼睛不再晃动。她被自己就要从束缚中解放出来的想法所打动。她高兴了起来：杀了这孩子，就可以睡、睡、睡……

绿色的光圈随着她的手指在微笑、晃动、恐怖……樊尔加蹑手蹑脚地跑到摇篮边，朝着孩子弯下身体……孩子被闷死了。她躺在地板上，想想可以睡了，她带着喜悦睡着了。在一刻辰光中，她像死去的孩子一般睡熟了。

八、被压抑的土地

[波兰] 瓦雷尔斯卡亚

在池边绿色的草原上，斯蒂芬·锡林斯基从一个地主管辖的乡村——孟口跨着大步走来。他边走边愉快地吹着口哨。青葱的草原上有一池清水，波光如镜，还有一处狭窄的河床。斯蒂芬轻快地脱下衣服，他的全身颤抖起来。

"啵……啵……"斯蒂芬向四面望了望，听到有沙沙的脚步声。跟着，管森林的警察维尔勒带着一头警犬走来，警犬用鼻子嗅着土地。斯蒂芬装作沉着的样子，用双手轻拍着水波，似乎有什么东西夹住了他的胸脯。

"喂，你为什么在这里游泳?""我游泳又怎样? 我碍着你吗? 没有什么法律说是不应该的呀。是不是?"

"是不是? 我说不能，那你就不能。""那还是请你挂一块通告牌吧，让每一个人都知道。"

"不要对我的职务来训诲。""那你也不要无缘无故地来找我的事呀!"

"出来，从水里滚上来! 你听见了没有?!""维尔勒先生，我早就听见了。我也不是聋子呀。"

"一分钟内就出来!""我偏要游一下才起来呢。"

警察气愤地跳到青年人面前，鞭子掠过空中，发出了嗖嗖的声音。皮鞭打了下去，正在游水的年轻人的肩膀上现出血红的伤痕，汹涌的鲜血洒在他的脸上。

"凶汉呀，你羡慕我在水上的悠闲吗? 是不是? 来吧，你把这里所有的水都吞进去吧。"维尔勒的脸气得发紫，他迅速地抓起河岸上的衣服，放在手臂上。

"不要碰我的衣服。""把你关在陷阱里，听见了没有?"

"你不要太欺负我呀! 你被老百姓抓去，向他们跪下求饶。今天你有权力了，想来报复是不是?"一头狼种、茶色的狗从路上跑来，停在半路等它的主人。这时，来了另一个管森林的警察——苏维克，他来帮他的同伴。

"揍他，揍他! 给这个凶汉一个教训。""你才是凶汉。"

锡林斯基光着身子，冷的发青。他从水里向他们冲过来，两只狗吠起了来。

"还我的衣裳。""好，跟你算算账!"

青年人握紧了拳头，然而，一阵拳头立刻就落在了他的头上、心窝和胸前。

"我说凶汉呀，这是给你的一个教训。警察老爷说话时，你还是要服从他。乌狮，抓住他。"警犬喘了一下，凶猛地跳到青年人身边，用尖锐而锋利的白牙齿咬住了他的小腿。"哎……呦！"

"哦，看，看！桑亦加，咬住他！"

青年人的目光向周围搜索了一下，在水边不远的地方，有一棵螺旋形的树。斯蒂芬急促地从狗牙中拖出小腿，迅速地冲到树顶上。

"乌狮、桑亦加，抓住他！"

他听到两条狗在身后狂跳、咆吼，触到了狗身上的热气，他突然地跳到一根树枝上。粗糙的树皮，像针一样扎着他赤裸的肌肤，扎着他的脸。当警犬跳起来快要咬到他时，他赶忙拉起他赤着的脚，盘在树枝上。

"乌狮、桑亦加，咬住他！""维尔勒先生，还是不要说空话吧，狗还没有学会爬树呢。"一块石头击中了青年的胸部。"哎……呦！"

"看见了没有？你尽管跑，一样可以打到你。不要以为我们打不到你。"青年人把目光集中在警察身上，忽然，他的眼睛里充满了惊慌。从警察家附近的房子中跑出几个人来，苏维克的两个孩子也跑了出来。他们穿着破旧的衣衫，活像凶顽的流氓一样。

"谷因亚、乌西福，快出来捡石块呀！把石头拿到这儿来！格黎巴出克，来这儿。你看，有只鸟栖在树枝上。"格黎巴出克，这位稽查员，看了一下，轻松地笑了。

"在扮演乐园里的亚当吗？拿石头砍他的肚子，穿进肠子里！这样的凶汉，要给他一点教训。"许多石块投了过去，一片片树叶飘了下来。

"饶了我吧，你们为什么这样啊？""哦！现在变成这样了，你先前不是这样的口气呢。乌西福、谷因亚，快点儿把石头捡起来。在树林的下面，可以找到更多的石头呢。"

"饶了我吧……""高声地喊吧！怎么你不喊？再喊下去，也许会有人听见呢。"狗在咆吼，爬上了盘曲的树干。苏维克走近青年人这边。青年人带着血色的目光，盯住了疯狂了的狗。"这狗……"

"怕狗吗？下来！你听着，不然的话……"又一块石头击中了目标，穿进斯蒂芬的胸部。

"下来！"又拿上了一块石头，小乌西福捡来了一大堆石头。斯蒂芬的目光渐渐地昏暗下去，嘴上溢出殷红的鲜血。他的内脏裂开了，他在痛苦地呻吟。疯狂的警犬爬了上去，又接着爬，青年人失去了希望，他感到拳头和手指已经逐渐无力。粗糙的树皮从他的手上滑了下去，他满眼昏花，似乎一切东西都是摇晃不定的，这棵树也像在狂风暴雨中剧烈摇摆，树顶几乎要垂到地面。他还想说几句话，喊出心里的不平和压抑，可是那溢满鲜血的嘴唇中仅仅吐出了几丝若继若续的气息。他的手指松了，一片片树叶掉到地上，青年人也坠落下来，落在两只狗中间，像一块石头一样。

"站起来！回来，乌狮。回来，桑亦加。"

"他怎么不动了？""维尔勒，你再用鞭子抽他一下，抽他一下吧，他很快就会动起来的。"

警察稍往前走了些，举起皮鞭抽了一下，没有发现那已经是一具尸体。他还在抽打，抽打着青年充满血污的脸。"听，格黎巴出克……"警犬躺在他们的后面，光滑的软毛，轻轻地掠过它们主人的脊背。维尔勒揉了一下眼睛，在他的眉宇间，忽然显出很恐怖的神色。"他已经死了吗？"

"当然不会的，你也不可能那样轻易地杀死一个凶汉。他会苏醒过来的。"格黎巴出克拿起青年人不动的手，可是，一点脉搏也没有了。他的眼睛张了一下。"看来，似乎，他已经死了……他变冷……"他尽力用自己平时说话的语调证明这事实。

"格黎巴出克，这完全是你的错……是你鼓动我们……用石头打这凶汉的肚皮，穿到他肠里去。"维尔勒口吃着、断断续续地发出轻微的哀声。

"我做的？谁在我来这儿之前就先打他的？谁叫孩子们捡石头的？是我吗？维尔勒，你是逃不了的呀！"

"苏维克，苏维克也有份。""别想摆脱自己"，格黎巴出克决然地说，"是我们三个一起干的。"

"我不是想开脱。三个人！你说过了，好，让我们三个人负责好了。世界上少了这样一个凶汉，一点损失也没有的。有哪一个看见吗？没有的！"他们无意识地互相看了一下。

金色的阳光，洒在寂寞的草场上，从苏维克家的烟囱里飘起了一片淡淡的青烟，乡村远近的道路都笼罩在苍茫的暮色中。

"现在我们怎么办呢？""把他扔到水里去算了。"

"怕有人找到他。""让他们找到好了，没有人看见，他们会以为他是自己溺水死的。只有这样做才好哩。"

"他、他通身都是血污……""水会把他冲得干干净净。来呀，苏维克，你抓住他的脚踝。"带着不舒服、厌恶……的神情，苏维克拖着那死人瘦削的脚踝。青年的手在另一边摇曳着。

"让他去……一，二！"尸体飞飘到水上去了，四周非常恬静，只有潺潺的流水，冲击着堤岸。

"事情已经完结了。苏维克，要交代你的孩子不要多嘴，这样他们才不会随处胡说。你还是和我一同到树林里，没到晚上，你别回家。没有一个人看见，没有一个人听见，这样，一切事情都完结了。"

谷因亚和乌西福站在一边，恐怖、战栗地看着这一切。他们走到投下尸体的水边。"你们听见稽查员刚才说的话了吗？敢把这件事情告发吗？不准告诉你们的妈妈和其他人，不然的话就打死你们！我、我对上帝发誓！回去，记住，不要待在这儿了。乌西福，懂吗？""我……懂……懂……"

"那就好。告诉妈妈我要到晚上才回来。"孩子们跑回了家，警察走进了森林。维尔勒去了德乌里曼，苏维克和格黎巴出克去了维斯士尼口。

九、柠檬和人的故事

[苏] N. 卡马

在内战时期，有个人拿着一颗柠檬来到雅库茨克城。这是一颗粗糙的小柠檬，可是雅库茨克城里的居民从来没有见过这东西。他们把它珍贵地保存起来，将柠檬汁挤出来送给患贫血病的人，将柠檬的种子小心地用一块纸包起来放好。我们的故事就从此开始了。

一天，有个名叫爱朋·卞乌利唐纳弗的人出现在雅库茨克城。他是一个塌鼻子、少了一根肋骨的陌生人，他的衣服前面绣着一条蓝色的大蛇。他天生就喜欢东游西走，从来没有在一个地方长期待过。在一个城市里，他找了份可以干一个月的工作。他似乎要安心住下去了，可是不然。当冰雪融化、鸟儿歌唱的时候，爱朋又渺然无踪了。没有谁知道他去哪儿了。

到处漂泊时，他做过电气工。当学会这门技能后，他的兴趣十分浓厚。可是，他是不愿意长时间坐在办公室的。他在一家工厂当一名高级电气工程师的助手，学习电气管理。当他和那些人非常熟悉后，很快就变成了一名机灵的电气工程师了。

你想，这会使他安心待下去吗？这不过是片刻的事情呀。

当卞乌利唐纳弗听到特尼勃罗斯士洛尔这个地方，就跑到那儿去。他在那儿的机器厂里工作，比任何人都干得好。许多人感叹道："是一个干活儿的好样儿呀！""卞乌利唐纳弗很会用工具，他真是一个优秀的工人。"但是，当工作告一段落后，他又悄然地离开了。

当特尼勃罗斯士洛尔的人们再开工时，他又到了锡雨彼儿新士洛尔了。他那迅捷的工作能力，让许多人惊讶："他一定是长期从事电气工作呀！"他们也把他看作是优秀的工人。锡雨彼儿新士洛尔，不但是每日、每刻都在进步之中。到工作接近完成时，卞乌利唐纳弗都没有休息过一刻，但他又厌倦待在同一个地方了。

在一个春意疏淡的日子，他听说哥萨苏斯正在建设动力站，于是，爱朋·卞乌利唐纳弗就离开了这地方到哥萨苏斯去了。

因而，人们都这样说："他真是个流浪汉啊！"卞乌利唐纳弗不喜欢这个称呼，他从来就不喜欢这个称呼，可是今天，他竟突然被人们称为"逃亡的流浪汉"。想到这点，他就跑到了工段长那里："他们说我是一个逃亡的流浪汉，但你知道得非常清楚，我是一个工作者呀。你给分析一下他们为什么这样说呢？"

工段长看着他，微笑了一下，问道："直到大革命你还在流浪呢吧？""我一向漂泊的。"

"为什么？""没有特别的理由，没有什么可做……"

工段长耸了耸肩。"你晓得，在革命之前你漂泊，是因为无事可做，可是现在，每个人都有自己的工作，一个艰巨而严肃的短期工作。人们正在建设一个新国家，一个崭新的国家代替了那个旧的。每个人都在忙碌，每个人都在忙着做他岗位上的工作，可是你漂泊着，似乎没有工作可做。这就是人们称呼你是一个逃亡者、一个流浪汉的缘故。"爱朋垂下了头，离开了工段长，又在渴望着出发。他想了一整天、两整天。第三天，他收拾起行李，又飘然而去了。

时间过去很久了，也许人们对于柠檬种子的事已经淡忘了吧，就是被雅库茨克城的居民小心地存放着的。他们把柠檬种子放到地里，可是从那时起就找不到了。但在春天，雅库茨克城的一个花园里却长出了一棵带着金色叶片的小植物。

屋子里出来了一个人，他懒洋洋地看着这棵植物。他摘下了一片叶子，感到很奇特，忽然间，他的呼吸中充溢着柠檬的香味。"从哪儿飘来的柠檬香味呢？在雅库茨克这地方根本不可能有呀！"这个人用手指搓着叶片，柠檬的香味极其强烈地散发出来。他没精打采地斜倚在这棵植物旁，重新嗅了一下叶片，把汁液擦在鼻子上。他的脖子从衣衫中露了出来，他衣服前绣着的大蛇也露了出来。不用再遮遮掩掩了吧，这个人就是爱朋·卞乌利唐纳弗，读者早已熟悉了。

爱朋·卞乌利唐纳弗到雅库茨克已有 7 个月的光景了，他在一家电气厂里工作。他那活泼的个性和敏捷的双手，又得到了伙伴们的称道。可是，他仍然感到无法压制的厌倦。他对自己说："这个春天，我仍然要离开这儿，到别的地方去。"可是，爱朋对这棵柠檬树却有着很强的爱。这是多么不平凡啊：一种生长在南方温暖大地上的植物竟然能够熬过冷冻，生长在这严寒的北国。

在上班前的早晨，爱朋跑去看这植物：太阳的金光照着它绿色的叶。黄昏，爱朋又到花园里去看。第二天，他立刻用稻秆织成一个盖子，罩在这小树上，为它御寒。他十分留心，看看花园里还有什么树木。除了柠檬树外，还有两棵笔直的苹果树，是好久以前用一架笨机器种下的。自从摘下了三个苹果后，苹果树便悲惨地被人们遗忘了。

爱朋拿起一把铲子，在柠檬树的附近掘着泥土，使泥土松些，以利于柠檬树的生长。他还掘了掘苹果树附近的泥土，为它们修剪了一下。接着，爱朋给小树施肥。他特地买了一只温度表挂在树上，观察气温变化。除了野草……他在那个春天再也没去别的地方了。

从那个春天起，直到第二个春天，他从未离开这儿。因为在工作中取得了惊人的成绩，电气厂额外给了他一些钱。他跟一大群青年人一起，给他们讲解了关于电工技术的知识。电气厂自开张以来，从没有意外或损毁的事发生。

严冬降临到雅库茨克城，卞乌利唐纳弗写了一封信。经过一段遥远的路途，这封信寄到了一个小城镇。在那儿，住着一位著名的园艺家，这城镇的名字也随之传遍了全世界。老人戴上眼镜，读着来信：

……因此，我亲爱的朋友啊，你是唯一可以解决这问题的。怎样才能实现我的梦想：从一棵原是永久生长于南方、现在却暂时生长在我家花园里的植物上收获果实。在一个城市里，我住了有一年半的时日。现在，我更感兴趣的是怎样来栽种这棵柠檬树。

老园艺家回复了爱朋的信。他说，冬天时，把树掘起放在室内，到春天再移到外面去。他进而说，他有 60 年之久想把北方的植物移种于南方的土地，他欢迎爱朋去参观他的花园。爱朋·卞乌利唐纳弗照着他的嘱咐来做，柠檬树慢慢地长大了。

两个春天后，树上开满了黄色、芬芳的花朵，遍染青嫩的色泽，花园里的两株苹果树也开了花。但是这个夏天过后，爱朋·卞乌利唐纳弗走了。不，他不是永远地溜掉，乃是一个假期旅游。

他来到了老园艺家的家乡。老人叫爱朋坐在桌旁，又喊出了一个年轻的园艺师。老人说："我做过的一切他都见过。"他们拿出了桃子，毛茸茸的像孩子的脸颊，还有晒黑了的梨、琥珀色的甘葡萄、红宝石般的樱桃。桌上摆满了果子，人们围着爱朋。爱朋·卞乌利唐纳弗摇了下头："你们怎么做到的呀？"他问："这些，你们是怎样种出来的呀？"

老园艺师告诉他，要打破自然规律并不是一件容易的事——北方人往往不习惯住在南方——这些植物是反复无常、容易病死的，几百棵树栽下去，只有几棵能活下来。因此，他把生长在不同地域的树木——极南的、极北的，把它们种子结合起来。这样，新的树种出现了，可以在南方生存，结出果实。"这就是说"，爱朋·卞乌利唐纳弗说，"我可以把我的苹果和法国的苹果结合一下，就会结出果实来……"

假期旅行结束了，爱朋·卞乌利唐纳弗从老园艺家那儿带着满满的欢乐回到了家。顾不上脱下外衣和帽子，他直接跑到花园去看柠檬树。突然，他长长地喊了一声"啊……"一个小弹丸挂在柠檬树的树枝上，树枝依然是那样青翠。爱朋转身跑到工厂，对工厂指导员说："写……"指导员惊愕起来："你有什么事情？你要我写什么？"

爱朋这才慢下来说："写爱朋·卞乌利唐纳弗队长仍留在电气厂工作，直至第二个五年计划完成。"他微微地叹了口气，又仔细地考虑了一下说，签下的新合同把自己拴住了。指导员看着爱朋："这就是说，你现在要停止漂泊的生涯了？""我不离开，是为着一点事业呀。我在花园里种上了柠檬树。"

在一个深秋的日子里，著名的老园艺家在他的城镇里收到了一小包东西。这是一个小盒子，里面放着一堆麦秆和棉花。在最里面，他感觉有一个坚硬的东西。打开了三层烟纸后，在老人的手掌上出现了一颗黄得如小太阳一样的柠檬。

十、一杯茶

[瑞典] 海朗孟·骚德拔

　　据说，一个人在英国的公众场合只喝威士忌或类似的饮料是要冒损失社会名誉的危险的。是的，各地都有自己的风俗习惯。昨夜，我也陷于异常的窘境中，因为我要在一家咖啡馆里喝杯茶——那其实是一家没什么了不起的咖啡馆。

　　我原想写完一篇小说的最后两段，我要从中暴露近代社会的虚伪和欺骗。只剩下最后一段了，我昨天决定把它写完。于是，早上八点我便起床，坐在睡衣上，燃起我的灵感，开始写道："十月的尘雾浓密地笼罩了城市，那是秋雨……"当然，还没有写出几个字时，电话铃响了。

　　是我的一个朋友打来的，他要向我借点钱——这不过是件小事而已，他要借二百皇冠币，但很急。当然，我不能说没有，可是这时没人去送钱，我得自己走一趟了。于是，我走了——又回来了，刚走到大门，我遇见了另一位开股票公司的朋友，他驾着一辆马车正在打转。他问我可否愿意充任会计员，我不想说出冒昧的"不"，那似乎太不讲交情了，于是我答应跟他去吃早餐，再讨论这件事。

　　我们先吃饭，然后便转到这一话题来。当时钟敲过两下，我们大抵已讨论出结果时，我的女仆竟靠着不可思议的方法找到了我。她急匆匆地跑进来，告诉我我的岳母要死了。我的岳母住在康所洛门区，我喊了一辆马车到那儿去。一点也不错，她真的要死了，没过六小时就死了。我准备回家去写完我的小说……但没有这样好运气呢！

　　我在雅可市场斯路宾德号看到一双新式的手套。当我重新走上归途时，迎面又碰见我的一位朋友，一个厌倦开股票公司的人。他提议下棋去，问我可否同去喝些威士忌、玩玩棋。"你想，当然啰。"我不假思索地回答，已经完全忘掉我的小说了。瞬间，我又想起来了，但决不能改变想法——这样做会给人家留下坏印象。于是，我们走到他的府上，喝着威士忌，下着棋。一直到晚上 11 时左右，我说声再会，带着强烈的、写完小说的决心往家走——到这里，故事开始了。

　　再走十分钟就要到家了，我觉得自己真的是累了、困了，无法想象回家后还能坐下来写作。"过去向右些便是一家爽心的咖啡店呢。"我自言自语道，"假如我进去喝杯浓茶，再回家写作，最后一段会写成最精彩的呢。"于是我走了进去。

　　咖啡店里坐着一些瑞士人，像平常一样喝着五味酒。只有一张小桌是空的，位于房子中央，我便坐了下来。"请给我倒杯茶"，我对女招待说。咖啡店安静了下来。在我的周围，坐着一些喝着五味酒的、胖肚子的、带有玫瑰色双颊的瑞士人，他们每过一段时间就会碰着杯子喊："干杯！"可是，当我要一杯茶时，房间里却安静了下来。

"一杯茶？"女招待用不确定的口吻问道。"是的"，我回答，"一杯茶"。

"只要一杯茶吗？不要点面包和牛油？不要白兰地和啤酒？不要五味酒？""谢谢你，什么都不要"，我和蔼地回答道，"我只要一杯茶"。

"好的。"女招待说。

每个角落的人都在看我，一分钟内没有人再喊"干杯"，人们全在议论，我听到了他们的冷嘲热讽。"一个神经病的洋鬼子"，一个人说。"现在真是一地的虚伪与欺骗呢"，另一个说。"他喝多了，想解酒了"，第三个人说。"人醉了还会想着解酒吗"，第四个人说。

女招待送来了茶，我立刻付钱给她，同时给她一块皇冠币做小费，这样她该不至于认为我喝不起五味酒吧。可是，我没有喝那杯茶。我安静地坐着，眼睛盯着茶，极力用我的举止让周围的人知道，我不要他们的冷嘲热讽。这时，一个15年没见的、阿帕沙大学的学生突然站在我面前，注视着我和我的茶。

"真的是你吗？"他带着怀疑的神情问我，"你要喝那东西？""是的"，我羞怯地回答。

"你要的茶呀？唉！见鬼！"我想他是开玩笑，并想用同样的语气回答他。

"你想开玩笑？可不是吗！"我的朋友说道。接着，我第一次看到了他喝酒，像老鹰似的。

他没有任何啰唆，直接认定，从我们相识到今天，他不能再容忍我了。他可能认为我是个骗子，假如更坦白地说，只是一个流氓而已。他很希望有机会告诉我，现在，这实现了。我的大学的朋友用嘹亮而明澈的声调告诉我，最后，他高喊了起来。这样，全咖啡店都听见了，每个人都听见了，每个人都非常高兴。

店主人走到门边站住了，他是个大个子，面目丑恶。"怎么回事？"他带着惊恐的声调问道，眼睛看着店里的人。他们都指着我，同声喊道："就是那个人。他无耻地坐在那边呢。"

在下一刻，我发现自己已经在街上了。至于我的小说，我想，今天要写完它呢。

十一、冬日里的战争

[罗马尼亚] 玛丽

夜已降临，刺骨的风吹过城边，异常的寒冷。星儿在遥远的天空照耀着，似乎要尽其所能地远离那寒冷的地面。雪儿闪亮着，时或有被大风扫荡着的微云在空中飘动，似乎在寻找它的存身所在。

一个凄绝的夜，黑暗的夜，魑魅魍魉般的夜。萧萧的声音带来了不安详的感觉——距离不远的大炮的轰鸣声，吵扰着战场四周。黑暗的路上，除了白雪上黑暗的脚印外，一切都已模糊。

几个士兵围着一堆火挤作一团。暴风雪似乎要把他们吹散，积雪像盐撒向岩石般地撒向他们。士兵们竖起大衣的围领罩住耳朵，拉下毛帽遮住眼睛。可是，在这样的暴风雪中，不管是围领还是毛帽都起不到太大的作用。

那儿差不多有 12 个人，其中的 4 个是有胡须的。一个年轻人守着一群衣着褴褛的、痛苦的、相对服从的俘虏，在火堆的余烬旁围蹲着。他们伸长了脖子，脑袋趴在膝盖上——藏着脸不单为避雪，也避开了可怜与蔑视的目光。他们的手是麻木的、龟裂的，卫兵也不很注意他们。他们的话都被风吹跑了，传不到那倚在枪托上的年轻人——就像牧羊人倚着他的手杖一样——那里。他是一个青年，约有十八九岁，他蓝色的大眼睛中还带着睡意，他是半夜爬起来的。

雪依然在到处地下着，在他们毛帽的细绒上，在他们粗糙的眉毛上。他们伸出手，来回地擦拂着脸庞。"瓦萨利，火灭了"，一个老头子快快地嘟囔道，"这么冷的夜里，我们要冻死了！""假如我们迷路了呢？"另一个人喃喃地说道。"我们怎么会迷路呢？！"分队长斯各图质问道。就他像他的名字——急烈司一样，他常常反驳他的部下。

"你要我们靠这冰冻的脚跟着俘虏出发吗？要到天亮才能到达那乡村！这会让人生病的……""在这么寒冷的夜里，如果我们仍然待在这儿，直到天亮，有好多人要死掉的。这不是我们的错，也不是上帝的错。""那是谁的错呢？""是战争的错"，年老的彼库里亚·彼斯库说道。他好久都缄默着。

"战争，战争！"斯各图喃喃道，"战争来了，如炎夏般地杀戮，如洪水般地蹂躏那新萌芽的种子。""特别是这次战争"，另一个人插话说。"我们的敌人像魔鬼一样"，第三个人说。他拨了拨火，但没用。

"鬼附上了他们"，斯各图喊道，他加重了语气。他吹着火。瓦萨利把他年轻的脸庞转向老人："我可怜这些俘虏们。""可怜？"几个含有敌意的声音同时喊了出来，"可怜这些外国的狗子们？""他们是年轻人，而且远离家乡。"瓦萨利胆怯地解释道。

"我们呢，我们在哪儿呀？""我们仍然在自己的国土上。""我们在这里并不是他们的功劳呀！"瞬间，一切都安静下来。这是一个沉静得像狼来了一样的夜，死般的夜。

"瓦萨利，如果再不找点柴来，我们就要冻僵了。"斯各图又说道。"在这么荒凉的夜里，上哪儿去找柴呀？"瓦萨利问道，仍然倚在他的步枪上。

"你的腿脚利索呀！"彼库里亚·彼斯库说道，"而且这夜……这夜也不怎么黑。""不怎么黑，是因为雪是白的"，火边的一个士兵解释道。"鬼一样的夜"，另一个叹了口气说。

"瓦萨利，你的腿脚利索"，彼库里亚又说道。斯各图点了支烟，"瓦萨利，真的，你的腿脚利索，怎么不去找点柴？""我在这儿守着俘虏"，瓦萨利说道，一边颤抖着。

"让狗守着他们"，斯各图喊道，"记着，我是下命令的！"一串嘲笑的声音传出来。"假如你父亲见到你现在这样的话，他会怎样地骄傲呀！""让他老人家在和平之中休息吧！在他还年轻时，他就有许多儿子，许多的小孩。"

"他们都怎样了？"斯各图耸耸肩膀，做了一个手势。"唯有上帝和战争……和那德国人知道的"，他停顿一下，漠然地说。"他们知道战争是怎样的"，一个人说。"他们是魔鬼的种族"，另一个说道。

"也许是，可是他们的大炮是有效的。假如我们有那大炮的话，真好！"斯各图吝惜地点燃纸烟后，带着无限的忧郁说道。"你没听见那大炮的声音吗？"瓦萨利问道。"鬼附着他们的"，几个声音唱和般地喊道。接下来，又是一片寂静，唯有那狂怒的风敲击着静穆的夜。

彼库里亚又在催促瓦萨利去找柴，重复着说他腿脚利索，又说总会有地方有柴的，而且夜也不怎么黑。"假如不捡点儿柴让火着下去，我们在天亮以前都将死掉。"斯各图点着头，表示同意，"瓦萨利，拿起你的枪，去看看有没有柴。在某些地方一定会有的"。瓦萨利耸耸肩膀，"假如你真的要我去的话"。他拉紧了挂着短枪的皮带，二话没说走了出去。

他在雪中寻找着，路在面前延伸。夜已经深了，村野里一片荒凉……看不到一幢房子，看不到一棵树，看不到一道篱笆……即使连木的井栏也没有……到哪儿去找柴呢？瓦萨利服从命令去找柴，走进了缥缈的夜。

他在黑暗中跋涉，思绪纷繁，无限的幻想和喜悦的情景浮上心来，全不关冬天和雪。他看到一块丰腴的谷地，那里有一条漫长的土路，延伸到一个被果树遮掩着的乡村。太阳快下山了，一个孩子挥动着一根绿色的竹竿，赶着一群牛回家。孩子的嘴里嘤嘤地哼着《罗马尼亚的哀歌》，迂缓而忧郁。瓦萨利无意地动了动嘴唇，也想哼唱。

那孩子用花儿装饰了竹竿，时而挥舞几下，嘴里一直哼着《罗马尼亚的哀歌》。一群孩子和一群小黑猪向他跑来。小黑猪长着卷曲的尾巴和有趣的小鼻子，孩子们半裸着身体，只穿着背心，喋喋地闲谈着。在一间屋子的前面，有无数的大南瓜像金字塔般地堆叠着，门口挂着红色的番薯。一抹淡淡的尘烟，伴着一片升平的气象，笼罩在村庄上。一切都是平静的，他想，这些孩子真是自得其乐啊……

瓦萨利在黑暗中跌了一跤，他艰苦地爬起来。他没有受伤，因为雪很厚，可是那甜蜜的幻想却被打断了，他再次被那刺骨的寒冷抓住了。在不远的地方，大炮还在轰隆着，这使他回到现实来。"柴——我必须找点柴啊"，他喃喃道，"天呀！这是怎样的一个夜啊！风像鞭子一样抽打着，雪像松针一样刺着人。在什么地方，我能冒死去找点柴来？"

他停住了，搓了搓双手好温暖点。在黑暗中，他不能盲目地沿着路走。他看不见任何东西，雪地上到处都是脚印。那一堆，可能是石头、是一匹死马，或是一捆稻草。在这样荒凉的夜里，它们都可能带来不幸——在战争中，一切事情都可能发生。萨瓦利耸耸肩膀，那和平乡村的幻景又回来了，他又看到了黄色的南瓜堆叠成的尖塔。在一片篱笆的后面，一位女郎正在用银铃般的声音唱着那孩子唱过的、叠句的《罗马尼亚的哀歌》。

"可我是来找柴的！"他喊道，赶走了一切和平乡村的念头。"人们在寒冷中颤抖着，我不能整晚都待在这啊。"他向周围看了看，隐约看到一条黑色的条纹。那准是条路吧，他想，跟着这条路走应该会好一些。

他历尽艰苦地爬上了这条路。地上异常的冷，他疲倦极了，脚也僵硬了。他忽然站住了，这是什么呀？三个吓人的形象顺序地排列着——三个鬼怪——三具骸骨悄然地站在这黑暗的夜空中！他的心开始狂跳，汗从手上渗出来。这是什么呀？这是怎样的一个苦难与死寂的夜呀！可是，为什么要害怕呢？鬼就是鬼，碰到德国人才更可怕呢！但他心里又想，还不如遇上德国人呢。与恐怖斗争着，他向着三个鬼怪走去，他们一动不动地等着他靠近。

三个十字架！三个坚韧的木头的十字架被风吹击着！三座被遗忘的坟墓。瓦萨利不自觉地画了个十字，为死者做着祷告。他站在那里，奇怪地注视着这三个寂然的十字架。这是士兵的坟墓还是女人的坟墓呢？或是小孩子的？也许，许多小孩因饥饿、寒冷而死亡。自从战争开始，有多少孩子在饥饿、寒冷中死亡啊！

突然，他又意识到，这些十字架是木头的，是硬的、笨重的木头做成的！他不是正在找柴吗？像一个发现了宝贝、站在旁边凝视的人，如此稀罕却又不敢碰它。瓦萨利站在十字架旁困惑了，他不敢碰它们，一动不动地站着。

一个可怕的诱惑笼住了他：为什么不带只十字架去把将灭的火再燃起来？当你到这里时，死的已是死了！他们安眠得如此之深沉，不会知道你对他们干了什么！感谢上帝！真的。他们睡得如此深沉，不然的话，谁敢有这样的念头呢。

他走近些，抓住了第一个十字架，立刻，良心就开始谴责他。不！这是一种亵渎，死了的人必须比活人更受尊敬的，上帝和人们会责罚这样的行为。死人不能保卫他们的坟墓，像是祭坛一样，但是他们必须被尊敬——你不能把手放在十字架上，放在人们献给他们爱的人最后的礼物上。

可是，另一种念头又诱惑着他。死的已经死了，他们的烦恼已经过去，现在有人因缺柴而受冻，这些勇敢的人是要尽他们的责任的。夺死人的东西比让活人死亡更好些，而且活着的人是勇敢的人，是保卫祖国的人！假如死人会说话，他们一定会让他把这些十字架带走——所有的十字架——让那些快要冻死的、保卫祖国的勇士们得到温暖。

瓦萨利猛烈地抓住了第一个十字架，想把它从冷冻的土地中拔起来。十字架抵抗着，坚竖着像一棵树。它的根深深地埋着，像一个人决心保卫一片圣地似的。汗水从瓦萨利的头上渗出来，那阻力让他发挥出了每个人身上都有的战斗潜力。现在，有人要去征服这顽强的十字架，荒凉的原野上展开了少有的战斗。

风在怒吼，像是被释放出的希腊复仇女神的啸声。瓦萨利挣扎着，无生气的木头用人一般的气力在抵抗。瓦萨利使出浑身力气，像在与敌人战斗。他用双手抱住十字架，像抱着个人似地。他拉扯摇动着这顽强的、不为他所动的十字架，汗珠从脸上流下，像雨点似的。他摘下毛帽，把步枪放在旁边，怀着满满的坚决和愤怒，用尽全力来斗争。

十字架一下子被拔了出来——瓦萨利突然被他打败的敌人压着摔了下去。他躺在地上，喘息着，眼睛依然紧闭，每一次呼吸都像在吐泡沫。风在四周呼啸，破碎的冰针不停地扎着他。可是，他终于胜利了！十字架被拖倒了，他为活着的人们找到柴了。百事如意！

火已经灭了，一点余烬也没有留下。风吹荡着，所有的谈话都停止了。俘虏们和卫兵们都围在那灰烬旁，哑然地像一堆破布。在这么痛苦的夜里，他们之间也不可能再有什么区别了。黑暗中，他们听见了一串声音，一串人走近的声音。过了一会儿，他们没看到什么，但忽然，瓦萨利露了面，拖着一个笨重的、黑色的东西，像是影子一般。

"柴呀！"一句从心坎里发出来的喜悦的呼喊。他们本是麻木地围坐在凉透了的灰烬边，一个难以描绘的、从僵硬的喉咙里发出的呼喊——欢迎瓦萨利回来——使得有些人想站起来，找他们的步枪，但他们的手已冻得异常的僵。

瓦萨利没有说话，他喘着气。他在黑暗中经历了一场战斗——与风战斗，还有那雪与冰，而他的良心也像战场一般——这是他不说话的缘故。他把十字架放倒在等待着的人们的脚边。

斯各图第一个看出这是什么木头，他的嘴里发出了谴责的声音。"这是一个十字架"，他喃喃道，"一个十字架……一个十字架！"人们都凝视着这盼望中的木头，一片哑然。俘虏们也举起了手，愕然地看着。瓦萨利仍然在沉默，他被疲倦征服了。

"一个十字架！"斯各图喊道，"你是怎样地愚昧呀，却带回一个十字架！""这可以烧。我们冷极了"，一个人大胆地说。"没有这回事。我们不能烧十字架。""这是有大罪的。""上帝会责罚我们的。""我们死了还会受到诅咒的。"

"可是我们冷呀。死的已经死了。""你以为死人会这么好心吗，因为我们在寒冷中受苦？"

"我们是保卫祖国的。""那你认为所有的坟墓都可以不用十字架了？"

"这么愚蠢！谁敢烧它？"几乎所有的嘴唇都同时迸出了这句话，只有瓦萨利和俘虏们保持着沉默。年轻人陷入了羞辱与罪罚的笼罩中，可是，又有什么办法呢？没有别的柴呀。时而高扬时而低沉的声音在激烈地辩论。风在狂暴地吹着，扫荡着他们——苦难的人们的声音！

"我们不用这个"，斯各图愤愤地喊道，"即使我和你，以及所有的人都冻死了，也比烧毁耶稣基督的十字架好。"斯各图严肃地看着同伴。雪从头到脚笼住了他，他的面孔看上去老了些，带着铅一样的冷酷。他拍了下自己的肩膀，想从中得到一点温暖。他的分队长无论怎么祈求或呼喊，都不能改变他的想法——宁可死，也比烧掉救世主的十字架要好些，罪要少些。

一群颤抖的人静了下来，他们相互挤着，像一群亡羊。他们举起胳膊抱着头，躺在冰冻的灰烬边，像死去一般，痛苦的靠着痛苦的，仇敌靠着仇敌——他们之间已没什么不同。在上帝和大风暴的恐怖面前，他们都不过是人。

瓦萨利坐在一边，头倚在他辛苦带回来的十字架上，不能入睡。虽然寒冷冻木了他的脑袋，不再像往常那么灵活，但他仍然为生命中的问题而困扰。为什么会有战争？当生命变得如此单调时，为什么还会这么苦楚，这么寒冷，以至于牺牲？为什么？为什么？为什么？为什么上帝在天上，离人如此的遥远？为什么所有这些思想、这纷繁的心事与见解，没有明确的意义和好处？为什么死？所有这些都是恐怖的，为什么？为什么？为什么冬天跟着夏天？为什么有人与人之间的距离和欲望？为什么许多事不能再来？为什么？为什么？瓦萨利不明白。

他坐下来，偎在自己的一个肩膀上歇息。他注意到不远处：为什么夜是如此之黑啊？可是，笼住那边的，似乎是一线光。也许，天已亮了吗？也许，这死寂的长夜已过去了吗？瓦萨利站起来，目光紧随着不远的光芒。是日出吗？可能是。不，这不是升起来的，是平移的——平着移动的！而且，正沿着道路走来！

天亮了，瓦萨利告诉别人他看到的。他们那时正在熟睡，所以不相信他。当他醒来时，他们还在甜梦中。人都是这样！就像多疑的圣多马，除了亲手触摸过以外，什么都不相信。

瓦萨利看到，雪地上一个被荣光笼罩的白色人像——全部被荣光笼罩的人像——向他走来，瓦萨利也不相信别人不曾醒。一条长长的光芒随着移动的形象走来，一条散发出荣光的道路被神圣的脚步踏着——雪地上的那人是人子，是上帝的儿子……他在夜中到来，他光芒四射。瓦萨利跪下去，脱下了他的毛帽，双手合十在祷告。

一切的痛楚都被遗忘了，所有的奋斗、疑问，在心中郁积的、沉重的疑问都被遗忘了。他只是一个午夜的哨兵，一个彷徨的孩子。上帝之子来看他了。他的整个灵魂都包藏着喜悦，因为上帝之子的荣光降临到他身上。瓦萨利，他曾经偷走了一个十字架啊！

可是，在上帝之子的背上背着什么呢？一个暗昧而沉重的东西——十字架！耶稣带着的十字架。为什么，啊，为什么？他轻轻地在雪地上走过，他背的十字架似乎没那么沉重。但瓦萨利觉得，自己的肩膀上仍然背着那个笨重的十字架。

发光的形象并未在这年轻的士兵面前停住。当他静穆地走过那年轻人跪着的地方时，瓦萨利的眼中充满了炫耀和天国的灵感。他继续向右，走向士兵们睡觉的地方，走到了他们当中。瓦萨利见到——他亲眼见到——上帝之子把他的十字架丢在那已灭透的灰烬上。忽然，荧光般的火焰烧了起来，火光包围着十字架，使我们圣耶稣的十字架烧着了，成为一只巨大的火炬。耶稣曾带着他的十字架，带着它去使火复苏呀！这些自私的人将不会灭亡了！

瓦萨利仍然记着，但又迷茫于自己的遭遇。他仍然跪着，直到火尽。然后，他靠着复苏的火躺了下去，忘记了一切。

白天到来了。一个又一个士兵和俘虏醒了。啊，奇怪了！夜里已冰冻的灰烬变得暖烘烘的，受到了祝福的火带来了温暖。一堆暖烘烘的火——冰冻从未曾发生过，那不过是可怕的梦魇而已。人们渐渐从奇迹之中醒了过来，他们的身体感觉更温暖，他们的灵魂充溢着不可描绘的愉悦。就连俘虏们苍白的脸上，也浮现出一丝刚强，甚至是喜跃的光芒。

一个粗暴的声音让瓦萨利吓了一跳，是斯各图在喊他。他没有服从命令吗？当长官睡着时，他把那十字架烧了吗？不。十字架仍然在那里，像具死尸一样伸出臂膀躺在那里。在那笨重的木头边，瓦萨利跪着。在雪中，他双手合十祷告着，注视着初升的太阳。

斯各图也画了一个十字。

十二、捉迷藏

[俄] 梭罗古勃*

（一）

在养育雷勒斯卡的婴儿室里，所有的东西都是干净美丽、令人愉快的。雷勒斯卡甜蜜的声音迷住了她的妈妈。她是个可爱的孩子，她的妈妈塞勒菲玛·安拉克达洛夫娜坚信，没有这样好看的孩子，不但从来没有，就是将来也不会有。雷勒斯卡的眼睛又黑又大，双颊是蔷薇色的，嘴唇似乎是专为接吻和发笑而生的。但不只是因为雷勒斯卡这么漂亮，她的母亲才这样喜爱她。雷勒斯卡是独生女，这是为什么她的一举一动都能迷住她母亲的缘故。她把雷勒斯卡放在膝盖上，抱在怀中，抚摸她——她活泼动人，像小鸟依人。老实说，塞勒菲玛·安拉克达洛夫娜只有在婴儿室才感到快乐，她对她的丈夫很冷淡。

也许是由于她丈夫性喜冷淡的缘故吧——他喜欢喝冷水，呼吸寒冷的空气，爱冷笑。无论他走到什么地方，似乎总有一股寒流在吹荡着。

纳斯勒台夫·塞基·毛特多维格和塞勒菲玛·安拉克达洛夫娜结婚，没有爱情，没有计划，只是一桩当然的事。因为他是一个35岁的男人，她是一个25岁的女人，门第相当，都受过适当的教育。他要找个妻子，她要找个丈夫。

尽管如此，在塞勒菲玛·安拉克达洛夫娜看来，似乎她和未婚夫已经有了爱情，这使她快乐。他长得英俊大方，一双聪明的灰色眼睛，常带着一种有尊严的表情。这么大方的态度，使得他合适做新郎。新娘长得也不错。她是个身材苗条、黑眼睛黑头发的女郎，看来有点羞怯，但为人非常机警。

他虽然因为她有钱而高兴，但也不是贪她的嫁妆。他是世家子弟，她也出身于望族，这在适当的时候是很有用的。凭借这样的地位，既不会让人过分地嫉妒他，也不会让他去嫉妒别人，万事都很凑巧很顺利。

结婚以后，纳斯勒台夫·塞基·毛特多维格对他的妻子没有任何不好。可是到妻子要生小孩的时候，纳斯勒台夫·塞基·毛特多维格却处处流露出淡漠了。塞勒菲玛·安

---

* 梭罗古勃（1863~1927年），俄国作家，象征派代表，出身于俄国官吏家庭，本名菲奥陀尔·库齐米奇·杰杰尔尼可夫，写过长篇小说、诗歌和剧本。其作品充满悲观情绪，歌颂死亡，宣扬脱离现实，描写变态心理，著有长篇小说《小鬼》《死人的魔力》等。鲁迅曾译过他的作品。

拉克达洛夫娜虽然有所察觉，暗地里吃惊，却也不十分伤感，只是专心准备生孩子，旁的想法都丢开了。

生了一个女孩，塞勒菲玛·安拉克达洛夫娜把全部精力都放在她身上。开始她非常得意，详细地将雷勒斯卡的可爱描述给丈夫。可是不久，她就看出纳斯勒台夫·塞基·毛特多维格是勉强在听，他一点也不感兴趣，只是保持着习惯性的礼貌而已。因此，塞勒菲玛·安拉克达洛夫娜跟他疏远了起来。她怀着极其真挚的情感爱她的女儿，就像一些女人瞒着丈夫去找小情人一样。

雷勒斯卡喊道："妈妈，我们玩 Priatki（捉迷藏）吧！"她把 r 读的像 L，因此这个字的声音变成了"Pliatki"。孩子的牙牙学语常使塞勒菲玛·安拉克达洛夫娜发出会心的微笑。接着，雷勒斯卡迈开白皙的小腿从地毯上跑开，躲进了她的帷帐。"滴滴，妈妈！"她夹着甜蜜的笑声喊起来，一边眯着伶俐的眼睛向外偷看。

"我的小女儿在哪儿？"妈妈故意东张西望，装作没看到她。雷勒斯卡咯咯地笑起来，然后走了出来。妈妈就像突然看见她似的，抓住了她的臂膀，喊道："她在这里呀，我的雷勒斯卡！"雷勒斯卡快活地笑了好一阵，紧紧地靠着母亲的双膝，脸儿埋在母亲雪白的手里。母亲的眼中流露出热烈的眼神。

"妈妈，现在你去藏吧。"雷勒斯卡止住笑声，说道。母亲去躲起来，雷勒斯卡背过脸去假装不看，却不时地转过脸偷看。妈妈躲着衣橱后面，喊道："宝贝女儿！"雷勒斯卡在屋里跑了一圈，在各个角落找来找去，像母亲找她一样，假装找不到——虽然她早就知道妈妈藏在哪儿了。

"我的妈妈在哪里呀？"雷勒斯卡问道。她从这个角落跑到那个角落，又从那儿跑到这儿，嘴里还不断地喊着："她不在这里，她不在这里呀。"她的母亲站着，屏住呼吸，把头紧紧地贴在墙壁上。她含着微笑，头发蓬乱，红色的嘴唇显得很快活。

奶妈佛陀西亚是一个好脾气、好相貌，只是略带些蠢笨的女人。她对着女主人微微地笑了笑，似乎在说，这些有钱人家的女人真是怪脾气啊。她想，女主人自己也好像一个小孩子，看她多么高兴啊。

雷勒斯卡慢慢地走近母亲躲藏的角落了，她的母亲把全部精神都用在了这个有趣的游戏上。她的心怦怦地跳着，身体贴得更紧，头发更乱了。雷勒斯卡忽然朝着她母亲躲藏的地方快活地喊起来。"我找到了！"她大声地、愉快地喊了起来，读错的发音让母亲很快乐。

她拉着妈妈回到屋子中间，她们快乐地笑着。雷勒斯卡仍然把头靠在母亲的双膝上，不断地说着含糊不清的孩子话。她甜蜜的话语是多么好听啊！

毛特多维格，恰在这时来到了育婴室。他从那半掩的门外就听到了屋里的笑声、欢呼声、戏谑声。他走进育儿室，冷冷地笑了笑。他打扮得整整齐齐，张着眼睛向四周望了望，似乎有一股阴森森的空气进来了，打扰了她们。佛陀西亚也一会儿看看女主人，一会儿看看自己，感到有些不安。塞勒菲玛立刻显出镇静和冷淡的样子——这立刻传给了小女孩，她也收起笑容，一声不响地瞧着父亲。

毛特多维格在屋子里快速地浏览了一圈，他喜欢来育婴室，这儿的东西布置得好。那都是塞勒菲玛亲手布置的，她要让她的女儿从小时候起，接触到的就都是最可爱的东西。塞勒菲玛自己也打扮得花枝招展，同样出于这个目的。可是有一件事让毛特多维格不舒服，那就是他的妻子常待在育儿室。他带着似讥笑的、勉强的微笑说："果然不出我所料……我知道可以在这儿找到你。"

他们一同离开了育儿室，毛特多维格跟在妻子后面。突然，他有意无意地说道："你真的没想过，女孩儿，如果没有你去做伴，她会不会更自在？真的，你想想看，小孩子要有自己的个性哩。"这些话是针对塞勒菲玛忧烦的眼光说的。"她还这么小哩。"塞勒菲玛·安拉克达洛夫娜说道。

"无论如何，这不过是我的私见而已。我并不固执，这儿是你的天国呀。""让我再想想吧。"妻子回答道。也像她的丈夫一样，她说话时带着冷酷和和蔼的微笑。于是，他们谈到别的事情上了。

（二）

黄昏，奶妈佛陀西亚坐在厨房里，跟一个沉默的女佣达利亚和一个健谈的老厨师阿格西亚说着她们年轻的主母，说着这小孩儿怎样地喜欢和他母亲玩捉迷藏——"她躲着她的小脸儿，喊着'滴滴'。"

"还有太太自己，也好像是一个小孩子哩。"佛陀亚西又笑着说。阿格西亚听了，像是发现了预兆似地摇了摇头，脸色变得非常可怕。"啊！如果太太这么做，是一回事，可是年轻的妇人这么做，那就坏了。"

"为什么呢？"佛陀西亚奇怪地问道。这种奇怪的表情，立刻使佛陀西亚的脸变了色。"是呀，那就坏了。"阿格西亚带着深信的口吻又说道："坏透了！"

"真的？"佛陀西亚说道。她脸上那种又可笑又奇突的表情，来得格外认真了。"她要躲藏、躲藏、躲藏开了。"阿格西亚向厨房门口看了看，神秘而轻声地说道。

佛陀西亚喊道："你说什么呀！""我说的是真的，是真的呀。记着我的话吧！"阿格西亚坚决而神秘地说道。这是最可靠的预兆。老太太忽然发现了这个预兆，显然，她自己非常得意。

（三）

雷勒斯卡睡着了。塞勒菲玛·安拉克达洛夫娜正坐在自己的屋里，带着愉悦和深思想起了她的女儿。在她的心中，女儿开始是个可爱的幼女，后来长成一个美丽的少女，再后来又长成可爱的小姑娘；最终，她仍然是妈妈的小雷勒斯卡。

塞勒菲玛·安拉克达洛夫娜几乎没看到佛陀西亚已经站在她面前，神情疲惫而恐怖。"太太，太太！"她稍带着颤声说道。塞勒菲玛·安拉克达洛夫娜跳了起来，佛陀西亚的脸色让她着急了。"怎么回事？"她紧张地问道："是不是雷勒斯卡出什么事了？佛陀西亚。"

"太太，不是的。"佛陀西亚说道。她摇摇手，安慰她的女主人，叫她坐下来。"雷勒斯卡睡了。上帝保佑她！我就是要说些话。啊！雷勒斯卡常常要藏起来——那是不好的呀！"佛陀西亚目不转睛地望着她的主母。由于害怕，她的眼睛瞪得圆溜溜的。

"为什么不好呢？"塞勒菲玛·安拉克达洛夫娜带着迷惑、焦急和恐惧问道。"我不能告诉你怎样地不好。"佛陀西亚很坚决地说道。

"请你不要说梦话了。"塞勒菲玛·安拉克达洛夫娜厉声说道："我一点也不懂你说的是什么。""太太，你想想，这是一种预兆呀！"佛陀西亚惊慌地、含糊地回答道。

"胡说！"塞勒菲玛·安拉克达洛夫娜说道。她虽然不愿意听有什么吉凶，可是心里已怀有悲苦和恐怖的念头了。想到这种荒唐话能扰乱她的爱女之心，使她感到这么不安，她自己也觉得非常惭愧。

"我当然知道你们上等人是不相信预兆的，但这是一个坏兆头呀！太太！"佛陀西亚继续带着悲声说道："这小、小姐要躲、躲藏……"忽然间，她哭了起来，大声地、呜呜地哭着说："她要躲、躲藏、躲藏开啊！天仙化成似的小灵魂啊，躲到一条潮湿的墓道里去。"她继续说道，一边用衣襟擦着眼泪，抹着鼻涕。

"这些话是什么人对你说的？"塞勒菲玛·安拉克达洛夫娜严肃地低声问道。"太太，阿格西亚这么说的。她知道。"

"知道了。"塞勒菲玛·安拉克达洛夫娜厉声说道。"胡说八道！请你别再跟我说这些话！你去吧。"她愤怒地说道，似乎要压住内心的焦急。佛陀西亚垂头丧气地走开了。

"这么胡说八道！好像雷勒斯卡会死似的！"塞勒菲玛·安拉克达洛夫娜想。她要把这种担心遏制下去。她又想了想，那些妇女迷信预兆实在是因为没文化。她看得明白，小孩子的游戏和寿命的长短是没有关系的。

这天夜里，她竭力想把心思放到旁的事情上，但又不知不觉地转到雷勒斯卡喜欢捉迷藏的事情上。当时，雷勒斯卡年纪还小，不大分得出谁是她的母亲，谁是她的乳母。她坐在乳母身上，常常会突然撒个娇，把笑脸埋在乳母怀里，随即又扬起头，顽皮地四处张望。后来，每逢主妇不在育儿室时，佛陀西亚就教雷勒斯卡玩捉迷藏。雷勒斯卡的母亲来了，看着很有趣，于是也开始和女儿玩起捉迷藏了。

（四）

第二天，塞勒菲玛·安拉克达洛夫娜仍然在细心照料雷勒斯卡，她已经忘记了佛陀西亚前一天说过的话。可是，当她吃过晚饭回到育儿室的时候，忽然听到雷勒斯卡在桌子下面喊："滴滴。"一种恐怖的感觉抓住了她。她虽然责怪自己不该有这种无理的恐怖，但始终无法把精神集中到雷勒斯卡喜欢的游戏上，而且，她想把雷勒斯卡的注意力转移到别的游戏上。

雷勒斯卡是一个可爱又听话的孩子，对母亲很顺从。可是，她已经习惯了和母亲玩捉迷藏，所以在这一天，"滴滴"声，她还是喊了很多次。塞勒菲玛·安拉克达洛夫娜竭力地哄劝雷勒斯卡，可是终归无效。这原是不容易的啊！因为恐怖的影子已经闯入她心中了。

"为什么雷勒斯卡总是喊'滴滴'？为什么她常喜欢玩同样的游戏，闭着眼睛藏着脸儿？"塞勒菲玛·安拉克达洛夫娜想，"也许是因为她和其他的小孩子不同，世界上的许多事情都不能引起她的兴趣。假如真是这样，那不就是她身体衰弱的标志吗？难道这就是她不能长留于世的原因吗？"

塞勒菲玛·安拉克达洛夫娜为这个凶兆而痛苦。在佛陀西亚面前，她有点不好意思和雷勒斯卡玩捉迷藏。可是，对于捉迷藏，她又欲罢不能，因为她实在太喜欢这个游戏了，好像有什么力量让她一看见雷勒斯卡就想去躲藏，就想去寻找。于是，塞勒菲玛·安拉克达洛夫娜仍然玩了一两次捉迷藏，虽然玩的时候心头沉重。她精神痛苦，似乎是有心去做坏事一般。

对于塞勒菲玛·安拉克达洛夫娜来说，这真是一个愁苦的日子啊。

（五）

雷勒斯卡要睡了，她爬上四面有围栏的小床。没一会儿，她就闭上眼睛了。母亲给她盖上了一条蓝绒毯。雷勒斯卡在绒毯下伸出可爱的双手，抱着母亲。母亲弯下身去，雷勒斯卡的睡脸儿很柔和，她们互相亲了亲。她的头躺在枕头上，又把两只小手藏在绒毯下，轻声说道："小手滴滴！"

母亲的心似乎安定了——雷勒斯卡躺在那儿，这么娇小，这么幼嫩，这么安静。她脸上含着微笑，眼睛闭着，低声说道："眼睛滴滴！"又用更低的声音说："雷勒斯卡滴滴！"然后，她的脸儿就紧贴在枕头上睡着了。她在绒毯下面，看上去是这么幼小，这么娇嫩。她的母亲用愁苦的眼神看着她。

塞勒菲玛·安拉克达洛夫娜在雷勒斯卡床前站了好久，带着慈祥而又恐怖的神情不住地看着她。"我是一个母亲，难道我不能保护她吗？"她想，似乎有许多恶魔要降临到雷勒斯卡身上。

那天夜里，塞勒菲玛·安拉克达洛夫娜祷告了很久，但是仍然不能减轻她的痛苦。

（六）

几天过去了。雷勒斯卡受了寒，那寒疾是从夜里起来的。当塞勒菲玛·安拉克达洛夫娜被佛陀西亚叫醒，来看雷勒斯卡时，见她这么不安、这么痛苦，立刻想起了那不祥的预兆，感到万分绝望。

医生也请来了，该做的都做了，但不可避免的事还是发生了。塞勒菲玛·安拉克达洛夫娜极力地安慰自己，她一定会痊愈，她仍然会笑、会玩。但现在，这也许不再可能了！雷勒斯卡一阵儿不如一阵儿地虚弱下去。

所有的人都假装镇静，以免塞勒菲玛·安拉克达洛夫娜受到惊吓。可是，他们假装的面孔，只是让她更痛苦。最令她不愉快的，是佛陀西亚屡次呜呜咽咽地说："她藏起来了，她藏起来了，我们的雷勒斯卡！"可是，塞勒菲玛·安拉克达洛夫娜的心里已纷乱不堪，不知道要发生什么事了。

雷勒斯卡的寒疾一天重似一天，有时，她竟失去知觉，说着胡话。但当她清醒时，仍微笑着忍受痛苦和疲乏。她疲弱地对着妈妈笑笑，不想让妈妈看出她很难受。

三天过去了，她像梦魇似的翻来覆去。她变得更虚弱了，不知道自己要死了。她用失神的眼睛看了母亲一眼，然后用含糊不清、低哑的声音说道："妈妈，滴滴！妈妈，做滴滴吧！"塞勒菲玛·安拉克达洛夫娜的脸贴在雷勒斯卡的床帏后。多么悲惨啊！

"妈妈"，雷勒斯卡用几乎听不见的声音喊道。母亲弯下身子看她，她的眼神更灰暗了。这是她最后一次看见母亲灰白色的脸。"一个苍白色的妈妈呀！"雷勒斯卡低声说道。妈妈那灰白色的脸也看不清楚了。在雷勒斯卡眼前，无论什么东西都变成黑色的了。她用虚弱的手抓着被角，低声地说道："滴滴。"有什么东西卡住了她的喉咙，雷勒斯卡灰白的嘴唇迅速地开闭了几次，死了。

塞勒菲玛·安拉克达洛夫娜离开雷勒斯卡，走出婴儿室时，带着说不出的绝望。她遇见了她的丈夫。"雷勒斯卡死了"，她用低沉又凄惨的声音说道。纳斯勒台夫·塞基·毛特多维格焦灼地望着那灰白的脸，想起她从前温柔活泼的样子，不禁有了些感慨。

（七）

人们给雷勒斯卡穿好衣服后，把她放在一口小棺材里，抬进客厅。塞勒菲玛·安拉克达洛夫娜站在棺材旁，对着死去的女儿发呆。纳斯勒台夫·塞基·毛特多维格走过去，冷冷地安慰了妻子几句空话，想拉她离开。塞勒菲玛·安拉克达洛夫娜笑了笑。"走开吧！"她镇静地说，"雷勒斯卡正在玩哩，过一分钟她就要起来了。"

"西玛，我亲爱的，你不要太激动了。"纳斯勒台夫·塞基·毛特多维格低声说道，"你要服从自己的命运呀。""过一分钟她就要起来的"，塞勒菲玛·安拉克达洛夫娜坚持道。她目不转睛地盯着死去的孩子。

纳斯勒台夫·塞基·毛特多维格谨慎地向四周望了望……对这错误而又可笑的话害怕了。"西玛，你不要太激动了。"他又说道，"那是一种神迹，在19世纪不会再有这种神迹的。"纳斯勒台夫·塞基·毛特多维格说了这些话后，觉得妻子不是一时能劝得动的，有些讨厌起来。他拉着妻子的胳膊，小心翼翼地带她离开棺材。她也没反对。她的脸上安静了些，她的眼泪也流干了。

她走进育儿室，走遍了房子，看遍了那些雷勒斯卡从前常躲藏的地方。她忽而弯下，忽而仰起，看看桌子上，看看床底下，好像很快活。她不住地说："我的小宝贝在什么地方呀？我的雷勒斯卡，你在哪儿呀？"

走遍了房子后，她又重新搜寻。佛陀西亚带着懊丧的脸，动也不动地坐在角落里，害怕地看着她的主人。忽然，她呜呜咽咽地哭了起来，接着又放声大哭道："她藏起来了，她藏起来了。我们的雷勒斯卡呀！我们那天仙化成的小灵魂呀！"

塞勒菲玛·安拉克达洛夫娜身子发抖，她停住脚步，用迷惑的眼光看着佛陀西亚。

她哭了起来，默默地离开了育儿室。

（八）

纳斯勒台夫·塞基·毛特多维格忙着办丧事。他知道塞勒菲玛·安拉克达洛夫娜受到了极大的打击，他想，等到雷勒斯卡下葬后，也许她可以好些。

第二天早晨，为了雷勒斯卡，塞勒菲玛·安拉克达洛夫娜穿了一件格外引人注意的衣服。她走到客厅时，许多人夹在她和雷勒斯卡中间。区长和牧师在客厅里走来走去，蓝色的烟雾缭绕在空中，有一种香气。当塞勒菲玛·安拉克达洛夫娜走近雷勒斯卡时，心情压抑而沉重。

雷勒斯卡的尸身放在棺材里，沉静而灰白，脸上还带着微微的笑容。塞勒菲玛·安拉克达洛夫娜把脸颊贴在棺材旁，低声地说道："小宝贝，滴滴！"小宝贝没有回答。塞勒菲玛·安拉克达洛夫娜像是受到了某种惊扰似的，把脸向小宝贝的身上贴。一些人扶着她——把雷勒斯卡抬到别的地方去了。塞勒菲玛·安拉克达洛夫娜站起来，失望地叹叹气，又笑了，大声地喊道："雷勒斯卡！"

雷勒斯卡被抬出去了。母亲扑上了棺材的后面，绝望地哭叫着，但仍被人拉了回来。她又跑到雷勒斯卡的棺材经过的门后，坐在地上，从门缝里望出去，喊道："雷勒斯卡，滴滴！"于是，她又从门后伸出头，开始笑了。

雷勒斯卡被飞快地从她母亲那里抬走了，抬棺材的人似乎跑起来了。

十三、旧波兰士兵的一天

[波兰] 乌纳洛克斯基*

我第三天走进旧波兰军队的营房……

当我正在穿制服或短衫——我不知道它正确的名字是什么——时，听到后面有个细微的声音，原来是希能可伍长。他立正着对我说："放下你的皮带。怎么？你的皮带在哪儿？放在啥地方？不要把你的皮带放在马房里，听见没有？你有一副狡猾的脸孔。你等一下，我要……"

我开始寻找我的皮带，不知道它被藏在了哪儿，他们总是在这儿偷皮带。我把皮带放在了制服上，或是短衣上，或是不论什么东西上。可是，我想，还是在去马房之前，先在井边刷刷牙吧。我从手提包中拿出牙膏牙刷，从寂寞得什么似的营房中走了出来。

太阳出来很久了，庭院里还是一片空旷，空气是那样地干燥和寒冷。我找遍了营房，水井大概在别的地方吧。忽然，我听到一串恐吓的、不愉快的声音："喂，你立正！"我赶紧溜走，但仍然听见了这声音。这时，那边开始骂娘了。我回了下头，是葛格尔队长。他的身材干瘪、细长，人们都把他当作怪物。他站着不动，像一根插在地上的鸡骨头。

"喂，你，傻瓜！我在跟你说话，不是跟太阳说话呢。你在这四周没见到一个人吗？来这里，快点！"他背着双手站在那儿，穿的是布制的军大衣。他的长靴上有折痕，绕在他脚踝上。

"听着，我看见你走路了。一个士兵不该那样走，像一个妓女行走在下大雨的黑夜里一样"，葛格尔队长静静地说。他一动不动，冷淡地垂视着，"你手上拿的什么东西，让我看看。""求你多原谅！我左手拿的是牙膏，右手是牙刷。因为我好几天没刷牙了。刚才我正在找路，想到井边去刷牙。"

"这怎么叫人相信呢？逍遥地四处跑动，眼睛看着太阳！讲卫生？喂，你从哪来的？""我生长在华沙。"

"啊，一个小资产阶级出身的、碰不得的人。你是不是知识分子？我生长在乡下，这就说明为什么我是一个好士兵。你是在首都变坏的，变成一个超国家观念者。你不要再这样下去呀。你要知道，我在战场上几乎有你现在 100 倍长的时间没刷过牙。你去，到宋匹克伍长那里去告诉他，我命令你用你的牙刷扫营房去。现在就去！"

---

* 作者是波兰的进步作家，曾当过旧波兰的普通士兵。通过这篇小说，我们可以看到在波兰白军政府的统治下波兰军队的腐败之一斑。

　　我转过身，大踏步地向石井走去……我转动了一下抽水管，放了点水在嘴里。没留意间，我又看见了葛格尔队长，看见了他那窄肩膀。他站在那儿，两腿分开，身体的每一部分都带点弯曲。我想，葛格尔队长可能要呕吐。忽然，他剧烈地摇着头，对我喊道："是的，毫无疑义地又见到了你。你怎么还不走？你真是要不得了！我是你的上司，我的话你也听不进去……为什么呢，啊？白痴，你怎么还不走，还不执行命令……我要打你这家伙！赶快从这滚开。"

　　我吐出嘴里的水，把牙刷放在靴子里，跑到了马房那边，站在两排马房中间。宋匹克伍长见到我，走了过来，"你究竟去哪了，让鬼抓去了？拿把扫帚去扫一下，到第二马房，带上一个肥料桶！跑步！""可是，葛格尔队长命令我用我的牙刷扫马房。我的牙刷在这儿。""带着桶扫得干净。否则就打你，你这个乡下鬼！"

　　我走进黑暗、寒冷的马房，没有知觉、没有感情地干活。我拿了一把铁锹，耳边响起了咒骂的声音。

　　四周异常寂静，只有一个小兵跑过去，他的肩也斜了。我一边干活，一边想着今天的遭遇。自从我入伍以来，他们就不断地骂我，说我卑鄙、愚钝、鲁莽，同时还骂娘。

　　巴尔克伍长，只要他不在被侮辱之列，就极其喜欢侮辱别人。在去厨房的路上，他总说我们走路像一群牛。他命令我们在厨房前面排成一行，自己却和军需中士萨维茨基待在房子里。我们这些新兵开始打逗起来，有的用茶壶扣别人的头，每个人都在兴奋地骚动着。我看到了炮兵中队的新兵队伍。他们在庭院中吃饭，有的站着，有的坐在木头堆上。

　　我们的队伍慢慢地向厨房那边移。突然，巴尔克伍长没戴帽子就出来了，我们都很惊愕。一个茶壶从他后面飞过来，马铃薯汁洒在了他背上，巴尔克伍长笔直地倒在了地上。军需中士萨尔茨基也从厨房走出来，用脚踩在巴尔克伍长的背上，用一把汤勺打着他的头。

　　军队里的厨师总是很幽默，是喜欢欢笑的人。这些白衣的雄牛（波兰厨师均穿白衣——译者）都有自己的小笑料呢。他们经常把滚烫的汤盛在盆里，让人捧不住，或者把某种辣的东西泼在人脸上。我带着恐惧的心情靠近他们，我要提防他们。

　　"……好了，我们要走向生活，最终走向真正的士兵生活。"希能可伍长听到我最后一句话时，急着说："什么，提抢的生活？我可以给你最好的工作。巴尔克伍长在哪？喂，没用的家伙……"希能可伍长特地用上了他挑选好的字眼，这使我觉得极其不安。他又转过来对我说："到巴尔克伍长那儿去，命令他！你还在这里？快去！"

　　在距离不远的地方，我看到巴尔克伍长站在广场中。我向他挥手，他向我走来。我转述了希能可伍长说的话。

　　我站在空旷的地上，想起这许多长官的吩咐，心里很不平静。我想，到底怎样才能完成任务？我拍了拍扑在脸上的雪花。我要在这里度过一年半的时光，做这些无意义的、令人讨厌的马房工作。这里的每一个人都在作践你，不允许你做一点正当的事情。

　　雪依然下得紧，我跑出营房来。我嗅到了人身上的污秽的气味。新兵们住在一间堆积着床铺的房间里，他们像蚜虫一样俯首徐行。屋梁上挂着冒烟的灯笼，屋子里是透明的、黄色的光芒。这使人感到分外地可怜、贫乏和倒霉。

　　啊！这就是独立前波兰士兵度过的一天。

十四、点金术的故事

[美] 霍桑*

　　从前，有一个非常富有的人，他的名字叫迈达斯。他有个小女儿，没有人认识她，她的名字叫金玛丽。

　　国王迈达斯爱金子胜过世界上的一切。他非常爱他的王冠，因为王冠是金子做的。如果还有什么能让国王更爱的，那就是这个——父亲用脚蹬着——玩得兴高采烈的小女孩了。但是，迈达斯越爱女儿，他追求财富的欲望也就越大。他想，也许能为心爱的孩子留下一大堆黄金、闪耀的硬币，甚至从开天辟地起就已经堆积好了。因此，他花费了好些时间，绞尽脑汁，设法实现这想法。当他碰巧看到日落时的金色云光，就希望它们是真的金子，并且能顺利地放进他的钱柜。当小女儿戴着金凤花和蒲公英来看他时，他总是说："呸，呸！孩子，如果这些花像它们的外表那样，都是金子的，那才值得去摘取！"

　　可是，在最初几天里，在国王有了成为富翁的疯狂想法后，他对鲜花有了鉴赏力。他开辟了一片花园，里面盛开着几株最大最美又最香的玫瑰。这些鲜红的玫瑰正在花园里开着，是那样可爱，那样芬芳。迈达斯对它们欣赏不已，呼吸着它们的香气。后来，他又想，如果每株玫瑰都值一个薄金盘子的话，这个花园将会值多少金子啊。他还爱好音乐，有时用金币互相敲击，发出叮当的声音。

　　迈达斯变得越来越无理，简直让人无法忍受。他希望他所看到的、摸到的一切都能变成金子。因此，他白天的大部分时间都在沉闷的黑房子的地下室度过，以保持他的"富有"。无论何时，他要想高兴的话，就带上一袋金币或一个脸盆大小的金杯、金条或许多金沙到地下室，锁好门，把它们放在能照到光线的角落——没有别的原因，就是因为光线能让金子发光。然后，他就在那里数金币，抛来抛去地玩儿金条，用手帕筛金沙。他看到发光的皇冠表面映出来的快乐的人像，低声地自言自语说："噢，迈达斯，富有的国王迈达斯，你是多么高兴啊！"但是，皇冠上那张一直跟他打哈哈的脸，让他觉得很可笑。他好像意识到了他那愚蠢的举止，所以又冷冷地遮住了脸。

　　迈达斯自称是个快乐的人，但觉得还没有达到至高无上的快乐，除非整个世界都变

---

　　* 霍桑（1804～1864年），美国小说家，生于清教徒家庭。他的代表作长篇小说《红字》描写了一个不为迫害所屈服的妇女的故事，谴责了17世纪美国资产阶级的残酷和腐败。他的重要作品还有《故事重述》《七个尖顶的房子》《福谷传奇》等。

成他的黄金的宝库。

现在，我不得不提醒你们，在过去的一些日子里，在国王迈达斯身上发生了一件令人十分惊奇的事，也弄得大家目瞪口呆。那么，是怎么一回事呢？故事是这样的。

有一天，迈达斯国王看到他的影子落在一堆金子上，他十分兴奋。他抬起头来，在一束灿烂的阳光下，他忽然注意到，除了奇特的外形，还有什么——一个青年人充满活力的红润的脸。这究竟是迈达斯的幻想，还是因为所有的东西都披上了一层金黄色，或是其他什么原因，他仿佛感觉到，这位陌生人的笑容中有一种金光。虽然他的身体离开了光线，但有一种光线比以前更强。因为迈达斯知道，他仔细地锁好了门，并且宝库的锁不是一般人的力量能砸得开的，所以他断定，这位来访者决不是凡人。

告诉你他是谁，他是赋有超自然力量的神。迈达斯以前曾遇到过这样的神，这次遇见自然会感到不快。这位陌生人看上去是那样地友好，显然，怀疑他会干一些损人不利己的事是不太妥当的。他专程来帮助迈达斯，倒是很可能的。可是，他能帮什么忙呢？难道他能给迈达斯的金库里增添财宝？

陌生人打量着房间，他灿烂的笑容闪耀在所有的金子上。他转向迈达斯，"你是一个富翁！迈达斯朋友。"他说："我看地球上不会有第二间房子能拥有你这么多金子了？""我已经相当多了，相当多了"，迈达斯不太流畅地回答。"但是，如果你考虑到我是耗费了全部精力才得到它们的，你就会说，这不过是一点钱。如果一年能顶一千年的话，我或许会有致富的一天。"

"什么？"陌生人大叫道，"你还不满足？"迈达斯摇了摇头。

"怎样才能让你满意呢？"陌生人问。"我只是好奇，我很乐意知道。"迈达斯踌躇着、沉思着。他有一种预感，这个带着灿烂的笑容、焕发着金光的陌生人，是来满足他最大的愿望的。现在，是一个值得庆幸的机会，也许能得到不可能得到的东西啊。因此，他想啊想啊，想得到一座金山。不过，在他的想象中，没涉及金山的大小。最后，他想出了一个好主意。

迈达斯抬起头，盯着发光的、陌生人的脸。"啊，迈达斯！"他先说道："我觉得你想到了一些令你满意的事。告诉我你的愿望。""是这样的"，迈达斯回答，"我对费时费力地收集金子感到厌倦，并且你看，我尽了很多努力，才收集到这一小堆。我希望我摸到的任何东西都能变成金子。"

陌生人的嘴大张着，整个房间都充满了阳光——又好像一片明亮的溪水，那里的金黄色秋天离去了——隐约有许多金块、金片铺展在阳光下。

"点金术！"他喊道。"你当然值得表扬，迈达斯，你竟然能想出这样一个主意！但你敢肯定这会使你满意吗？""哪里会错呢？"迈达斯说。

"你不会后悔吗？""还能再有什么诱惑呢？"迈达斯问，"还有什么能带给我完全的快乐呢？"

"那么，你的愿望实现了！"陌生人答道，挥手告别，"明天早晨，你就拥有点金术了！"陌生人的形象变得越来越淡，迈达斯不知不觉地闭上了眼。等他再睁开眼时，他注意到房间里有一种金色的光围绕着他——他已经融化在闪光的黄金里了。

晚上，迈达斯照常睡觉，这不必说了。但他睡着也罢，醒着也罢，都像小孩子在玩儿。第二天早上，天刚亮，国王迈达斯就醒了。他伸出胳膊，要摸摸可以摸到的东西。他迫切地想知道陌生人答应他的点金术是否成真了。因此，他抬起头，把手放在身边的椅子上，以及其他各种东西上。但他的愿望落空了，它们仍然保持原样。的确，他感到过不安，他昨晚梦见光照着陌生人和别的什么人——他们都在取笑他，这是多么痛苦啊！他的希望全部落空了，他还是得用普通的办法一点一点地积攒黄金。

这一切，仅仅发生在早晨天刚亮时——只有一道光亮在天边，迈达斯看不见。他闷闷不乐地躺着，满脑子遗憾和失望。阳光透进窗户，照在了天花板上。迈达斯看到金黄色的阳光照到了白床单上。他忽然发现，这质地紧密的麻织品变成了闪亮的纯金色。他又惊又喜，点金术与初升的太阳同时来到了他的房间。

迈达斯跳了起来，兴高采烈地、狂乱地绕着房子跑了起来。挡住他去路的东西，如一条床腿，他一抓，立即变成一根金条。为了验证这奇迹，他拉过一扇窗帘，窗帘变重了——一大片黄金。他从桌上拿一本书，刚一接触，它就成了常见的镶金边的合订本。再一碰触，书就成了一叠金叶子，没法再阅读了。他赶快穿衣服，但让他惊奇的是，本来柔软光滑的、美轮美奂的衬衣，现在拿起来却有些累。他取出小金玛丽缝边的那块手帕，它同样是金黄色的，边缘很美，漂亮的针脚也成了金子。

不知为什么，这后一次变化让国王高兴不起来了。他想让女儿缝的手帕保持原样，就像她爬到他腿上、放到他手里时的样子。现在，不必为这些小事烦恼。迈达斯从口袋里取出眼镜，戴到鼻子上，想清楚地看看自己。当时，一般人还戴不起这玩意儿，但是国王已经戴上了。不然，迈达斯怎能拥有一切呢？但让他迷惑的是，透过眼镜他什么也看不到。这是自然而然的，因为他拿眼镜时，镜片就变成了黄金。虽然黄金很值钱，但迈达斯感到很麻烦——在他所有的财产中，没有比这个眼镜更昂贵的了。"尽管如此，也没什么大不了"，他自言自语道。"想拥有更多，就不能不忍受一点点不方便。至少对一个视力正常的人来说，为点金术牺牲一副眼镜还是值得的。"

聪明的迈达斯国王，他的运气很好。当他微笑着下楼、扶着楼梯时，扶手变成了亮闪闪的金子。他拿起门锁，刚才还是黄铜的，现在就变成金子了。花园就在眼前，里面盛开着许多美丽的花朵，含苞欲放的花蕾在早晨的清风中异香扑鼻。它们那美丽的颜色是世界上最美的奇观之一。迈达斯知道，可以把它们变成更珍贵的黄金，把那些独特的花朵、花苞乃至花蕊里的虫子都变成黄金。

迈达斯国王要吃早餐了，他急忙回到宫殿。国王平时早餐吃什么，我真的不知道，现在也不能停笔去猜想。但我深信，不管怎样，原来的早餐是由热饼、鲜美的小河鱼、烤马铃薯、煮鸡蛋和咖啡组成的。还有一盘浸在牛奶中的面包是给他的女儿金玛丽的。所有这些，对一个国王来说不知道是否够好，但迈达斯认为再好不过了。

小金玛丽还没来吃早餐，国王迈达斯命令仆人去叫她。不多时，迈达斯听见过道里传来一串痛苦的叫喊声。国王大为吃惊，他认为小女儿是最快活的，几乎没流过眼泪。

现在，他想听听她的哭诉，给她一点安慰。他靠着十字架前的桌子，顺手摸了一下女儿的碗（这是一个瓷碗，上面有漂亮的图案），它立刻变成了一只闪光的金碗。

这时，小金玛丽郁郁不乐地打开门，用围裙擦着眼睛，好像心碎了一样。"哎呀，我的小女儿"，迈达斯喊道，"快告诉我怎么了？"在这明亮的早晨，金玛丽依然用围裙擦着眼睛。她伸出手，手里有一朵金玫瑰。国王喊了起来："美极了！这么华丽的金玫瑰有什么值得叫喊的呢？"女孩答道："噢，亲爱的爸爸。"她抽抽搭搭地说："它不美，没有比它再丑的了。我梳完头跑进花园去给你采花，每天都是我去采你最喜欢的花朵，但今天不知怎么了，发生了什么不幸，所有美丽的玫瑰，那么香、那么美的花蕾，都枯萎、腐烂了。它们都变成了金黄色，一点也不香了。这是怎么回事呢？"

"哦，亲爱的小女儿，请你不要哭哭啼啼。"迈达斯不好意思承认这痛苦是他造成的。他对女儿说："坐下来吃面包、喝牛奶吧。你会发现用一朵金玫瑰（经久耐用一百年）去换一朵在一天之内就会凋谢的极平常的玫瑰是很容易的。"

"我不喜欢这样的玫瑰"，小金玛丽哭着，轻蔑地把它扔在地上。"它一点香味也没有，还刺痛了我的鼻子。"金玛丽坐在桌旁，为枯萎的玫瑰而伤心。她没有注意到，那精致的瓷碗已经变成了金碗。她还把它当作奇怪的图形，把奇异的树和房子当作了装饰品呢！

迈达斯准备倒杯茶，谁知刚拿起茶壶，它就变成了金黄色。他还看到，早餐用具变成了金餐具。现在，他开始感到保护财产安全的困难。

他想用勺子喂女儿，却惊讶地发现，勺子也变成了金子。"啊！"迈达斯大叫起来。"怎么回事，爸爸！"金玛丽问道，满眼含泪地望着他。"没什么，孩子，没什么！"迈达斯说："吃你的饭吧，饭快凉了！"

她从盘子里取出一条小鳟鱼，由于之前的教训，国王只摸了一下鱼的尾巴。他惊慌地看到，那条油炸的、精美的鱼变成了一条金色的鱼，像鱼缸里养的、放在客厅里的金鱼。不，不是！那不是一条真鱼，而是用金子制作出来的鱼。它的骨头是金子的，鳍和尾巴也是金子的，它是一件完整、娇弱、空洞的金制的工艺品。此时此刻，国王迈达斯宁愿它是一条真正的鳟鱼，而不是精致的黄金鱼。

"我不知道这还怎么吃早餐？"女孩想。国王又拿起一张热腾腾的饼，谁知刚一上手，它就变成了金黄色的印度面包。面包很沉，让他痛苦地感觉到这是金子做的。他完全失望了，感觉自己就像一个傻瓜。

"真是进退两难了。"他靠着椅子，羡慕地看着女儿津津有味地吃着面包、喝着牛奶，而自己却办不到。他想摆脱这恼人的状况。国王又抓起一块热白薯，想放进嘴里，谁知它又变成了一个硬东西，把他的舌头都硌疼了。他不禁大叫起来，在桌子旁边暴跳、跺脚。

现在，迈达斯国王开始怀疑富有是否是世上最令人称心如意的事。可是，再想想那些闪闪发光的黄金，难道会有人为了一条鳟鱼、一个鸡蛋、一块烧饼、一杯咖啡而放弃点金术吗？

然而，最大的不幸是饥饿的困窘。他又开始大声地叹气。这太叫人伤心了，我们的小金玛丽也不能再忍受了。她坐下来，看着他父亲，想用尽全部智慧弄明白发生的这一切。她同情地安慰他。她从椅子旁跑向迈达斯，伸出胳膊，亲切地抱住他的膝盖。迈达斯弯下腰来吻她，觉得女儿要比点金术好一千倍。

"我的宝贝，宝贝，金玛丽"，他喊道。但是金玛丽没有回答。哎哟！怎么了？那个陌生人的礼物多么害人！迈达斯的嘴唇刚碰到金玛丽的前额，奇迹就发生了：她那讨人喜欢的、充满深情的、玫瑰色的脸，变成了闪光的黄金，泪水还凝结在她脸上；她那漂亮的、棕色的、柔软而弯曲的身体，在父亲的臂弯里渐渐地变硬了，变得像一座金像。

是的，她就是一座金像！她的脸上显露出爱慕、怜惜、悲悯而不安的神情，眼睛最好或最不好的人也从未见过这种神情。小金玛丽的下巴上有两个小酒窝，国王现在只能看金像上的了。这时，国王才感到女儿和黄金一样的价值，甚至比黄金更值钱。可惜，已经晚了，女儿已经变成了一座金像。

多么悲惨啊，迈达斯为了实现自己的愿望！现在，他都不敢正视小金玛丽的金像了，只能偷偷地看一眼，然后搓搓手，无可奈何地哀叹着。这时，他才真正感到失去女儿比失去全部财富还要痛苦。只要女儿能复活，他宁可成为世界上最苦的人。

就在他十分绝望的时候，那个陌生人突然出现在他面前。迈达斯低下了头，他认出了此人就是赋予他点金术而令他痛苦的人。陌生人面带微笑，屋子里披上了一层金光，金玛丽的像也闪烁耀眼。

"你好啊，迈达斯先生"，怪人问，"请问你对点金术还满意吗？"迈达斯摇摇头，"我很可怜啊！""很可怜？确实如此"，陌生人说，"发生了什么呢？我没有遵守诺言吗？你没有得到你希望的最宝贵的东西吗？"

"金子不是最宝贵的东西"，迈达斯回答，"我失去了我最心爱的东西。""噢，这样。从昨天开始你就发现了"，陌生人看了看说，"让我们想想。你认为哪件事更有价值，点金术还是一杯清凉的水？""噢，水多好啊！没有它，我的喉咙都要烤干了！"

"点金术呢？"陌生人继续说，"还是一个面包或一块饼？""一个面包"，迈达斯回答，"是地球上所有金子的价值。"

"点金术呢？"陌生人问道，"还是你的小金玛丽？她是那么温柔、可爱。现在不像以前那么可爱吗？""噢，我的孩子，我亲爱的孩子！"迈达斯心疼地喊道，一面抓着他的手，"我决不用她的小酒窝来换大地上哪怕是最强大的东西！"

"你比过去聪明了"，陌生人说道，诚恳地看着他。"我知道了，你的心没有变成金子的。如果真是这样，那就无可挽救了。你现在明白了，那些普通的东西，比如，每个人都能得到的，比那些经过拼命争取而得到的财富更有价值。告诉我，你现在真的要放弃点金术吗？"

"点金术？可恶的点金术！"迈达斯回答。这时，一只苍蝇飞到他鼻子上，又飞到他脑门上，忽然，它变成了金子。迈达斯吓得直发抖。

"那么，去吧"，陌生人说道，"去花园里用花瓶装些河水，把水洒在你希望再变回来的东西上。如果你是诚心诚意的，也许会补救由你的贪婪带来的灾难。"迈达斯向陌生人鞠了一躬。当他抬起头时，闪光的陌生人已经消失了。

你一定能想到，迈达斯立刻抓起了大陶罐，跑向河边，冲进了灌木丛。他看到身后的一簇簇叶子变成了金子，好像这里是秋天。他到来河边，连鞋都顾不上脱就一头扎进水里。

噗、噗、噗！迈达斯国王鼻子里喷着水，头露出水面，这真是一次凉爽的沐浴啊。他想，这一定会把点金术冲走。现在，瓶子里装满了水，他的大水罐装满了水。他满心欢喜地希望，所有他摸过的东西都变回原状。他看到，河边的花草由金变绿了。迈达斯摸着它们，真是欢喜若狂。那些散发出光彩的美丽的花，取代了点金术。

迈达斯国王赶快回到宫殿。当仆人看到他的国王拿着一个大陶罐时，就明白了一切。为了解除由他的愚蠢行为带来的灾难，他做的第一件事就是把水洒在女儿的金像上。不一会儿，小女儿的脸颊恢复了肉色，开始打喷嚏。她看到自己全身都湿透了，感到十分惊讶，而迈达斯国王仍不断地往她身上洒水。

"别洒了，亲爱的爸爸！"她喊道，"我早晨刚穿的美丽的衣服变得多么湿啊！"小金玛丽不知道事情的经过，更不记得家里发生的一切。而迈达斯国王也认为，不必将事情的经过告诉她，自己从前是那样地愚蠢。为了表现出自己的英明，他领着小女儿到公园去逛逛，把剩下的水都洒在玫瑰花上，所有的玫瑰都变得千姿百态，异常美丽。小金玛丽的头发变成了淡黄色，是多么好看啊！

从那以后，迈达斯国王就不喜欢金光了。

多少年后，当迈达斯国王年老时，还经常让小金玛丽坐在他身边，和她一起回忆这一段往事。他用手摸着她的头发，告诉她说，你的金色头发，就是那时候留下来的。

十五、上帝会看到真相，但是你要等待[*]

[俄] 列夫·托尔斯泰[**]

在一个叫威勒特孟尔的小城镇，住着一位名叫爱朋迪密特来茨·阿基西诺夫的年轻商人。他有两个商店和一所住宅。他是个漂亮、清秀的小伙子，满头卷曲的金发，性格活泼，爱唱歌。有时，他同一个很年轻的小伙子一起喝酒，喝得太多时，就醉了。但是在结婚后，他除了偶尔喝点外，基本戒了酒。

一年夏天，他准备去美丽的涅所奈。当他同家人告别时，他妻子对他说："……今天别走了，我做了个关于你的噩梦呢！"他大笑起来，说道："你是担心我得到金子后继续胡闹。"妻子答道："我也不知道我怕什么，只知道我做了个噩梦，梦见你从城里回来了，你脱下帽子时，头发已经花白了。"阿基西诺夫又笑着说："那是好兆头呢！"他说："你瞧瞧我能不能卖了所有货物，从那美丽的城市带回些礼物送给你。"就这样，他告别了家人驱车上路了。

走到半路，他遇见一位他认识的商人，于是他们晚上同住在一个旅馆里，一起喝茶，然后睡在相邻的房间里。

早睡早起是阿基西诺夫的习惯。他喜欢在凉爽的季节旅行。黎明前，他醒了，吩咐车夫把马牵来。接着，他朝店主的房间走去（店主住在后面的小房里）。付了钱，他又继续上路了。

走了二十几里，他停下来住宿、喂马。他在旅馆的甬道里休息了一下，然后走出来，吩咐茶房泡杯热茶来，自己弹起了六弦琴。突然，一个店员摇着铃走过来，后面跟着一名军官和两名士兵。

军官来到他跟前，问他叫什么、什么时候来的。他回答了之后，问道："您愿意同

---

[*] 我在"四人帮"狱中的七年半中，时常想起托尔斯泰这篇著名的短篇小说及其细节。虽然我不相信什么上帝，但这个无罪的囚徒，心灵是多么纯洁而感人。现在，我抽空在郑维译稿的基础上做了若干加工修改。这也是对自己炼狱生活的一点纪念。

[**] 列夫·托尔斯泰（1828～1910年），俄国作家，出身贵族，1851年在高加索从军，曾参加塞尔斯托波尔之战，后来写成《童年》《少年》《一个地主的早晨》等；后游历西欧，1863～1899年先后完成长篇小说《战争与和平》《安娜·卡列尼娜》《复活》。他的作品通过历史事件、家庭关系以及地主和农民之间的矛盾，描写了俄国农民的生活，一方面无情地揭露了沙皇制度和新兴资本主义势力的种种罪恶，另一方面又宣扬对恶势力的不抵抗，想以自由平等代替沙皇制度。他的作品在欧洲产生了一定的影响。

我一道喝茶吗？"那位军官来回踱着步子，岔开他的话问道："昨天晚上你在哪儿过的夜？是一个人吗？还是和一个年轻商人一起？今天早上你见到那个商人了吗？为什么你一清早就离开了那旅馆？"

他很想知道这位军官问他这一连串问题的原因，不过他还是耐着性子讲了下情况，然后补充道："你为什么问我这些没头没脑的问题，好像我是个强盗或窃贼似的。我正在旅行、经营我的生意，用不着问我什么。"那军官说："我是这个地方的警察。我问你是因为，昨天晚上和你聊天的那个商人被人在喉咙上捅了一刀。我们有必要搜查你的东西。"

他们进了房间，警察们找到了他的东西，开始检查。忽然，警察发现那包里有一把刀，随即问道："这是谁的刀？"他看到一把带血的刀从他的包里拿了出来，大吃一惊。

"刀上怎么会有血？"他想回答，却说不出一个字，只是辩解道："我……不知道……这不是我的。"

警官说："今天早上我们发现那个商人的咽喉被人捅了一刀，你是唯一可能干这事的人。那商人的房间被人从里面锁上了，没有其他人在场，这里又有你的带血的刀。你的面部表情和举动已经暴露无遗，你就是杀人犯！快坦白！你怎么杀的他，抢走了多少钱？"他否认这件事是他干的，并且申明，昨天他们一起喝茶后再没有看见那个商人；他除了自己的8000卢布外再没有别的了，这把刀不是他的。他说不成整话了，脸也白了，吓得直发抖，好像那事真是他干的一样。

警官命令士兵把他绑上，推进马车。他们把他的脚捆了起来，把他扔进马车时，他竭力反抗，放声大哭。他的钱和东西被没收了，他被送到最近的一座城里囚禁起来。

警察去威勒特孟尔城调查此人的品行和表现，城里所有商人和其他人都说，他从前常去喝酒消磨时光，可他是一个好人。接着，审问开始了，他成了暗杀那个商人的嫌疑犯，抢了那个商人两万卢布。

他的妻子绝望了，不知道该不该相信这些事儿。他们的孩子还很小，有一个尚在怀抱中。她带着他们来到丈夫所在的监狱。起初，看守不允许她探望，但经过苦苦哀求，看守把她们娘三个领进去了。

当她看到丈夫穿着囚衣、手带锁链，同贼和其他犯罪分子关在一起时，几乎晕了过去。她抱着孩子坐在丈夫身边，告诉他家中的情况，并问他出了什么事。他把事情的全部经过告诉了妻子。妻子问："我们现在该怎么办？""我们必须向沙皇申诉，不能受冤枉。"

妻子告诉他，她已经向沙皇申诉了，可是没被接受。他没有回答，只是垂头丧气地看着地面。妻子接着说："什么都没用。你还记得我说梦见你回来时头发花白了吗？你不该那天出门。"她抚摸着他的头发说："亲爱的凡亚，对你的妻子说实话吧，这件事不是你干的吗？""你也这样不相信我！"他生气地说，用手捂着脸失声痛哭起来。接着，士兵过来命令他妻子和孩子必须离开。他最后一次与她们告别。

家人走了，他回味着刚才的话。当他想到连自己的妻子都不相信自己时，便自言自语地说："好像只有上帝知道真相。我必须向上帝祈求得到他的怜悯。"之后，他不再写申诉书了，并放弃了一切希望，只是向上帝祷告。

他在受到了谴责、挨了皮鞭后，被押送到煤矿。在煤矿，他又挨了皮鞭。当身上的鞭痕平复后，他和其他囚犯一起被流放到西伯利亚。

26年过去了。阿基西诺夫一直作为囚犯生活在西伯利亚。他的头发变得雪一样白，还有一绺又细又长的胡子。

在狱中，他学会了做鞋，可以挣一点钱。他用这些钱买了本《教徒生涯》。在狱中，他读着这本书，思想也轻松了。每逢星期日，他就在监狱教堂里看书信，在合唱班里唱圣歌，他的嗓音仍然很动听。

狱里有威望的人喜欢他的好脾气。他的狱友很尊敬他，叫他"老爹""圣人"。每当他们想向当局申请什么时，总是推举他当代表。有时，他们发生争吵时，也要去找他判明是非。

他始终没有收到家里的信，甚至不知道妻子和孩子们是否还活着。

一天，一批新犯人来到监狱。晚上，老犯人把新犯人召集到一起，打听他们是哪个城、哪个村的，干了什么坏事。休息时，阿基西诺夫坐在新犯人旁边，听他们说些沮丧的话。

新来的犯人中有个高个子，60岁了，身体强壮，留着短密的胡子，正在给其他人讲他为什么被捕。他说："朋友们，我仅仅是牵了一匹拴在雪橇上的马，就被以偷的名义抓了进来，还说是偷马。我辩解说，我仅仅是把马牵回家，然后就放了它，况且，马车夫还是我的好朋友。我说我不是偷马，他们说我就是偷。可是，我怎么偷的，在哪儿偷的，他们却说不出来。我确实做过一些坏事，老早以前就该来这个地方，但现在却被无缘无故地发配来了。唉，我在说谎话。我以前也来过西伯利亚，但待的时间不长。"

"你从哪儿来？"有人问。"弗拉吉米尔，我家在那座城市。我叫马卡，他们还叫我西蒙尼茨。"阿基西诺夫抬头问道："告诉我，西蒙尼茨，你知道弗拉吉米尔的阿基西诺夫商人吗？他们都还活着吗？"

"他们的情况吗？我当然知道喽。阿基西诺夫一家很富有，尽管他们的父亲在西伯利亚，似乎就是我们这样的犯人！可是关于您，老爹，您是怎么来这儿的呀？"阿基西诺夫不喜欢谈他那不幸的遭遇，只是打了个手势，然后说："由于我犯了罪，我才在这儿待了26年。"

"什么罪？"西蒙尼茨问道。阿基西诺夫只是轻描淡写地说了句："唉，也许是命里注定的！"便没再说什么。可是，他的同伴告诉这个新来的因犯：有个人如何杀了个商人，却把凶器放到了阿基西诺夫的包袱里，使他蒙冤。

西蒙尼茨听到这些，看了看阿基西诺夫。他拍着大腿，大声叫道："啊，太奇异了，真是太奇异了！可您已经多大了，老爹？"其他人问他为什么这般惊讶、他以前在哪儿见过阿基西诺夫，可他没有回答，只是说："我们在这儿见面，真是太奇异了！年轻人啊！"这让阿基西诺夫想弄明白，这个人是否知道谁杀了那个商人。因此，他说："也许是的，西蒙尼茨，你已经听说那件事了还是你以前见过我？"

"我怎么能听说呢？这世界充满了谣言，可这是很久以前的事了，并且我也忘了我所说的那些事。""也许你听说了谁杀死了那商人了？"阿基西诺夫问道。

马卡大笑着，回答说："也许是他把刀藏到了书包里。如果有人把刀藏到书包里，那得抓住人才算。而那包袱就在你脑袋跟前，谁能把刀放进你的包袱里，难道不会把你吵醒吗？"听完这些话，阿基西诺夫确信，这个人就是杀死那个商人的罪犯。他站起身走了。

这天晚上，阿基西诺夫失眠了，他的心情特别地不愉快。他想了许多，做了各种各样的设想。他想起妻子与他分手时的情景，仿佛妻子就在眼前，仿佛看到了她的脸庞和眼神、听到了她的说话声和笑声。接着，他看到了自己的孩子们，还是那个时候那样小，一个穿着斗篷，一个依偎在妈妈怀里。后来，他又想到了自己，仿佛还像以前一样年轻、活泼。他想起了自己坐在小店的走廊里弹着吉他，他就是在那儿被捕的。那时，他是多么自由自在啊。他想起了自己挨鞭子的地点、抽过自己的人和围观的人、锁链、所有的犯人，以及他这 26 年来的监狱生活和早衰。这些，令他多么悲伤，以至于想自杀。"这全是那恶棍干的！"他想。他简直要恨死西蒙尼茨了，真想去复仇，甚至为这事死了都行。

整整一晚上，他不断地祈祷，始终不能平静。白天，他对西蒙尼茨不屑一顾。就这样，两个星期过去了。阿基西诺夫每天晚上都不能入睡，他心里是这样的悲怆，不知道如何是好。

一天晚上，他在监狱周围散步时注意到，从犯人睡觉的一间屋里倒出来一些土。突然，西蒙尼茨从栅栏下面爬了出来，惊恐地看着他。阿基西诺夫想不搭理他、走过去，可西蒙尼茨抓住了他，说自己在墙下挖了个洞，每天因犯被赶出去干活时，他就用高筒靴子把土装上，倒到路上去。

"只要你还清醒，老头子，你也该出去了。如果你瞎说出去，他们会抽死我的，可我要先杀了你。"阿基西诺夫看着自己的敌人，脸涨得通红。他把手一扬说："我根本就没有逃跑的欲望。你也没必要杀我，你早就杀死我了！至于这件事——说还是不说，我会按上帝的旨意办的。"

第二天，所有的犯人都出去干活了。押送犯人的士兵注意到，有几个犯人把土从靴子里倒出来，便把监狱搜了一遍，发现了一条通道。总督来了，他审问了所有犯人，想找出挖洞的人。犯人们守口如瓶，即使知道的也不吭声。西蒙尼茨知道，如果被检举了，是会被打死的。

最后，总督转向了阿基西诺夫。他知道阿基西诺夫是个正直的人，便说："你是个诚实的老头子，在上帝面前，你告诉我是谁挖的洞。"西蒙尼茨一本正经地看着总督，还不时地瞥一眼阿基西诺夫。阿基西诺夫的嘴唇和手在颤抖，长时间说不出话来。他想："我为什么要掩护这个毁了我一切的人呢？让他偿还我遭的罪吧。可我一旦讲出来，他们就可能把这家伙打死。或许，我的怀疑是错误的。到底怎么办才好呢？"

"喂，老头子"，总督又说道："跟我们说实话吧！是谁一直在墙下挖洞呢？"阿基西诺夫瞟了一眼马卡说："殿下，我不能说，这不是上帝让我说的话！我在你们手里，你们爱怎么办就怎么办吧。"不管总督怎样，阿基西诺夫始终没说，这事只好拖了下来了。

当天晚上，阿基西诺夫躺在床上刚要睡着，有人悄悄走进来坐在他床边。透过黑暗，他认出是马卡。"你还想让我干什么？"阿基西诺夫不耐烦地问，"为什么上我这儿来？"西蒙尼茨没有说话。阿基西诺夫坐起来说："你想干什么？走开！否则我就叫士兵了！"

西蒙尼茨弯下腰，对他小声地说："阿基西诺夫，请你宽恕我吧！""为什么？"阿基西诺夫问道。

"是我杀了那个商人，把刀藏在你的包袱里的。我原想把你也杀了，可是听到外面有动静，所以就把刀藏在你的包袱里，从窗户逃走了。"阿基西诺夫沉默了，不知道说什么好。

西蒙尼茨悄悄地离开了床，跪倒在地上。"好先生"，他说，"宽恕我吧！承蒙上帝的爱，宽恕我！我要去坦白，是我杀了那个商人。你是无辜的，你可以回家了。""你说得倒轻巧"，阿基西诺夫说道，"我已经受了 26 年的罪了，现在我能去哪儿呢？我妻子生死未卜，孩子们也早把我忘了，我已经无家可归……"

西蒙尼茨没有抬头，只是一个劲儿地磕头。"宽恕我吧！"他大声喊道，"无论他们怎样用鞭子抽我，都不如我见到你时难受……而你还怜悯我，没有讲那件事，看在上帝的面上原谅我。我是个卑鄙的人啊！"接着，他抽泣起来。阿基西诺夫听到他的哭声，也哭了起来。

"上帝会宽恕你的！"他说，"也许我的过错比你大数百倍。"说出这些话后，他的心顿时亮了，没有了离开监狱的念头，也没有了回家的欲望，只是期待着自己末日的到来。

西蒙尼茨向当局供认了自己的罪行。当释放阿基西诺夫的命令下达到这里时，阿基西诺夫已经死了。

十六、三只公山羊

［美］梭罗*

从前，有三只公山羊，是克拉福山羊家的。为了让自己长得更强壮，它们到高山上去吃草。上山的路上有座桥，桥架在河面上。它们要上山，就得从桥上过。桥上住着一个身材魁梧、面目丑陋的巨人，他的眼睛有托盘一样大，鼻子像火钳一样长。

克拉福山羊家最小的别特羊走到桥边要过桥。"轻轻，陷阱！轻轻，陷阱！"桥说道。

"是谁这样大胆、冒失，竟敢在我的桥上走？"巨人号叫着。"哦，是我，我是克拉福山羊家族中最小的一个。我想上山去吃草，好让自己长得强壮些。"小山羊轻声地答道。

"好吧，现在我要吃掉你！"巨人恶狠狠地说。"啊，可不要这样啊，愿上帝保佑！不要吃掉我，我个头太小了！"小山羊恳求道，"等一会儿克拉福家族的老二就要来过桥，您吃他吧。我个子太小了，他的个头比我大得多。"

"那好，饶了你。"巨人说。

过了一会儿，克拉福家族的老二来过桥了。"轻轻，陷阱！轻轻，陷阱！"桥说。

"是谁轻轻地在我的桥上走啊？"巨人怒吼着。"哦，是克拉福山羊家族的老二在桥上走呢！为了使自己长得强壮些，我想上山去吃草。"第二只山羊也轻声地回答。

"好啊！现在我要吃掉你！"巨人说。"哦，别这样，不要吃我。等一会儿大山羊会来的，他的个子比我大得多了"。

"那太好啦，走你的吧！"巨人说。

就在这个时候，克拉福山羊家族的大公羊走过来了。"轻轻，陷阱！轻轻，陷阱！"桥说。因为大山羊的身体很重，桥在它脚下嘎吱嘎吱地作响。

"是谁胆敢在我的桥上走呢？！"巨人怒吼道。"是我！克拉福家族的大山羊！"大公羊操着他嘶哑的声音说。

"好，我要把你吃掉！"巨人喊道。"好吧，你来吧！我头上长着两只坚硬的角，我可以用它们来戳掉你的眼球。我的身旁有两块大石头，我可以用它们砸碎你的身体和骨头！"大山羊说罢，便朝巨人冲过去，用角顶巨人，把他顶到了水里，随后就上了山。

在山上，山羊们吃了草。它们个个肥美，在回来的路上几乎都走不动了。

---

* 梭罗（1817~1862年），美国作家，尚有《郊游》《缅因森林》等著作。

十七、五个中国兄弟

[美] 克尔·库尔特尔

很久很久以前，有五个中国兄弟，他们长得非常相像。他们和他们的妈妈一起，住在离海边不远的一幢小房子里。

大哥能吞下海洋；二哥长着铁脖子；三哥的腿能伸得很长；四哥不怕火烧；老五会屏息，几天几夜也死不了。

不管什么样的天气，大哥每天清晨都要去捕鱼。他回来时，总会带回市面上少有的味道鲜美的鱼，可以在市场上卖个好价钱。

一天，大哥正要离开市场，一个小男孩拦住他，问能不能带自己去捕鱼。"不行！"大哥说。小孩子乞求了半天，大哥终于同意了。"可是我有个条件"，大哥说，"你必须绝对服从我才行。""这没问题！"小男孩答应道。

第二天一大早，大哥和小孩子一起来到海滩。"记住"，大哥说，"你要绝对服从我。如果我打手势叫你回来，你就得马上回来。""好！"小孩子答应道。

于是，大哥便张开口，吞下了所有海水。海里的鱼都晾在海底，所有的珍珠宝贝都暴露出来。小男孩一看，高兴极了。他四处跑着，把好看的鹅卵石、精致的贝壳以及奇异的海藻都塞进口袋。

大哥呢，则在海边捡了些鱼，嘴里还含着海水。这时，他感到非常累，几乎含不住了。他打了个手势招呼小男孩回来，男孩子看了他一眼，没有理会。大哥使劲朝男孩挥手示意他回来，可是这小男孩注意到了吗？一点也没有。他反而跑得更远了。

这时，大哥感觉海水在嘴里涨起来了，就不顾一切地打手势招呼男孩子回来。但是男孩却向他做了个鬼脸，很快地跑开了。大哥感觉身体就要爆炸了，再也盛不住那么多海水了……说时迟，那时快！海水从他嘴里喷涌而出，流回到海里……那个小男孩则消失的无影无踪了。

大哥一个人回到村里，人们把他抓了起来，送进监狱，准备问斩。

到了行刑的那个早上，大哥对法官说："先生，你能答应我回家和娘告别一下吗？""行呀！"法官说。于是，大哥便回家了……二哥回来顶替了他。

人们都被召集到村子的广场上。刽子手用刀使劲砍二哥的头，但是，二哥抬起头来笑了。他长着一根铁脖子，他的头根本不可能被砍下来。大家都很生气，决定将他淹死。

到了行刑的这天早上，二哥对法官说："先生，你能允许我回家和娘道别吗？""可以。"法官说。二哥回家了……三哥来代替了他。

他被拖到了一条海船上。当船行驶到很远很远的海上时，人们把他投进了海里。这时，三哥把腿伸得很长很长，一直伸到了海底。他的笑脸始终在海面上，他根本不可能被淹死。大家都非常生气，又决定把他烧死。

到了行刑的这天早上，三哥对法官说："法官先生，你可以答应我和我娘道声别吗？""这是合理的要求，行。"法官说。于是，三哥回了家……四哥来代替了他。

他被捆在一根木桩上，人们点燃了火。他们站成一圈注视着他，听见他在木桩上说："这太让人高兴了。""多添些柴！"人们喊道。火焰升高，火势加大了。"现在才更舒服了呢。"四哥说，因为他根本烧不死。大家越来越生气，都主张把他闷死。

到了行刑的那天早上，四哥对法官说："法官先生，你能允许我去和我娘道别吗？""去吧。"法官说。四哥回了家，老五来代替他。

在村子的广场上，架了个用砖头砌成的炉子，里面装满了搅拌好的油水。老五被扔进炉子，油水没过了他的头。人们把门关得紧紧的，然后坐成圈，等着老五被闷死。

他们在炉子周围等了一整夜，认为不会再被他捉弄了。但当他们打开门，把他拖出来后，他却站了起来，甩了甩身上的油水，说道："我呀，我做了一场好梦！"大家都张口结舌，目瞪口呆。法官走上前说："我们已经想尽一切办法来处决你，但怎么也不行。也许你是无罪的。""是啊，对的。"众人喊道。

因此，他们就放他回家了。于是，五个中国兄弟和他们的母亲又幸福地生活了许多年。

十八、成吉思汗和他的鹰

[英] 詹姆士·白罗德威姆

　　成吉思汗是一代枭雄和勇士，他带兵横扫了中国和波斯，还征服过许多地方。各国人士都称道他的武功和事迹。有人说，他是亚历山大以来最伟大的君王。

　　有一次，他战罢归来，骑马奔入林中，游猎了很多天。许多幕僚在后面跟随，仆人们牵着猎犬。这是一次十分快乐的游猎。他们的笑语萦绕在林中。他们都期待着回家时能满载而归。

　　在成吉思汗的手臂上，停着他的心爱的驯鹰。这些天来，它也在忙着狩猎。一听到主人的命令，它就高翔入空，俯瞰四周，寻找猎物。发现了鹿或兔子，它就急速飞下，攫而捕之，快得像箭一样。

　　成吉思汗整天同他的猎手们骑着马出入林莽，但捕获的猎物并没有期待中的多。每当薄暮降临时，大家就回去了。成吉思汗由于经常驰骋于林莽间，对道路十分熟悉，往往独自从较远的山间小路绕回去。

　　这天，天气炎热，成吉思汗非常渴。他心爱的驯鹰在高飞，它也能找到回家的路。成吉思汗骑在马上，忽然想起这条路的附近有一泓清澈的泉水。他想，如果现在能找到它该多好啊！可没准夏天的太阳已经把泉水晒干了。

　　终于，成吉思汗找到了一块大岩石，上面有水珠滴下。他知道，泉水就在这上面。如果在多雨的季节，会有激流倾泻而下，而在干旱时，就只剩涓涓细流了。成吉思汗跳下马，从囊中取出一只小银杯去接水。

　　过了半天，才接满了一杯，成吉思汗渴得难耐。他刚把杯子放到嘴边要喝水时，突然天上飞来个东西，把他手里的银杯击落了，水都洒在了地上。他抬头看到底是谁搞的恶作剧，原来是他的爱禽驯鹰。

　　当时，驯鹰正翱翔在天空中，在洞泉、岩石间来回翻飞。成吉思汗把杯子捡起来，重新去接水。这回，他没等多久，接了半杯就准备喝了。但银杯还没拿到嘴边，驯鹰又突然飞下来把银杯击落了。成吉思汗开始发怒了。

　　他又试了一次，还是没喝成。现在，他已是勃然大怒了。"怎么，你竟敢如此？"他喊了起来，"你再敢打掉我的杯子，我一定砍断你的脖子。"

　　这回，他接满了一杯水。在喝水之前，他拔出了宝剑。但他的话还没说，鹰又迅捷地飞下来打掉了杯子，而他也有所准备——当鹰飞过时，他急速地挥动了宝剑。瞬息之间，这可怜的驯鹰鲜血飞迸，死在了主人的脚下。"这是你应得的报应！"成吉思汗说道。

他回头去找杯子。杯子落到了岩石之间，他没法捡回了。他自言自语道，不管怎样，我都得喝上水。他准备攀上峭壁，到达那涓涓之水的源头。

他艰难地攀爬。爬得越高，口渴得越厉害。最后，他终于到达了泉水的源头。果然，泉水成池。但是，横卧在池边的是什么呢？原来，是一条巨大的死蛇。成吉思汗一下子站住了，忘记了干渴。立刻，他就想起了死在他脚下的、忠诚于他的驯鹰。"是鹰救了我的命！"他大叫起来。"但我是怎么报答他的呢？！他是我真诚的朋友，我却把它杀死了！"

他从悬崖上爬下来，痛惜地捡起那只鹰，把它放在猎囊里，疾驰回宫了。他自言自语道："今天我得到了一个沉痛的教训，那就是：在盛怒之余，万勿有所作为。"

十九、约翰王和僧侣的故事

[英] 詹姆士·白罗德威姆

古时候，英国有个皇帝叫约翰。他是个无道之君，对人苛刻、暴虐。他在长期的统治中一意孤行，根本不顾及人民，是英国少有的暴君。

英国的坎特布里镇有个很富裕的老僧侣，起居相当豪华。他的住所是修道院，屋宇宏伟。每天有上百名贵族与他一同进餐，他身边还豢养了五十名披着美丽的绒衣、挂着金链侍奉他的勇士。

约翰王听说了这位僧侣的豪华生活后，决定制止他。他让老头儿来见他。"你近来好吗？亲爱的神父！"他说，"我听说阁下的居处远胜于我，你怎么敢这样？你难道不知道，全国人的生活都不能超过其君王吗？我警告你，谁都不能！""啊！陛下"，僧侣说道，"我所消费的都是自己的东西，偶尔也与好友或勇士们相聚为欢。希望陛下不要认为这是僭分越礼。"

"你认为这不是僭分越礼吗？"国王说，"在这片广阔的土地上，权力都是属于我的！你起居豪纵竟使我相形见绌，这会让人怀疑你要在这土地上称王呢！""啊，不要这么说啊！"僧侣说道，"因为我……"

"别再说了！"国王怒气冲冲地喊道，"你罪恶昭彰！除非你能回答我的三个问题，否则就杀了你，没收你的财产。""啊，国王陛下，我试着回答吧"，老僧侣说。

"好吧"，约翰王说，"我在这块土地上，头上戴着金冠。请你告诉我，我还能活多久，寿命到哪天？其次，请你明确地告诉我，如果我策马环游世界一圈，需要多长时间？最后，请你告诉我，我心里想的是什么？""啊，国王陛下，这些都是很难的问题，臣下不能立即答复。国王如能宽限两周，容我加以思索，当竭力来回答。"

"允许你用两周的时间考虑。倘若逾期不答，我就杀了你，你的产业也将被没收，归我所有。"老僧侣怀着巨大的恐惧和万分的苦恼离开了。

他先是驱车到了牛津，那儿有一所举世闻名的大学。他想看看是否有人能帮他，但他们都摇着头，认为无论在哪本书上都没有讲过约翰王提出的问题。于是，他又驱车前往剑桥，那里也有一所大学，但这所大学的教授们也没谁能助他一臂之力。最后，他满怀着痛苦和忧伤回去了。

他先去与他的朋友和勇士们道别，因为他在人世的时间已经不到一周了。当他骑着马从小道回家时，碰到了牧羊人。"欢迎你回家，好主人！"牧羊人喊道，"你从大约翰王那里带回了什么好消息呀？""没有好消息，都是坏消息！"老僧侣说道。接着，他就原原本本地讲述了他的遭遇。

"希望你快乐、快乐起来，好主人！"牧羊人说道，"你可曾听说，愚者千虑或有助于贤者？我会为贤主排忧解难。""你能帮我吗？"老僧侣喊道，"你有什么办法，有什么办法？"

"啊"，牧羊人答道，"你看，咱们俩容貌相似，有时人们会误以为我就是你呢，这是尽人皆知的。请借给我你的仆从、你的马匹和衣服，我到伦敦去谒见皇帝。如果不行，我就替主人去死。"老僧侣说："牧羊人啊，你对我真好，我也很愿意让你去试试，但如果真不行，不要替我去捐躯，我自己去死。"

于是，牧羊人开始装扮。他把老僧侣的长袍穿在衣服外面，戴上他的帽子，拿着他的金手杖。一切准备就绪后，没有人能认出他是牧羊人了。他跨上马。与那久经考验的仆从一起出发了。

当然，约翰王知道是他来了。"欢迎你，僧侣先生，你能回来看我是好事。可是，你虽然回来得快，但要是回答不了我的三个问题，还是要被杀头的。""我就是来回答那些问题的啊，国王陛下！"牧羊人答道。

"好，好！"国王说。他笑了笑，又说道："好吧，现在回答我的第一个问题：我还能活多久？你到前面来，请你回答我确切的日子。""你能活到你的升天之日，一天也不能多；你将仙逝于气绝之时，片刻也不能迟缓。"牧羊人回答道。

国王笑了笑。"我看你是个敏捷之人"，他说道，"姑且先算你答对了。你再告诉我，我怎样才能在短时间里骑马周游世界？"牧羊人答道："你必须日出就起床，跟着太阳一起策马奔驰，直到第二天黎明。能做到的话，你就会绕世界一圈了。"

国王又笑了。"真的"，他说，"我的确可以在如此短的时间里绕世界一圈。你如此聪明、如此敏捷地回答了这个问题，你通过了。现在，你回答第三个问题：现在我在想什么呢？"牧羊人说："这个问题也很容易回答，国王现在一定想见坎特布里的老僧侣。告诉你，真的，我不过是我主人手下一个贫苦的牧羊人。我来到这里，请求你为我之故而赦免他。"说完这些，他脱下了长袍。

国王哈哈大笑。"你真是个有意思的人啊！"他说，"现在我任命你为坎特布里的神父，代替你主人的职务。"牧羊人说："这样不合适，因为我……"

国王说："我要赏赐你，因为你能讲出睿智之语。在你有生之年，每周赏你四枚银币。你回家告诉老僧侣，他已经得到了我的宽恕，既往不咎。"

二十、柯纳历娅的宝贝儿

[英] 詹姆士·白罗德威姆

数百年前，罗马古城的一个明媚的早晨，在一个美丽的花园里，葡萄蔓遮盖着凉亭，有两个孩子站立着，看着他们的母亲和她的朋友在花树间散步。

弟弟握着哥哥的手说："你看，妈妈的朋友多么漂亮，像皇后一样美丽！"哥哥说："她固然美丽，却比不上妈妈。她的服装是美丽的，但容貌并不是那么高贵、慈祥。咱们的妈妈才真像个皇后呢！""倒也是"，弟弟说道，"在整个罗马，再没有比妈妈更像皇后的了。"

一会儿，妈妈柯纳历娅跟他们沿着小道边走边聊。她淡妆简朴，披着素白的长披风，臂膀和脚裸露着。这段时间，她手上没戴戒指，脖子上没有耀眼的项链，她唯一的冠冕就是那长长的、柔软的、盘在头上的褐色辫子。她凝视着两个孩子，不觉嫣然一笑。

"孩子们"，她说，"我有些事情想告诉你们。"他们向她鞠个躬，像罗马的妇女所教导的一样，然后问道："什么事呀？妈妈。"

"你们今天就在这花园里就餐。等会儿我们的朋友会把盒子中的宝石拿给你们看，也就是你们过去听说的那个宝盒中的珍宝。"兄弟俩惊奇地看着妈妈的朋友，认为可能是戒指——不是她手上戴着的，也可能是项链——不是她脖子上戴着的。

饭后，仆人从屋里拿出来一个盒子。啊，这些珍珠、宝石多么炫目，让两个孩子惊讶不已。其中，有若干串珍珠，其白似乳，光滑似缎，磷光四射，其红如燃烧的煤炭；碧玉像夏日蔚蓝的天空，金刚钻像太阳光般闪烁。兄弟俩久久地注视着这些珍宝。年少的孩子轻声地说道："假如妈妈能有这些美丽的东西该多高兴呀！"最后，盒子盖上了，被人小心地拿走了。

"柯纳历娅，难道你没有珍宝吗？"妈妈的友人问道，"我听说你很穷，是真的吗？"柯纳历娅搂着两个孩子说："不，我才不穷呢！瞧，这是我的珍珠宝贝，他们的价值远在您所有的珍宝之上。"

我深信这做母亲的矜夸爱护孩子的心情，她的孩子们也决不会忘记妈妈的骄傲、热爱和宠爱之情。当他们成为罗马的伟人时，对于当时花园中的情景每每会念念不忘。这就是今世之人仍然乐于听见柯纳历娅赞美宝贝的轶事。

二十一、小红母鸡和一粒麦粒

[英] 加仑

有一天，小红母鸡在院子里找东西吃。她发现了一粒很大的麦粒，便问："谁会种麦子呀？"

"我不会"，鸭子说。"我不会"，猫说。"我不会"，狗说。

"那好吧"，小红母鸡说，"我来种！"就这样，她把这粒麦子种了下去。

过了一段时间，麦子长高了，成熟了。于是，小红母鸡问："谁会收割麦子呀？"

"我不会"，鸭子说。"我不会"，猫说。"我也不会"，狗说。

"那好，就由我来收割吧。"小红母鸡用镰刀把麦穗割了下来，又脱成麦粒。然后，它又问大家："谁能把麦粒送到面粉厂磨成面？"

"我不会"，鸭子说。"我不会"，猫说。"我也不会"，狗说。

"那我去吧。"小红母鸡说完，便把麦子背到面粉厂磨成了面。回来后，小红母鸡又问："谁会用面粉做面包？"

"我不会"，鸭子说。"我不会"，猫说。"我也不会"，狗说。

"那好，我会，我来做吧。"小红母鸡说完，便动手烤了一块香甜可口的面包。这时，她问道："谁愿意吃面包？"

"啊，我！"鸭子高兴地说。"啊，我想吃"，猫说。"啊，我想吃"，狗说。

"哦，那可不行，你们谁也不许吃！"小红母鸡说完，便把她的孩子们都叫到跟前，同他们一起分享这香甜的劳动果实。

二十二、慷慨的郭立佛古德·斯密斯医生

[英] 古德斯密斯

有一位仁慈的医生，名叫奥利伯·郭立佛古德·斯密斯。他写过许多名著，等你年纪稍长时，就会读到他的作品。他有着善良、崇高的心灵——凡是他所拥有的东西，无时不愿与别人分享。他还经常倾其所有，周济贫民。有时，人们叫他郭立佛古德·斯密斯医生，因为他学过医。

有一天，有个贫苦的妇女请他去诊治她丈夫的病——有好些日子了，他吃不下东西，郭立佛古德·斯密斯医生答应了。到了之后，他发现她家非常穷困。她丈夫长期失业，不是因为得了什么病，而是忧郁。他不吃东西，是因为家里没什么可吃的。"今晚请你到我家里来一趟"，郭立佛古德·斯密斯医生对这位妇女说，"我会给些药，治你丈夫的病。"

当天晚上，这位妇女来了，郭立佛古德·斯密斯给了她一个很沉的纸盒子。"这是药"，他说，"要严格地服用。我想，这对你丈夫会很管用。但是，在没到家之前，一定不能打开纸盒。"

"这是什么药呀，怎么用？"妇女问。"你在盒子里能找到用法。"他回答道。

妇女到家后，坐在丈夫旁边，他们打开了盒子。大家猜猜看，盒子里是什么？

盒子里满是金、银、铜的钱币，盒盖子上写着："遇必要时，则取用之。"

郭立佛古德·斯密斯给了他们他所有的钱，以解他们的燃眉之急。他相信，这是他们最需要的药。

二十三、山脚下的加德·布朗

[英] 盖德恩·索恩·汤姆森

从前，有个人叫加德·布朗，他有个农场，这个农场坐落在很远很远的一个山脚下，所以人们又叫他"山脚下的加德·布朗"。布朗和他善良的妻子在一起幸福地生活着，感情十分融洽。他的妻子认为，丈夫做事万无一失，不会有半点差错，即使对她发脾气，她也从不计较，总是高高兴兴的。他们的全部家产是一百块钱和牛棚里的两头牛。

一天，妻子对丈夫说："亲爱的，我觉得可以把一头牛赶到城里卖掉，这样我们也能攒几个钱。箱子里的一百块钱，可一个子儿也不能动。另外，我们还可能在其他方面得到一些收入。卖掉一头牛，我们也好松口气。照料一头牛就行了。"布朗认为妻子说的有道理，便立刻赶上牛进城去卖。

到了城里，却没人愿意买他的牛。"嗨，这有啥关系，至少我还可以把牛赶回去，既有牛厩又有拴牛的地方，何况这条路也没有来的时候那么远了。"布朗安慰着自己，拉上牛朝家走去。

走着走着，他遇见一个卖马的人。他心里盘算，也许马比牛强。于是，他走上前去，用牛和那个人换了马，然后继续赶路。

走了一会儿，又碰见一个人在他前面赶着一头肥猪。他寻思，兴许肥猪要比马好些。他紧走了两步赶上了那个人，用马换下了那口肥猪。

就这样，他走了一路，又碰见了卖山羊的、卖绵羊的、卖鹅的、卖鸡的。他依次换回了山羊、绵羊、鹅、鸡，因为他一向认为别人的东西比自己的要好。

等他和最后一个小贩换了只公鸡时，天色已经不早了，他感到肚子饿极了。他摸摸口袋，一分钱也没有，再低头看看手里的公鸡，心想："救人一命总比有只鸡好。"于是他卖掉公鸡，得了一先令，买了点吃的。吃完饭，布朗朝家走去。走到离他家最近的邻居家门口时，他拐了进去。

"喂，老布朗，你这趟进城，生意做得怎么样？"邻居一见他便喊了起来。"凑凑合合。怎么说呢，不能夸我运气好，也不能说我不走运。"布朗回答道，又一五一十地把自己进城卖牛的经过同邻居说了一遍。

布朗的话音一落，邻居就喊了起来："快别说了，等着回家你妻子骂你吧！她一定不会答应你用一头牛换一个铜板的！""不会的，我妻子对我好极了，从不干涉我做任何事情。不信，你来我家听听好了。"布朗说。

"哦。口气还挺大，鬼才信你的话！你妻子一定不会原谅你的。"邻居反驳道。"当然了，要是你妻子真的不骂你的话，我情愿把我家牛厩里的一百头牛全都给你。"

布朗在邻居家一直坐到黄昏。天黑时，两人一同来到布朗家，他的邻居站在门外听。布朗进了屋朝妻子走去。

"晚安！"布朗跟妻子打了个招呼。"晚安！"妻子一见布朗就高兴地说，"是你回来了吗，我的布朗？我真是太高兴了！"接着，妻子询问他进城的情况。

布朗把进城的经过有声有色地讲了一遍。每当他讲到换一个小动物时，妻子就称赞他换得好、换得值，脸上始终保持微笑，越听越爱听。最后，当听到布朗说"我饿极了，只好用卖公鸡得到的一先令买了些吃的"时，妻子紧跟着就高兴地叫了起来："这有什么关系呢？你做的事都是这么随我的心、合我的意！感谢上帝，让你平安无事地回来了。没有牛就没有牛，没有什么关系。"

妻子的话音刚落，布朗便打开门朝邻居说："好了，我的朋友，你都听见了吧，现在你还有啥可说的？你的一百头牛该归我了吧？"他的邻居无可奈何地认输了。

后　记

　　敬爱的父亲郑公盾于 1991 年离世，已经离开我们 26 年了。我总想着还能为他老人家做点什么，但是因为工作忙，始终抽不出时间。直到 2009 年，父亲住过的房间的屋顶要塌了，我和家里人合计着把房子翻建一下。在我清理杂物的时候，偶然发现了父亲存放书稿的箱子和堆放的麻袋。箱子和麻袋里的稿子被放在一个个大信封里，每个信封上都有父亲写的稿件的名称。从此，我开始整理这些稿件，并将它们分批结集出版。2013 年，《科艺史话——郑公盾文集》由科学普及出版社出版。2014 年，《中国科学文艺史话》由知识产权出版社出版。

　　我着手整理《科学·哲学·文学——郑公盾文集》这部遗稿，至今已将近三年，其间经历了很多甘苦，所幸今日终于付梓。《科学·哲学·文学——郑公盾文集》中，上卷为科学，取名科苑拾贝；中卷为哲学，取名哲林漫步；下卷为文学，取名文海泛舟。这也是父亲的主要研究领域和关注的问题的较为全面的分类、梳理和展示。

　　从整理父亲的书稿中可以看出，他是一个勤奋的人，知识渊博的人，是和时间赛跑的人。他不仅热爱科学、文学、喜欢读书和写作，还喜欢音乐，喜欢讲学。他是一个学问广博的"百科全书型"的学者。衷心希望《科学·哲学·文学——郑公盾文集》的出版对广大读者了解中国古代与现代的科技、文学有所帮助。

　　在此，我衷心地感谢责任编辑徐浩博士为此书的出版付出的艰辛劳动，感谢全体家人对出版这本书的支持与帮助，感谢张润青、冯其利、任永茂、匡嘉奇、高舒军、刘翀、于春明、于欣然、赵仲朴、李田亲、李鹏霞等同志对此书的出版所做出的无私奉献。

郑　维

2017 年 3 月